칼 융
무의식의 심리학

미국의 정신분석가이자 페미니스트인 보트리스 M. 힌클(Beatrice M. Hinkle)이
영어로 옮긴 〈Psychology of the Unconscious〉를 번역한 책임을 밝힙니다.
또 이 책에 담긴 성경 구절은 한국 천주교 주교회의가 편찬한
〈성경〉(2005년)을 참고했습니다.

* 2015년에 〈무의식의 심리학〉이라는 제목으로 출간한 바 있습니다.

칼 융
무의식의 심리학

초판 1쇄 발행	2022년 8월 20일
2쇄 발행	2024년 1월 1일

원제	Psychology of the Unconscious
지은이	칼 구스타프 융
옮긴이	정명진
펴낸이	정명진
디자인	정다희
펴낸곳	도서출판 부글북스
등록번호	제300-2005-150호
등록일자	2005년 9월 2일
주소	서울시 노원구 공릉로63길 14, 101동 203호(하계동, 청구빌라)
	(139-872)
전화	02-948-7289
전자우편	00123korea@hanmail.net
ISBN	979-11-5920-147-9 03180

칼 융
무의식의 심리학

Psychology of the Unconscious

칼 구스타프 융 지음 정명진 옮김

정신분석과
분석 심리학에 대하여

∴

- 보트리스 M. 힌클(1874 - 1953: 미국 정신분석가)

빈의 지크문트 프로이트(Sigmund Freud) 교수가 신경증 분야에서 초기에 이룬 자신의 발견들을 바탕으로, 히스테리증과 신경증으로 분류되는 다양한 증후들의 토대와 기원이 겉으로 표현되지도 않을 뿐만 아니라 대부분 환자 본인에게 알려지지도 않고 또 주로 성적 본능과 관계있는 그런 성취되지 않은 욕망과 소망에 있다고 발표했을 때, 인기를 끌기는커녕 가혹한 공격에 시달리던 그 이론이 인간의 전반적 삶에 관한 이해에 지금처럼 큰 영향력을 끼칠 것이라고는 아무도 상상하지 못했다.

  그 이론은 그 후로 범위를 아주 넓게 확장했으며, 그 적용은 현재 병적인 상태에 있는 사람들 그 너머까지로 확대되었다. 그 이론은 사실 인간 삶의 전체 행동을 새롭게 평가하도록 만들었다. 그것은 지금까지 설명하지 못하고 있던 것들까지 설명할 새로운 이해력이 발달한 덕분이었다. 이젠 신경증의 증후들과 행동의 현상들뿐만 아니라 신화들과 종교들로 표현된 정신의 산물들까지 이해할 수 있게 되었다.

프로이트의 이론에 대한 반대가 과거 그 어느 반대 못지 않게 강력함에도 불구하고, 이런 눈부신 성장은 범위를 확장하며 꾸준히 이뤄지고 있다. 원래 제대로 이해되지 않은 가운데 혐오감을 불러일으킨 성적 개념에 초점을 맞추었던 비판은 이제 '신비주의적' '형이상학적' '신성 모독적' 같은 불온한 표현들을 받아들임에 따라 비과학적이라는 소리를 듣는 어느 심리학의 추가적인 가르침들까지 그 대상에 포함시키고 있다.

이 새로운 학파를 둘러싸고 벌어지고 있는 일반적인 혼동과 오해 외에, 이 학파의 지도자들 사이에도 분열이 일어났다. 그래서 지금은 빈의 프로이트 교수와 취리히의 칼 융 교수가 각각 이끄는 학파가 존재하고 있다. 프로이트가 이끄는 학파는 빈 학파로, 융이 이끄는 학파는 취리히 학파로 불리고 있다.

이해 자체도 대단히 어려울 뿐만 아니라 인류가 오랜 세월 동안 간직해온 사상들을 크게 흔들어 놓기까지 하는 한 심리학에 반대하고 비판하는 것은 충분히 이해할 만하다. 그 심리학이 심리적 현상들에서, 우연 같은 것은 절대로 없으며 모든 행위와 표현은 그 사람의 내적 감정과 소망에 의해 결정되는 나름의 의미를 갖고 있다는 진술을 뒷받침할 증거를 확보하도록 훈련받은 관찰자를 요구할 뿐만 아니라 특별한 기술까지 요구하고 있으니 말이다.

대담하게 공개적으로 나서면서, 모든 개인이 자신의 운명 대부분을 스스로 결정한다는 식으로 말하는 것은 결코 간단한 문제가 아니다. 왜냐하면 지금까지 시인들과 철학자들만이 그런 생각을 공개적으로 언급했을 뿐, 과학이 그런 소리를 한 적은 한 번도 없었기 때문이다. 그 같은 진술을 그 의미까지 완벽하게 이해한 상태에서 공개적으로 밝히며 과학적 추론과 절차를 통해 그것을 입증할 준비를 갖추는 것은 대단히 용기 있는 행동이다.

전적으로 경험을 바탕으로 한 조사와 개별 환자들을 대상으로 한 분석을 통해 개발된 프로이트의 심리학은 독일 문헌학자이자 철학자인 막스 뮐러 (Max Müller)가 정의하는 과학적인 지식에 속하는 것 같다. "경험을 바탕으로 사실들을 아는 것이 사실들에 관한 과학적인 지식으로 승격하는 때는 바로 정신이 다수의 개별적인 산물들 그 밑에서 작동하고 있는 어떤 유기적인 체계의 통일성을 발견하는 순간이다."

　정신분석은 개인의 내면에 꼭꼭 숨어 있는 깊은 곳에 닿기 위해서 개발된 방법에 붙여진 이름이다. 그 목적은 개인의 증후와 태도의 근원적인 동기들과 결정 요인들을 찾아내고, 그 사람의 행동과 반응의 뒤에 자리 잡고 있으면서 그 사람의 발달에 영향을 미치며 삶의 관계들 자체를 결정하고 있는 무의식적 경향들을 밖으로 드러내는 것이다. 숨겨진 정신을 깊이 파고들어가면, 의식의 문턱 아래에서 많은 자료들을 건져 올릴 수 있다. 이 자료들이 너무나 놀랍고 혼란스러울 뿐만 아니라 그때까지 소중히 여겨왔던 가치들과 너무나 동떨어지기 때문에, 정신분석의 과정을 잘 모르는 사람들은 비판과 반대의 소리를 크게 높이게 마련이다.

　원래 환자들을 치료하는 한 방법으로 연구되었지만, 정상적인 사람을 대상으로 한 분석을 통해서, 아픈 사람과 정상적인 사람의 무의식의 내용물에 거의 차이가 없다는 사실이 곧 확인되었다. 관찰된 차이들은 오히려 삶에 대한 반응들과, 개인의 내면에서 경쟁을 벌이고 있는 힘들에 의해 야기된 갈등들에 대한 반응에 있는 것 같았다.

　이 갈등들은 보통 그 사람 본인에게는 충분히 인식되지 않으며, 그것들은 그 사람이 자신에 대해 의식적으로 품고 있는 의견과 일치하지 않는 불쾌한 욕망이나 소망과 관련이 있다. 그런 까닭에 이 갈등들의 효과가 의견과 편견, 품행, 그릇된 행위 또는 명확한 병적 증후로 나타나게 된다. 융 박사가 말하듯이, 건강한 상태인 사람도 신경증 환자가 아프도록 만드는 것과 똑같은 콤플렉스와 맞서 싸워야 한다.

작고한 N. 샐러(N. Shaler) 하버드 대학 교수가 쓴 『이웃』(The Neighbor)을 보면, 매우 광범위한 진술이 나온다. "행동상의 중요한 실수들, 그리고 사람들과 사회들이 지고 있는 짐들은 모두 원초적인 동물적 감정들과, 인간의 내면에서 너무도 빠른 속도로 발달한 정신적 힘들의 연결이 부적절하게 이뤄지는 데서 비롯된다고 해도 과언이 아니다."

이 진술은 정신분석과 완전히 다른 추론 과정과 사고 방법, 연구를 통해 도달한 것이다. 그럼에도 이 진술이 정신분석의 원리들의 기본 바탕을 정확히, 대단히 간단하게 표현하고 있다는 판단에서 여기에 인용했다. 인간 관계들을 전반적으로 연구하는 과정에 나온 그런 진술은 반대도 불러일으키지 않고 또 받아들이기에 그리 어렵지도 않은 것 같다. 정신분석이 그처럼 격한 반대와 비난을 불러일으키는 것은 이 개념들을 개인에게 개별적으로 적용하기 때문인 것 같다.

제대로 이해한 뒤에 이용된다면, 정신분석은 외과 수술과 비교할 수 있다. 왜냐하면 정신분석과 인격의 관계가 외과 수술과 육체의 관계와 같기 때문이다. 정신분석과 외과 수술은 거의 비슷한 결과를 목표로 잡고 있다.

종국적으로 자연이 진정한 의사이고 상처의 치유자라는 인식이 받아들여지고 있지만, 현대적인 무균 처치와 수술 기술이 발달하기 전까지, 자연이 제공한 치료는 종종 결점이 아주 많고 불완전한 유형이었다. 그 결과, 상처들로 인해 끔찍한 흉터가 남거나, 사지가 뒤틀리고 손상되거나, 기능들이 훼손되거나 망가졌다. 그렇게 하지 않고는 자연은 다친 사람을 치료할 수 없었으며, 부상당한 사람은 죽는 수밖에 없었다.

과학은 자연을 이해하고, 또 치료가 개인에게 영원한 상처를 남기거나 기능 상실을 초래할 가능성을 최소한으로 낮추는 가운데 이뤄질 수 있도록 자연을 돕고 협력하는 수단을 발견한다는 목표를 달성하기 위해 여러 세기 동안 꾸준히 노력해 왔다. 외과 수술의 눈부신 성취가 분명히 보여주고 있듯이, 놀라운 결과들이 꾸준한 노력에 대한 보상으로 나타났다.

그러나 그런 발전이 이뤄지는 사이에, 인간이 자신의 영혼에서 일어나고 있는 부상과 갈등을, 말하자면 하나의 인격으로서의 인간의 발달과 전진을 지체시키고 그 분투에서 육체적 고통과 다양한 성격의 증후를 낳는 상처들을 극복하도록 돕는 과학적 방법에 대해서는 별다른 고려가 없었다. 그 문제는 전적으로 종교와 형이상학 쪽으로 넘겨졌다. 그러나 지금은 외과 수술이 인간 육체를 돕는 것과 똑같은 지원을 정신분석이 인격에 제공하려고 시도하고 있다.

정신분석이 언제나 성공을 거두지는 못한다는 것은 충분히 예상할 수 있는 일이다. 외과 수술이 언제나 성공을 거두지는 못하는 것과 다를 바가 없다. 아니, 정신분석이 성공할 확률은 외과 수술보다 더 떨어진다. 이유는 분석 작업이 환자 본인에게 많은 노력을 요구하기 때문이다. 만약 환자가 자신의 벌거벗은 영혼을 직시하고 거기에 따르는 아픔과 고통을 감내할 수 있게 하는, 성격과 지능의 어떤 자질을 이미 발달시키지 않았다면, 거기서는 어떤 진정한 결과도 나오지 못한다. 분석에서는 삶의 다른 관계에서와 완전히 다르게 절대적인 진실과 절대적인 정직이 행동의 유일한 바탕이다. 왜냐하면 기만은 어떤 것이든 본인 외에는 누구도 속이지 못하며 결국엔 부메랑으로 작용하며 본인의 목표를 좌절시킬 것이기 때문이다.

그런 식으로 영혼을 깊이 파고들며 연구하는 것은 가볍게 시작할 수 있는 일도 아니고 사소하거나 간단하게 여겨질 수 있는 일도 아니다. 사실을 말하자면, 병에 걸렸거나 직면하기 힘든 상황에 처한 경우처럼 강한 충동이 결여된 곳에서 그 작업을 벌이기 위해서는 상당한 용기가 필요하다.

사고의 모든 영역들로 확산되고 있고, 또 인간의 삶을 이해하고 실질적 발전을 도모하는 새로운 심리학적, 철학적 체계가 될 것으로 보이는 이 심리학을 이해하기 위해서는, 이 심리학의 발달과 현재의 상태에 대해 다소 상세하게 논할 필요가 있다. 왜냐하면 이 새로운 방향에 이 심리학의 가장 큰 가치와 위험이 동시에 놓여 있기 때문이다.

이 심리학의 시작은 1895년에 발표된『히스테리 연구』(Studien über Hysterie)라는 책이었다. 빈의 브로이어(Josef Breuer) 박사와 그의 제자 프로이트가 공동으로 히스테리증을 연구한 결과물을 담은 책이다. 그들의 연구는 히스테리증으로 분류된 다양한 증후들이 감정적 성격이 강한 기억들의 결과라는 것을 보여주는 것 같았다. 깨어 있는 의식적인 자기에게는 알려지지 않은 그 기억들은 대용물 형식의 증후들을 통해 스스로를 적극적으로 표현하고 있었다. 그들의 연구는 또 이 경험들이 환자에 의해 망각되었더라도 그것들을 재생해서 감정적인 내용물을 털어낼 수 있다는 것도 보여주는 것 같았다.

의사가 환자의 망각된 기억 속으로 깊이 들어가는 데 쓰는 수단은 최면이었다. 이유는 잊어버린 사건들과 상황들이 진짜 망각된 것이 아니라 단지 의식에서 떨어져 나왔을 뿐이며 적절한 자극이 주어지면 언제든 다시 살려낼 수 있다는 것이 최면을 통해 발견되었기 때문이다. 이 대목에서 놀라운 부분은 이 기억들과 거기에 수반된 아픈 감정들을 살려내기만 하면 증후들이 사라졌다는 사실이다. 이것은 자연히 그 증후들이 불충분하게 표현된 감정적 장애나 정신적 외상에 따른 것이라는 결론으로 이어졌다. 또 환자를 치유하기 위해서는 기억과 그 기억에 수반된 감정 사이의 연결을 제대로 확립하면서, 망각된 장면의 재현을 통해서 감정이 스스로 해소되도록 해야 한다는 결론도 나왔다.

추가적인 연구를 통해서, 프로이트는 잊힌 경험을 다시 살려내는 데는 최면이 필요하지도 않다는 사실을, 또 평소의 의식적인 상태에서도 망각된 감정적 자료를 얻는 것이 가능하다는 사실을 발견했다. 이 목표를 위해, 환자는 수동적이고 무비판적인 태도를 취하면서 단순히 자신의 생각이 자연스럽게 흐르도록 내버려두는 상태에서 머릿속에 떠오르는 것이면 무엇이든 숨기지 않고 털어놓기만 하면 되었다. 환자가 생각들의 연상의 법칙을 따르며 이런 식으로 자신의 삶과 처지에 대해 자유롭고 편하게 이야기하는 동안에, 정서적으로 가장 강력하고 또 정신적으로 방해를 일으키고 있는 요소인 경험들이나 생각들에 대한 언급이 불가피하게 나왔다. 이 생각들을 둘러싼 감정의 힘과 불쾌한 감정들을 억압하려는 의식적 소망의 효과 때문에, 그런 식의 간접적인 공개를 피하는 것은 꽤 불가능해 보였다. 이 과정을 통해 드러나는 중요한 생각들이나 인상들의 집단을 칼 융은 '콤플렉스'라고 불렀으며, 그런 생각들이나 인상들의 주위에는 감정들과 기분들이 송이처럼 모여 있었다.

그러나 의식이 받아들이지 않을 만큼 고통스럽거나 불쾌한 감정과 기분을 언제나 포함하고 있고, 그래서 억압되고 숨겨져 있는 콤플렉스를 건드리는 경우에, 심각한 어려움들이 나타났다. 이유는 환자가 돌연 분석 작업을 중단하면서 더 이상 아무것도 떠올리지 못하게 되었기 때문이다. 기억에 오류가 자주 나타났고, 관계들이 왜곡되기도 했다. 틀림없이 어떤 힘이 이 기억들을 추방했으며, 따라서 분석을 받는 사람이 아무것도 기억하지 못하겠다거나 말할 것이 전혀 없다고 말하는 것도 꽤 정직한 태도였다. 이런 종류의 망각은 억압으로 불렸으며, 그것은 자연이 그 개인을 불쾌하고 용인할 수 없는 경험들과 생각들, 자신의 이기적인 본성에 대한 인정, 자신의 약함과 자신의 이상 사이의 참을 수 없는 갈등 등으로 야기되는 고통스런 감정들로부터 보호하기 위해 동원하는 정상적인 기제이다.

초기에는 이런 잊힌 기억들을 보다 쉽게 되살려내는 기법을 개발하는 데 관심이 많이 쏟아졌다. 왜냐하면 최면을 포기하면서, 아픈 기억과 감정을 추방할 뿐만 아니라 그 기억과 감정이 되돌아오는 것까지 막은 알려지지 않은 어떤 힘이 작동하고 있는 것이 확인되었기 때문이다. 이 힘은 저항이라 불렸다. 이 저항이 사고의 자유로운 흐름을 방해하고 추가적인 분석 작업에 엄청난 어려움을 낳는 중요한 기제로 확인되었다. 저항은 다양하게 위장한 상태로 나타났으며, 추론에 근거한 지적 반대나 분석가를 향한 비판이나 분석 방법 자체에 대한 비판, 마지막으로 표현의 완전한 차단으로 나타나는 경우가 자주 있었다. 그러면 저항이 타파될 때까지, 어떤 결실도 나오지 못한다.

그런 상황에 처하면, 이 저항을 극복하고 억눌려 있는 기억과 감정을 되살려내 자유롭게 풀어놓을 수 있는 어떤 도움을 발견할 필요가 있었다. 왜냐하면 그 사람이 자신의 내면에서 감정적으로 장애를 일으키고 있는, 증후와 관계있는 복잡한 감정이나 경험을 숨기고 있다는 사실을 자각하지 못할 때조차도, 그것이 사실이었다는 것이, 또 적절한 조건에서 이 자료가 의식 속으로 끌어내어질 수 있다는 것이 거듭 입증되었기 때문이다. 이런 식으로 의식에 알려지지 않은 상태에서 장애를 일으키는 감정이 숨어 있는 영역은 무의식이라 불렸다. 무의식은 또 그 사람이 주어진 어떤 시간에 의식하지 못하는 자료를 암시하는 용어로 임의적으로 쓰이기도 한다.

프로이트의 심리학에서 이 용어는 매우 느슨하게 쓰이고 있으며, 학술적 논의를 자극하기보다는 "묘사될 수도 없고 정의될 수도 없는 부정적인 개념"이라는 사전적 분류를 엄격히 따르고 있다. 어떤 생각이나 감정이 무의식이라고 말하는 것은 단지 그 개인이 바로 그 순간에 그 생각이나 감정의 존재를 자각하지 못하고 있다는 점을, 또는 그 사람이 주어진 어떤 시간에 자각하지 못하는 모든 것은 무의식이라는 점을 암시한다.

언제나 성적인 영역으로 이어지거나 어린 시절로 거슬러 올라가는 이런 다양한 경험과 망각된 기억들이 히스테리와 밀접한 관계가 있다는 것이 밝혀짐에 따라, 유아기의 성적 충격이 이 신경증의 원인이라는 이론이 발달하게 되었다. 아이들에게는 성욕이 전혀 없고 성욕이란 것은 사춘기에 갑자기 생기는 것이라는 통상적인 믿음과 반대로, 아주 어린 아이들 사이에도 매우 두드러진 종류의 성욕이 있으며 이 성욕이 훗날 아이의 삶에 지대한 영향을 미칠 수 있다는 것이 분명하게 확인되었다.

그러나 정상적인 사람들의 삶을 대상으로 한 추가 연구를 통해서 정상인의 어린 시절 삶에도 환자들의 어린 시절에 있었던 것 못지않게 많은 정신적, 성적 외상이 있다는 것이 밝혀졌다. 그래서 병인학적 요소로서의 "유아기 성적 충격"이라는 개념은 버려지고, "성욕의 유치증"(infantilism of sexuality)이라는 개념이 선호되었다. 달리 표현하면, 이 환자들이 어린 시절에 있었다고 주장하는 성적 외상 중 많은 것이 자신들의 공상 속에만 있었으며, 그런 공상이 생겨난 것은 아마도 자신의 유치한 성적 활동에 관한 기억들에 맞서는 방어 기제 때문일 것이라는 깨달음이 곧 일어났다.

이 같은 경험들은 아이의 성욕의 본질을 더욱 깊이 파고들도록 했으며, 그 결과물을 모은 것이 바로 프로이트의 『성 이론에 관한 3편의 논문』(Three Contribution to the Sexual Theory)이었다. 프로이트는 어린이들 사이에도 성적 행위의 표현과 변형이 아주 다양하다는 사실을 발견했다. 그래서 그는 이런 행위가 철저히 무의식적으로 일어남에도 불구하고 발달하는 아이의 삶의 정상적인 표현이라는 것을, 또 아이들의 그런 행위가 성인의 성욕과 비교될 수 없지만, 그럼에도 불구하고 아이들의 삶에 매우 중요한 영향력을 행사한다는 것을 발견했다.

아이가 이 본능을 표현하는 것들을 프로이트는 "다형 도착"(多形倒錯: polymorphous perverse)[1]이라고 불렀다. 아이들의 표현들도 여러 면에서 성인들이라면 도착증이라 불릴 만큼 비정상적인 모습을 다양하게 보였기 때

----

1 유아 성욕의 여러 가지 도착적인 경향을 말한다.

문이다.

이런 추가적인 조사 결과를 바탕으로, 프로이트는 자신의 이론을 수정했다. 이유는 신경증 환자들의 증후들이 명백한 성적 경험 때문에 생기는 것이 아니라, 자신의 성적 성향에 대한 반응이나 그 본능들이 억눌러지는 억압의 종류에 따라 결정되는 것처럼 보였기 때문이다.

이 주제 전반에 걸쳐 빚어지고 있는 오해와 어려움의 최대 원인은 아마 성욕이라는 용어에 있을 것이다. 이유는 프로이트가 말하는 성욕 개념이 대중적인 의미에서 쓰는 성욕 개념과 완전히 다르기 때문이다. 프로이트는 성욕을 사랑이라는 단어와 사실상 동의어로 보고 있으며, 원시적인 에로틱한 원천에 기원을 두고 있는 모든 부드러운 감정과 정서를, 비록 그 감정과 정서의 일차적인 목적이 지금은 완전히 상실되고 다른 목적으로 대체되었더라도, 그 같은 사실과 상관없이 그것들을 성욕이란 단어에 포함시키고 있다. 아울러, 프로이트가 성욕의 육체적인 표현뿐만 아니라 정신적인 측면과 그 측면의 중요성도 강조하고 있다는 사실을 잊지 않아야 한다.

따라서 프로이트의 이론을 이해하기 위해서는 그가 '성적'이라는 용어를 아주 폭넓게 사용하고 있다는 점을 망각해서는 안 된다.

개인의 정신적 삶을 이런 식으로 면밀하게 조사함에 따라, 공상을 품는 것이 그 사람의 운명에 엄청난 영향과 중요성을 지닌다는 것이 명확하게 드러나게 되었다. 몽상과 공상에 빠지는 것은 사실 아이들만 아니라 어른들에게도 보편적인 현상이라는 사실이 발견되었다. 또 삶 전체를 공상의 세계에서 사는 사람도 있다는 것이 확인되었다. 그 공상의 세계에서 그 사람은 현실의 세계에서는 충족시키기 어렵거나 불가능한 소망과 욕망을 성취할 수 있었다.

이 공상적인 사고의 대부분은 거의 의식되지 않는 것 같지만, 실현되지 않은 소망이나 욕망에서 비롯되었다. 그런 소망이나 욕망은 언제나 이해되지도 않고 충분히 인식되지도 않는 그런 공상적인 구조들을 갖춘 형태로, 분명치 않은 상징들을 통해서만 표현되었다. 정말로, "기이한 사고들", 즉 바람직하지 않은 생각들과 이미지들을 정신 밖으로 밀어내기 위해서는 의지까지 동원해야 할 만큼 그것들이 강하게 사람의 관심 속으로 밀고 들어온다는 것은 인간의 가장 흔한 경험들 중 하나이다. 오랫동안 잊고 살았던 어린 시절의 인상들이 기억 속에 공상적인 상태로 남아 있다는 것을, 또 그것들이 지금도 여전히 중요한 것처럼 떠나지 않고 있다는 것을 확인하는 예는 그리 드문 일이 아니다.

이 자료들은 영혼을 깊이 들여다보는 연구원들에게 풍요로운 들판의 역할을 했다. 이유는 생각들의 연상의 법칙을 통해 그 기원까지 파고들 경우에 이 공상적인 산물들이 의미 없거나 시시하기는커녕 명확한 어떤 과정에 의해 만들어졌을 뿐만 아니라 모호한 형식들과 그림들로 무의식적으로 가린 명백한 소망과 욕망에서 생겨났다는 점이 분명히 드러나기 때문이다.

개인이 무의식적으로 내놓을 수 있는 가장 훌륭한 산물은 꿈이라는 사실은 널리 인정받아야 하며, 따라서 프로이트 교수는 의식 밖으로 억압된 탓에 직접적으로 드러나지 않는 고통스런 감정과 생각을 캐내기 위해서 관심의 초점을 공상과 몽상에서 환자들이 밤에 꾸는 꿈으로 옮겼다.

이런 놀라운 아이디어는 곧 풍성한 수확을 거뒀다. 꿈은 이질적인 조각들이 공상적으로, 또 부조리하게 뒤죽박죽 섞인 것에 지나지 않고 또 꿈을 꾼 개인의 삶과 아무런 관계가 없다는 일반적인 인식과 달리, 꿈이 의미로 가득하다는 것이 명백해졌기 때문이다. 실제로 꿈은 대체로 그 당시에 가장 긴급한 삶의 문제를 건드리지만, 꿈은 그 문제를 직접적으로 표현하지 않고 꿈을 꾼 사람이 알아보지 못하도록 하기 위해 상징적인 형식으로 표현한다. 이런 식으로, 개인은 실현하지 못한 소망이나 욕망을 표현하고 성취한다.

꿈과 공상이 지닌 상징적인 본질의 발견은 전적으로 연상의 방법을 통해서 이뤄졌으며, 그 발견은 많은 사람들의 꿈을 경험적으로 분석하는 과정을 거치면서 더욱 깊어지게 되었다. 그 과정에, 다양한 사람들의 꿈과 공상에 거듭 나타나는 어떤 생각들과 대상들은 무의식적이거나 인정받지 못한 소망이나 욕망과 연결되어 있으며, 그 생각들과 대상들은 직접적인 형식이 억압되고 허용되지 않는 곳에서 이 의미들을 표현하기 위해 정신에 의해 거듭 이용된다는 것이 분명해졌다. 따라서 어떤 꿈 표현들과 형상들은 대체로 무의식에서 발견된 이런 억압된 생각들과 감정들의 명확한 상징들로 여겨졌다. 어느 비교 연구를 통해서, 신화와 동화에도 이와 비슷한 메커니즘이 작동하고 있는 것으로 확인되었다. 또 개인의 꿈들과 공상들과, 민족의 신화들과 설화들 사이의 관계가 매우 밀접한 것처럼 보였다. 아브라함(Karl Abraham)이 신화는 민족의 유아기에 있었던 영혼의 삶의 한 단편이고 꿈은 개인의 신화라고 말하고 있으니 말이다.

따라서 환자는 자신의 꿈에 대한 이야기를 들려줌으로써 자신의 증후들과 연결되는, 무의식적이고 장애를 일으키고 있는 콤플렉스들에 접근할 수 있는 가장 중요한 수단을 제공했다.

꿈 분석 외에, 환자는 자신의 콤플렉스들을 드러내는 다른 수단도 제공했다. 버릇과 무의식적 행동, 의사에게 처음 하는 말, 어떤 생각에 대한 감정적 반응 등이 그런 수단에 속한다. 요약하면, 개인의 모든 행동과 언어적 표현은 그의 내면의 본질과 문제들을 드러낸다.

이 모든 연구를 통해서, 다양한 신경성 질환의 기원뿐만 아니라 모든 인간에게 두루 나타나는 개인적 증후와 특이성, 기이성의 기원도 그 사람의 감정적 본성 안에 있다는 것이 명확히 드러났다. 또 그 장애들의 병적 원인도 그 개인의 모름 속에 있는 것이 아니라 그 개인의 내면에서 그가 모르도록 만들고 있는 저항에 있다는 것이 확인되었다.

따라서 치료의 목적은 그 개인의 모름을 제거하는 것뿐만 아니라 그 저항을 찾아내서 타파하는 것이 되었다.

분석 절차에 대해 이런 식으로 대략적으로 묘사하는 것만으로도, 우리가 매우 복잡하고 섬세한 자료를, 그리고 환자를 돕기 위해 가능한 모든 영향들을 두루 활용할 것을 요구하는 어떤 기법을 다루고 있다는 사실이 확인될 것이다. 의사와 환자 사이의 확고한 관계가 치료에 엄청난 효과를 미친다는 것은 오래 전부터 잘 알려져 있다. 달리 말하면, 환자가 의사에 대해 확신과 개인적 존경심을 품는다면, 의사의 조언이 효과를 훨씬 더 많이 발휘할 것이다. 정신분석적 치료에서는 이런 개인적 감정이 '전이'라는 이름으로 솔직히 인정되고 있고, 또 치료에도 크게 이바지하고 있다. 무의식적이고 조직적인 저항을 다루는 것이 가능한 것은 분석 대상이 되고 있는 사람의 내면에 확립되어야 하는, 분석가와의 관계로부터 도움을 받기 때문이다. 그 저항이 개인의 시야를 너무도 쉽게 가려 버리고, 미숙하고 민감한 영혼이 새로운 평가들을 받아들이는 것을 어렵게 만드는데도 말이다.

프로이트가 성적 본능이 신경증의 발병에서 하는 역할을 강조하고 또 성적 본능이 정상적인 개인의 성격에 미치는 결정적 영향을 강조한다고 해서, 그가 인간 행동의 뿌리에서 다른 요인, 예를 들면 생명 보존 본능 같은 요인이 작용한다는 점을 인정하지 않는다는 뜻은 아니다. 그러나 이 동기들은 성적 충동만큼 강하게 금지되지도 않고 억압되지도 않으며, 따라서 프로이트는 단지 그 충동의 억압적인 힘과 격렬함 때문에 성욕을 인간 존재에 미치는 영향력 중에서 가장 중요한 요소로 여긴다.

이 본능이 인간 삶에 지니는 중요성은 인류 역사 이래로 미술과 문학, 시, 소설 등 온갖 작품에서 사랑의 이름으로 거기에 부여한 중요한 위치에 의해서도 분명하게 드러난다. 이런 관점에서 본다면, 이 감정적 분야의 곤경이나 장애가 개인에게 결정적인 영향을 미친다는 주장은 절대로 이상하지 않다. 성적 충동은 종종 굶주림의 충동과 비교되며, 모든 인간의 내면에 자리 잡고 있는 이 갈망과 욕구는 프로이트에 의해 '리비도'라 불린다.

오이디푸스 콤플렉스

억압된 콤플렉스의 본질에 대한 추가적인 연구를 통해서, 매우 놀라운 어떤 상황이 드러났다. 부모가 아이에게 미치는 영향은 너무나 잘 알려져 있고 잘 이해되고 있기 때문에, 거기에 관심을 기울일 것을 요구하는 것 자체가 진부하게 들릴 수 있다. 그러나 거기서 어떤 특이한 발견이 이뤄졌다. 왜냐하면 성인들의 감정들과 정서들을 추적하는 가운데 그 영향이 어린이들뿐만 아니라 성인들에게도 대단히 중요하다는 사실이 명백해졌기 때문이다. 또 삶의 전반적인 방향이 부모와의 무의식적 연결에 크게 좌우되고, 성인일지라도 그 사람의 본성의 감정적인 측면은 여전히 유형적으로 유치하고 무의식적으로 유아기 또는 어린 시절의 관계를 요구하고 있다는 것이 확인되었기 때문이다.

프로이트는 이런 식으로 환자가 유아기에 부모에게 품었던 애착의 뿌리를 추적하고 있다.

처음에 아이는 어머니에게서 영양 섭취와 보살핌의 형식으로 최초의 만족과 쾌락을 끌어낸다. 입으로 빠는 이 첫 번째 행동에서 프로이트는 이미 어떤 종류의 성적 쾌락을 보고 있다. 이유는 그가 분명히 쾌락 원리와 성적 본능을 연결시키면서 쾌락 원리가 주로 성적 쾌락에 뿌리를 내리고 있다고 생각하기 때문이다. 그렇게 이른 시기에, 손가락을 빠는 행위 같은, 영양 섭취와 연결되지 않는 다양한 유아기 행동들과, 몸을 문지르거나 몸의 구멍을 쑤시거나 몸의 부위를 잡아당기는 것과 같은 육체의 다양한 움직임들, 자신의 신체에 관한 관심을 분명히 보여주는 다양한 표현들, 발가벗은 상태에서 느끼는 즐거움, 다른 대상에 고통을 가하거나 반대로 자신의 몸에 고통을 가하면서 느끼는 쾌감 등이 시작된다. 이 모든 행위는 아이에게 쾌감과 만족을 안겨줄 수 있다. 이 행위들이 성인들의 성도착과 비슷해 보이기 때문에, 프로이트는 그것들을 어린 시절의 '다형 도착'이라고 불렀다. 아이가 자신의 육체로부터 쾌락을 얻는 까닭에 다른 사람과는 아무런 관계가 없는 이 본능적인 행동의 성격을 근거로, 프로이트는 삶의 이 단계를 해브록 엘리스(Havelock Ellis)의 용어를 빌려서 자기 성애(autoerotic) 단계라고 불렀다. 그러나 아이가 성장함에 따라, 아이의 성적 본질의 정신적인 요소들에도 그와 비슷한 발달이 이뤄지고, 주로 무력함과 필요에 의해 결정되었던 아이의 사랑의 원래 대상이었던 어머니가 새로운 평가를 얻게 된다. 아이의 갈망 또는 리비도를 충족시킬 사랑의 대상에 대한 욕구의 시작은 일찍부터 뚜렷하며, 일반적으로 어린 아들은 어머니를 더 좋아하고 딸은 아버지를 더 좋아한다.

이 초기 단계에서 아이들은 자기 부모의 중요성을 깊이 느끼며, 그들의 전체 세계는 가족의 울타리에 의해 제한된다. 아이가 갖고 있는 자아의 모든 요소들은 이제 분명해졌다. 사랑과 질투, 호기심, 증오 등이 그런 요소들이다. 그리고 이 본능들은 대부분 아이의 리비도의 대상인 부모에게로 향한다. 아이의 자아가 성장함에 따라, 충족되길 바라는 강력한 소망과 욕망도 생겨난다. 오직 어머니에 의해서만 채워질 수 있는 것들이다. 따라서 어린 아들의 내면에서 아버지를 향한 질투와 분노의 감정이 일어난다. 아들은 아버지에게서 어머니의 애정을 노리는 경쟁자를 보게 되고, 아들은 아버지를 대신하길 원한다. 아이의 영혼에 일어나는 이런 욕망을 프로이트는 '오이디푸스 콤플렉스'라고 부른다. 자신의 운명에 끌려 자기 아버지를 죽이고 어머니를 아내로 맞는 오이디푸스 왕의 비극과 비슷하다고 해서 그런 이름이 붙여졌다. 프로이트는 오이디푸스 콤플렉스를 모든 신경증의 '핵심 콤플렉스'로 제시한다.

모든 사람에게서 흔적이 어느 정도는 발견되는 이 콤플렉스의 바탕에서, 프로이트는 어머니를 향한 근친상간 소망을 본다. 그런데 이 소망은 의식에 잡히지 않는 것이 특징이다. 도덕적 반발 때문에 이 소망은 "근친상간 장벽"의 작동을 통해서 재빨리 억압된다. 프로이트는 원시인들 사이에서 확인되는 근친상간 터부에 빗대어 근친상간 장벽이라는 용어를 제시했다. 이 시기에 아이는 전형적인 성적 호기심을 발달시키기 시작한다. "나는 어디서 나왔어?"라는 질문을 통해서 그런 호기심이 밖으로 표출된다. 이 문제에 관한 아이의 관심과 조사는 부모의 다양한 행동과 태도에 대한 관찰과 그것들을 바탕으로 한 추론의 도움을 받는데도, 부모들은 자식이 자신들을 지켜보고 있다는 사실을 좀처럼 깨닫지 못한다. 그런 상황에서 아이는 불완전한 지식과 미성숙한 발달 때문에 출생에 관한 엉터리 이론들과 생각들을 품게 된다. 프로이트에 따르면, 이 같은 유아기의 성 이론들이 아이의 성격 발달에 대단히 중요하다. 또 유아기의 성 이론들은 무의식의 내용물을 이루면서 훗날 신경증으로 표현되기도 한다.

아이의 이런 다양한 반응과 성적 호기심은 전적으로 정상이며 피할 수 없다. 만약에 아이의 발달이 순조롭게 진행된다면, 아이는 사랑의 대상을 명확히 선택해야 하는 단계에 이르면 자연스레 가족 애착의 한계를 벗어나 세상 속으로 들어가면서 자신의 독립적인 존재를 발견할 것이다.

그러나 만약에 리비도가 처음 선택한 대상에 고착된 채로 남는다면, 그래서 성장 중인 개인이 이런 가족의 끈으로부터 자신을 떼어놓지 못한다면, 그때는 성적 본능이 발달하고 사랑의 대상에 대한 욕구가 커짐에 따라, 근친상간의 끈도 더욱 강해지고, 젊은 인격의 미래가 위험에 처하게 된다. 왜냐하면 근친상간의 끈이 발달하는 경우에 도덕적 검열관이 이처럼 불쾌한 관계가 그 사람 본인에게 분명하게 드러나도록 내버려두지 않을 것이기에 자연히 억압이 더욱 강해질 것이기 때문이다. 따라서 전체 문제가 무의식 속으로 더욱 깊이 억눌러지고, 실제로 일어나고 있는 불가능한 상황을 숨기고 그것에 대해 과잉 보상하기 위해 심지어 부모를 향한 격한 적의와 혐오의 감정까지 일어난다.

이처럼 리비도가 원래의 대상에 집착하는 탓에 성인의 욕구를 적절히 만족시키지 못하게 되면, 심리 성적 성격의 정상적 발달이 방해를 받는다. 성인이 감정 생활의 불안정을 일으키는 데 큰 역할을 하는 "성욕의 유치증"을 계속 보이는 것은 바로 이 방해 때문이다. 감정 생활이 불안정하게 되는 경우에 신경증이 일어날 확률이 높아진다.

프로이트와 융의 이견

이런 것들이 프로이트의 심리학이 신경증의 병인학과 정상적인 인간의 무의식적 메커니즘의 바탕을 이루는 경향들과 관련해서 내린 결론들임과 동시에 그 심리학의 토대였다. 그때 프로이트의 제자들 중에서 가장 탁월했던, 취리히 학파의 지도자 칼 융이 일부 상세한 사항들에서 프로이트의 발견들에 더 이상 동의하지 못하겠다고 반발하고 나섰다. 비록 프로이트가 관찰한 현상들과 프로이트가 발달시킨 정신분석 기법을 따르고 있고 또 그 가치를 분명히 인정할지라도, 융은 일부 사항에서는 더 이상 프로이트를 따를 수 없다는 점을 분명히 했다. 그즈음 제기된 차이들은 관찰된 현상들에 대한 융의 이해와 해석에 있었다.

먼저 성적 갈망과 욕망을 암시하는 데 쓰는 용어인 리비도의 개념을 놓고 이견이 드러났다. '성적'이라는 단어의 의미가 프로이트에 의해 일반적인 쓰임새보다 훨씬 더 넓게 확장되었음에도 불구하고, 융은 이 한계에 자신을 묶어둘 수 없었다. 융은 이 갈망, 이 충동 또는 생명의 박동을 넓은 의미의 성욕 그 너머까지 확장하는 무엇인가로 인식했다.

융은 리비도라는 용어에서 미지의 성격의 어떤 개념을 보았다. 베르그송(Henri-Louis Bergson)의 "생명의 약동"(élan vital)과 비교할 만한 것으로, 삶의 에너지 같은 것으로 본 것이다. 그러니까 성욕뿐만 아니라, 성장과 발달과 굶주림 같은 다양한 생리적, 심리적 표현들과 인간의 모든 활동들과 관심들에도 관여하는 것을 리비도로 여긴 것이다. 융은 인간의 내면에 나타난 이 우주적인 에너지 또는 충동을 리비도라 부르고, 그것을 물리학의 에너지와 비교하고 있다. 다른 많은 심리학자들이나 프로이트와 마찬가지로 생식 본능을 많은 기능들의 바탕으로 인정하고 현재 인류의 많은 활동이 성격상 더 이상 성적이지 않다는 점을 인정하면서도, 융은 그런 것들을 여전히 성적이라고 부르고 있는 견해 자체를 받아들이지 않았다. 비록 그런 활동들이 원래 성적인 것에서부터 발달해 나왔을지라도 말이다. 성욕과 성욕의 다양한 표현들을 융은 리비도가 차지하고 있는 가장 중요한 경로들로 보고 있지만, 성욕을 리비도가 흐르는 유일한 경로로 보지는 않는다.

이것은 활기찬 생명의 개념이며, 이 관점에서 본다면, 이 가설적인 생명의 에너지 또는 리비도는 사람이 무의식적 기능을 수행하는 모든 과정에 본능적으로 이용하고 있는 살아 있는 힘이며, 그런 과정들은 바로 이 에너지가 다양하게 표현된 것에 불과하다. 리비도의 이동성과 변화성 덕분에, 사람은 이해력과 지능을 통해서 자신의 리비도를 바라는 방향으로 의식적으로 돌려놓을 수 있는 힘을 갖는다.

이 같은 융의 개념에서 다음과 같이 말한 베르그송의 견해와 비슷한 점이 발견될 것이다. "이 변화, 이 이동과 생성, 이 자기 창조가 우리의 존재의 본질이고 실체이다."

리비도의 에너지 개념을 발달시킴과 동시에 그것을 프로이트의 성적 정의로부터 분리시키면서, 융은 전반적인 관심에 대한 설명을 가능하게 만들고, 특별히 성적인 것뿐만 아니라 일반적인 활동과 반응을 이해할 수 있는 실용적인 개념을 제시하고 있다.

만약 어떤 사람이 자신의 일에 더 이상 흥미를 느끼지 못하겠다고 불평하거나 주변에 대한 관심을 잃었다고 호소한다면, 그때 우리는 그의 리비도가 그 대상으로부터 철수했으며, 따라서 그 대상이 실제로는 그 전과 똑같은 모습으로 있는데도 그에게는 더 이상 매력적이지 않게 되었다는 점을 이해해야 한다. 달리 말하면, 어떤 대상이 매력적이고 흥미로운 것은 우리가 그 대상에 리비도를 쏟기 때문이다.

리비도의 철수를 부르는 원인들은 다양할 수 있으며, 대체로 보면 그 사람이 설명으로 제시하는 원인과 상당히 다를 수 있다. 이런 경우에 대체로 숨어 있어서 알려지지 않은 진정한 원인을 발견해내는 것이 정신분석의 임무이다. 한편, 개인이 어떤 생각이나 상황에 과도하게 관심을 보이면, 그때 우리는 거기에 지나치게 많은 리비도가 쏠리고 있다는 것을 알고, 따라서 다른 곳에서 그에 상응하는 고갈이 발견될 것이라고 예상할 수 있다.

이것은 곧 융의 관점과 프로이트의 관점 사이의 두 번째 차이로 이어진다. 이것은 거의 보편적으로 나타나는 아이의 성욕 표현들과 관련있다. 이 표현들을 두고 프로이트는 성인들에게 나타나는 경우에 도착이라고 불릴 만한 성욕의 비정상과 비슷하다고 생각하면서 "다형 도착"이라고 불렀다.

융은 이 관점에 예외를 제시하고 있다. 그는 어린 시절의 다양한 표현들에서 훗날 완벽하게 발달할 성욕의 전조들을 본다. 그러면서 그 표현들에 대해 도착적이라고 생각하지 않고 성적 성향의 예비적 표현으로 여긴다. 그는 인간의 삶을 세 단계로 구분한다. 3세나 4세까지인 첫 번째 단계를 그는 대체로 성 이전(pre-sexual) 단계라고 부른다. 거기서 리비도가 주로 영양 섭취와 성장 기능에 쏟아지고 있는 것이 확인되기 때문이다. 융은 이 시기를 나비의 애벌레 단계와 비슷한 것으로 본다.

두 번째 단계는 이 시기부터 사춘기까지의 기간을 말한다. 이 시기에 대해 융은 사춘기 단계라고 부른다.

세 번째 단계는 사춘기부터 그 이후의 시기를 말하며, 성숙의 시기로 여겨질 수 있다.

성적 성향이 너무나 두드러져서 그런 관계에 이의를 제기할 수 없는 다양한 표현들이 완전하게 시작되는 시기는 가장 초기 단계이며, 이 단계의 시기도 개인에 따라 크게 다르다. 그럼에도 이 단계에는 어른들이 뜻하는 그런 의미의 성욕은 존재하지 않는다.

융은 이 같은 현상들의 다형(多形)에 대해, 리비도가 영양 섭취 기능에 전념하는 상태에서부터 아이의 발달에 따라 고유의 성적 기능이 시작되는 사춘기까지 연속적으로 열리고 있는 새로운 길들로 점진적으로 이동하는 현상 때문인 것으로 설명한다. 정상적이라면, 어린 시절의 이런 나쁜 버릇은 점차적으로 사라지게 된다. 그러다 리비도는 미성숙한 단계로부터 완전히 철수한다. 그러면 사춘기의 도래로 인해 처음으로 리비도가 "분화되지 않은 원초적인 성적 힘의 형태로 나타나서 그 개인이 가족과 분리되고 친구들을 사귀도록 강요한다".

그러나 만약에 리비도가 영양 섭취 기능에서 성적 기능으로 옮겨가다가 어느 단계에서 멈추거나 지체하게 되면, 그때는 그 결과로 고착이 나타날 것이다. 그러면 정상적인 발달에 장애가 일어난다. 왜냐하면 리비도가 지체하며 어떤 유치한 표현에 매달리고 있을지라도 시간은 지체 없이 흐르고 아이의 육체적 성장도 멈추지 않기 때문이다. 그러다 보면 곧 감정 생활의 유치한 표현들과 더욱 성숙한 개인의 욕구 사이에 엄청난 차이가 나타날 것이고, 따라서 그 사람의 성격적 바탕은 신경증이 확실히 발달할 준비를 갖추게 될 것이다. 아니면 성격이 나약해지거나 성격에 신경증이나 다름없는 장애가 나타날 것이다.

유치한 리비도가 쏟아질 수 있는 가장 중요하고 활동적인 형식의 하나가 바로 공상이다. 아이의 세계는 현실 세계가 너무나 자주 거부하는 만족과 즐거움을 스스로 창조할 수 있는 상상의 세계이다. 아이가 성장하고 삶의 실제적인 요구가 아이에게 강요됨에 따라, 아이는 리비도를 공상의 세계에서 끌어내서 자신의 나이와 처지에 맞춰 적절한 현실 적응으로 돌려야 한다. 그러다 마침내 어른이 되면 삶의 생물학적 및 문화적 요구에 맞추기 위해 전체 리비도의 자유가 필요하다.

그러나 어떤 사람들은 이런 식으로 리비도를 현실 세계에서 이용하지 않고 공상의 어둑한 세계에서 만족을 추구하는 일을 결코 멈추지 않는다. 그러다 보니 그런 사람들은 설령 적응을 위해 어떤 노력을 할지라도 삶의 길에 곤경이나 장애가 나타나기만 하면 쉽게 낙담하며 내면의 정신 세계로 다시 돌아간다. 이 같은 조건은 '내향'(introversion)의 상태라 불린다. 이 조건은 과거와 그 시절의 기억에 관심을 두고 있다. 오래 전에 마무리되고 끝냈어야 하는 상황과 경험에 아직 관심이 집중되고 있는 것이다. 한때 중요했으나 그 후로는 전혀 아무런 의미를 지니지 않아야 하는 이미지들과 일들이 현재의 삶에 여전히 영향을 미치고 있다. 이런 공상의 산물의 본질과 성격은 다양하며 감정적인 태도와 겉치레, 유치한 망상과 과장, 편견, 그리고 사람들이 갖가지 형식으로 표현하는 불일치 등을 통해 쉽게 겉으로 드러난다. 그런 사람들은 실제 상황에 부적절하게 대처한다. 사소한 일에도 과민하게 반응한다. 아니면 진정으로 진지한 태도가 요구되는 상황에서 가벼운 태도를 보인다. 달리 말하면, 현실에 대한 정신적 적응이 아주 부적절하다. 이런 적응도 아이의 입장에서 보면 충분히 예상할 수 있는 것이지만, 성인의 입장에서 보면 매우 부자연스럽다.

이 과거 영향들 중에서 가장 중요한 것은 부모의 영향이다. 부모가 발달 중인 아이의 사랑의 대상으로 첫 번째로 꼽히고 아이에게 가장 먼저 만족과 쾌락을 줄 수 있기 때문에, 프로이트가 잘 보여주었듯이, 부모는 아이에게 모든 측면에서 본보기가 된다. 이것을 프로이트는 '핵심 콤플렉스' 또는 '뿌리 콤플렉스'라고 불렀다. 이유는 이 영향이 너무나 막강한 탓에 훗날 개인의 삶에 나타나는 곤경의 중요한 요인처럼 보이기 때문이다.

바로 여기서 융의 해석과 프로이트의 해석에 세 번째 중요한 차이가 나타나고 있다.

융은 신경증을 가진 사람들 중에서 어린 시절에도 똑같은 신경증적 경향을 보인 사람이 많다는 점을 분명히 인정한다. 또 그런 아이들의 운명을 좌우하는 압도적인 영향은 부모의 영향이라는 점도 인정한다. 부모의 과도한 불안 또는 부드러움, 공감 혹은 이해 부족 등이 그런 영향의 예이다. 달리 말하면, 부모의 콤플렉스들이 아이에게 작용하면서 아이의 내면에 사랑과 존경, 두려움, 불신, 증오, 반항을 낳는다는 뜻이다. 아이의 감수성과 감동성이 예민할수록, 아이는 가족의 환경에 인상을 더 강하게 받고 또 현실 세계에서도 무의식적으로 자신의 좁은 세계의 모델을 발견하려 들 것이다. 말하자면 자신의 좁은 세계를 채웠던 쾌락과 만족, 혹은 불만과 불행으로 가득한 그런 작은 세상을 찾으려 무의식적으로 노력한다는 뜻이다.

확실히, 이 조건은 인식되거나 의식되는 것이 아니다. 왜냐하면 그 개인이 현실 세계에서 살고 있는 까닭에, 그리고 현재의 조건과 그의 어린 과거의 조건 사이에 큰 차이가 있는 까닭에 자신이 이런 과거의 영향으로부터 완전히 자유롭다고 생각하고 있기 때문이다. 그는 이 모든 것을 지적으로 보고 있지만, 어떤 상황에 대한 지적 이해와 감정적 전개 사이에는 엄청난 차이가 있으며, 부조화가 일어나고 있는 곳은 감정적 전개의 영역이다.

그러나 많은 생각들과 감정들이 부모와 연결되어 있다 하더라도, 분석 과정을 거치면 그 생각들과 감정들이 오직 주관적이라는 사실이, 또 실제로 보면 그것들이 과거의 실제 상황과 닮은 점이 거의 없다는 사실이 드러난다. 따라서 융은 진짜 아버지와 어머니에 대해서는 더 이상 말하지 않고 아버지나 어머니를 나타내기 위해 심상이나 이미지라는 용어를 쓴다. 왜냐하면 감정들과 공상들이 종종 진짜 부모를 다루지 않고 그 사람의 상상력에 의해 창조된, 왜곡되고 주관적인 이미지를 다루고 있기 때문이다.

이 구분을 따르면서 융은 프로이트의 오이디푸스 콤플렉스에서 오직 "부모를 향한 아이의 욕망과 그 갈망이 일으키는 갈등을 나타내는" 어떤 상징만을 보고 있으며, 따라서 그는 어린 시절의 초기 단계에서 어머니가 아이에게 실제로 성적 의미를 지닌다는 이론을 받아들이지 못한다.

어머니에 대한 아이의 요구, 그러니까 너무나 자주 나타나는 질투는 처음에는 보호자와 영양 공급자로서 어머니의 역할과 연결되며, 그 뒤에 성욕이 싹틀 때가 되어서야 아이의 사랑이 발달 중인 성적 특성과 결합한다. 사랑의 주요 대상들은 여전히 부모이며, 아이는 당연히 부모에게서 자신의 욕망을 계속 만족시키려고 노력한다. 이런 식으로 전형적인 갈등이 발달하며, 그 갈등은 아들의 내면에서 아버지에게로 향하고, 딸의 내면에서 어머니에게로 향한다. 어머니를 향한 딸의 질투는 '엘렉트라 콤플렉스' (Electra complex)라고 불린다. 자기 아버지를 살해한, 말하자면 자기 아버지를 빼앗은 어머니에게 복수하는 엘렉트라의 신화에서 비롯된 용어이다.

정상적인 상황이라면, 아이는 사춘기에 이르면 점진적으로 부모로부터 자유로워지며, 아이의 건강과 행복은 이 자유를 어느 정도 성취하느냐에 크게 좌우된다.

젊은 개인에게 어린 시절의 의존에서 벗어나 현실 세계에서 독립적인 존재를 추구할 것을 요구하는 자연의 소리는 아주 도도하고 위압적이다. 따라서 그 요구가 아이의 내면에 심각한 갈등과 투쟁을 일으킨다. 융에 따르면, 이 시기는 상징적으로 자기 희생이 치러지는 것이 특징이다.

젊은 사람이 가족과 지나치게 밀접히 얽혀 있는 탓에 약간의 자유를 획득하는 것조차 지극히 어려운 경우가 종종 있다. 그런 상황이라면 젊은이는 조금의 자유를 얻는 데도 대단한 어려움을 느낄 것이고, 그렇게 얻은 자유도 매우 불완전할 것이다. 그러면 성적 리비도는 그 콤플렉스의 존재를 분명히 드러내는 어떤 감정들과 공상들에서만 표현되다가 급기야 완전히 숨어버리며 실현되지 못하게 될 것이다. 이젠 자식으로서 품을 수 없는 부도덕한 감정들에 강력한 저항으로 맞서는 이차적인 투쟁이 시작된다. 이때 저항은 짜증이나 화, 반항, 부모에 대한 적대감, 또는 속으로 꾹꾹 누르고 있던 반항과 반발에 대한 과잉 보상으로 나타나는 특별히 부드럽고 순종적이고 온순한 태도 등으로 나타난다.

이 투쟁과 갈등이 자기 희생이라는 무의식적 공상을 낳으며, 이 공상은 리비도를 자유롭게 풀어 놓기 위해서 유치한 경향들과 사랑 유형을 희생시킨다는 것을 의미한다. 왜냐하면 그의 천성이 그에게 인격적 성취를 이룰 능력을 확보할 것을 요구하고 있고, 이런 능력을 충족시키는 것은 잘 발달한 남자와 여자에게만 가능한 일이기 때문이다.

이 개념은 영어권 독자들에게 소개되는 이 책에서 융에 의해 상세하게 제시되었다.

이제 융의 개념들 중에서 가장 중요한 개념을 볼 차례이다. 이 개념을 두고 가장 중요하다고 말하는 이유는 그것이 일부 유형들의 신경증 환자들을 치료하는 데 실용적으로 대단히 중요하고 또 이론적으로 프로이트의 가설과 정반대이기 때문이다. 융은 부모의 영향과 아이의 성적 성향의 영향을 충분히 인정하는 한편으로, 유아기의 과거에서 훗날 나타나는 병의 진정한 원인을 찾기를 거부한다. 융은 병을 일으키는 갈등의 원인을 전적으로 현재에서 찾는다. 그는 원인을 먼 과거에서 찾는 경우에 자신을 중요한 현재로부터 가급적 멀리 떼어놓으려는 환자의 욕망만 추적하는 결과를 낳게 된다는 입장을 보이고 있다.

갈등은 개인의 자아의 성취에 생물학적으로나 실용적으로 근본적인 어떤 과업 또는 의무에 의해 일어나지만, 그 과업이나 의무보다 앞서 어떤 장애가 일어나고, 그러면 그가 그것들 앞에서 위축되다가 멈추며 앞으로 나아가지 못하게 된다. 전진하는 경로에 이 같은 간섭이 일어나면, 리비도가 축적되고 퇴행이 일어난다. 그러면 과거에 리비도가 흘렀던 경로들이 활성화된다. 이 경로들은 아이일 때에는 지극히 정상이었지만 어른에게는 더 이상 아무런 가치를 지니지 않는다. 지금 살아나서 만족을 추구하고 있는 이 퇴행적인 유아기의 욕망들과 공상들이 증후들로 바뀌고, 그 욕망들과 공상들은 이 대용물의 형식들에서 어떤 만족을 얻으며, 따라서 신경증 증후들이 외적으로 나타나게 된다. 그래서 융은 환자를 힘들게 만드는 어린 시절의 정신적 경험이나 고착이 무엇인지에 대해서는 묻지 않고, 환자가 피하려 드는 현재의 의무나 임무가 무엇인지, 그가 삶의 길에서 극복하지 못하고 있는 장애가 무엇인지를 묻는다. 또 과거의 정신적 경험으로 퇴행하는 원인이 무엇인지를 묻는다.

이 이론을 따르면서, 융은 환자들이 엮어내는 정교한 공상과 꿈들은 현실에서 이루지 못한 적응을 보상하는 형태이거나 그 적응의 인공적 대체물이라는 관점을 제시하고 있다. 이 공상들과 꿈들의 성적인 내용물은 단지 겉으로만 그럴 뿐이며 진짜 성적인 욕망이나 근친상간의 소망을 표현하는 것이 아니다. 그 성적 내용물은 현재 자아가 요구하고 있는 것을 성취하는 것이 너무 어렵거나 불가능해 보이거나 현실 적응이 전혀 이뤄질 수 없는 상황에서 현재의 욕구를 상징적으로 나타내기 위해 성적 형태를 퇴행적으로 이용하고 있다.

이 같은 진술을 통해서 융은 분석 심리학의 작업과 신경증 증후라는 개념에 새로운 빛을 비추고 있으며, 동시에 관찰에 나타나는 불일치와 모순을 이해할 수 있게 했다.

분석 심리학

이 대목에서 이런 질문을 던지는 것도 바람직할 것 같다. 영혼에 대한 연구의 확대를 통해서 무엇이 확립되었는가? 또 그 연구들이 신경증 환자들을 위한 치료로서만 아니라 정상적인 인간을 위한 것으로서 어떤 가치를 지니는가?

첫 번째이자 아마 가장 중요한 것은 어떤 심리학적 결정론을 분명히 인식했다는 점이다. 인간의 삶이 어리석거나 무의미하거나 목적 없는 행동이나 실수나 생각으로 가득한 것이 아니라, 정신의 표현은 겉보기에 아무리 사소하고 모순되어 보이더라도 절대로 그저 나오는 것이 아니라는 점을 분명히 보여줄 수 있었다. 어떤 사람이 자신의 버릇이나 사소한 표현들, 행위들을 일으키는 무의식적 요소들과 그것들의 목적과 의미를 알고 싶어 한다면, 그 사람에게 필요한 것은 그것들을 겉으로 드러내는 기술을 아는 것뿐이다.

이것은 두 번째 근본적인 개념으로 이어진다. 이 개념은 아마 앞에서 말한 내용보다 훨씬 덜 고려되고 있다. 그것은 의식적인 정신과 사고의 상대적인 가치이다. 사람들은 일반적으로 자신을 표면적인 동기들을 바탕으로 평가하고, "내가 하거나 말하고 싶은 것은 이거야."라거나 "그렇게 할 생각이었어."라는 식으로 말하거나 생각함으로써 스스로 만족하는 태도를 보인다. 그러나 사람이 생각하거나 하려고 했던 것이 실제로 생각하거나 한 것과 정반대인 경우가 자주 있다. 의식적인 생각과 행동의 차이가 관찰될 수 있을 만큼 두드러질 때, 우리 모두 그런 경험을 한다. 또 의식적으로 간절히 바랐던 것이 막상 손에 들어온 뒤에 그것이 전혀 만족스럽지 못하다는 사실을 확인하는 것도 잘 알려진 경험이다. 그때 그 욕망은 다른 대상으로 이미 전이되었다. 따라서 그 사람은 의식이 욕망으로 제시한 감정과 생각이 거짓이라는 사실을 깨닫게 된다. 이런 예들의 경우에 어려움은 무엇인가? 틀림없이, 우리가 자각하고 있는 힘 이외에 방향을 잡는 다른 힘이 작동하고 있다.

미국 심리학자 스탠리 홀(Stanley Hall) 박사는 아주 놀라운 상징을 하나이용하고 있다. 인간의 정신을 바다에 떠다니는 빙산과 비교하고 있는 것이다. 빙산은 8분의 1만 해수면 위로 나타나고 8분의 7은 그 아래에 잠겨 있다. 인간의 정신으로 치면 위로 드러난 8분의 1이 의식이라고 불리는 부분이고, 그 아래의 8분의 7이 무의식이라 불리는 부분이다. 무의식적 욕망이우리의 생각과 행동에 미치는 영향과 통제력은 이 수치를 바탕으로 미뤄 짐작할 수 있다. 우리가 용인하거나 믿고 있는 동기나 관심 외에 다른 동기와관심을 가진 흐릿한 빛들이 종종 의식을 스치듯 지나간다. 이 암시들을 제대로 연구하고 정확히 평가하기만 하면, 의식은 단 하나의 무대에 지나지않고 또 정신의 한 가지 표현 형식에 불과하다는 깨달음을 얻을 것이다.

똑같이 중요한 또 다른 기여는 칼 융이 경험을 바탕으로 역동적인 삶의이론을 발달시킨 부분이다. 삶은 건설 또는 파괴로 향하고 있는 흐름, 즉운동의 상태라는 것이 바로 그 이론이다. 사람은 자신이 이룬 발달을 통해서 지능과 이해력을 바탕으로 이 삶의 에너지, 즉 리비도를 현재 자신의 이익에 이바지하고 진정한 만족을 안겨줄 경로들 쪽으로 확실히 돌리는 힘을 얻었다.

사람이 무지나 타고난 경향들 때문에 자신의 욕구나 그 욕구를 충족시킬수 있는 힘을 인식하지 못하거나 현재의 현실의 조건들에 자신을 적응시키지 못할 때, 유아기의 경로들이 다시 살아나고, 이 경로들에 의해서 증후나태도를 생성시킴으로써 성취나 만족을 얻으려는 시도가 이뤄지게 된다.

이런 진술들을 받아들이기 위해서는 먼저 유아기 성욕이 존재한다는 점을, 또 유아기의 성욕이 훗날 그 사람의 삶에 중요한 역할을 한다는 점을 인정해야 한다. 부모들이 아이에게 행사하는 압도적인 힘과 영향력 때문에, 또 아이가 무의식적으로 리비도를 최초의 대상인 어머니에게 고착시키는 현상과 이 첫 번째 사랑의 모델이 아이의 정신에 오랫동안 남는 현상 때문에, 아이는 성인의 발달 단계에 이르러 가족의 울타리 밖에서 사랑의 대상을 찾아야 할 때가 되면 만족스런 모델을 얻는 것이 매우 어렵다는 사실을 깨닫는다.

부모와 선생들이 자연의 요구를 인식하는 것이 대단히 중요하다. 말하자면, 정상적인 젊은이라면 사춘기를 기점으로 부모로부터 분리되어 독립적인 존재를 추구하게 되어 있다는 사실을 아는 것이 중요하다는 뜻이다. 복잡한 현대 문명에서 자연의 이런 요구는 부모와 주변 환경과 협력적이고 다정한 관계를 유지해 온 아이에게는 충족시키기 힘든 일이다. 특히, 자유를 추구하기 위해 내적 투쟁을 벌여야 할 뿐만 아니라 그 과정에 아이가 자신들의 영향력에서 벗어난다는 생각을 견디지 못하고 어떤 대가를 치르더라도 아이를 자기 곁에 붙잡아 두려 드는 부모의 저항에 봉착하는 아이의 경우에 자연의 요구를 충족시키는 것이 대단히 어려운 과제가 된다. 주로 부모를 표적으로 한 질투와 비판과 흥분, 부모의 권위에 대한 도전, 모두가 잘 알고 있는 가출과 다양한 정신적 장애와 신경성 장애가 나타나는 것은 어린이의 타성과 자연의 충동 사이의 갈등이 대단히 치열하게 전개되는 이 시기이다.

인간이 태어나서 최초로 겪는 힘든 과제인 이 분투는 엄청난 노력을 요구하며 융에 의해 자기 희생 동기로 표현되고 있다. 유아기의 감정들과 요구 사항들, 그리고 이 시기의 무책임을 희생시키고 그 대신에 개인적인 존재에 따르는 의무들과 임무들을 떠맡아야 건강한 삶을 지켜나갈 수 있다는 것이 칼 융의 지론이다.

융이 고대와 현대의 문학과 예술 창작품뿐만 아니라 초기부터 인간의 신화들과 종교들에 숨겨져 있는 진정한 동기로 보는 것이 바로 이 위대한 주제이다. 그가 이 책에서 엄청난 노력을 기울이며 세세하게 밝혀 내려고 하는 것도 바로 그 동기이다.

여기서 자아와 성적 본능이 사람의 생각과 반응에 미치는 엄청난 영향과 중요성을 인식하고 재평가할 필요가 있으며, 또 심리학의 초점을 의지와 지능에서 정서와 감정의 영역으로 옮길 필요도 있다. 바람직한 결론은 이 두 가지 경로들을 통합시키거나 지성을 감정에 이바지하는 방향으로 건설적으로 이용하는 것이다. 그렇게 하면 지성과 감정 사이에 협력적인 작용이 일어나면서 개인에게 최대한의 이익을 안겨줄 것이다.

분석 심리학을 접하는 사람은 누구나 인간이 자신에게 강요하고 있는 불필요한 짐의 무게에 놀라움을 금치 못한다. 사람은 엄격한 지적인 관점들과 도덕적 원칙들을 고수하는 까닭에 현실에 대한 적응을 더욱 어렵게 만들고 있다. 또 사람은 자신이 좋거나 나쁜 온갖 경향들을 내면에 품고 있는 불완전한 인간에 지나지 않는다는 점을 인정하지 않음으로써 삶 자체를 대단히 고단하게 만들고 있다. 게다가, 자기 자신을 이런 관점에서 보기를 거부하며 이상적인 인간으로 본다 하더라도 실제 조건에는 달라지는 것이 하나도 없으며, 실제로 보면 자신을 매우 도덕적인 인간으로 고려하면서 타인들의 "죄"를 목격할 때마다 충격을 받고 마음의 상처를 입는 것처럼 꾸미는 그 싸구려 가식 때문에 사람은 오히려 자신의 성격을 개발하거나 능력을 개화시킬 기회를 잃고 있다.

사람들 사이에 서로의 생각을 볼 수 없다는 사실이 얼마나 다행인지 모른다는 소리가 간혹 들린다. 만약에 사람들이 서로의 감정을 읽을 수 있다면, 그것 한 가지 만으로도 세상이 얼마나 혼란스럽겠는가. 그런데 영혼의 이런 비밀들이 그렇게 수치스러운 이유가 무엇인가? 그 비밀들은 사실 우리 자신의 이기적인 욕망들이다. 한결같이 충족되기를 바라는 욕망, 행복을 향한 욕망이다. 이 욕망들은 본능적으로 그 자체 그대로 충족되기를 바라지만, 그것들은 어디까지나 현실 세계와 사회적 집단에 적응함으로써만 성취될 수 있다.

그렇다면 인간의 모든 노력에 가장 큰 영향을 끼치는 요소가 자아 자체에서, 자아의 욕구와 소망, 필요, 만족에서 발견된다는 사실을 인정하는 것이 그렇게 고통스런 이유는 무엇인가?

이 생각이 불쾌하게 다가오는 이유는 아마 본성 자체에서 일어나는 내적 저항에서 발견될 것이다. 본성은 사람이 어떤 계획을 짤 때 당연히 타인들을 포함시킬 것을 요구한다. 목적은 그 사람 자신의 탐욕적인 욕망들이 그를 파괴하도록 내버려 두지 않기 위해서이다. 그러나 내면에 이런 요구가 있고 또 수 세기 동안 내려오면서 윤리적, 도덕적 가르침들이 많이 제기되었음에도 불구하고, 인간이 이웃을 고려하는 것이 자신의 이익에도 부합한다는 사실을, 또 사회의 요구를 무시하는 것은 불가능하다는 사실을 매우 불완전하게만 배웠다는 것을 뒷받침하는 증거가 도처에서 보인다. 외적으로, 자기 분투와 소위 이기적인 추구는 무가치하고, 비천하고, 바람직한 성격과 양립 불가능하고, 어떻든 무시되어야 한다는 이상적인 인식 때문에, 자아의 충동의 힘을 인정하는 것은 반대할 만하다.

이런 태도가 무익하다는 점은 수 많은 세기가 흘렀음에도 불구하고 우리의 인간 관계와 제도들에서 분명히 드러나고 있는 바와 같이 그런 이상에 가까이 다가서는 데조차도 성공하지 못했다는 사실에서 분명히 확인되고 있으며, 그 같은 태도는 이 영역에서도 성욕의 영역에서와 마찬가지로 효과적이지 않다. 성욕의 영역에서 성욕의 압도적인 지배를 극복하려는 노력이 엉뚱하게도 그 본능을 약화시키고 성욕에서 상스럽거나 불결한 무엇인가를, 말로 표현할 수 없고 불경스런 무엇인가를 보는 방향으로 전개되었다. 그런 식의 노력은 성욕의 힘을 파괴하기는커녕 오히려 성욕의 표현을 일그러뜨리고, 왜곡하고, 훼손하고, 손상시키는 결과를 낳았다. 이유는 이 근본적인 본능들이 개인의 파괴 없이는 파괴될 수 없는 것이기 때문이다. 삶 자체가 욕구를 품고 있으며, 그 욕구가 창조된 형태들을 통해 표현되길 강력히 요구하고 있다. 이 요구에 인간을 제외한 모든 자연은 자유롭게 또 단순하게 대답하고 있다. 인간이 자기 자신을 삶의 에너지가 관통하며 흐르는 하나의 도구로 보지 못하고, 또 그 도구의 요구들은 반드시 충족되어야 한다는 점을 인식하지 못하는 그 무능이 인간의 비참의 원인이다. 지능과 자의식을 갖고 있음에도 불구하고, 인간은 자신에게 재앙을 안기지 않고는 삶의 과제를 거부하거나 자신의 욕구를 충족시키길 거부하지 못한다. 인간의 중대한 과제는 자신을 현실에 적응시키고, 자신을 자신의 개인적 가능성에 따라서 생명을 표현하는 하나의 도구로 인정하는 것이다.

인간이 스스로를 창조하는 존재로서 누리는 그 특권에서 인간의 가장 고귀한 목적이 발견된다.

자의식의 가치는 인간이 자신을 성찰하면서 자신의 행동들이나 의견들의 진정한 기원과 의미를 이해할 수 있다는 사실에, 또 인간이 자신의 발달의 진정한 수준을 적절히 평가하고, 자기 기만을 피하고, 따라서 생물학적 적응을 발견할 길을 저지당하지 않는다는 사실에 있다. 인간은 이제 자신의 행동의 바닥에서 작용하고 있는 동기들을 의식하지 않거나 가면 뒤로 숨을 필요가 더 이상 없다. 달리 말하면, 기계론자들이 말하듯이, 인간은 단순히 자극들에 대한 일련의 반응들일 수 있지만, 인간은 어느 정도까지는 스스로를 창조하고 스스로를 결정하는 존재가 될 수 있다.

정말로, 베르그송이 본 바와 같이, 인간에게는 적응하려는 충동이 있는 것 같으며, 그렇다면 자신의 자기가 이 충동을 잘 다룰 수 있도록 지능을 최대한 활용하는 것이 인간으로서 할 수 있는 최고의 과제일 것이다.

인류를 위한 심리학

인간의 숨겨진 깊은 곳들에 닿는 이런 다양한 경로들에 대한 조사를 통해서, 그리고 그 깊은 곳들에서 작동하고 있는 동기들과 영향들을 밖으로 드러냄으로써, 초심자에게는 놀랍게 다가올지 모르지만, 모든 인류의 실제적인 인간관계, 즉 형제애의 개념이 매우 명확하게 나타난다. 정신분석 중에서 가장 큰 희망이면서 동시에 두려움과 혐오의 대상이 되고 있는 부분이 바로 인류가 공통적으로 물려받은 이런 요소들에 대한 인식이다. 이 요소들은 인류가 처음 활동을 시작하던 때부터 작용했으며 지금도 여전히 작용하고 있다.

정신분석은 일부 개인들, 그러니까 자신의 탁월성과, 자신의 반응들과 동기들과 보통 사람들의 그것들을 구분하는 데에서 긍지를 느끼는 개인들로부터 반감을 사고 있다. 달리 말하면, 그런 사람들은 자신을 높이고 타인들을 낮춤으로써 스스로 중요한 인물이 되려고 노력하는데, 그런 겉치레 밑에서 인류가 공유하고 있는 매우 평범한 요소들을 발견하는 것이 그들에게 충격으로 다가온다.

한편, 자신의 나약함을 인정할 수 있고 자신의 영혼의 비밀 속에서 고통을 겪은 사람들에게는 그런 것들이 자신을 타인들로부터 떼어놓지 않으며, 그것들이 모든 사람들의 공통적인 특징이며, 어떤 사람도 자신의 동료에게 경멸의 손가락질을 할 수 없다는 사실을 아는 것이 삶의 위대한 경험이자 가장 큰 위안으로 다가올 것이다.

정신분석은 또한 어렵게 성취한 억압들과 증후들에 자신의 안전이 있고, 자신이 감당하지 못할 경향들과 특징들을 직면하는 것으로부터 보호받을 수 있는 길이 있다고 생각하는 사람들에게도 두려움의 대상이 되고 있다. 억압과 거기에 수반되는 증후들은 어떤 어려움과 분투를 암시하며, 이런 식으로 그것들은 비록 낭비적이고 쓸모없는 방식으로만 이뤄질지라도 억압된 경향들에게 활동을 허용하는 일종의 타협 또는 대용적인 형성이 된다. 그럼에도 불구하고, 만약에 분석 작업이 거기서 중단한다면, 개인을 그의 원래의 경향들 쪽으로로 거꾸로 분석하며 그에게 이런 대용적인 형성들의 의미를 드러내 보여주는 것은 아마 쓸모없는 과정일 것이며, "그 사람의 마지막 상태는 분석을 처음 시작하던 때의 상태보다 더 나빠져 있을" 것이다.

정신분석의 목적은 문명인이 너무나 힘들게 올라갔던 장벽들을 파괴하여 그를 원시적인 상태로 되돌려놓는 것이 아니라, 장벽들의 극복이 실패했거나 불완전하게 성공한 곳에서 그 사람이 자연이 제공하는 것보다 덜 낭비적인 방법들을 통해서 보다 적은 에너지의 지출로 최대한의 가능성들을 성취하도록 돕는 것이다. 이 성취에 정신분석 방법의 희망적이고 소중한 측면, 즉 통합의 발달이 있다. 정신분석은 희망적이다. 왜냐하면 이 원시적인 경향들을 건설적으로 다룰 수 있는 길이 지금 열리고 있고, 그 경향들을 보다 높은 목적에, 사회적으로나 개인적으로 보다 소중하고 만족스런 목적에 활용함으로써 그 경향들의 효과를 무해하게 만들 뿐만 아니라 더 나아가 이롭게 만들고 있기 때문이다.

능력 있고 건설적인 성격을 가진 사람들의 내면에서는, 그러니까 인류에 아주 많은 것을 안겨준 창조적인 정신의 소유자들의 내면에서는 대체로 원시적인 경향들이 고차원적인 목적에 활용되고 있다. 그들은 쓸데없는 증후나 파괴적인 행동을 낳을 수도 있는 심리적 경향들을 소중한 산물로 바꿔놓았다. 정말로, 강하고 유능한 사람들 중에서 자신도 자칫 낭비적이고 파괴적인 삶을 살 뻔했다고 말하는 사람이 드물지 않다. 억압을 제거함으로써 자유로워진 에너지 또는 리비도를 이런 식으로 활용하고 유아적인 경향과 욕망을 보다 고차원적인 목표와 방향으로 돌리는 것은 '승화'라 불린다.

이 같은 논의를 놓고 천재나 훌륭한 성격이 정신분석을 통해서 창조될 수 있다는 식으로 이해해서는 안 된다. 왜냐하면 그런 것은 정신분석의 목표가 아니기 때문이다. 정신분석의 목표는 인격의 완전한 발달을 방해하는 금지와 제한을 제거하고, 개인이 잠재력을 최대한 발휘하도록 돕고, 신경증 환자든 정상적인 사람이든 누구나 어려움과 특수성이 당연히 수반되는 삶을 보다 잘 이해하고 또 잘 헤쳐 나갈 수 있도록 준비시키는 것이다.

이 같은 추론과 방법은 단지 인간에게 적용되는 경우에만 새롭다. 식물과 동물의 모든 개량에서, 이런 일반적인 원칙들이 받아들여지고 그 원칙들의 가르침들이 건설적으로 이용되고 있다.

그 업적이 세상에 널리 알려져 있는 식물 박사 루서 버뱅크(Luther Burbank)는 이렇게 말한다. "어떤 식물 안에서 벌어지고 있는 경향들의 투쟁에 관한 지식이 식물 개량의 바탕이다. … 일반적인 통념과 달리, 식물 개량은 우연히 일어나는 것이 아니다. 이런 힘들에 대한 지식이 식물 개량을 가능하게 한다."

그렇다면 이것이 인간이 자신과 관련해 저지르고 있는 실수이고, 또 인간이 실제로 보다 향상되고 안정적인 발달에 도달하지 못하는 부분적인 원인이 아닐까?

인간이 모든 생명과 생물학적 관계를 맺고 있다는 점을 인정하고 이런 인정을 현실로 구현하기를 원한다면, 사고의 틀을 바꾸고 겉으로 관찰되는 인간 행동에 관한 사실들을 반드시 재고해야 한다. 낡은 생각들을 대상으로 점진적으로 조용히 진행되는 대변동은 지금도 여전히 진행되고 있다. 분석 심리학은 서로 다른 시기에 개별적인 연구자들에 의해 관찰된 인간의 다양한 현상들을 통합하고 평가하며, 거기에 새로운 질서를 부여하려고 노력하고 있다. 분석 심리학은 인간과 살아 있는 다른 모든 형태들과 생물학적으로 관계를 확고히 할 수 있는 방법을 제시하고 있다. 이 방법은 인간 자신의 실제 성취를 직접 적절히 평가하도록 하고, 인간을 위해서 건 강과 행복, 성취를 향상시킬 가능성을 열어준다. ■

지은이의 말

:

이 책에서 나의 과제는 어느 개인의 공상 체계를 분석하는 것이었으며, 그 과정에 대단한 중요성을 지니는 문제들이 드러났다. 이 문제들을 완벽하게 파악하려고 나름대로 노력했지만, 나는 그 경로들을 찾을 방향만을 피상적으로 제시하는 선에서 그칠 수밖에 없었다. 그 경로들을 열고 탐구한다면, 아마 미래의 연구자들은 성공의 결실을 거둘 것이다.

어떤 작업 가설이 가능함에도 단지 그것이 틀릴 수도 있다는 생각에서 그 가설의 가치를 부정하려 드는 관점에 나는 동의하지 못한다. 분명히 나는 실수를 저지르지 않으려고 최대한 노력했다. 현기증을 일으킬 만큼 높은 위치에서 일어나는 실수는 특별히 더 위험할 수 있으니 말이다. 나는 이런 연구의 위험을 너무나 잘 알고 있기 때문에 실수를 저지르지 않으려고 최대한 노력했다. 그러나 나는 과학적인 작업을 독단적인 경쟁으로 여기지 않으며, 그보다는 지식의 증대와 심화를 추구하는 작업으로 본다. 이 책은 과학과 관련해 이와 비슷한 생각을 가진 사람들을 위한 것이다.

마지막으로, 나는 이 책이 출간되기까지 도움을 준 소중한 사람들에게 감사의 마음을 전해야 한다. 특히 사랑하는 아내와 친구들의 아낌없는 지원에 큰 빚을 졌다.

칼 구스타프 융

차례

1부

2부

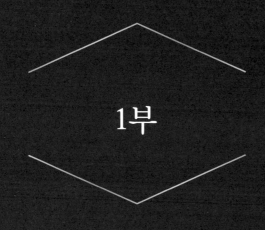

1부

들어가는 글

지크문트 프로이트의 『꿈의 해석』(Interpretation of the Dream)을, 그 분석적 방법의 지나친 과감성과 새로움에 과학적 의문을 품지 않고, 꿈 해석에 나타나는 놀랄 정도의 선정성에 도덕적 분노를 느끼지 않고, 사실들의 이상한 배열이 자신의 정신에 영향을 끼치는 것을 차분히 편견 없이 허용하면서 읽을 수 있는 사람은 누구나 프로이트가 개인의 어떤 심리적 갈등, 즉 근친상간 공상이 고대의 매우 극적인 오이디푸스 전설의 근본 뿌리라는 점을 상기시키는 대목에서 틀림없이 강렬한 인상을 받을 것이다. 이런 식으로 단순히 오이디푸스를 끌어들임으로써 독자들에게 남기는 인상은, 예를 들면 온갖 소음으로 시끄러운 현대의 거리에서 우연히 어떤 고대 유물을, 이를테면 코린트 양식의 기둥머리나 비문(碑文) 조각을 맞닥뜨릴 때 우리의 내면에 일어나는 묘한 기분과 비슷하다. 직전까지 소란스런 현재의 삶에 정신없이 코를 박고 있었는데, 갑자기 아득히 먼 옛날의 이상한 무엇인가가 우리 눈앞에 나타나서 돌연 우리의 관심을 다른 질서의 사물들로 돌려놓는다. 현재의 일관성 없는 복잡성에서 눈을 떼고 역사 속의 보다 확실한 일관성을 보도록 하는 것이다. 그러면 우리가 지금 이리저리 바삐 움직이고 있는 바로 이곳에서, 2,000년 전에 우리의 삶과 비슷한 삶과 활동이 다소 다른 형식으로 전개되었을 것이라는 생각이 들기 쉽다. 비슷한 열정들이 인류를 움직였고, 인간은 그때도 지금이나 마찬가지로 자신의 존재의 유일성을 확신했을 것이니 말이다.

나는 고대 유물과의 첫 만남이 쉽게 남기는 인상과 프로이트가 오이디푸스 전설을 언급하면서 각인시키는 인상을 서로 비교하곤 한다. 이유는 우리가 여전히 '개인의 영혼'의 다양성이 남기는 혼란스런 인상들에 몰두하고 있는 동안에, 돌연 그리스의 극장의 불이 꺼지지 않도록 했던 그 유명한 오이디푸스 왕의 비극이 불쑥 나타나기 때문이다.

이처럼 넓은 시야는 그 자체에 뜻밖의 무엇인가를 담고 있다. 우리 현대인에게, 고대의 심리학은 오래 전에 과거의 그림자들 속에 묻혔다. 그래서 교실에서 누군가가 무분별하게 페넬로페[2]의 점잖은 시대와 이오카스테[3]의 시대를 평가하면서 우습게도 그 평가의 결과를 전설과 연극 속의 비극과 성애극(性愛劇)의 갈등과 비교한다면, 학생들은 회의적인 웃음을 금하지 못할 것이다. 우리 인간은 그 당시에(그리고 오늘날에도 누가 아는가?) 어머니가 아들의 뜨거운 열정의 대상이, 아들의 인생을 완전히 파괴해 버릴 수 있는 그런 열정의 대상이 될 수 있다는 것을 몰랐다. 프랑스 작가 니농

....
2 오디세우스의 아내로 남편이 트로이 전쟁 때문에 오랜 세월 동안 집을 비운 사이에도 구혼자들의 유혹을 뿌리치고 정절을 지키다가 남편과 다시 결합했다.
3 그리스 신화에서 라이오스의 아내로 나오며 훗날 아들 오이디푸스와 결혼했다가 결국엔 자살한다.

드 랑클로(Ninon de Lenclos)와 그녀의 아들[4]의 경우처럼 드물고 병적인 것으로 이해되는 예들은 우리 대부분과는 너무나 동떨어진 이야기라서 생생한 인상을 남기지 못한다. 그러나 프로이트가 밝은 경로들을 따른다면, 우리는 지금도 그런 가능성이 존재한다는 점을 인정하게 된다. 그 가능성은 지금 근친상간을 일으키지 못할 만큼 약해졌지만 그래도 영혼에 상당한 혼란을 일으킬 만큼은 강하다.

자신의 자기에게 그런 가능성이 있다는 점을 인정할 때, 그때는 반드시 도덕적 반감의 폭발이 따르게 되어 있다. 지성의 판단을 쉽게 어지럽힐 저항이 일어나고, 그러면 자기에 대한 지식을 얻는 것이 불가능해진다. 그러나 보다 과학적인 지식에서 감정을 제거하는 데 성공할 때마다, 우리 시대와 고대를 분리시키고 있는 그 심연 위로 다리가 놓이고, 그러면 우리는 놀랍게도 오이디푸스 전설이 지금도 여전히 살아 있는 이야기라는 사실을 확인하게 된다. 그런 인상의 중요성을 과소평가해서는 안 된다.

이 같은 통찰을 통해서, 우리는 시공을 초월해 존재하는 인간의 기본적인 갈등들에 어떤 동일성이 있다는 것을 배운다. 고대 그리스인들에게 공포심을 불러일으켰던 것은 지금도 사실로 남아 있지만, 그것이 우리에게 적용되는 것은 오직 우리가 고대인과 다르다는, 말하자면 고대인보다 더 도덕적이라는 헛된 망상을 포기할 때뿐이다. 오늘날 우리는 영구 불변의 공통의 끈이 우리와 고대의 사람들을 묶고 있다는 것을 망각하는 데 거의 성공했다. 이 같은 사실을 고려한다면, 고대인의 정신을 이해할 수 있는 길이 열릴 것이다. 지금까지 존재하지 않았던 어떤 이해력이 생길 수 있다는 뜻이다. 이런 이해력을 갖추게 되면, 한편으로 내적 공감이 생기고 다른 한편으로 지적 포용력이 생길 수 있다. 개인의 영혼 깊은 곳에 묻혀 있는 층

··········
4 자신이 열정적으로 흠모한 여자가 자기 어머니라는 소리를 듣고 자살한 것으로 전해진다.

(層)들을 통해서, 우리는 고대 문화를 살았던 사람들의 정신까지 간접적으로 이해할 수 있다. 그렇게 되면 우리는 우리 자신의 문화 밖의 견실한 관점을 얻을 것이며, 그런 관점에서 처음으로 우리 문화의 메커니즘을 객관적으로 이해할 수 있게 될 것이다. 적어도 이것이 우리가 오이디푸스 문제의 재발견에 거는 희망이다.

프로이트의 책을 계기로 가능해진 탐구는 이미 결실을 풍성하게 거두고 있다. 인간 정신의 역사라는 영역에 대한 공격을 대담하게 감행할 수 있게 된 것도 이 자극에 힘입은 바가 컸다. 리클린(Franz Riklin)과 아브라함, 랑크(Otto Rank), 메데(Alphonse Maeder), 존스(Ernest Jones)의 책들도 있다. 최근에는 질버러(Herbert Silberer)가 '공상과 신화'(Phantasie und Mythus)라는 제목의 멋진 연구로 이 대열에 합류했다. 또 여기서 절대로 간과해서는 안 되는, 기독교 종교 심리학에 대단히 중요한 책을 쓴 피스터(Oskar Pfister)에게도 고마움을 표해야 한다. 이 책들의 중요한 목표는 정신분석적 지식을 적용함으로써 역사적인 문제들을 푸는 것이다. 여기서 말하는 정신분석적 지식이란 현대인의 무의식적 정신의 작용으로부터 끌어낸, 구체적인 역사적 자료에 관한 지식을 뜻한다.

나는 독자들이 심리학 분야가 이미 끌어낸 통찰의 범위와 종류에 관한 정보를 얻을 수 있도록 돕기 위해 이 책들에 대해 언급해야 한다. 해석들은 구체적으로 세세하게 들어가면 많은 경우에 모호하지만, 그럼에도 불구하고 그것들은 절대로 전체적인 결과로부터 벗어나지 않는다. 만약에 역사적 유물들의 심리학적 구조와 최근 개인들의 심리학적 산물의 구조 사이의 광범위한 유사점을 제시할 수만 있다면, 그것은 충분히 의미 있는 일일 것이다. 지금까지 이뤄진 연구 성과를 통해서도 지적인 사람이라면 누구나 그 유사성의 증거를 확인할 수 있다. 리클린과 랑크, 메데, 아브라함 등이 놀라운 예들을 제시하며 주장하는 바와 같이, 이 유사성은 상징에서 특히 두드러진다. 아브라함이 명백히 보여주고 있듯이, 그 유사성은 무의식적 작용의 개별적인 메커니즘, 즉 억압과 압축 등에서도 보인다.

지금까지 정신분석 연구자는 주로 개인의 심리적 문제를 분석하는 데 관심을 기울였다. 그러나 내가 볼 때에는 현재의 상황을 고려하는 경우에 정신분석가들이 개인적인 문제들과 관련 있는 역사적 자료들을 비교 연구함으로써 개인적인 문제들에 대한 분석의 지평을 확장할 의무를 져야 할 것 같다. 프로이트가 레오나르도 다빈치(Leonardo da Vinci)에 관한 책을 쓰면서 거장다운 면모를 유감없이 발휘한 것처럼 말이다. 왜냐하면 정신분석의 개념들이 역사적인 심리적 창조물들에 대한 이해를 높이는 것과 똑같이, 거꾸로 역사적인 자료들이 개인의 심리적인 문제들을 새롭게 밝혀줄 것이기 때문이다. 이런 인식을 갖게 됨에 따라, 나는 역사적인 것들로 관심을 옮기게 되었다. 그렇게 하다 보면 개인의 심리적 바탕에 대한 새로운 통찰을 얻을 것이라는 희망을 품고서 말이다.

:

1장
두 가지 종류의 사고에 대하여

:

꿈의 이미지들을 상징적으로 이해하는 것이 분석 심리학의 한 원리라는 사실은 이미 잘 알려져 있다. 말하자면, 꿈의 이미지를 그야말로 꿈에 나타나는 모습 그대로를 받아들이는 것이 아니라 그 이미지의 뒤에 숨어 있는 의미를 캐내야 한다는 뜻이다. 비판뿐만 아니라 대단히 강력한 반대까지 불러일으키는 것은 바로 꿈의 상징체계라는 고대의 사상이다.

꿈은 중요한 것들로, 그래서 해석되어야 할 것들로 가득할 수 있다는 견해는 분명히 이상한 생각도 아니고 특별한 생각도 아니다. 이것은 인류가 수천 년 동안 품어왔던 생각이며, 따라서 오히려 진부한 진리처럼 보인다. 고대 이집트 사람들과 칼데아⁵ 사람들의 꿈 해석과 파라오의 꿈들을 해석한 요셉의 이야기는 우리 모두가 잘 알고 있으며, 고대 그리스 철학자 아르

....
5 B.C. 9세기부터 B.C 6세기 사이에 바빌로니아 남동부 일부 지역을 그리스 식으로 불렀던 명칭

테미도로스(Artemidorus)가 꿈에 대해 쓴 책도 친숙하다.

어느 시대나 민족을 막론하고, 전해져 오는 무수한 비명(碑銘)을 통해서 우리는 미래를 예언하거나 중요한 의미를 지닌 꿈에 대해 알고 있다. 또한 신이 신전에서 잠을 자는 환자에게 꾸게 하는 치료적인 꿈에 대해서도 알고 있다. 아우구스투스(Augustus)의 어머니가 꾼 꿈에 대해서도 알고 있다. 그녀가 신에 의해 뱀으로 둔갑한 아이와 함께 있던 꿈 말이다.

꿈의 상징에 대한 믿음이 존재했다는 것을 증명하기 위해 굳이 자료나 예를 제시할 필요까지는 없을 것 같다. 어떤 생각이 아주 오래되었고 또 널리 믿어지고 있을 때, 그 생각은 아마 어떤 의미에서 보면 진리이며, 대부분의 경우에서 보듯, 글자 그대로의 엄격한 의미에서 말하는 진리는 아니어도 심리학적으로는 진리이다. 과학 분야의 구닥다리 고집쟁이들이 이따금 고대로부터 물려받은 진리의 조각을 버리는 이유도 바로 이 구별에 있다. 왜냐하면 그 진리의 조각이 글자 그대로의 엄격한 의미에서 말하는 진리가 아니라 심리학적으로 진리였기 때문이다. 이런 유형의 인간은 그런 미묘한 차이에 대한 이해력을 절대로 보여주지 못했다.

우리의 경험을 근거로 할 때, 우리의 밖에 존재하는 어떤 신이 우리로 하여금 꿈을 꾸게 하거나 꿈 자체가 미래를 예언한다는 생각은 터무니없어 보인다. 그러나 이것을 심리학적으로 해석한다면, 고대의 이론들은 훨씬 더 그럴 듯하게 들린다. 즉, 꿈은 우리의 정신 중에서 우리에게 알려지지 않은 부분에서 발생하지만, 그럼에도 불구하고 중요하며, 다가오고 있는 날에 대한 욕망들과 관계가 있다는 식의 풀이가 가능해지는 것이다. 꿈에 대한 고대의 미신적인 생각에서 끌어낸 이 심리학적 공식은 말하자면 프로이트의 심리학과 정확히 일치한다. 프로이트의 심리학이 무의식에서 생겨나는 소망이 꿈의 원천이라고 주장하고 있으니 말이다.

오래된 믿음이 가르치는 바와 같이, 신 또는 악마가 잠을 자는 사람에게 상징적인 언어로 말을 하고, 그러면 해몽가는 풀어야 할 수수께끼를 갖게 된다. 이를 현대적인 언어로 풀이하면 이런 뜻일 것이다. 꿈은 일련의 이미지들이며, 그 이미지들은 겉보기에 모순되고 터무니없지만 실제로 심리적 자료에서 생겨나며, 이 심리적 자료는 명확한 의미를 내놓는다.

이 책의 독자들 중에 꿈의 분석에 대해 모르는 사람이 많다면, 이 대목에서 예를 많이 제시하며 쉽게 설명하는 것이 옳다. 그러나 오늘날엔 꿈 분석이 꽤 널리 알려져 있다. 그렇기 때문에 이 문제와 관련해 공부를 어느 정도 한 대중을 고려하는 차원에서, 일상적으로 꾸는 꿈을 바탕으로 쉽게 이야기를 전개하는 것이 바람직할 것 같다. 어떤 꿈에 대해 논하든 반드시 그 꿈의 바탕이 된 삶의 이야기를 어느 정도 덧붙이지 않을 수 없다는 사실은 여간 불편한 일이 아니다. 그러나 삶의 내밀한 이야기를 그리 많이 하지 않고도 논할 수 있는 전형적인 꿈들이 몇 가지 있다. 그 중 하나가 바로 여성들 사이에 특히 많이 나타나는 성폭행에 관한 꿈이다.

예를 들어보자. 늦은 시간까지 춤을 추며 행복하게 지낸 뒤에 잠을 청한 소녀가 강도가 그녀의 방의 문을 소란스럽게 부수고 들어와 그녀의 몸을 창으로 찌르는 꿈을 꾼다. 그 자체로 명확하게 설명되고 있는 이 주제는 다양한 변형을 보인다. 어떤 변형은 단순하고, 어떤 변형은 복잡하다. 창 대신에 칼이나 단검, 권총, 소총, 대포, 소화전(消火栓), 물뿌리개 같은 것이 나타나기도 한다. 또 성폭행 대신에 절도나 추격, 강도 사건 등이 나타난다. 아니면 누군가가 벽장 속이나 침대 밑에 숨어 있기도 한다. 혹은 위험이 야생 동물을 통해 나타날 수도 있다. 예를 들면, 말이 꿈을 꾸는 사람을 땅바닥으로 내동댕이친 뒤 뒷발로 걸어차는 꿈도 있다. 사자나 호랑이, 위협적인 코를 가진 코끼리가 나타날 수도 있다. 또 뱀들이 다양한 모습으로 나타날 수도 있다. 뱀은 간혹 입속으로 기어들어오기도 하고, 클레오파트라의 이야기에 나오는 살모사처럼 가슴을 물어뜯기도 한다. 또 가끔 뱀은 아담과 이브가 있던 에덴 동산의 그 뱀과 같은 역할을 맡기도 하고, 독일 화가 프란츠 슈투크(Franz Stuck)가 뱀을 그린 그림에 붙인 제목처럼 "타락" "죄" "육욕" 등의 의미로 나타나기도 한다. 육욕과 불안의 결합은 슈투크의 그림들이 풍기는 분위기에 절묘하게 표현되고 있으며 독일 낭만주의 시인 뫼리케(Eduard Friedrich Mörike)의 매력적인 시에서보다 훨씬 더 잔인하게 그려지고 있다.

어느 소녀의 첫사랑의 노래

그물에 무엇이 걸렸어?

좀 봐주렴.

난 무서워.

내가 귀여운 장어를 잡는가?

뱀을 잡는가?

사랑은 눈먼

여자 고기잡이.

아이에게 말해주게나

낚을 곳을.

벌써 그것이 나의 손으로 뛰어드는구나.

오, 괴로움이여, 혹은 즐거움이여!

아늑한 보금자리와 귀퉁이들이 있으니.

그것이 나의 가슴에 뙤리를 틀고 있네.

그것이 나를 깨무네, 오, 이 경이로움!

대담하게 살갗을 뚫고,

그것은 나의 심장 아래를 관통하고 있어.

오, 사랑이여, 나는 전율하고 있어!

내가 무엇을 할 수 있어, 무엇을 시작할 수 있어?

저 무서운 것.

그 안에서 사랑이 탁탁 소리를 내며

고리처럼 똬리를 틀고 있어.

그건 분명 독에 취했어.

여기서 그것이 이리저리 주위를 기어 다니고 있어.

그것이 나의 영혼을 파고 들어와서

마침내 나를 죽일 때에도

나는 넘치는 행복을 느끼네.

　이 모든 것들은 단순하며 이해를 위해 별도의 설명조차 필요하지 않다. 이보다 다소 복잡함에도 여전히 명백한 것은 어느 여자의 꿈이다. 그녀는 꿈에서 로마의 콘스탄티누스 개선문을 보았다. 개선문 앞에 대포가 한 대 서 있으며, 대포 오른쪽으로 새가 한 마리 앉아 있고, 대포 왼쪽으로 남자가 한 사람 서 있었다. 대포가 불을 뿜으며 포탄을 한 발 발사하자, 그 포탄이 날아와 그녀를 맞혔다. 그런데 포탄이 그녀의 주머니 속으로, 그녀의 지갑 속으로 쏙 들어갔다. 포탄은 지갑 속에 그대로 있었으며, 그녀는 매우 소중한 것이 든 것처럼 지갑을 꼭 쥐고 있었다. 이미지는 사라졌는데도, 그녀에겐 대포와 그 위에 적힌, "이 표식만 있으면 승리하리라"라는 콘스탄티누스(Constantine)의 표어만은 그대로 보인다.

　꿈의 상징적인 본질을 파악하는 데는 앞에 제시한 몇 가지 예만으로도 충분하다. 혹시 이 예들로도 증거가 불충분하다고 느끼는 사람이 있다면, 초심자에게는 분명히 불충분할 텐데, 추가적인 증거는 프로이트의 책에서 발견될 것이다. 또 일부 세부 사항과 관련해서는 프로이트보다 더 충실한 슈테켈(Wilhelm Stekel)과 랑크의 책들이 도움을 줄 것이다. 여기서는 이 연구를 제대로 평가할 마음의 준비를 갖추기 위해서 꿈의 상징성을 기정사실로 받아들여야 한다. 만약에 반대로 꿈의 상징성을 받아들이지 않고 지적인 어떤 이미지가 우리의 의식의 정신 작용에 투사될 수 있다는 견해에 놀라기라도 한다면, 이 연구를 성공적으로 평가하지 못할 것이다. 여기서 말하는 지적인 이미지는 의식적인 정신의 산물을 지배하는 법칙이나 목적과는 완전히 다른 법칙과 목적을 따른다.

꿈은 왜 상징적인가? 심리학에서 모든 "왜"는 2가지 별도의 질문으로 나뉜다. 첫 번째 질문은 이것이다. 꿈은 무슨 목적으로 상징적인가? 당장 이 질문을 폐기하기 위해서라도 거기에 대답해야 한다. 꿈들은 쉽게 이해되지 않기 위해서, 또 꿈의 원천인 소망이 알려지지 않은 채 남기 위해서 상징적이다. 꿈이 다른 것이 되면 안 되고 꼭 그런 것이 되어야만 하는 이유가 무엇인가 하는 물음은 우리를 프로이트의 심리학의 폭넓은 경험들과 생각의 기차들로 이끈다.

여기서 두 번째 질문이 우리의 관심을 끈다. 꿈들이 어떻게 상징적일 수 있는가? 달리 표현하면, 이런 질문이다. 우리가 의식적인 일상의 삶에서 그 흔적을 전혀 발견하지 못하는데, 상징적으로 표현하는 꿈의 능력은 도대체 어디서 생겨나는가?

이 물음을 더욱 면밀히 검토하도록 하자. 우리의 일상적 사고에서 상징적인 것은 정말로 하나도 발견되지 않는가? 한 가지 예를 들면서 우리의 생각의 기차를 따르도록 하자. 지금 우리는 1870년과 1871년의 전쟁에 대해 생각하고 있다. 일련의 혈투에 대해서, 스트라스부르 포위 공격, 벨포트 포위 공격, 파리 포위 공격, 평화조약, 독일 제국의 건설 등에 대해 생각하고 있다. 그렇다면 지금 우리는 어떻게 하여 이런 사건들에 대해 생각하게 되었을까? 우리는 하나의 생각 또는 슈퍼 생각에서 시작하고, 그런 다음에는 그 생각에 대해서는 생각조차 하지 않고도 단지 방향 감각의 안내에 따라 그 전쟁의 개별적인 기억들을 떠올리고 있다. 이 일련의 생각에서 우리는 상징적인 것은 아무것도 발견하지 못한다. 우리의 의식적인 사고는 그런 식으로 이뤄진다.

만약에 우리가 우리의 사고를 아주 면밀히 관찰하면서, 예를 들어, 어려운 문제의 해결 같은 치열한 생각의 기차를 따른다면, 그때 갑자기 우리는 자신이 단어들로 생각한다는 것을, 대단히 치열하게 생각하면서 자신에게 말을 걸기 시작한다는 것을, 또는 문제를 더 명확하게 이해하기 위해 자신이 이따금 메모를 하거나 도형을 그리고 있다는 사실을 깨달을 것이다. 외국에서 산 경험이 있는 사람에게는 거기서 어느 정도 산 뒤에 자신이 그 나라의 언어로 생각하기 시작한다는 사실을 깨닫고 놀란 적이 분명히 있을 것이다. 매우 치열한 사고의 열차는, 만약 그 사람이 그것을 표현하거나 가르치거나 누군가를 설득시키길 원한다면, 다소 단어 형식으로 작동한다. 분명히, 그 사고의 기차는 전적으로 외부 세계를 향하고 있다. 여기까지, 방향성이 있거나 논리적인 이 사고는 우리를 위해 어떤 진정한 존재를 갖고 있는 하나의 현실 사고이다. 말하자면, 그것은 현실의 실제 조건에 스스로를 적용시키고 있는 사고이다. 그 실제 조건에서 우리는 객관적으로 진정한 사물들의 순서를 모방하고 있다. 그렇기 때문에 우리의 정신 속의 이미지들은 우리의 정신 밖에서 일어나는 역사적 사건들과 아주 똑같은 인과적인 순서로 서로를 따르고 있다.

우리는 이 사고를 방향성 있는 주의를 수반하는 사고라고 부른다. 게다가, 이 사고는 사람을 피곤하게 만드는 특성을, 그 때문에 오직 한동안만 작동하는 특성을 갖고 있다. 우리에게 중요한 성취는 환경에 적응하는 일이며, 그것은 중요한 만큼 성취를 위해 치러야 하는 대가도 크다. 이 적응의 일부가 바로 지향적 사고이다. 생물학적으로 표현하면, 지향적 사고는 정신적 동화의 과정에 지나지 않으며, 이 동화의 과정은 다른 모든 중요한 성취들과 마찬가지로 그에 상응하는 피로를 낳는다.

우리가 생각할 때 사용하는 재료는 언어와 말 개념이다. 언어와 말 개념은 아득한 태곳적부터 외적인 무엇으로, 사고를 위한 다리로 이용되었으며, 그 목표는 오직 소통이다. 우리는 방향성을 갖고 생각하는 한에서만 다른 사람들을 위해 생각하고 다른 사람들에게 말할 수 있다.

말은 원래 감정적이고 모사하는 소리들의 어떤 체계이다. 그런 소리들로는, 공포와 두려움과 화와 사랑을 표현하는 소리들, 세상의 원소들의 소리를 흉내내는 소리들, 말하자면 물이 콸콸 세차게 흐르며 내는 소리들, 천둥의 울림, 바람의 소란, 동물의 세계에서 들리는 소리, 그리고 마지막으로 지각의 소리들과 감정적 반응이 결합된 소리들이 있다. 현대어에도 마찬가지로, 상당히 많은 의성어의 잔재들이 그대로 이어지고 있다. 예를 들면, 물이 흐를 때 내는 소리에서 나온 단어들이 있다.

rauschen, risseln, rûschen, nnnen, to rush, ruscello, ruisseau, river, Rhein Wasser, wissen, wissern, pissen, piscis, fisch[6]

따라서 언어는 원래부터 기본적으로 기호들 또는 상징들의 체계에 불과하며, 이 상징들은 현실의 사건들을 나타내거나 그 사건들이 인간의 영혼에 일으키는 울림을 나타내고 있다.

그러므로 우리는 다음과 같이 말한 프랑스 작가 아나톨 프랑스(Anatole

....
6 물의 소리를 전달하려는 뜻에서 원서의 단어를 그대로 실었다. 콸콸 흐르다, 눈물, 잔물결, 샘, 달리다, 졸졸 흐르다, 미끄러지다, 느릿느릿 흐르다, 내달리다, 재촉하다, 시내, 개울, 강, 라인 강, 물, 알다, 오줌, 오줌 누다, 물고기 등을 뜻하는 독어와 영어, 프랑스어 단어들이다.

France)의 의견에 확실히 동의해야 한다.

"생각이란 무엇이며, 우리는 어떤 식으로 생각하는가? 우리는 단어들을
갖고 생각한다. 단어만이 감각을 표현하고 우리를 자연으로 데려다 주기
때문이다. 그 과정에 대해 생각해 보라! 형이상학자는 이 세상의 체계를
구축할 재료로, 완전하게 다듬은 원숭이들과 개들의 소리만 갖고 있을 뿐
이다. 형이상학자가 심오한 고찰과 초월적인 방법이라고 부르는 그것은
원시림 속에서 굶주림과 공포와 사랑을 외치는 자연의 소리들을 철저히
임의적으로 배열하는 것이다. 이 자연의 소리들은 점진적으로 의미들과
결합되었으며, 이 의미들은 천연 그대로였을 때에만 추상적인 것으로 믿
어졌다.
그러므로 한 권의 철학 서적을 구성하고 있는, 약하거나 질식한 나직한
외침들의 연속이 우리에게 우주에 관해 너무나 많은 것을 가르쳐 주는 탓
에 우리가 더 이상 그 우주 안에서 살 수 없게 되는 날이 올 것이라는 걱
정은 하지 않도록 하라."[7]

우리의 지향적 사고는 그런 식이며, 비록 우리가 동료들로부터 아주 멀
리 떨어져 외로이 있다 하더라도, 그 사고는 물이 발견되었거나, 곰을 잡았
거나, 폭풍이 다가오거나, 늑대들이 천막 주변을 어슬렁거리고 있다는 사
실을 우리 동료들에게 전하던 긴 외침들의 최초의 어조들에 지나지 않는
다. 우리 인간의 복잡한 사고 과정의 인간적인 한계를 매우 직관적으로 표
현하는 아벨라르(Peter Abélard)가 제시한 놀라운 역설은 이렇다. "말은 지
성에 의해 생겨나고, 그 다음에는 말이 지성을 낳는다."

....
7   Anatole France, 'Jardin d'Epicure', p. 80

모든 철학 체계는, 아무리 추상적인 것일지라도, 원래의 자연의 소리들을 지극히 영리하게 결합한 것에 불과한 것을 수단과 목적으로 나타내고 있다. 그 때문에 쇼펜하우어(Arthur Schopenhauer)나 니체(Friedrich Wilhelm Nietzsche) 같은 인물에게도 인정(認定)이나 이해를 받고 싶은 욕망이 생겨나고 외로움에 따른 절망과 비통함이 생겨난다. 대부분의 사람들은 아마 천재성으로 넘치는 인간이라면 자신의 사상의 위대함 속에서 풀을 뜯으며 자신이 경멸하는 군중의 값싼 칭찬을 거부할 것이라고 생각하기 쉽지만, 천재도 군집 본능의 보다 강한 충동에 굴복한다. 천재의 탐구와 발견, 외침은 모두 군집에 속한다.

조금 전에 내가 지향적인 사고는 당연히 단어들을 갖고 하는 사고라고 말하면서 그것을 뒷받침하는 증거로 아나톨 프랑스의 증언을 제시했을 때, 지향적인 사고는 "단어"일 뿐이라는 오해가 생겼을지도 모른다는 생각이 든다. 그 같은 생각은 분명 지나치게 멀리 나간 것이다. 그러나 언어는 말의 의미보다 더 넓은 의미로 이해되어야 하며, 말 자체는 단지 대단히 광범위한 의미에서 소통될 수 있는 공식화된 생각을 표현하는 것에 지나지 않는다. 그렇지 않다면, 농아자는 사고 능력에서 심각한 제한에 직면할 것이지만, 실제는 전혀 그렇지 않다. 소리로 표현된 단어에 대해 아는 것이 전혀 없어도, 농아자는 자신의 "언어"를 갖고 있다. 역사의 관점에서 고려한다면, 이 언어, 또는 달리 말해 지향적 사고는 여기서 원시적인 단어들의 한 후예이다. 독일 심리학자 분트(Wilhelm Maximilian Wundt)는 그것을 다음과 같이 표현하고 있다.

"소리와 신호 교환의 협력이 낳은 또 하나의 중요한 결과는 매우 많은 단어들이 원래 가졌던 구체적인 생각의 의미를 점진적으로 모두 잃고 일반적인 생각을 위한, 그리고 관계와 비교의 통각적인 기능들과 그 기능들의 산물을 위한 기호들로 바뀌었다는 사실에 있다. 이런 식으로 추상적인 생각이 발달한다. 추상적인 생각은 그 생각의 뿌리에 자리 잡고 있는 원래의 의미를 변화시키지 않고는 불가능하기 때문에, 추상적인 생각이야말로 정말로 정신과 정신물리학의 상호 작용의 산물이며, 바로 이 상호 작용으로부터 언어의 발달이 일어난다."[8]

독일 철학자이자 심리학자인 요들(Friedrich Jodl)은 언어와 생각의 동일성을 부정한다. 한 가지 이유는 똑같은 정신적 사실이 다양한 언어로 다양한 방식으로 표현될 수 있기 때문이다. 그 같은 사실로부터, 요들은 "초(超)언어적 사고"가 존재한다는 결론을 끌어내고 있다. 독일 철학자 에르드만(Johann Eduard Erdmann)이 "가설"이라고 불렀든 아니면 요들이 "초(超)언어"라고 불렀든, 틀림없이 그런 것이 있을 것이다. 다만 그것은 논리적인 사고가 아니다. 그것에 대한 나의 생각은 볼드윈(James Baldwin)의 뜻과 일치한다. 볼드윈이 그 문제와 관련해 한 말을 그대로 옮긴다.

"판단 이전의 의미에서 판단적인 의미로 넘어가는 것은 바로 사회적 승인을 갖춘 지식에서 사회적 승인 없이 통용되는 지식으로 넘어가는 것이다. 판단에 활용된 의미들은 이미 그 전제와 적용에서 사회적 교류라는 승인을 통해 발달한 의미들이다. 따라서 사회적 표현의 방법들을 배우고 사회적 세계의 상호 작용을 통해 훈련된 개인적 판단은 다시 그 내용물을 그 세계로 투영한다. 달리 말하면, 개인적 판단의 단언으로 이어지는 모든 움직임을 위한 기반은 이미, 그리고 언제나 사회화되어 있으며, 이 기반은 새로운 경험이 활용될 수준이 되어 준다. 우리가 실제적인 결과들에

....
8   Wilhelm Maximilian Wundt, 'Grundriss der Psychologie', p. 365

서 다듬어진 의미의 '적절성'으로 파악하는 것은 바로 이 움직임이다.

더욱 세세하게 살피게 되겠지만, 지금 사고의 발달은 기본적으로 시행착오와 실험, 그리고 의미를 기존에 인정된 범위 그 이상으로 확대해 사용하는 방법에 의해 이뤄진다. 개인은 자신을 창의적인 존재로 새롭게 창조하는 일에 자신의 생각들과 확고한 지식들, 근거 있는 판단들을 이용해야 한다. 그는 자신의 생각을 '도식적으로', 논리학의 표현을 쓰면 '개연적으로', 조건적으로, 선언적으로 강력히 제시한다. 그러면서 아직 자신에게만 해당하는 하나의 의견을 마치 그것이 진리인 양 세상으로 던진다. 모든 발견은 이런 식으로 전개된다. 그러나 언어적 관점에서 보면 이것은 여전히 현재의 언어를 사용하게 되어 있고, 또 사회적, 인습적 관행에서 이미 구체화된 의미들에 의해서 작동하게 되어 있다.

그러므로 언어는 생각이 그러는 것과 똑같이 이중적인 언급을 절대로 놓지 않음으로써 성장하며, 언어의 의미는 개인적이며 사회적이다.

언어는 전통의 등록기이고, 민족적 정복의 기록이고, 개인들의 천재성이 이룬 모든 획득들의 축적이다. … 이런 식으로 확립된 사회적 모방 체계는 민족의 판단 과정을 반영하고 있으며 또 거꾸로 새로운 세대들에게 판단을 훈련시키는 학교가 된다.

자기를 위한 훈련의 대부분은 말의 사용을 통해 이뤄지며, 이 훈련을 통해서 사실과 이미지에 대한 개인적 반응의 변덕이 건전한 판단의 토대로 바뀐다. 아이가 말을 할 때, 그 아이는 세상 앞에 어떤 일반적인 또는 공통적인 의미에 관한 제안을 내놓고 있다. 이때 아이가 확인하는 사람들의 반응은 아이의 제안을 승인하거나 반박한다. 어떤 경우든, 그 아이는 배우게 된다. 그러면 아이의 다음 모험은 이제 어떤 지식의 기반 위에서 이뤄지게 된다. 이 기반 위에서 제시되는 보다 새로운 아이템은 많은 사람들 사이에 공통적으로 교환되고 받아들여질 확률이 전보다 더 높다. 여기서 주목할 것은 이 같은 획득이 이뤄지는, 정확한 교환 메커니즘이 아니라 그 메커니즘의 지속적 이용으로 가능해지는 판단 훈련이다. 모든 예에서, 효과적인 판단은 공통적인 판단이다.

여기서의 목적은 효과적인 판단이 어떤 기능의 발달에 의해 확보된다는 점을 강조하는 것이다. 이 기능의 시작은 특별히 직접적으로 사회적 실험에 유익하며, 그 기능에 의해서 개인적 능력의 성장도 마찬가지로 이뤄진다. 그것은 바로 말의 기능이다.

따라서 앞의 내용을 요약한다면, 언어에서 우리는 정신적 의미의 발달과 보존을 위한, 명백하고, 실질적이고, 역사적인 도구를 갖고 있다. 언어는 사회적 판단과 개인적 판단이 동시에 이뤄진다는 점을 보여주는 명확한 증거이자 증명이다. 언어에서 '적절한' 것으로 판단되는 이중적인 의미는 사회적으로 일반화되고 인정 받은 것으로 여겨지는 '사회적' 의미가 된다."[9]

볼드윈의 이 주장들은 언어에 의해 야기되는 사고의 광범위한 한계들을 강조하고 있다. 이 한계들은 주관적으로나 객관적으로 대단한 중요성을 지니며, 적어도 생각의 독립성과 관련하여 사고는 말에 불과하며 그 이상은 절대로 아니라고 한, 대단히 회의적인 프란츠 마우트너(Franz Mauthner)의 견해가 진정으로 옳은 것이 아닌지 묻게 할 만큼은 중요하다. 볼드윈은 보다 조심스럽고 유보적인 자세로 자신의 뜻을 표현하고 있지만, 그럼에도 불구하고, 그의 내적 의미는 분명히 말(당연히 소리로 발음된 단어가 아니다)의 탁월성을 옹호하는 쪽이다. 지향적 사고, 또는 우리가 부르는 대로 표현하자면 내면의 말로 하는 사고가 문화의 명백한 도구이며, 몇 세기에

....
9 James Mark Baldwin, 'Thought and Things, or Genetic Logic'

걸쳐 지향적 사고를 강조하는 교육이 강력히 전개된 결과 사고가 주관적인 개인적 사고에서 객관적인 사회적 사고로 변화하게 되었고, 따라서 인간의 정신을 실용적으로 적용하는 것이 가능해졌으며, 그 같은 적용은 인류 역사에서 처음으로 일어나고 있으며, 현대의 경험주의와 기술의 발달은 그런 적용에 힘입은 바가 크다.

호기심 강한 정신의 소유자들은 종종 다음과 같은 질문을 던지며 스스로를 괴롭힌다. 고대에 수학과 원리와 물질적 사실들에 대한 놀라운 지식이 있었고, 또 그 지식들이 인간 손의 놀라운 기술로 현실에서 구현되고 있었다는 사실이 확인됨에도 불구하고 놀라운 그 지식들을 호기심이나 재미의 차원을 넘어서 현대적 의미에서 말하는 진정한 기술로 발달시키지 못했다. 도대체 그 이유가 무엇인가?

이 물음에 대한 대답은 하나뿐이다. 고대인의 경우에 소수의 특출한 정신의 소유자를 제외하고는 거의 모두가 무생물의 변형을 면밀히 추적할 수 있는 정신적 능력을 갖추지 못했다는 것이다. 이 변형을 추적하며 유심히 관찰할 수 있을 때에만 자연의 과정을 자신의 기술을 통해 창의적으로 재현하고, 이 재현을 통해서 자연의 힘을 소유할 수 있었을 테니 말이다. 평범한 고대인들이 결여했던 것은 지향적 사고의 훈련이었다. 정신분석적으로 표현한다면, 그들은 승화될 수도 있었던 리비도를 다른 자연적 관계들로부터 분리시키는 데 성공하지 못했으며, (인간이 아닌 사물이나 사건을 인간의 특징을 바탕으로 해석하는) 의인관(擬人觀) 쪽으로 자발적으로 관심을 돌리지 못했다. 문화의 발달의 비결은 리비도의 이동성과 리비도의 전이 능력에 있다. 따라서 우리 시대의 지향적인 사고는 다소 현대에 와서 습득된 것으로 여겨진다. 고대에는 그런 사고가 없었다는 뜻이다.

그러나 이런 식으로 분석하다 보니, 또 다른 물음에 직면하게 된다. 우리가 지향적으로 생각하지 않는다면, 어떤 일이 벌어지게 될까? 그런 경우에 우리의 사고는 중요한 사상을 결여하고, 그 사상에서 나오는 방향 감각을 상실하게 될 것이다. 우리는 더 이상 우리의 생각들이 명확한 노선을 밟도록 강요하지 못하며, 생각들은 자체 중력에 따라 두둥실 떠다니면서 가라앉았다가 떠오르곤 할 것이다. 독일 심리학자 쿨페(Oswald Kulpe)에 따르면, 사고는 일종의 내적 의지의 행위이다. 이 의지의 행위가 없으면 당연히 생각들이 마음대로 이리저리 떠돌아다니게 된다. 미국 심리학자이자 철학자인 윌리엄 제임스(William James)는 지향성이 없는 사고, 즉 "단순히 연상적이기만 한" 사고를 일상적인 사고로 이해하고 있다. 제임스는 이에 대해 다음과 같이 설명하고 있다.

"우리의 사고는 대부분 잇단 이미지들로 이뤄져 있으며, 이 이미지들 중 어느 한 이미지는 다른 이미지를 낳는다. 그 이미지들은 다른 고등동물들에게도 일어날 수 있는, 일종의 수동적인 꿈의 상태라고 할 수 있다. 그럼에도 불구하고, 이런 유형의 사고는 이론적인 성격뿐만 아니라 합리적인 실용적인 성격까지 지닌 합리적인 결론에 이를 수 있다.
일반적으로, 서로 우연적으로 연결되는 이런 종류의 무책임한 사고의 고리들은 경험적으로 구체적인 사물들이지, 추상 관념들이 아니다."

우리는 윌리엄 제임스의 이 정의들을 다음과 같이 마무리지을 수 있다. 이런 종류의 사고는 우리를 피곤하게 만들지 않는다. 왜냐하면 그런 식의 사고가 재빨리 우리를 현실에서 끌어내어 과거와 미래의 공상 속으로 이끌기 때문이다. 여기서, 말의 형식으로 하는 사고가 중단되고, 이미지 위에 이미지가 쌓이고 감정 위에 감정이 쌓이게 된다. 그것은 그 사람이 창조하고 흉내내려는 어떤 경향을 있는 그대로의 모습으로 보지 않고 자신이 바라는 방향으로 더욱 선명하게 보기 때문이다. 현실에서 벗어나는 이런 생각들의 재료는 당연히 수많은 기억 그림들을 갖고 있는 과거일 수밖에 없다. 일반적인 말은 이런 종류의 사고를 "꿈꾸기"라고 부른다.

자기 자신을 주의 깊게 관찰하는 사람은 누구나 말의 일반적인 습관이 대단히 놀랍다는 사실을 발견할 것이다. 이유는 거의 매일 우리가 잠들 때 공상들이 어떤 식으로 꿈으로 엮어지는지를, 그래서 낮의 꿈들과 밤의 꿈들 사이에 그다지 큰 차이가 없다는 것을 볼 수 있기 때문이다. 따라서 우리에겐 두 가지 형식의 사고, 즉 지향적인 사고와 꿈 또는 공상 사고가 있다. 첫 번째 사고, 즉 말의 요소들을 갖고 소통하는 지향적 사고는 말썽을 부리고 소모적이며, 두 번째 사고, 즉 공상 사고는 이와 반대로 별 어려움을 일으키지 않고 자동적으로, 말하자면 기억들을 갖고 작동한다. 지향적 사고는 혁신과 적응을 낳고, 현실을 모방하고, 현실에 영향을 미치려 한다. 반면에 공상 사고는 현실을 도외시하고, 주관적인 소망들을 자유롭게 풀어놓으며, 적응의 측면에서 완전히 비생산적이다.

왜 우리가 이처럼 서로 판이한 두 가지 형식의 사고를 갖게 되었는가 하는 의문은 옆으로 제쳐두고, 여기서 두 번째 문제로 돌아가도록 하자. 우리가 어떻게 서로 다른 두 가지 사고방식을 갖게 되었을까? 앞에서 나는 역사가 지향적인 사고가 언제나 지금처럼 발달된 모습을 보이지는 않았다는 점을 보여준다고 암시했다. 이 시대에 지향적 사고가 가장 아름답게 표현되고 있는 분야는 과학과 과학에 의해 육성된 기술이다. 과학과 기술이 존재하게 된 것은 순전히 지향적 사고를 열정적으로 교육시킨 덕분이었다. 그러나 14세기의 이탈리아 시인 페트라르카(Francesco Petrarca) 같은, 현대 문명의 몇몇 선구자들이 처음으로 자연을 올바르게 평가하기 시작했을 당시에, 이미 우리의 과학에 해당하는 스콜라 철학이 존재했다. 스콜라 철학은 그 대상들을 과거의 공상들에서 끌어냈으며 또 정신이 지향적 사고를 논리적으로 훈련시킬 기회를 제공했다. 당시 사상가를 유혹했던 유일한 성공은 논쟁에서 수사학적으로 승리를 거두는 것이었지, 현실을 가시적으로 변화시키는 것이 아니었다.

사고의 주제들은 종종 놀라울 정도로 공상적이었다. 예를 들면, 이런 문제들이 논의되었다. 바늘 끝에 몇 명의 천사가 앉을 수 있을까? 예수 그리스도가 완두콩으로 이 세상에 왔어도 구원의 손길을 똑같이 잘 펼 수 있었을까? 지금 우리의 눈으로 보면 어리석음의 극치를 이루는 이런 문제들이 제기될 수 있었다는 사실 자체가 그 시대의 정신이 얼마나 기이한 종류의 정신이었는지를 잘 보여주고 있다. 그러나 니체가 중세가 창조한 게르만 정신의 "아름다운 긴장"에 대해 말했을 때, 그는 이 현상의 생물학적 배경에 대해 짐작하고 있었다. 역사적으로 보면, 이탈리아 신학자이자 철학자인 토마스 아퀴나스(Thomas Aquinas)와 영국 철학자인 둔스 스코투스(Duns Scotus), 프랑스 철학자이자 신학자인 아벨라르, 영국 수사이자 철학자인 오컴의 윌리엄(William of Occam) 같은, 지적으로 쟁쟁한 인물들이 깊이 빠졌던 스콜라 철학은 현대의 과학적 태도의 어머니이다. 우리 이후의 시대는 스콜라 철학이 오늘날의 과학에 어떻게, 또 무엇으로 팔팔한 생기를 여전히 불어넣고 있는지를 분명히 볼 것이다. 스콜라 철학의 순수한 본질은 말의 상징인 단어를 거의 절대적인 의미로까지 끌어올린 그 변증법적 훈련에 있다. 그리하여 단어는 저물어가고 있던 고대가 불가사의한 평가의 특성들을 통해서 그 시대의 로고스에 일시적으로만 부여할 수 있었던 실재성을 마침내 획득하게 되었다. 그러나 스콜라 철학의 위대한 업적은 지적 승화의 토대를 견고하게 확립한 점인 것 같다. 이 토대야말로 현대의 과학적이고 기술적인 정신의 필수 선행 조건이지 않은가?

역사 속으로 더욱 멀리 거슬러 올라가면, 오늘날 과학이라고 부르고 있는 것이 흐릿한 구름처럼 널리 퍼져 있는 것이 확인된다. 문화를 창조하는 현대의 정신은 경험에서 주관성을 모두 벗겨내고 자연과 자연의 힘들을 가장 적절히 표현하는 공식을 발견하는 일에 끊임없이 몰두하고 있다. 만약에 우리 현대인이 고대인보다 더 활기차거나 더 지적이라고 단정한다면, 그것은 터무니없는 우월감에 지나지 않을 것이다. 지식을 위한 재료들이 증가했을 뿐이지, 우리의 지적 능력이 커진 것은 아니기 때문이다. 이런 이유 때문에, 우리도 새로운 사상을 받아들이는 일에 고대 암흑기의 사람들만큼이나 완강하게 버틴다. 현대인의 지식은 늘어났지만 지혜는 더 커지지 않았다. 현대인의 관심의 초점은 불행하게도 전적으로 물질적인 현실에 맞춰지고 있는 반면에, 고대는 공상적인 유형의 사고와 더욱 밀접히 연결된 사고 유형을 선호했다. 고대 이후로 다시는 성취하지 못한, 예술 작품들을 낳은 그 감성적인 명석함을 제외하고는, 고대에서 현대 과학의 특징인 간결하고 구체적인 유형의 사고를 찾는 것은 헛된 짓이다. 우리는 고대인의 정신이 과학이 아니라 신화를 창조하는 것을 확인하고 있다. 그런데 불행하게도, 우리는 학교에서 그리스 신화의 풍성함과 엄청난 생명력이라는 매우 하찮은 개념만을 배우고 있다.

그래서 얼핏 보면, 오늘날 우리가 과학과 기술에 쏟고 있는 에너지와 관심을 고대인들은 대부분 신화에 쏟았다고 단정하는 것이 불가능한 것처럼 보인다. 그럼에도, 고대 그리스의 문화 영역 중에서 신화에 나타나는, 당혹스러울 만큼 현란한 변신과 만화경 같은 전환, 통합적인 새로운 결합, 지속적인 소생 등을 설명하기 위해서는 고대인들이 신화에 엄청난 에너지와 관심을 쏟았다고 보는 수밖에 없다. 그리스 신화의 세계에서, 우리는 어떤 공상들의 세계 안에서 움직이고 있으며, 그 세계는 사물들의 외적 과정에는 거의 관심을 두지 않은 채 내면의 어떤 원천으로부터 흘러나오며 끊임없이 변화하면서 어떤 때는 유연한 형태들을 창조하고 또 어떤 때는 모호한 형태들을 창조한다. 고대인의 정신의 이런 공상적 작용이 예술적으로 빼어난 걸작들을 창조해냈다.

고대인들의 관심의 대상은 현실 세계가 "어떻게" 돌아가는지를 가능한 한 객관적으로 또 정확하게 이해하는 것이 아니라, 주관적인 공상들과 기대들을 미학적으로 각색하는 것이었던 것 같다. 고대인들에게는 이탈리아 사상가 조르다노 브루노(Giordano Bruno)의 영원에 대한 사색과 독일 천문학자 요하네스 케플러(Johannes Kepler)의 발견들이 현대인에게 불러일으킨 냉철과 각성이 들어설 공간이 거의 없었다. 순진한 고대인은 태양에서 하늘과 땅의 위대한 아버지를 보았고 달에서 결실을 맺는 선한 어머니를 보았다. 만물은 저마다 정령들을 갖고 있었으며, 이 정령들은 인간이나 인간의 형제인 동물을 똑같이 고무했다. 모든 것이 사람의 모습을 닮았느냐 아니면 짐승의 모습을 닮았느냐에 따라서 인간이나 짐승으로 여겨졌다. 태양의 원반에도 그 움직임을 보여주기 위해 날개나 4개의 발이 주어졌다. 그리하여 현실과 크게 동떨어질 뿐만 아니라 주관적인 공상들과 완전히 일치하는 그런 우주관이 생겨나게 되었다.

우리는 직접 경험을 통해서 이런 정신 상태를 잘 알고 있다. 그것은 유아기의 단계와 비슷하다. 아이에게는 달이 사람이나 얼굴, 혹은 별들의 보호자처럼 보인다. 하늘의 구름은 어린양들처럼 보인다. 인형도 마시고 먹고 잠을 잔다. 아이는 아기 예수에게 보낼 편지를 창가에 놓아둔다. 아이는 황새에게 동생을 데려다 달라고 간청한다. 암소는 말의 아내이고, 개는 고양이의 남편이다. 원시인들은 기차를 동물로 여기고 책상 서랍을 책상의 자식이라고 부른다.

프로이트를 통해 배우는 바와 같이, 꿈은 이와 비슷한 유형을 보인다. 꿈은 사물들의 진정한 상태에는 전혀 관심을 두지 않는다. 그렇기 때문에 꿈은 대단히 이질적인 것들까지도 한꺼번에 불러낸다. 불가능한 것들로 이뤄진 어떤 세계가 현실들을 대체한다. 프로이트는 깨어 있을 때 일어나는 사고의 특징이 점진적 과정이라는 점을 확인한다. 말하자면, 사고가 내적 또는 외적 지각 체계로부터 자극을 받는 데서부터 시작해 의식적이거나 무의식적인 연상의 "정신 내적" 작용을 거쳐 운동 신경 종말, 즉 신경 감응 쪽으로 나아간다는 뜻이다. 프로이트는 꿈에서는 이와 정반대의 현상이 나타난다는 것을 확인한다. 말하자면 사고 자극이 전(前)의식 또는 무의식에서 시작하여 지각 체계로 거꾸로 흐른다는 뜻이다. 꿈은 이 지각 체계를 통해 대단히 감각적인 성격을 지닌 일상적인 인상을 받으며, 이때 인상은 거의 환각을 일으킬 만큼 명료할 수 있다. 꿈 사고는 기억의 원재료 쪽으로 거꾸로 움직인다. "꿈 생각들의 구조는 꿈의 원재료 쪽으로 거꾸로 나아가는 동안에 해체된다." 그러나 원래의 지각을 다시 활성화시키는 것은 단지 퇴행의 한 가지 측면에 지나지 않는다. 다른 한 가지 측면은 유아기의 기억 자료로 퇴행하는 것이다. 이것도 원래의 지각으로 퇴행하는 것으로 이해될 수 있지만, 그것의 독립적인 중요성 때문에 특별히 언급할 필요가 있다. 정말이지, 이 퇴행은 "역사적인" 것으로 여겨질 수 있다. 이 개념에 따르면, 꿈은 유아기의 장면을 전이를 통해 최근의 장면으로 바꿔서 보여주는 것으로 묘사될 수 있다.

유아기의 장면이 부활을 통해 그대로 다시 나타날 수는 없다. 그래서 그 장면은 꿈으로 돌아오는 것으로 만족해야 한다. 퇴행의 이런 역사적인 측면을 고려한다면, 꿈의 결말의 유형들은 동시에 유사하고 유치한 어떤 성격을 보여 주어야만 한다. 경험이 풍부하게 보여주듯이, 이 말이 맞는 것 같다. 그래서 오늘날 꿈 분석이라는 주제를 잘 아는 사람들은 꿈들이 유치한 영혼의 정복당한 삶의 한 조각이라는 프로이트의 주장에 예외 없이 동의한다. 어린애 같은 정신적 삶이 틀림없이 원시적인 유형일 것이기 때문에, 유치함은 분명히 꿈의 두드러진 특징이다. 프로이트는 이 점에 특별히 주목할 것을 요구한다.

"퇴행적인 짧은 경로를 통해서 소망들을 성취하는 꿈은 단지 우리에 의해 적절하지 않은 것으로 여겨져 버려졌던 그 정신 장치의 중요한 작동 방식의 한 가지 예만을 보여줄 뿐이다. 정신적 삶이 아직 어리고 무능하던 때에 한때 깨어 있는 상태를 지배했던 것이 꿈 생활로 추방되는 것 같다. 어찌 보면 어른의 원시적인 무기로 쓰이다가 버려진 활과 화살이 육아실로 옮겨지는 것과 다소 비슷하다."[10]

이 모든 경험은 우리가 고대의 공상적이고 신화적인 사고와 어린이들의 그 비슷한 사고를, 그리고 원시인들과 꿈들을 서로 비슷한 것으로 보고 있다는 점을 암시한다. 이 생각의 기차는 우리에게 낯설지 않으며 비교 해부학과 인체 발달의 역사에 관한 지식을 통해 꽤 익숙하다. 비교 해부학과 인체 발달의 역사는 인간 육체의 구조와 기능이 인간 종의 역사에 나타난 변화들과 비슷한 일련의 변화들이 태아에 나타난 결과라는 점을 보여주고 있다. 따라서 심리학에서 개체 발생이 계통 발생과 일치한다는 주장은 정당화된다. 그러므로 꿈에서만 아니라 아이의 정신적 삶에서도 유치한 사고의 상태는 선사 시대와 고대의 반향에 지나지 않는다는 말도 마찬가지로 맞을 것이다.

이에 대해, 니체는 매우 광범위하고 주목할 만한 관점을 취한다.

"우리의 수면과 꿈들 속에서 우리는 앞서 살았던 인류의 사상 전체를 두루 경험한다. 수천 년 전의 사람들은 오늘날 현대인이 꿈 속에서 생각하는 것과 똑같은 방법으로 생각했다는 뜻이다. 설명이 필요한 무엇이 있을 때 고대인의 마음에 그것과 관련해서 가장 먼저 떠오른 '원인'이 그를 만

....
10 "Die Traumdeutung", p. 349

족시키면서 진리로 받아들여졌다. 꿈을 통해, 인류 대대로 내려온 이 잔존물은 우리의 내면에서 그 존재를 드러낸다. 이 잔존물은 보다 고차원적인 합리적 기능이 발달하는 바탕이 되었으며, 또 그 바탕은 지금도 여전히 각 개인의 내면에서 발달하고 있다. 꿈은 우리를 인류 문화의 초기 상태로 데려가며, 그 상태를 보다 잘 이해할 수단이 되어 준다. 지금 꿈 생각은 우리에게 너무나 쉽게 다가온다. 왜냐하면 이런 공상적이고 쉬운 형식의 설명이 지배했던 끝없는 진화의 단계들을 거치면서 우리가 꿈 생각에 대한 훈련을 받았기 때문이다. 꿈은 낮 동안에 보다 높은 문명의 조건들이 요구하는 숙련된 사고에 필요한 것들을 충족시키느라 힘들어 했던 뇌에 강장제의 역할을 어느 정도 한다.

이 같은 사실들을 바탕으로, 우리는 보다 예리한 논리적인 사고, 말하자면 원인과 결과를 진지하게 받아들이는 사고가 인류 역사에서 최근에야 발달하게 되었다는 것을 이해할 수 있다. 이성과 지성을 앞세우는 우리의 기능들이 우리도 모르는 사이에 거꾸로 원시적인 형태들의 결론을 내리고 있고, 또 우리가 삶의 반 정도를 그런 조건에서 살고 있으니 말이다.[11]

우리는 니체와 별도로 프로이트도 꿈 분석을 바탕으로 이와 비슷한 견해를 갖게 되었다는 사실을 이미 확인했다. 이 같은 확고한 주장으로부터, 신화들을 익숙한 꿈 이미지들로 받아들이는 단계로 넘어가는 것은 더 이상 큰 도약이 아니다. 프로이트도 이런 결론을 제시하고 있다.

"민족의 심리 형성과 신화들 등에 관한 연구는 아직 결코 끝나지 않았다. 그러나 이런 연구의 한 예를 본다면, 신화들은 전체 민족들이 품었던 소망 공상

....
11 Friedrich Wilhelm Nietzsche, 'Human, All Too Human', Vol. II , p. 27

들의 왜곡된 잔존물이고 젊은 인류의 세속화된 꿈들일 수 있다는 것이다."[12]

랑크는 이와 비슷하게 신화들을 그 민족의 집단적 꿈으로 이해한다. 리클린은 우화들이 꿈의 메커니즘을 갖고 있다고 주장했으며, 아브라함은 신화에 대해 똑같은 주장을 폈다. 아브라함은 이렇게 말한다.

"신화는 민족의 유치한 영혼 생활의 한 조각이다."
"신화는 민족의 유치한 영혼 생활에서 떨어져 나와 지금도 여전히 남아 있는 조각이며, 꿈은 개인의 신화이다."[13]

앞에 인용한 저자들의 글을 편견 없이 읽는다면, 꿈 심리학과 신화 심리학 사이의 밀접한 연결을 둘러싼 모든 의문이 확실히 걷힐 것이다. 신화를 창조했던 시대는 유치하게, 말하자면 공상적으로 생각했다는 결론이 저절로 나온다. 우리 시대에 꿈에서 여전히 자주 (연상적으로나 비유적으로) 그러는 것처럼 말이다. 신화 형성들의 시작들이, 그러니까 공상들을 현실들로 착각하는 현상들이 아이들 사이에서 쉽게 발견될 수 있다.

이 대목에서 아이들이 신화를 좋아하는 경향은 교육에 의해 주입된 것이라는 식의 반대가 제기될 수 있다. 이 같은 반대는 쓸데없다. 지금까지 인간이 신화에서 자유로웠던 적이 있었던가? 모든 인간은 세상이 죽어 있고, 냉정하고, 결코 끝이 없다는 것을 지각할, 눈을 포함한 모든 감각 기관을 갖고 있다. 그럼에도 인간은 아직 신을 보지 못했으며, 경험적 필요성에서도 그런 것의 존재를 밝혀내지 못했다. 반대로, 공상적이고 파괴 불가능

....
12 Sigmund Freud, "Sammlung kleiner Schriften zur Neurosenlehre", Pt. II, p. 205
13 Karl Abraham, "Dreams and Myths"

한 어떤 낙천주의에 대한 필요성이 있었으며, 사람은 예를 들어 인간의 죄로 인해 일어난 예수 그리스도의 죽음에서 최고의 구원과 세상의 속죄를 발견하기 위해서 현실의 모든 감각으로부터 멀리 제거되었다. 따라서 사람은 아이로부터 초기의 신화들의 내용물을 숨길 수는 있어도 아이에게서 신화에 대한 욕구까지 빼앗지는 못한다. 세상의 모든 전통이 단칼에 끊어진다면, 그 직후 세대의 경우에 종교의 신화와 역사가 다시 시작될 것이다. 지성이 우월적 지위를 누리는 시대에도 극소수의 개인들만이 신화를 벗어던지는 데 성공할 것이며, 대중은 절대로 신화로부터 자유롭지 못할 것이다. 설명들은 아무런 소용이 없다. 왜냐하면 그것들이 단지 일시적인 형식의 표현만을 파괴할 뿐 창조의 충동을 파괴하지는 못하기 때문이다.

여기서 앞의 생각의 기차를 다시 타도록 하자.

우리는 어린이들 사이에서 개체의 심리에 계통 발생적 심리가 반향을 일으키는 현상에 대해 이야기했으며, 공상적인 사고가 고대인과 어린이, 원시인의 한 특징이라는 것을 확인했다. 그러나 지금 우리는 현대의 성인도 지향적 사고가 멈추는 순간에 대부분 공상적 사고에 빠지게 된다는 것을 알고 있다. 관심의 강도가 낮아지거나 약간 피곤해지기만 해도 지향적 사고가 멈추고 공상이 시작된다. 그것은 심리가 현실 세계에 적응한 결과이다. 주의력이 느슨해지면, 우리는 주제에서 벗어나며 우리 자신의 생각의 기차들에게 자리를 양보하고, 그러면 현재의 의식을 점진적으로 잃게 되고, 공상이 그 영역을 차지하게 된다.

여기서 중요한 의문이 하나 제기된다. 공상은 어떤 식으로 창조되는가? 이 문제와 관련해서는 시인들로부터 배울 것이 많지만, 과학으로부터 배울 것은 별로 없다. 프로이트의 정신분석적 방법은 이 물음에 대한 대답을 과학적으로 제시하려고 처음으로 노력했다. 정신분석적 방법은 전형적인 사이클이 있다는 점을 보여주고 있다. 말을 더듬는 사람도 자신이 훌륭한 웅변가라고 상상할 수 있다. 데모스테네스(Demosthenes)[14]는 자신의 활력 덕분에 이 같은 상상을 현실로 증명해 보였다. 가난한 사람이 스스로 백만장자라고 상상할 수 있고, 아이가 스스로 어른이라고 상상할 수 있다. 정복당한 사람들이 정복자와 전투를 치러 승리를 거두는 것을 상상할 수 있다. 능력 없는 사람이 야심찬 계획으로 스스로를 고문하거나 기쁘게 만들 수 있다. 우리는 자신이 결여하고 있는 것을 갖추고 있다고 상상할 수 있다.

이 모든 것이 "왜 일어나는가?"라는 흥미로운 질문은 여기서 대답하지 않은 채 그냥 두고, 역사적인 문제로 돌아가자. 공상은 어떤 원천에서 그 재료들을 끌어내는가? 우리는 한 예로 사춘기의 전형적인 공상을 선택했다. 사춘기에 들어선 아이의 앞엔 미래의 운명이 아주 불확실해 보인다. 그래서 사춘기의 아이는 공상을 통해 그 불확실성을 과거 속으로 돌려놓으며 이런 식으로 말한다. "만약에 내가 지금 나를 키우고 있는 부모의 자식이 아니고 어느 귀족의 아들로 태어났다가 지금의 부모에게 맡겨졌다면, 언젠가 황금마차가 올 것이고, 그러면 귀족이 자기 자식을 멋진 성으로 데리고 갈 텐데." 어머니가 아이들에게 들려주는 그림(Grimm) 형제의 동화에 나오는 내용처럼 말이다. 정상적인 아이라면, 그런 공상은 일회적인 생각으로 끝날 것이고, 그러면 그 내용은 곧 가려졌다가 잊히게 될 것이다.

그러나 한때 고대 문화 세계에서 그런 공상은 공개적으로 인정된 제도였다. 영웅들, 그러니까 로물루스와 레무스[15], 세미라미스[16], 모세 등은 친부모와 헤어져 살아야 했다. 신의 아들인 영웅도 있으며, 귀족은 자신의 가문이 영웅과 신으로부터 시작되었다고 생각한다. 이런 예들을 통해 알 수 있듯

....
14 고대 그리스의 웅변가이자 정치가(B.C. 384- B.C. 322).
15 로물루스와 레무스는 로마 건국 신화에 나오는 쌍둥이 형제이다.
16 아시리아의 전설 속 여왕.

이, 현대인의 공상은 원래 아주 널리 퍼졌던 오래된 어떤 민간 신앙의 반향에 지나지 않는다. 야심적인 공상은 특히 고전적인 어떤 형식을, 한때 진정한 의미를 지녔던 형식을 취한다. 성적인 공상과 관련해서도 이 말은 그대로 통한다. 〈들어가는 글〉에서 성폭행에 관한 꿈에 대해 이야기했다. 집에 침범하여 위험스런 행위를 범하는 강도 말이다. 그것 역시 신화적인 주제이지만 선사시대에는 분명히 현실이었다. 여자들을 납치하는 행위가 법이 없던 선사 시대에 일반적인 일이었다는 사실과 완전히 별도로, 그 같은 행위는 문명 시대에도 신화의 주제였다. 나는 프로세르피나[17]와 데이아니라[18], 에우로파[19], 사빈[20] 여자들의 납치를 떠올릴 수 있다. 여자를 납치하던 옛날의 결혼 풍습이 오늘까지 다양한 지역에 존재하고 있다는 사실을 기억하라.

성교 수단의 상징체계는 고대 공상의 무진장한 보고였다. 이 상징체계는 광범위한 지역에 걸쳐서 남근 숭배를 낳았으며, 이 숭배의 대상은 그야말로 남근이었다. 남근의 화신인 팔레스는 디오니소스의 동료였다. 남근 상징은 수없이 많았다. 사빈 사람들 사이에는 신랑이 신부의 머리카락을 창으로 자르는 풍습이 있었다. 새와 물고기, 뱀은 남근을 상징하는 동물이었다. 그 외에, 동물을 빌려 성적 본능을 표현한 예도 엄청나게 많았다. 성적 본능과 관련해서 수소와 숫염소, 숫양, 수퇘지와 당나귀가 가장 빈번하게 이용되었다. 이 같은 상징을 선택하는 바탕에는 인간의 동성애 성향이 작용하고 있었다. 현대인의 꿈 공상에서 겁에 질린 그 사람이 어떤 동물로 대

....

17 고대 로마의 여신. 그녀에 대한 숭배는 그리스 여신 페르세포네와 그녀의 어머니 데메테르의 숭배에 바탕을 두고 있다.

18 그리스 신화 속의 여자로 이름의 뜻은 '남편 파괴자'이다,

19 크레타의 달의 여신이었다가 그리스 신화로 편입되었다. 유럽이라는 명칭은 그녀에게서 나왔다.

20 고대 이탈리아 중부에 살았던 종족.

체될 때, 그 개체 발생적 반향에서 고대인들이 공개적으로 수없이 표현했던 것과 똑같은 것이 다시 일어나고 있다. 요정들을 뒤쫓았던 숫염소들이 있었고, 암염소들과 함께 놀았던 사티로스들이 있었다. 그보다 더 옛날의 이집트에는 심지어 그리스인들이 판이라고 불렀던 염소 신을 모신 신전도 있었다. 거기서 신전의 노예들은 염소들과 성교했다. 이 숭배는 사라지지 않았으며, 지금도 이탈리아 남부와 그리스에서 특별한 관습으로 내려오고 있는 것으로 전해진다.

오늘날 우리는 그런 숭배에 대해 혐오감을 강하게 느끼면서, 그것이 지금도 우리의 영혼 안에 잠재해 있다는 사실을 절대로 인정하지 않으려 들 것이다. 그럼에도 불구하고, 성폭력이라는 개념이 현재 그대로 있듯이, 그런 것들도 존재하고 있다. 우리는 그런 일들을 놓고 더 깊이 생각해야 한다. 도덕적 안경을 낀 채 공포를 느끼며 볼 것이 아니라, 하나의 자연과학으로서 관심을 갖고 보아야 한다. 왜냐하면 이것들도 과거 문화 시대들의 유서 깊은 유산이기 때문이다. 오늘날에도 형법에 남색을 금지하는 조항이 있다. 그러나 한때 매우 발달한 사람들 사이에 숭배를 불러일으킬 만큼 아주 강력했던 것이 몇 세대를 내려오는 기간에 인간의 영혼에서 영원히 지워질 수는 없을 것이다. 남자 동성애가 소위 "정상적인 성행위"와 똑같은 차원에서 인간들을 마주하는 플라톤(Plato)의 『향연』(Symposium) 이후로, 겨우 80세대의 세월밖에 흐르지 않았다는 사실을 잊지 말아야 한다. 80세대란 무엇을 의미하는가? 우리가 네안데르탈인 또는 하이델베르크인과 분리된 이후의 그 오랜 세월과 비교하면 80세대는 무시해도 좋을 만큼 짧은 시간이다. 이 연결 속에서, 위대한 이탈리아 역사학자 구글리엘모 페레로(Guglielmo Ferrero)의 사상이 떠오른다.

"시간적으로 현재와 멀리 떨어져 있는 인간일수록 생각과 감정이 우리와 더 많이 다를 것이라는 생각이, 말하자면, 인간의 심리도 문학처럼 세기를 내려오면서 변한다는 생각이 일반적인 의견이다. 그래서 우리가 친숙한 것과 약간 다른 제도나 관습, 법이나 믿음을 과거의 역사 속에서 발견하기라도 하면, 그 즉시 우리는 거기서 복합적인 의미들을 찾아 나서고, 이 의미들은 중요성이 의심스런 관용구로 종종 굳어진다.

정말이지, 인간은 그렇게 빨리 변하지 않는다. 인간의 심리는 근본적으로 똑같다. 인간의 문화가 시대에 따라 많이 달라지더라도, 문화는 인간의 정신의 기능을 변화시키지 않는다. 정신의 근본적인 법칙들은 언제나 똑같다. 적어도 우리가 알고 있는 짧은 역사 시대 동안에는 똑같다. 그리고 모든 현상은, 심지어 아주 이상한 현상까지도 지금 우리가 우리의 내면에서 확인할 수 있는 정신의 공통적인 법칙들에 의해 설명될 수 있어야 한다.[21]

심리학자는 무조건 이 같은 관점을 특히 자신에게 적용 가능한 것으로 받아들여야 한다. 정말로, 오늘날 우리 문명을 보면 남근 숭배 행렬과 고대 아테네인들의 디오니소스 신비 의식, 노골적인 남근 상징 등은 주화나 주택, 신전, 거리에서 사라졌다. 또 동물을 빌려 신을 표현하던 관행도 지금은 잔재로만 남아 있을 뿐이다. 교회의 첨탑을 장식하고 있는 성령의 비둘기, 하느님의 어린양, 베드로(Peter)의 수탉이 그런 예이다. 마찬가지로, 여자들을 납치하고 범하는 것은 범죄가 되었다. 그럼에도 이 모든 변화는 인간이 어린 시절에 그 같은 원시적인 성향의 충동을 거듭 느낀다는 사실에는 영향을 미치지 않는다. 또 인간이 새롭게 습득한 지향적 사고와 고대와 야만의 세기들의 사고에 해당하는 공상적인 사고가 나란히 존재한다는 사

....
21 Guglielmo Ferrero, "Les lois psychologiques du symbolisme"

실에도 아무런 영향을 미치지 못한다. 우리의 육체가 시대에 뒤지는 많은 신체 기관에서 옛날의 기능과 조건을 말해주는 흔적을 갖고 있는 것과 똑같이, 우리의 정신도 겉보기에는 고대인의 성향에서 벗어나 성장한 것처럼 보이지만, 그럼에도 그 동안 거쳐온 진화의 흔적을 고스란히 간직하고 있다. 적어도 공상에서는 고대의 메아리가 그대로 들리고 있다.

프로이트가 발견한 상징체계는 어떤 사고의 표현이고, 꿈과 그릇된 행위와 정신의 혼란에 국한된 어떤 충동의 표현인 것으로 드러나고 있으며, 이런 형태의 사고와 충동은 과거 문화의 시대들에 가장 강력한 영향력으로서 한때 세상을 지배했다.

정신이 스스로를 상징적으로 표현하는 능력과 경향은 어디서 오는가 하는 물음 앞에서, 우리는 두 가지 종류의 사고, 즉 지향적이고 적응된 사고와 우리 자신의 이기적인 소망에 의해 촉진되는 주관적인 사고를 구분해야 한다. 주관적인 형태의 사고는 적응된 사고에 의해 지속적으로 수정되지 않는다는 것을 뜻하며, 반드시 주관적으로 왜곡된 세계관을 낳게 되어 있다. 우리는 이런 정신 상태를 유치한 것으로 여긴다. 그 같은 정신 상태는 우리 개인의 과거 속에, 그리고 인류의 과거 속에 놓여 있다.

이로써, 우리는 인간이 공상적인 사고 안에 자신의 정신적 발달의 역사를 응축해 담고 있다는 중요한 사실을 확인한다. 오늘날에도 거의 가능하지 않은 특별히 중요한 과제는 공상적인 사고를 체계적으로 묘사하는 것이다. 아무리 노력해도 아직은 겨우 공상적인 사고를 스케치하는 선에서 그칠 것이다. 지향적 사고는 처음부터 끝까지 의식적인 현상이지만, 공상적 사고에 대해서는 그렇게 말하지 못한다. 틀림없이, 공상적 사고의 상당 부분은 여전히 의식의 영역에 전적으로 속하지만, 적어도 그것 못지 않게 많은 부분이 의식과 무의식의 경계선에 있을 것이고 또 어떤 부분은 무의식의 영역에 속할 것이다. 이 중에서 무의식의 영역에 속하는 공상적 사고는 오직 간접적으로만 드러날 수 있다. 지향적인 사고는 공상적 사고를 통해서 인간 정신의 가장 오래된 바탕과 연결되며, 이 바탕은 의식의 문턱 아래에 오랫동안 있어 왔다.

의식에서 직접적으로 생겨나는 공상적 사고의 산물로는 우선 몽상이 있으며, 프로이트와 스위스 심리학자 플루르누이(Théodore Flournoy), 픽(Pick) 등은 특별히 이 몽상에 관심을 기울였다. 그 다음에는, 먼저 의식에 신비한 외형을 보여주고 간접적으로 추론한 무의식의 내용물을 통해서만 의미를 지니게 되는 꿈이 있다. 마지막으로, 소위 말하는 완전히 무의식적인 공상 체계가 있는데, 이 공상 체계는 분열된 인격을 낳는 경향을 뚜렷이 보인다.

앞에 제시한 설명은 무의식에서 나오는 산물이 신화와 관계가 있다는 점을 보여주고 있다. 이 모든 암시들을 종합적으로 고려한다면, 영혼은 역사적인 지층들을 어느 정도 갖고 있으며 가장 오래된 지층은 무의식에 해당할 것이라는 결론이 가능하다. 그 결과, 프로이트의 가르침에 따르면, 훗날 삶에 나타나는 내향성은 그 개인의 과거에서 퇴행적인 유아기의 기억을 붙잡게 된다. 그 첫 번째 기억이 길을 가리키고, 이어서 보다 강력한 내향과 퇴행(강력한 억압, 내향 정신병)과 함께 어떤 케케묵은 정신의 특징들이 뚜렷이 나타나며, 이 정신은 어떤 상황들에 처하는 경우에 한때 분명하게 존재했던 옛날의 정신적 산물까지 불러내기도 한다.

이 문제는 보다 철저하게 논의될 필요가 있다. 하나의 구체적인 예로서, 아나톨 프랑스가 우리에게 들려주는 신앙심 깊은 외거(Oegger) 신부의 이야기를 보도록 하자. 이 성직자는 엄격하기로 유명한 사람이며, 특히 한 가지 문제, 즉 유다(Judas)의 운명과 관련한 공상에 자주 빠지곤 했다. 유다가 교회의 가르침대로 정말로 영원한 처벌의 저주를 받았는지, 아니면 하느님이 결국 그를 용서했는지에 대해 무척 궁금해 했던 것이다. 외거는 하느님이 그리스도의 속죄를 극화하기 위해 최대한 지혜를 발휘하여 유다를 하나의 도구로 선택했다는 지적인 관점에 동의했다. 인간이 구원을 받기 위해서 반드시 필요했던 이 도구는 아마 선하기만 한 하느님의 저주를 받을 수 없었을 것이다. 외거 신부는 자신의 의문에 종지부를 찍기 위해, 어느 날 밤에 교회로 가서 유다가 구원을 받았다는 신호를 보게 해 달라고 간청했다. 그러자 천상의 손길이 그의 어깨를 건드리는 것이 느껴졌다. 이어서 외거는 대주교에게 세상에 나가서 하느님의 끝없는 사랑을 전파하겠다는 결심을 전했다.

여기서 우리는 아주 풍성하게 발달한 공상 체계가 펼쳐지고 있는 것을 보고 있다. 이 공상 체계는 유다라는 전설적인 인물이 저주를 받았는지 여부에 관한, 영원히 풀리지 않는 미묘한 물음과 관계있다. 유다의 전설, 즉 영웅의 악의적 배반은 그 자체로 신화적인 소재이다. 지크프리트[22]와 하겐[23], 발데르[24], 로키[25]가 떠오른다. 지크프리트와 발데르는 가장 가까운 동료의 배신으로 죽음을 당했다. 이 신화는 감동적이고 비극적이다. 고귀한 존재를 죽이는 것은 명예로운 전투가 아니라 사악한 배신이다. 배신은 역사를 내려오면서 거듭 일어나는 사건이다. 카이사르(Caesar)와 브루투스(Brutus)가 떠오를 것이다. 배신의 신화는 매우 오래되었으며 지금도 거듭 등장하고 있는 주제이다. 그렇기 때문에 질투가 인간을 잠들지 못하게 한다거나 우리 모두가 가슴 깊은 곳에 영웅이 되려는 위험한 소망을 품고 있다는 말은 심리학적 사실을 정확히 표현하고 있다. 이 법칙은 대체로 신화적인 전설에도 적용된다. 신화적인 전설은 옛날 사건들에 대한 설명을 제

....
22 '니벨룽의 노래' 등 중세 독일의 서사시에 자주 등장하는 전사 영웅.
23 북유럽 신화에 여러 모습으로 등장하는 영웅.
24 북유럽 신화에 등장하는 빛의 신.
25 북유럽 신화 속의 신으로 비열한 짓을 많이 한다.

시하는 것이 아니라 인간에게 공통적인 어떤 사고를 드러내면서 그 사고를 다시 되살리는 역할을 한다. 따라서, 예를 들어 옛 종교의 창설자들의 삶과 행위는 동시대의 전형적인 신화들을 대단히 순수하게 응축한 것이고, 창설자 개인의 인물은 그 신화들의 응축 뒤로 완전히 사라져 버린다.

하지만 신앙심 깊은 신부가 오래된 유다의 전설을 갖고 스스로를 그렇게 괴롭히는 이유가 무엇인가? 그는 먼저 사랑의 복음을 전파하기 위해 세상 속으로 들어갔다. 그 다음에는 어느 정도 시간이 지난 뒤 가톨릭교회와 단절하고 스베덴보리(Emanuel Swedenborg)[26]의 신봉자가 되었다. 이제 우리는 그의 유다 공상을 이해한다. 그가 자신의 하느님을 배반한 유다였던 것이다. 따라서 무엇보다 먼저 그가 편안한 마음에서 유다가 되기 위해서 신의 사랑을 확인해야 했다.

이 예는 공상의 메커니즘을 대체적으로 밝혀주고 있다. 알려진 의식적인 공상은 신화적인 자료나 그 외의 다른 자료에서 나올 수 있다. 그런 공상은 그런 것으로서 진지하게 받아들여지지 않는다. 이유는 그것이 간접적인 의미를 지니기 때문이다. 그러나 만약에 우리가 그런 공상을 그 자체로 중요한 것으로 받아들인다면, 그것은 이해할 수 없는 것이 될 것이고, 따라서 사람은 정신의 효율성에 절망하게 될 것이다. 그러나 우리는 외거 신부의 예에서 그의 의심과 희망이 유다의 역사적인 문제와 관계가 있는 것이 아니라 그 자신의 인격과 관계있다는 것을 보았다. 당시에 그의 인격은 유다 문제의 해결을 통해서 스스로 자유에 이르는 길을 얻기를 원하고 있었다.

의식적인 공상은 영혼 안에 있는, 발달하지 않았거나 더 이상 인정받지 못하는 소망 성향의 신화적 또는 그 외의 다른 자료에 관한 이야기를 들려준다. 쉽게 이해할 수 있듯이, 어떤 사람이 인정하길 거부하면서 마치 존재

··········
26 스웨덴의 신학자이자 철학자이며 과학자(1688-1772)

하지 않는 것처럼 다루고 있는 타고난 어떤 성향은 그 사람의 의식적인 성격과 조화를 이루는 것을 좀처럼 포함하지 못한다. 그런 성향은 부도덕한 것으로, 또 일반적으로 불가능한 것으로 여겨지는 성향들을 문제로 삼으며, 그 성향들을 의식 속으로 끌어들이는 경우에 대단한 분개가 느껴진다. 만약에 외거 신부가 자신이 유다의 역할을 할 준비를 하고 있다는 말을 은밀히 들었다면, 그가 무슨 말을 했을 것 같은가? 그리고 우리는 자신의 내면에 들어 있는 것들 중에서 어떤 것을 부도덕하거나 존재하지 않는 것으로, 아니면 적어도 존재하지 않았더라면 좋았을 것으로 여기는가? 그것은 바로 고대에 표면적으로 널리 퍼져 있었던 것, 즉 온갖 형태로 표현된 성욕이다. 그러므로 우리가 공상들이 겉으로는 다 다르게 보일지라도 그 공상들의 바탕에서 성욕을 발견한다 하더라도 이상하게 생각할 필요가 전혀 없다.

외거 신부는 유다에 대한 신의 저주가 신의 선량과 양립할 수 없다는 것을 깨달았다. 그래서 그는 그 갈등에 대해 그런 식으로 생각했다. 그것이 의식적인 사고의 순서이기 때문이다. 이 의식적 사고의 과정에 무의식적 사고도 동참한다. 외거 신부 본인이 유다 같은 존재가 되기를 원했기 때문에, 먼저 그가 신의 선량부터 확인했던 것이다.

외거 신부에게 유다는 그 자신의 무의식적 성향의 상징이었으며, 그는 자신의 무의식적 소망에 대해 깊이 생각할 수 있기 위해 이 상징을 이용했다. 유다가 되고자 하는 소망을 의식으로 직접적으로 끌어들이는 것은 그에게 지나치게 고통스런 일이었을 것이다. 따라서 민속 심리의 콤플렉스를 치료하는 진정한 도구들이 될 수 있는 전형적인 신화들이 존재함에 틀림없다. 스위스의 역사학자 야코프 부르크하르트(Jacob Burckhardt)가 언젠가 모든 독일인이 내면에 파우스트의 파편을 하나씩 갖고 다니는 것과 똑같이 고대 그리스의 모든 시민은 내면에 오이디푸스의 파편을 하나씩 갖고 다녔다고 말했을 때, 그는 이 점을 짐작했던 것 같다.

우리가 공상들을, 그러니까 그 존재를 전적으로 무의식의 작용에 의존하는 공상들을 검토하려고 준비하는 때, 외거 신부의 단순한 이야기가 우리 앞에 분명히 던졌던 문제가 다시 우리 앞에 나타나고 있다. 다음 장에서 이용할 자료는 미국 여성 미스 프랭크 밀러(Frank Miller)[27]가 발표한 글이 될 것이다. 밀러는 '잠재의식의 창조적 상상력의 몇 가지 예'(Quelque faits d' imagination créatrice subconsciente)[28]라는 제목으로 무의식적으로 형성된 몇 가지 공상을 세상에 소개했다.

....

27 미국 여성이며, 융은 개인적으로 이 여성을 알지 못했다. 단지 플루르누이의 책을 통해서 그녀의 글을 접했을 뿐이다. 그녀는 미국 앨라배마 주 태생의 연기자였다.

28 'Archives de Psychologie', Vol. V.

:

2장

미스 밀러의 공상들

:

많은 정신분석 경험을 통해서, 우리는 공상이나 꿈에 대한 이야기를 들려주는 사람이 그 당시에 자신의 문제들 중에서 가장 중요하고 가장 은밀할 뿐만 아니라 그 순간에 가장 고통스런 문제를 다루고 있다는 사실을 잘 알고 있다.

미스 밀러의 경우에도 우리는 당연히 복잡한 어떤 체계를 다뤄야 한다. 그렇기 때문에 상세한 사항들에 주의를 세심하게 기울여야 한다. 지금부터 미스 밀러가 발표한 내용을 최대한 충실하게 따르면서 이 상세한 사항들에 대해 논할 것이다.

'과도적인 암시 현상 또는 즉시적 자기 암시 현상'이라는 제목의 1장에서, 미스 밀러는 자신이 암시에 지극히 예민하다는 점을 보여주는 예들을 나열하고 있다. 그녀는 자신의 과도한 예민함을 신경증적 기질의 한 징후로 여기고 있다. 예를 들어, 그녀의 친척들 몇몇은 캐비아를 아주 싫어하는

데 그녀는 대단히 좋아한다. 그러나 누군가 혐오감을 표현하기만 하면 그녀도 즉시 똑같은 혐오감을 느낀다. 그런 예들이 개인의 심리에서 매우 중요하다는 사실을, 또 캐비아가 신경이 예민한 여자들이 특별히 좋아하는 음식이라는 것이 정신분석가들 사이에 잘 알려져 있다는 사실을 특별히 강조할 필요는 없을 것이다.

미스 밀러는 다른 사람의 감정을 자신의 감정으로 느끼는 능력이 탁월하다. 예를 들어, 그녀는 '시라노'(Cyrano)[29]에서 부상을 입은 미남 청년 크리스티앙과 자신을 동일시한 까닭에 크리스타앙이 치명적 타격을 입은 바로 그 신체 부위에 정말로 찢어지는 통증을 느낀다.

분석 심리학의 관점에서 보면, 극장은 미학적 가치를 떠나서 집단 콤플렉스를 치료하는 공간으로 여겨질 수 있다. 희극의 즐거움, 즉 행복한 결말로 끝나는 극적 구성의 즐거움은 관객 본인의 콤플렉스들과 연극의 완전한 동일시에 의해 생겨난다. 비극의 즐거움은 관객 자신에게 일어날 수도 있는 일이 다른 사람에게 일어나고 있다는, 오싹하면서도 만족스런 감정에 있다.

미스 밀러가 죽어가는 크리스티앙에게 느끼는 공감은 그녀의 내면에 그와 비슷한 해결책을 기다리면서 그녀에게 "오늘은 당신에게, 내일은 나에게"라고 나직이 속삭이고 있는 어떤 콤플렉스가 있다는 것을 의미한다. 또 "사라 베르나르(Sarah Bernhardt)[30]가 크리스티앙의 상처에서 흐르는 피를 막기 위해 그에게로 몸을 던질 때" 미스 밀러가 가슴에 통증을 느꼈다고 하는데, 그녀의 공감은 그 아픔을 느낀 순간이 언제였는지를 정확히 유추할 수 있도록 한다. 그 순간은 바로 크리스티앙과 록산느의 사랑이 갑자기

....
29 17세기 프랑스 극작가 시라노 드 베르주라크(Cyrano de Bergerac)의 삶을 소재로 한 희곡으로, 에드몽 로스탕(Edmond Rostand)이 1897년에 썼다.

30 프랑스 연극 배우(1844~1923).

종말을 고하게 되는 때이다.

만약 에드몽 로스탕의 연극 전체를 놓고 본다면, 중간 중간에 결정적인 순간들이 있을 것이다. 관객은 그 순간들의 효과를 쉽게 피하지 못한다. 여기서 그 효과를 강조하는 이유는 그것이 그 다음에 일어나는 모든 것들에 의미를 지니기 때문이다. 못생긴 긴 코를 가진 시라노 드 베르주라크는 코 때문에 수없이 많은 결투를 벌이며 남몰래 록산느를 사랑한다. 그러나 시라노의 사랑을 전혀 눈치 채지 못한 록산느는 아름다운 시들 때문에 크리스티앙을 사랑한다. 그런데 알고 보면 그 시들은 시라노의 펜에서 나온 것이다. 시라노는 진가를 인정 받지 못하고 있는 존재이며, 아무도 그가 열정적인 사랑을 품고 있고 고귀한 영혼을 갖고 있으리라고 생각하지 않는다. 다른 사람들을 위해서 자신을 희생시키는 영웅은 삶의 마지막 순간에 죽어가며 록산느에게 크리스티앙의 마지막 편지를, 그러니까 그 자신이 지은 시구들을 한 번 더 읽어준다.

> "록산느, 안녕! 난 죽을 거야!
> 오늘 밤에, 틀림없이, 사랑하는 사람이여!
> 못다 표현한 사랑으로, 내 영혼은 여전히 무겁구려.
> 난 죽어! 더 이상 없어, 나의 회색 눈의 시선은
> 한때는 전율케 하는 즐거움이었는데.
> 그대의 작은 몸짓들은 공중으로 나는 중에 입맞춤을 못할 거야.
> 아, 귀여운 자태!
> 이마를 부드럽게 매만지는 모습.
> 아, 나의 가슴이 찢어지도다.
> 그리고 나는 절규하노라.
> "안녕!" 나의 귀여운 사람이여, 나의 소중한 사람이여!

나의 보석이여, 나의 사랑이여!
나의 가슴은 단 한 순간도 당신을 떠나지 않았어!
그리고 나는 당신을 무한히 사랑하는 사람이고
저세상에서도 그런 존재로 남으리."

 그 순간 록산느는 시라노에게서 자신이 진정으로 사랑했던 존재를 확인한다. 그러나 때는 이미 늦었다. 죽음이 다가오고 있다. 고통스러운 정신 착란의 상태에서, 시라노는 몸을 일으키며 칼을 뽑는다.

"나는 믿어, 그녀가 볼 것이라고…
그녀도 감히 나의 코를 보게 될 것이라고, 친구여!

 (그가 칼을 뽑아 든다.)

뭐라고? … 다 소용없어.
난 알아!
그러나 누구든 승리만 기대할 수는 없어!
아니야! 아니야! 쓸모없는 싸움일 때가 훨씬 더 아름다워!
이 모든 것들은 무엇인가? 천 명인가?
아! 알겠네, 모두가 옛날의 나의 적들이군!
헛된 것들!

 (그가 칼로 허공을 찌른다.)

아니, 이럴 수가! 아아! 타협,

편견, 배신!…

(그가 칼을 내려친다.)

굴복한다고? 내가?

타협? 아니, 절대로! 너도 있군. 어리석음이여!

네가 마침내 나를 쓰러뜨릴 것이라는 것을 나는 알고 있어.

그건 중요하지 않아. 난 싸우고 싸우고 또 싸우고 있어!

그래, 너는 나에게서 모든 것을 빼앗아 갔어.

월계수와 장미를!

다 갖고 가! 그래도 아직 내가 꼭 지켜야 할 게

하나 있어. 오늘밤, 내가 허리를 낮게 굽히고

푸른 하늘의 문지방을 넘어

하느님의 집으로 들어갈 때,

한 가지가 남았네.

구겨진 곳도 하나 없고 얼룩도 하나 없는 것이.

네가 뭐라 해도 나는 갖고 갈 걸세.

그건 나의 당당한 태도라오."

못생긴 육체의 외형 밑으로 아주 아름다운 영혼을 숨기고 있던 시라노는 남몰래 사모하고 있는 사람이고 평가를 제대로 받지 못하고 있는 사람이며, 그의 최종적 승리는 그가 적어도 "구겨진 곳도 하나 없고 얼룩도 하나 없는" 깨끗한 방패를 남기고 떠난다는 점이다. 미스 밀러가 잘생기긴 해도 별로 인상적이지도 않고 동정적이지도 않은, 지금 죽어가고 있는 크리스티앙과 자신을 동일시하는 것은 크리스티앙의 사랑처럼 그녀의 사랑도 운명적으로 갑작스레 종말을 맞게 될 것이라는 점을 분명히 표현하고 있다.

그러나 크리스티앙과의 비극적인 막간의 촌극은 우리가 본 바와 같이 그보다 훨씬 더 중요한 의미를 지니는 배경, 즉 록산느를 향한 시라노의 인정받지 못한 사랑 위에 설정되었다. 그러므로 크리스티앙과의 동일시는 은폐 기억(deckerinnerung)[31]의 의미밖에 지니지 못하며, 실제로는 시라노를 의도하고 있다. 이것이 우리가 기대할 수 있는 바로 그것이라는 점은 추가로 분석하는 과정에 드러날 것이다.

크리스티앙과의 동일시를 보여주는 이 이야기 외에, 추가적인 한 예로 바다에 관한 매우 섬세한 기억이 따른다. 넓은 바다 위에 기선 한 척이 떠 있는 사진이 불러일으키는 기억이다. ("나는 기계 장치들의 박동과 파도의 일렁임, 배의 흔들림을 느낀다.")

여기서 우리는 특별히 인상적이었던 바다 여행이 있었거나, 영혼 깊숙이 파고들며 무의식적 조화를 통해 표면 기억들에 특별히 강력한 성격을 불어넣는 그런 강한 기억이 있었을 것이라고 짐작할 수 있다. 여기서 언급한 기억들이 앞에 언급한 문제들과 어느 정도 일치한다는 점을 우리는 앞으로 확인하게 될 것이다.

이어지는 예는 독특하다. 미스 밀러는 언젠가 목욕을 하면서 머리가 젖지 않도록 하기 위해 타월로 머리를 감싼 적이 있었다. 바로 그 순간에 미스 밀러는 다음과 같은 인상을 강하게 받았다.

> "마치 내가 모든 세부 사항이 너무나 뚜렷한 이집트 조각상이 되어 받침대 위에 올라가 있는 것 같은 느낌이 들었다. 뻣뻣한 자세로 한쪽 발은 앞쪽에 놓고, 손에는 증표를 들고 있었다."

....
31 불쾌하거나 기억하고 싶지 않은 사건을 무의식적으로 덮는 데 이용되는 왜곡된 기억을 말한다.

따라서 미스 밀러는 자신과 이집트 조각상을 동일시하고 있으며, 당연히 이 동일시의 바탕은 어떤 주관적인 자만이었다. 말하자면, 그녀는 자신이 뻣뻣하고, 무표정하고, 고상하고, 태연한 것이 이집트 조각상을 닮았다고 생각하고 있다. 이런 특성이라면 이집트 조각상에 잘 어울린다. 사람이 자기 자신에 대해 이런 식으로 단언할 때에는 반드시 내면에서 어떤 충동이 작용하게 되어 있다. "나는 이집트 조각처럼 뻣뻣하고 무표정할 거야."라는 식의 표현이 더 정확할 것이다. 목욕하면서 자신의 벗은 모습을 본 것도 그 공상에 부정할 수 없는 영향을 끼쳤다.

이 글 다음에 나오는 예는 미스 밀러가 어느 예술가에게 끼치고 있는 개인적 영향을 강조하고 있다.

> "나는 레만 호수 같은, 그가 가 보지도 않은 곳의 풍경을 그리도록 하는 데 그럭저럭 성공했다. 그는 내가 그로 하여금 보지도 않은 대상을 그리도록 하고 느끼지도 않은 주위 분위기까지 그리도록 할 수 있었다고 주장했다. 요약하면, 나는 그를 하나의 단순한 도구로 이용하고 있었다. 마치 그가 그의 연필을 이용하듯이 말이다."

이 관찰은 이집트 조각상 공상과 두드러진 대비를 이루고 있다. 여기서 미스 밀러는 자신이 다른 사람에게 행사하는 거의 주술적인 영향을 강조하고 싶은 욕구를 은근히 느꼈다. 무의식적 욕구가 작용하지 않고는 이런 일은 일어날 수 없다. 이 같은 무의식적 욕구는 동료들에게 강한 인상을 심지 못하는 사람들이 특히 자주 느낀다.

이것을 마지막으로 미스 밀러의 자기 암시와 암시의 효과를 보여주는 예들은 끝난다. 이 점에서 보면, 이 예들은 특별히 두드러지지도 않고 특별히 흥미롭지도 않다. 그러나 분석적인 관점에서 보면 반대로 이 예들은 아주 중요해진다. 그것들이 미스 밀러의 영혼을 들여다볼 기회를 주기 때문이다. 헝가리 정신분석가 페렌치(Sándor Ferenczi)는 탁월한 어느 책에서 암시 감응성에 대해 어떻게 생각할 것인지를 가르쳤다. 말하자면, 이 현상들은 프로이트의 리비도 이론에 비춰보면 새로운 양상을 얻게 된다는 점을 강조했다. 이 현상들의 효과가 "리비도 점유"를 통해 분명하게 드러나니 말이다. 이것은 앞에서 예들을 논할 때 이미 확인되었으며, 크리스티앙과의 동일시에서 가장 세세하게 드러났다. 이 동일시는 크리스티앙 모티브의 바탕에서 작용하고 있는 강력한 생각과 강력한 감정으로부터 에너지의 유입을 받아들임으로써 이뤄지게 된다. 이것과 정반대가 바로 다른 사람에게 관심(즉, 리비도)을 집중하는 특별한 능력에 나타나는 개인의 암시 효과이다. 이 암시에 대해 상대방은 무의식적으로 반응(동일한 반응 또는 반대의 반응)하게 되어 있다. 예들의 과반은 미스 밀러가 암시의 효과를 받아들이는 예이다. 말하자면 리비도가 저절로 어떤 인상을 받아들이는 예이다. 그러나 만약에 리비도가 현실에 제대로 적용되지 않아 엄청나게 많이 축적된다면, 리비도가 자연스레 인상을 받아들이는 것은 불가능해진다. 따라서 암시 감응성에 관한 미스 밀러의 관찰은 그녀가 다음의 여러 공상들을 통해서 자신의 사랑 이야기를 들려주고자 한다는 사실을 우리에게 알려주고 있다.

:

3장

창조의 찬가

:

미스 밀러의 책 중 제2장은 제목이 '신에게 영광을: 꿈의 시'로 되어 있다. 스무 살 때, 미스 밀러는 오랫동안 유럽 전역을 돌며 여행했다. 그녀는 그 여행에 대해 다음과 같이 묘사하고 있다.

"뉴욕에서 스톡홀름까지, 다시 스톡홀름에서 상트페테르부르크와 오데사 까지 길고 험한 여정을 거친 뒤, 나는 번잡한 도시들의 세계를 떠나서 파도 와 하늘과 고독의 세계로 들어가는 것이 진정한 즐거움이라는 사실을 깨달 았다. 나는 편안한 의자에 몸을 누인 채 갑판에 몇 시간 동안 머물며 꿈을 꾸 었다. 멀리서 본 다양한 나라들의 역사와 전설과 신화들이 빛을 발하는 안개 속에서 서로 뒤섞이며 나에게 돌아왔다. 안개 속에서 사물들은 현실성을 잃 었다. 한편, 꿈과 생각만이 다소 현실의 모습을 갖고 있는 것 같다. 처음에, 나 는 일행을 피하며 철저히 혼자 남아 꿈에 완전히 몰입할 수 있었다. 그 꿈 속에서 내가 아는, 아름답고 위대하고 선한 모든 것이 새로운 힘과 생명력을 얻으며 나의 의식 속으로 돌아왔다. 나는 또한 먼 곳의 친구들에게 편지를 쓰거나 글을 읽거나 아니면 내가 방문한 지역에 대해 짧은 시를 쓰면서 시간을 보냈다. 이 시들 중 일부는 매우 진지한 분위기를 풍긴다."

아마 이 모든 세부 사항들을 깊이 파고들 필요는 없을 것이다. 그러나 앞에서 말한 내용을 떠올린다면, 말하자면 사람들이 자신의 무의식이 말을 하도록 내버려둘 때엔 언제나 자신의 내면 깊은 곳에 들어 있는 가장 중요한 것들에 관한 이야기를 들려준다는 사실을 고려한다면, 아주 사소한 세부 사항도 의미를 지니는 것 같다. 가치있는 인격들은 반드시 무의식을 통해서 일반적으로 가치있는 것들에 관한 이야기를 우리에게 들려준다. 그렇기 때문에 끈기 있는 관심은 보상을 받게 된다.

미스 밀러는 여기서 "내향"의 상태를 묘사하고 있다. 온갖 인상들이 난무하는 도시들의 삶이 (이미 논한, 인상을 강력히 강요하는 그런 암시의 힘으로) 그녀의 관심을 흡수해 버린 뒤에, 그녀는 바다 위에서 자유롭게 호흡했다. 그녀는 외부의 인상들을 너무나 많이 받은 뒤에 의도적으로 주변을 멀리하면서 내면에 깊이 파묻혔다. 그래서 사물들이 현실성을 잃고, 꿈이 현실이 되었다. 사람들이 처음에 조금씩 현실을 외면하다가 점점 더 많이 도외시하면서 공상에 깊이 빠져들게 하는 그런 정신적 장애가 있다는 사실을 우리는 정신병리학을 통해 알고 있다. 이 과정에, 현실이 힘을 잃어가는 만큼 내면 세계가 현실성을 얻으면서 결정적인 힘을 행사하게 된다. 이 과정이 어느 시점(개인에 따라 다 다르다)에 이르면, 환자가 돌연 자신이 현실과 분리되어 있다는 사실을 다소 의식하게 된다. 바로 그때 일어나는 사건이 병적인 자극이다. 말하자면, 환자들이 (틀림없이) 병적인 관점에서 주변 환경을 보기 시작하는 것이다. 그러나 이 관점은 비록 성과는 나쁜 쪽일지라도 보상적인 차원에서 전이를 꾀하려는 시도를 나타내고 있다. 당연히, 반응 방법들도 매우 다르다. 여기서 나는 이것에 대해 더 면밀히 파고들지 않을 것이다.

이 유형은 일반적으로 모든 신경증 환자들에게, 따라서 정상적인 사람에게도 훨씬 약한 수준으로 나타나는 하나의 심리학적 원칙인 것 같다. 그러므로 우리는 한동안 현실 감각을 훼손시키는 이런 내향의 시간을 보낸 뒤에 미스 밀러가 현실 세계의 인상을 새롭게 받아들이면서, 현실 세계로부터 그녀의 꿈의 영향만큼이나 암시적이고 강력한 영향을 받게 될 것이라고 예상할 수 있다. 미스 밀러의 글을 더 보도록 하자.

"그러나 여행이 끝날 때가 가까워지자, 선박의 승무원들은 더없이 친절하게 대했으며(모두가 일을 대단히 열심히 하고 대단히 온순하다) 나는 그들에게 영어를 가르쳐 주면서 재미있는 시간을 보냈다. 시칠리아 해안의 카타니아 항에서, 나는 바다에 관한 잘 알려진 어떤 노래와 매우 비슷한 선원의 노래를 썼다(바다, 포도주와 아름다운 소녀들). 이탈리아 사람들은 대체로 노래를 잘 부른다. 갑판에서 야간 근무를 하면서 노래를 부른 승무원들 중에 한 사람은 나에게 특별히 강한 인상을 남기면서 그의 멜로디에 맞는 글을 쓰고 싶다는 마음을 품게 만들었다. 직후에, '나폴리는 보고 죽어야 한다'는 옛말을 거꾸로 뒤집어 놓아야 할 상황이 벌어졌다. 말하자면, 돌연 내가 위험할 정도는 아니었지만 몸이 크게 아파왔다. 그러나 나는 어느 정도 원기를 회복했으며 육지에 내려 마차를 타고 도시 관광에 나설 수 있었다. 그날이 저물 때에는 몸이 대단히 피곤했다. 다음 날 피사를 둘러보게 되어 있었기 때문에, 나는 저녁 일찍 배로 돌아가 승무원들의 아름다움과 이탈리아 걸인들의 추함 외에 진지한 것에 대해서는 전혀 생각하지 않고 잠자리에 들었다."

여기서 기대했던 현실에 대한 인상을 접하지 않고 오히려 사소한 연애 유희 같은 것을 만나게 되어 다소 실망하는 사람도 있을 것 같다. 그럼에도 불구하고, 승무원 중 한 사람인 어느 가수는 강한 인상을 남겼다. 묘사의 마지막 부분에 있는 표현, 즉 "승무원들의 아름다움 외에 진지한 것에 대해서는 전혀 생각하지 않고"라는 부분이 인상의 진지함을 약화시키고 있다는 말은 맞는 말이다. 그러나 그 인상이 그녀의 기분에 매우 강한 영향을 끼쳤다는 것은 가수에게 경의를 표하며 에로틱한 성격의 주제에 관한 시, 즉 "바다, 포도주와 아름다운 소녀들"이라는 구절이 금방 튀어나온다는 사실로도 뒷받침되고 있다.

이런 인상을 가볍게 받아들이는 경향이 아주 강하며, 환자들의 진술을 단순한 것으로, 절대로 진지하지 않은 것으로 기꺼이 인정하려 든다. 그러나 나는 이 인상에 대해 오래 생각하고 있다. 왜냐하면 그런 내향 뒤에 어떤 에로틱한 인상이 깊은 영향을 미치고 있다는 것을, 그리고 아마도 그 인상이 미스 밀러에 의해 과소평가되고 있다는 것을 아는 것이 중요하기 때문이다. 갑자기 닥쳤다가 사라지는 그 병은 모호하고 심리학적 해석을 요구하지만, 여기서는 자료가 부족한 탓에 심리학적 해석을 꾀하지 못한다. 아래에 묘사하는 현상은 그녀의 존재 깊은 곳까지 영향을 미치고 있는 어떤 장애 때문에 일어나는 것으로 설명될 수밖에 없다.

"나폴리에서 리보르노까지, 배는 밤에 항해했다. 그 사이에 나는 잠을 그런대로 잘 잤다. 그러나 잠은 결코 깊지 않았으며 꿈이 없지도 않았다. 나는 다음과 같은 꿈을 꾸다가 어머니의 목소리에 깨어난 것 같다. 처음에 '새벽별들이 서로 함께 노래할 때'라는 소리가 어렴풋이 들렸다. 창조를 나타내는 어떤 혼란스런 표현의 전주이자 우주 널리 메아리를 이루는 힘찬 합창의 전주 같은 소리였다. 꿈에 고유한, 이상하고 모순적이고 혼란스런 성격에도 불구하고, 거기에는 뉴욕의 가장 탁월한 연주 단체가 연주하는 오라토리오의 합창이 깔려 있었다. 동시에 밀턴(John Milton)의 '실락원'의 기억이 떠올랐다. 그런 다음에 이 혼란 속에서 어떤 단어들이 서서히 생겨나와 3개의 연으로 정렬되었다. 정말로 그 단어들은 내가 언제나 갖고 다니던 낡은 시집의 한 페이지에, 청색 줄이 그어진 평범한 종이에 나 자신이 직접 적은 것처럼 보였다. 한 마디로 말해, 그 시들은 몇 분 뒤에 현실 속의 나의 책에 쓰인 내용과 똑같아 보였다."

여기서 미스 밀러는 다음과 같은 시를 적고 있다. 이것을 그녀는 몇 개월 뒤에 다시 다듬었다. 그녀의 판단에 원래의 꿈에 더 가깝게 만들기 위해서였다.

신이 처음 소리를 만들었을 때
수많은 귀들이 일어나며 들었노라.
그리고 우주 전체에
깊고 청량한 메아리가 울려퍼졌노라.
소리의 신에 모든 영광을!

신이 처음 빛을 만들었을 때
수많은 눈들이 일어나며 보았노라.
그리고 듣는 귀마다 보는 눈마다
다시 한 번 우렁찬 합창이 일어났노라.
빛의 신에 모든 영광을!

신이 처음 사랑을 주었을 때
수많은 가슴들이 일어나 생명을 얻었노라.

귀는 음악으로 가득했고,

눈은 빛으로 가득했노라.

사랑으로 충만한 가슴들이 멀리 퍼져나갔노라.

사랑의 신에게 모든 영광을!

미스 밀러가 상상을 통해서 장엄한 창조의 뿌리를 들춰내려 한 노력에 대해 언급하기 전에, 우리는 이미 확보한 자료들을 분석적인 방법으로 간단히 조사할 것이다. 배로 여행하면서 받은 인상은 이미 적절히 강조되었다. 그렇기 때문에 이 시적 영감을 불러일으킨 역동적인 과정을 파악하는 것은 그리 어려운 일이 아니다. 그 역동적인 과정은 미스 밀러가 에로틱한 인상의 중요성을 꽤 과소평가했던 그 앞의 글에 분명히 나타났다. 이 같은 가정은 경험에 비춰보면 사실일 가능성이 크다. 경험은 비교적 약한 에로틱한 인상은 크게 과소평가되고 있다는 것을 보여준다. 에로틱한 인상과 관련 있는 사람들이 사회적이거나 도덕적인 근거에서 에로틱한 관계를 꽤 불가능한 것으로 여기는 예에서 이 같은 현상이 잘 확인된다. 그런 예를 든다면, 부모와 자식, 형제자매들, 나이 많은 남자와 젊은 남자 사이의 (동성애) 관계 등이 있다.

만약에 그 인상이 비교적 약하다면, 당사자들에게 그 인상이 전혀 존재하지 않을 수도 있다. 만약에 그 인상이 강하다면, 비극적인 의존이 일어나고, 그 의존이 터무니없는 결과를 낳을 수 있다. 이 같은 이해의 결여는 믿기 어려울 만큼 심각할 수 있다. 어머니가 어린 아들이 침대에서 처음으로 발기하는 것을 보기도 하고, 누이가 반 장난으로 오빠를 포옹하기도 하고, 스무 살이나 된 딸이 아빠의 무릎에 앉았다가 "복부"에 "야릇한" 느낌을 받기도 한다. 만약에 누군가가 그런 문제를 놓고 "성욕" 운운하면, 당사자들은 도덕적으로 엄청난 분노를 표현할 것이다. 마지막으로, 우리의 교육 자체가 에로틱한 것에 대해서는 가급적 조금 알거나 무지해야 한다는 인식을 널리 퍼뜨려야 한다는 암묵적 합의 하에서 이뤄지고 있다. 그러므로 에로틱한 인상의 중요성에 대한 판단이 대체로 정확하지 않고 부적절하다 해도 전혀 놀랄 일이 못된다.

앞에서 본 바와 같이, 미스 밀러는 어떤 깊은 에로틱한 인상의 영향을 받고 있었다. 이 인상으로 야기된 감정들의 총량 때문에, 그 인상이 희미하게 나타나는 수밖에 없는 것 같다. 강하게 나타나려면 꿈이 강력한 어떤 반복을 포함해야 하기 때문이다. 분석 경험을 바탕으로, 우리는 환자들이 분석을 위해 처음 제시하는 꿈들은 그럼에도 불구하고 특별한 중요성을 지닌다는 사실을 잘 알고 있다. 그 꿈들이 중요한 이유는 거기에 정신분석가의 인격에 대한 비판과 평가가 담겨 있기 때문이다. 사전에 환자에게 정신분석가의 인격에 대한 평가를 직접적으로 요구했다면, 아마 환자는 아무런 의견도 내놓지 않았을 것이다. 환자들이 처음 풀어놓는 꿈들은 환자가 정신분석가에게 품고 있는 의식적인 인상을 풍성하게 담고 있으며, 간혹 아주 중요한 사항들에 관한 인상을 포함하고 있다. 그 꿈들은 당연히 무의식이 하는 수밖에 없는 에로틱한 관찰들이다. 무의식이 해야 하는 이유는 바로 비교적 약한 에로틱한 인상에 대한 꽤 보편적인 평가 절하와 불확실한 판단 때문이다. 격렬하고 과장된 꿈의 표현 방식에서, 인상은 상징의 무한한 범위 때문에 종종 이해 불가능한 형태로 나타난다.

무의식의 역사적 지층 때문에 생기는 것 같은 특성이 한 가지 더 있다. 그것은 의식이 인정하길 거부한 에로틱한 어떤 인상이 그보다 앞서 버려졌던 어떤 전이를 빼앗아서 그것으로 스스로를 표현한다는 점이다. 따라서 예를 들어 어린 소녀들 사이에서 첫사랑을 할 나이가 되어 사랑을 표현하는 능력에 두드러진 어려움들이 나타나는 예가 자주 보이고, 그 어려움들을 분석해 들어가면 아버지의 이미지, 즉 "아버지 심상(心像)"을 부활시키려는 퇴행적인 시도에 따른 장애가 확인될 수 있다.

정말로, 미스 밀러의 예에서도 비슷한 것이 보인다. 왜냐하면 남성적인 창조의 신이라는 관념이 분석적으로나 역사적으로나 "아버지 심상"의 심리적 파생물이고 무엇보다도 버려진 유아기 아버지 전이를 대체하는 것을 목표로 잡고 있기 때문이다. 이 대체는 개인이 가족이라는 좁은 영역으로부터 사회라는 넓은 영역으로 넘어가는 것을 보다 쉽고 보다 간단하게 만들기 위해 이뤄진다.

이 같은 맥락에서, 우리는 그 시와 시의 "도입부"에서 종교적이고 또 시적으로 형성된, 내향의 산물이 "아버지 심상"의 대용물에 의존하고 있는 것을 볼 수 있다. 그녀에게 영향을 끼쳤을 것이 틀림없는 인상이 불완전하게 통각(統覺)되고 있음에도 불구하고, 이 인상의 근본적인 구성 요소들은 보상이라는 개념 안에 말하자면 그 인상의 기원의 표시들로서 포함되어 있다. (오스카 피스터는 이것을 위해 "콤플렉스 복귀의 법칙"(Law of the Return of the Complex)이라는 인상적인 표현을 만들었다.) 그녀에게 영향을 끼쳤을 것이 분명한 인상은 야간 근무를 하다가 "새벽별들이 서로 어우러져 노래를 부를 때" 노래를 부르던 승무원에게서 받은 인상이었다. 이 풍경은 미스 밀러에게 새로운 세상을 열어주었다. (창조).

이 창조주는 소리를, 그 다음에 빛을, 그 다음에 사랑을 창조했다. 가장 먼저 창조될 것이 소리여야 한다는 것은 오직 개인적으로만 분명할 수 있다. 왜냐하면 일반적으로 잘 알려지지 않은 사상 체계인 헤르메스의 신비적 직관을 제외하고는 그런 경향을 보이는 우주기원론이 전혀 없기 때문이다. 그러나 지금 우리는 과감히 어떤 추측을 할 수 있다. 이미 분명하고 곧 완벽하게 증명될 그런 추측이다. 말하자면 다음과 같은 연상의 고리이다. 가수-노래하는 새벽별들-소리의 신-창조주-빛의 신-(태양의 신)-(불의 신)-사랑의 신으로 이어지는 고리이다.

이 연상의 고리는 괄호로 표시한 태양과 불을 제외하고는 모두 구체적으로 증명된다. 그러나 태양과 불도 추가적인 분석 과정에 증명될 것이다. 이 모든 표현들은 한 가지만을 제외하고는 모두 에로틱한 언어에 속한다("나의 신, 별, 빛, 나의 태양, 사랑의 불, 불같은 사랑" 등). "창조주"는 처음에는 뚜렷하게 나타나지 않지만 에로스의 낮은 목소리, 은은히 울려 퍼지는 자연의 합창에 관한 언급을 통해 이해가 가능해진다. 에로스는 모든 연인들의 짝에서 스스로를 부활시키려 시도하며 창조의 경이를 기다린다.

미스 밀러는 자신의 정신의 무의식적 창조를 이해하려고 애를 썼으며, 원칙적으로 정신분석과 일치하는 과정을 통해서 정신분석과 똑같은 결과에 닿고 있다. 그러나 보통 사람과 초심자들에게 흔히 일어나는 바와 같이, 미스 밀러는 정신분석에 관한 지식이 전혀 없었기 때문에, 정신의 바닥에 자리 잡고 있는 깊은 콤플렉스를 간접적인 방식으로, 말하자면 검열을 거치는 방식으로 반드시 끌어내게 되어 있는 생각들에 이르자 거기서 멈춰 버린다. 꼭 그렇게 파고들지 않아도 간단한 방법으로, 이를테면 그 생각에서 어떤 결론을 끌어내는 방법으로도 그 의미를 발견할 수 있다. 미스 밀러는 자신의 무의식적 공상이 천지 창조에 관한 모세의 설명과 달리, 소리 대신에 빛을 맨 앞에 내세우지 않는다는 사실에 대해 놀랍게 생각한다.

이제 어떤 설명이 따른다. 이론적으로 구성되었고 또 특별히 정확한 설명이지만, 그 공허함은 그와 비슷한 모든 설명에 공통적으로 나타나는 특징이다. 그녀는 이렇게 말한다.

> "아낙사고라스(Anaxagoras)도 우주가 카오스로부터 일반적으로 소리를 일으키지 않고는 일어나지 않는 일종의 소용돌이를 통해 생겨났다고 생각했다는 사실을 떠올리는 것은 아마 흥미로운 일일 것이다. 그러나 나는 지금까지 철학을 전혀 공부하지 않았으며 아낙사고라스나 '누스'

(Nous: 정신)에 관한 그의 이론에 대해 아는 것이 하나도 없었다. 그 이론을 나는 무의식적으로 따르고 있었을 뿐이다. 그때 나는 라이프니츠(Gottfried Wilhelm Leibnitz)에 대해서도 아무것도 알지 못했다. 따라서 '신은 계산을 하며 세상을 창조했다'는 그의 원칙에 대해서도 당연히 모르고 있었다."

아낙사고라스와 라이프니츠에 관한 미스 밀러의 언급들은 둘 다 그녀가 사고에 의한 창조를 고려하고 있다는 점을 드러내고 있다. 말하자면 신성한 생각만으로도 어떤 새로운 물질적인 현실을 일으킬 수 있다는 것을 암시하고 있다. 처음에는 이해가 제대로 되지 않지만 곧 쉽게 이해되는 대목이다.

이제 우리는 미스 밀러가 주로 무의식적 창조를 끌어낸 그 공상들에 이르렀다.

"먼저 밀턴의 『실락원』이 있다. 도레(Gustave Doré)의 그림이 그려진 판본을 집에 두고 있었는데, 그 책은 어릴 때부터 종종 나를 즐겁게 해주었다. 그 다음에는 『욥기』가 있다. 내가 아주 어릴 때부터 사람들이 큰 소리로 읽어주곤 했던 책이다. 더욱이, 『실락원』의 첫 부분과 나의 시의 첫 부분을 비교한다면, 운율이 사실상 똑같다는 것이 확인될 것이다.
'인간의 첫 번째 불복종에 대해 ……'
'신이 처음 소리를 만들었을 때, ……'
나의 시는 또 『욥기』의 다양한 구절을 떠올리게 하고 또 헨델(George Frideric Handel)의 오라토리오 '천지창조'의 한두 소절을 떠올리게 한다. '천지창조'의 경우에 나의 꿈의 첫 부분과 거의 구분되지 않는다."

잘 알려진 바와 같이, 세상의 시작과 밀접히 연결되어 있는 『실락원』은 그 타락과 관련있는 "인간의 첫 번째 불복종에 대해"라는 구절로 인해 그 점이 더욱 분명하게 확인되는데, 타락의 의미에 대해서 여기서 새삼 논할 필요는 없을 것이다. 이 대목에서 나는 정신분석을 잘 알지 못하는 사람들이 반대 의견을 제시할 수 있을 것이라고 생각한다. 예를 들면, 미스 밀러가 하나의 예로서 다른 시구를 선택했을 수도 있으며, 그녀가 이런 내용을 가진 그 첫 번째 시구를 그야말로 우연히 떠올렸을 수 있다는 식으로 말이다. 잘 알려진 바와 같이, 우리가 의학 분야의 동료들뿐만 아니라 환자들로부터도 똑같이 듣는 비판은 일반적으로 그런 주장들에 근거를 두고 있다. 이 같은 오해는 정신 영역에서 인과성의 법칙이 충분히 진지하게 받아들여지지 않고 있다는 사실에서 비롯된다. 말하자면, 정신의 영역에는 우연 같은 것은 절대로 없으며, 운 같은 것도 절대로 없다. 따라서 그것이 그렇다면, 그것이 그래야 하는 충분한 이유가 틀림없이 있다. 더구나 미스 밀러의 시가 타락과 연결되어 있는 것은 사실이다. 바로 그 타락에서 에로틱한 시적 구성이 나오고 있으며, 타락의 존재에 대해서는 앞에서 이미 요약한 바 있다.

　미스 밀러는 『욥기』의 어느 단락이 마음에 떠올랐는지에 대해서는 밝히지 않고 있다. 불행하게도 이에 대해서는 짐작하는 수밖에 없다. 먼저 『실락원』과 비슷한 점에 대해 생각해보자. 욥은 자신이 가진 모든 것을 잃었으며, 그 상실은 그를 부추겨서 하느님에게 맞서게 하려던 사탄 때문에 일어났다. 이와 똑같이, 인간은 뱀의 유혹 때문에 낙원을 잃고 이 땅의 고통 속으로 내던져졌다. 『실락원』에 관한 언급을 통해 표현되고 있는 생각 또는 분위기는 사탄의 유혹 때문에 무엇인가를 잃었다는 미스 밀러의 감정이다.

　미스 밀러에게도 욥과 마찬가지로 그녀 자신이 유혹에 넘어간 일이 없기 때문에 아무런 이유도 없이 고통을 당하고 있다는 생각이 들었다. 욥의 고통은 친구들에게 이해되지 않는다. 어느 누구도 사탄이 관여했다는 것을, 그리고 욥은 정말로 아무런 잘못이 없다는 것을 알지 못하기 때문이다. 욥은 자신의 무고함을 주장하는 일에 결코 지칠 줄을 모른다. 그 같은 행동에 어떤 암시가 있는가? 어떤 신경증 환자와 특히 정신병을 앓는 사람은 존재하지도 않는 공격을 놓고 자신은 아무 관련이 없다는 식으로 줄기차게 주장한다는 것을 우리는 알고 있다.

그러나 이런 경우에 문제를 조금 더 면밀히 조사하면, 환자는 아무런 근거도 없이 자신의 무죄를 주장하는 한편으로, 그 같은 주장을 통해서 자기 기만의 술책을 관철시키고 있다는 사실이 확인될 것이다. 이때 자기 기만에 필요한 에너지는 바로 그런 충동들에서 일어나며, 이 충동들의 사악한 성격은 거짓된 비난과 비방의 내용에 의해 드러난다.

욥은 이중으로 고통을 당했다. 한편으로는 재산의 상실 때문에 고통을 받았고, 다른 한편으로는 친구들의 이해력이 형편없어서 고통을 당했다. 친구들의 이해력 부족으로 인해 욥이 겪은 고통은 『욥기』 전반에 걸쳐 나타난다. 이처럼 자신의 진가를 평가 받지 못해 겪는 고통은 시라노 드 베르주라크라는 인물을 떠올리게 한다. 시라노도 이중으로 고통을 겪었다. 한편으로는 절망적인 사랑 때문에, 다른 한편으로는 평가를 제대로 받지 못한다는 사실 때문에 고통을 겪은 것이다. 그는 앞에서 본대로 "망상과 타협, 편견, 비겁, 어리석음"에 맞서 싸우던 마지막 절망적인 싸움에서 쓰러진다.

욥이 한탄한다.

"하느님께서는 나를 악당에게 넘기시고
악인들의 손에다 내던지셨네.

편안하게 살던 나를 깨뜨리시고

덜미를 붙잡아 나를 부수시며

당신의 과녁으로 삼으셨네.

그분의 화살들은 나를 에워싸고

그분께서는 무자비하게 내 간장을 꿰뚫으시며

내 쓸개를 땅에다 내동댕이치신다네.

나를 갈기갈기 찢으시며

전사처럼 달려드시니

나는 자루옷을 내 맨살 위에 꿰매고

내 뿔을 먼지 속에다 박고 있네."[32]

   감정의 유사성은 보다 강한 것에 맞서 싸우는 절망적인 투쟁의 고통에 있다. 이 갈등은 아득히 먼 곳으로부터 "창조"의 소리들에 수반되었던 것 같다. 창조는 무의식에 속하는 아름답고 신비로운 어떤 이미지를 불러내지만 아직 지상의 세계의 빛까지 닿지는 못했다. 이 투쟁이 정말로 창조와, 그러니까 부정과 단언 사이의 갈등과 어떤 관계가 있을 것이라는 점을 우리는 알고 있는 것이 아니라 추측하고 있다. 크리스티앙과의 동일시를 통해 에드몽 로스탕의 '시라노'를 언급하고, 밀턴의 『실낙원』을 거론하고 또 친구들의 오해로 고통 받는 욥의 슬픔을 언급한 것은 미스 밀러의 영혼 안에서 이 같은 생각들이 무엇인가와 동일시되고 있었다는 점을 솔직히 드러내고 있다. 그녀도 시라노와 욥처럼 고통을 당하고 낙원을 잃었으며, 아낙사고라스의 회오리를 통한 사고의 결실에 의한 "창조"의 꿈들을 잃었다.

   여기서 한 번 더 미스 밀러의 안내를 받도록 하자.

---

32 '욥기' 16장 11-15절

"열다섯 살 때 나는 어머니가 큰 소리로 읽어준, 자연적으로 그 대상을 낳는 생각에 관한 어떤 기사 때문에 크게 흥분했던 기억이 난다. 너무나 심하게 흥분한 탓에, 나는 그 생각이 의미할 수 있는 것을 거듭 생각하느라 밤을 꼬박 새웠다.

아홉 살부터 열여섯 살까지, 나는 일요일마다 장로 교회에 나갔다. 당시에 교양 수준이 매우 높았던 목사가 담임을 맡고 있던 교회였다. 그 목사와 관련해 내가 기억하고 있는 초기의 기억 중에는 아주 어린 소녀일 때 매우 큰 신도석에 앉아서 그의 설교를 들으며 졸지 않으려고 안간힘을 쓰던 기억이 있다. 그가 카오스니 우주니 사랑의 선물이니 하는 말을 할 때, 나는 그 뜻을 전혀 이해하지 못하면서도 주의를 기울이려고 애썼던 것이다."

카오스에서 우주가 생겨난다는 생각과 "사랑의 선물"을 서로 연결시킨, 사춘기(9세-16세)의 각성에 관한 초기의 기억들도 있다. 이 연결을 일으키는 매개체는 그런 애매한 말을 한, 대단히 존경 받던 성직자에 관한 기억이다. 같은 시기에, 그 자체로부터 대상을 낳는 "창조적인 사고"라는 생각에 흥분했던 기억도 있다. 여기서 두 가지 방식의 창조가 암시되고 있다. 창조적인 사고가 있고, "사랑의 선물"에 관한 신비한 언급이 있다.

정신분석의 본질을 아직 제대로 이해하지 못하고 있던 때에, 나는 다행하게도 지속적인 관찰을 통해서 15세 소녀의 영혼을 깊이 들여다볼 기회를 가졌다. 그때 나는 정말 놀랍게도 무의식적 공상의 내용물이 어떤 것인지를, 또 그 공상들이 그 나이의 소녀가 겉으로 보이는 모습과 얼마나 동떨어져 있는지를 확인할 수 있었다. 진정으로 신화적인 결실들을 가득 품고 있는 공상들이 있다. 그 소녀는 분열된 공상 속에서 무수한 사람들을 거느리고 있는 종족의 시조였다. 시적으로 말한 그 소녀의 공상을 추론한다면,

아마 그 나이의 모든 소녀들에게 공통적인 요소들만 남을 것이다. 이유는 무의식의 내용물이 모든 인류에게 의식의 내용물보다 훨씬 더 공통적이기 때문이다. 무의식의 내용물이 역사적으로 평균적이고 평범한 것들이 응축된 것이니 말이다.

이 나이 때에 미스 밀러의 문제는 인간에게 공통적인 문제였다. "나는 어떻게 해야 창조적일 수 있을까?" 이 물음에 자연은 오직 한 가지 대답만을 알고 있다. "아이를 통해서!(사랑의 선물!)"이다. "하지만 아이를 어떻게 얻는단 말인가?" 여기서, 우리의 분석 경험이 보여주듯이, 아버지와 연결되어 있는 무서운 문제가 나타난다. 그 문제는 해결될 수 없다. 근친상간의 원죄가 언제나 인간 종족을 무겁게 짓누르고 있기 때문이다. 아이와 아버지를 연결시키는 강하고 자연스런 사랑은 아버지의 인간성이 너무나 뚜렷하게 확인되는 그 시기에 아버지를 벗어나서 보다 높은 형태들의 아버지에게로, 교회의 "아버지들"에게로, 그리고 교회의 아버지들에 의해 대표되고 있는 아버지 신에게로 향하며, 그럼에도 그 문제가 해결될 가능성은 조금도 더 커지지 않는다. 그러나 신화는 위안에 인색하지 않다. 로고스도 육신을 갖게 되지 않았는가? 성령, 심지어 로고스까지도 성모 마리아의 자궁으로 들어갔다가 사람의 아들로서 태어나 우리들 사이에서 살지 않았는가? 아낙사고라스의 소용돌이는 바로 그 자체로부터 세상이 된 신성한 '누스'였다. 왜 우리가 성모 마리아의 이미지를 이 날까지도 소중히 여기고 있는가? 그 이미지가 언제나 위안을 주고, 위안을 찾는 사람에게 말이나 요란한 설교도 하지 않으면서 "저절로 그 대상을 낳는 생각"을 통해서 "나도 어머니가 되었어."라고 말하기 때문이다.

만약에 사춘기에 특유한 그 공상들이 이 같은 생각을 품고 있다면, 소녀가 밤잠을 이루지 못할 이유가 충분히 있다고 나는 믿는다. 그 생각의 결과가 어떨 것인지 도무지 감이 잡히지 않으니! 심리적인 모든 것은 겉으로 드러나는 의미와 숨은 의미를 동시에 갖고 있다. 옛날의 어느 신비주의자의 심오한 글에 표현되어 있듯이 말이다. "위의 천국, 아래의 천국, 위의 하늘, 아래의 하늘, 위의 모든 것, 아래의 모든 것, 쇠하고 흥하느니라."

그러나 만약에 밤에 잠을 이루지 못할 정도로 괴롭히는 고민의 원인을 좁은 의미에서 말하는 그런 성적인 문제로 파악하는 것으로 만족한다면, 미스 밀러의 지적 독창성을 제대로 고려하지 않는 셈이 될 것이다. 그런 경우에 겨우 의미의 반을, 그것도 아래의 반을 보는 선에서 그칠 것이다. 다른 반은 "스스로 그 대상을 낳는 생각"이라는 모호한 표현을 나름의 방법으로 실현하려는 지적 승화이다.

매우 유능한 인격의 이 같은 지적 성취에서, 어떤 영적 결실의 가능성은 대단한 열망을 쏟을 가치가 충분한 그 무엇이다. 이유는 많은 사람들에게 영적 결실이 삶에 필수적이기 때문이다. 또한 공상의 이런 측면은 흥분에 대해서도 충분한 설명을 제시한다. 이유는 공상의 이 측면이 미래의 예감을 표현하는 어떤 생각이기 때문이다. 벨기에 시인 모리스 마테를링크(Maurice Maeterlinck)의 표현을 빌리면, 그 생각은 "상위의 무의식", 즉 잠재의식적 결합들의 "예측 능력"에서 나오는 생각 중 하나이다.

나는 몇 년에 걸쳐 신경증으로 힘들어 하던 환자들을 관찰할 기회를 가졌다. 이런 환자들을 보면 신경증이 시작하거나 시작하기 직전에 꿈을 꾸는 경향이 있다. 종종 이미지가 선명하게 나타나는 꿈이었다. 이 선명함이 꿈에 대한 기억을 대단히 강하게 만들었다. 이런 꿈을 분석하다 보면, 환자에게 그 후의 삶의 사건들을 예고하는 어떤 의미가, 말하자면 미래 사건들의 심리적인 의미가 숨겨져 있다는 사실이 드러난다. 나는 이 의미를 불면의 밤에 마음의 동요를 일으킨 원인으로 받아들인다. 왜냐하면 미스 밀러가 의식적으로나 무의식적으로 우리에게 보여주는 사건들을 바탕으로 판단할 때, 그 후의 삶의 사건들이 그녀가 불면의 밤을 보냈던 순간들이 그녀가 삶의 숭고한 목표를 처음으로 생각하던 때라는 점을 뒷받침하기 때문이다.

미스 밀러는 자신의 공상들을 다 나열한 뒤에 이런 글로 끝을 맺는다.

> "그 꿈은 '실낙원'과 '용기'와 '천지 창조', '스스로 그 대상을 낳는 생각'이나 '사랑의 선물' '카오스와 코스모스' 같은 개념이 서로 결합하면서 꾸어진 것 같다."

형형색색의 유리 조각들이 만화경 안에서 서로 결합하듯이, 미스 밀러의 정신에서 철학과 미학, 종교의 파편들이 서로 결합한 것처럼 보인다.

> "그런 것들이 여행으로 인해 자극을 받고 있었으며, 서둘러 둘러본 나라들이 바다의 무거운 침묵과 형용할 수 없는 매력과 결합되었다. '오직 그것뿐, 그 외의 다른 것은 절대로 아니야!'"

이런 글을 통해, 미스 밀러는 정중하면서도 활기차게 자신을 드러내고 있다. 그녀가 마지막 부분에 부정의 뜻으로 쓴 단어들은 불어로 쓴 다음에 영어로 다시 씀으로써 호기심을 자극한다. 그 단어들로 부정하고자 한 것은 무엇일까? "바다의 형용할 수 없는 매력"만 중요하다는 뜻이다. 그리고 야간 근무 시간에 아름답게 노래했던 젊은이는 이미 오래 전에 잊힌 상태이다. 아무도, 특히 그 꿈을 꾼 사람은 그가 새로운 하루가 시작되기 전에 나타난 어떤 새벽별이었다는 것을 모른다. 누구든 자신과 독자를 "오직 그것뿐."이라는 문장으로 만족시키려 하지 않도록 조심해야 한다. 그렇지 않으면, 누구나 즉시 다시 혼란을 겪게 될 것이다. 미스 밀러에게도 마찬가지로 그런 혼란이 일어났다. 그녀가 "오직 그것뿐! 그 외의 다른 것은 절대

로 아니야!"라는 영어 인용을 출처를 밝히지 않고 쓰고 있으니 말이다. 이
인용은 에드거 앨런 포(Edgar Allan Poe)의 인상적인 시 '까마귀'에서 따온
것이다. 미스 밀러의 글에 인용된 문장은 이 대목에 나온다.

> "내가 머리를 끄덕이며 졸다가 깜박 잠이 들었을 때,
> 그때 갑자기 두드리는 소리가 들렸다.
> 마치 누군가 부드럽게 두드리는 듯, 나의 방 문을 두드리는 소리가.
> '방문객이로군.' 나는 중얼거렸다. '나의 방 문을 두드리고 있군.'
> 오직 그것뿐, 그 외의 다른 것은 절대로 아니야."

유령 같은 까마귀가 밤에 시인의 방의 문을 두드리며 그에게 죽은 '레노
어'(Lenore)를 떠올리게 만든다. 까마귀의 이름은 '네버모어'(nevermore)
이다. 그리고 까마귀는 연(聯)마다 소름끼치는 소리로 후렴구처럼 "네버
모어"라고 운다. 옛날의 추억이 떠오르며 가슴을 후벼파는데도, 이 유령 같
은 까마귀는 지칠 줄 모르고 "네버모어"라고 운다.

> '그 말을 작별 인사로 여기자. 새든 악령이든!'
> 나는 벌떡 일어나며 절규했다.
> '폭풍 속으로, 밤의 지옥의 기슭으로 돌아가라!
> 네 영혼이 말한 거짓말의 징표로서 검은 깃털은 하나도 남기지 마라!
> 나의 고독을 깨뜨리지 말고, 문 위의 흉상에서 썩 꺼지거라!
> 나의 심장에 박힌 네 부리를 뽑고, 나의 문에서 네 모습을 거두어 가거
> 라!'
> 까마귀가 울었다. '네버모어.'

그 상황을 가볍게 생략하는 그 인용, 즉 "오직 그것뿐, 그 외의 다른 것은 절대로 아니야!"라는 표현은 레노어의 죽음에 따른 상심을 애틋하게 묘사하는 텍스트에서 끌어낸 것이다. 이 인용은 또 미스 밀러를 아주 두드러지게 오도(誤導)하고 있다. 따라서 그녀는 에로틱한 인상과 그 인상으로 야기된 마음의 동요를 과소평가하고 있다. 프로이트가 보다 간결하게 "억압"이라고 정의한 것이 바로 이 과소평가이다. 바로 이 억압 때문에 에로틱한 문제가 의식적으로 다뤄지지 못하게 되면, 거기서 이런 "심리적 수수께끼들"이 생겨난다. 에로틱한 인상은 무의식에서 작동하며, 그것 대신에 의식속으로 상징들을 밀어넣는다. 따라서 사람은 자신의 자기와 숨바꼭질을 하게 된다. 에로틱한 인상은 가장 먼저 "서로 함께 노래하는 새벽별들"이고, 그 다음에는 "실낙원"이다. 이어서 이 에로틱한 갈망은 성직자의 옷을 걸치고 "천지 창조"에 관한 모호한 말들을 뱉는다. 그러다 마지막에는 종교적 찬가가 되고, 거기서 마침내 자유로 향하는 길을, 도덕적 검열관이 더이상 반대할 것을 찾지 못하는 그런 길을 발견한다. 찬가는 자체의 특이한 성격 안에 그 기원의 표시들을 담고 있다. 그리하여 찬가는 스스로를 성취했다. 이것이 앞에서 말한 "콤플렉스 복귀의 법칙"이다. 예전에 아버지와 성직자로 감정 전이가 일어난 이 순환의 고리 안에서, 밤의 가수는 "영원한 존재"가 되고, "창조주"가 되고, 소리의 신이 되고, 빛의 신이 되고, 사랑의 신이 되었다.

리비도의 간접적인 경로는 슬픔의 길처럼 보인다. 적어도 "실낙원"과 욥에 관한 비슷한 언급은 그런 결론으로 이끈다. 게다가 시라노에게 글을 부탁한 것으로 최종적으로 드러나는 크리스티앙과의 동일시를 암시하는 대목까지 고려한다면, 리비도의 간접적인 흐름은 정말로 슬픔의 길임이 확인된다. 인간이 원죄를 저지른 후에 세속의 삶이라는 부담을 지게 된 것이나, 욥이 사탄과 신의 권력 아래에서 고통을 당하면서도 그런 것을 전혀 의심하지 않은 채 초인적인 힘들의 노리개가 된 것도 마찬가지이다. 욥에게 힘을 행사한 초인적인 힘들을 우리는 더 이상 형이상학적인 것으로 여기지 않고 초심리학적인 것으로 여긴다. 파우스트도 똑같이 신의 내기를 우리에게 보여준다.

> **메피스토펠레스:** 당신은 뭘 걸 건가? 그를 잡을 기회는 아직 있어.
>
> 나에게 허락만 한다면,
>
> 그 자를 슬며시 나의 길로 끌어내리리다!
>
> **사탄:** 그렇지만 당신이 손을 펴고 그의 모든 소유물을 쳐 보시오. 그는 틀림
>
> 없이 당신을 눈앞에서 저주할 것이오. – '욥기' 1장 11절

    욥의 내면에서 두 가지 중요한 경향이 오직 선과 악으로만 규정되고 있지만, 파우스트의 내면에서 문제는 분명히 에로틱한 문제, 즉 승화와 에로스 사이의 투쟁의 문제이며, 이 투쟁에서 악마는 에로틱한 유혹자의 역할을 맡음으로써 두드러진 특징을 보인다. 욥의 내면에는 에로틱한 면이 부족하다. 동시에 욥은 자신의 영혼 안에서 벌어지고 있는 갈등을 알지 못한다. 심지어 욥은 그의 내면에도 악이 들어 있다는 사실을 설득시키려는 친구들의 주장에 대해 끊임없이 반박한다. 여기까지는 파우스트가 영혼의 고통을 공개적으로 고백하기 때문에 상당히 정직한 것처럼 들린다.

    미스 밀러는 욥처럼 행동하고 있다. 그녀는 아무 말도 하지 않는다. 그녀는 악한 것과 선한 것이 다른 세상에서, 말하자면 메타 심리학적 세상에서 오도록 내버려 두고 있다. 그러므로 욥과의 동일시는 이 측면에서도 중요하다. 더욱 광범위하고 진정으로 매우 중요한 유사성이 한 가지 더 언급되어야 한다. 자연스런 관점에서 제대로 고려한다면, 사랑의 본질이랄 수 있는 창조의 힘은 에로틱한 인상에서 승화된 신성의 진정한 속성으로 남는다. 따라서 시에서 신은 처음부터 끝까지 창조주로 칭송을 듣는다.

욥도 똑같은 예를 제공하고 있다. 사탄은 욥의 풍요한 결실을 파괴하는 존재이다. 신은 그 자체로 다산의 존재이다. 그래서 『욥기』 말미에, 신은 자신의 창조적 힘의 표현으로서 이 찬가를, 시적 아름다움으로 가득한 찬가를 공표한다. 이 찬가에서, 정말 이상하게도, 동물 왕국의 두 냉혹한 대표가, 자연의 가장 잔인한 힘을 상징하는 두 가지 동물이 주로 고려되고 있다. 베헤못과 레비아탄(리바이어던)이 그 동물들이며, 이중 '베헤못'은 창조의 신의 남근 속성으로 여겨진다.

"보아라, 내가 너를 만들 때
함께 만든 베헤못을!
그것은 소처럼 풀을 뜯고 있다.
보아라, 그 허리의 힘을,
그 배의 근육을.
꼬리는 삼나무처럼 쭉 뻗고
허벅지의 힘줄들은 얽혀 있으며
뼈는 구리 통 같고
갈비는 쇠 방망이 같다.
그것은 하느님의 첫 작품
동료들의 우두머리로 만들어졌다.
……
보아라, 강물이 소용돌이쳐도 그는 질겁하지 않고
요르단 강이 제 입까지 솟구쳐 와도 태연하다.
그것이 눈을 뜨고 있는데 잡을 수 있으며
올가미로 그 코를 꿸 수 있겠느냐?
너는 갈고리로 레비아탄을 낚을 수 있으며

줄로 그 혀를 내리누를 수 있느냐?

......

손을 그 위에 얹어라도 보아라.

그것과 싸울 생각을 하면 다시는 손도 대지 못한다.

......

그것을 흥분시킬 만큼 대담한 자 없는데

하물며 그 누가 내 앞에 나설 수 있느냐?

하늘 아래 모든 것이 다 내 것인데

갚으라고 외치며 나에게 맞서는 자가 누구냐?"**33**

하느님이 이렇게 말한 것은 자신의 권력과 전능을 욥의 눈앞에 인상적으로 펼쳐 보이기 위해서이다. 하느님은 베헤못과 같고 레비아탄과 같다. 풍요를 낳는 다산의 본성과 구속받지 않는 권력의 무서운 위험을 동시에 보여주고 있다.

그러나 욥의 지상 낙원을 파괴한 것은 무엇인가? 속박되지 않은 자연의 힘이다. 미스 밀러가 여기서 자신의 다른 면을 보여주듯이, 하느님은 단순히 자신의 다른 면을 밖으로 한 번 돌렸다. 그것은 인간이 악이라고 부르는 면이고, 훈육과 훈련의 목적을 위해 욥에게 자연의 모든 힘을 풀어놓는 그런 면이다. 가엾은 인간을 불안으로 꼼짝 못하게 만드는 그런 괴물들을 창조한 하느님은 자신의 내면에 어떤 특성을 숨기고 있음에 틀림없으며, 이 점이 인간으로 하여금 생각을 많이 하게 만든다. 이 신은 인간의 가슴 안에, 무의식 안에, 메타 심리학의 영역에 살고 있다. 거기에는 형용할 수 없이 무서운 것 앞에서 느끼는 불안의 원천이 있고, 또 그 공포를 견디는 힘

....

33 '욥기' 40장 15-20절, 23-24절, 32절, '욥기' 41장 1절, 3절

의 원천도 있다. 인품, 말하자면 그 신의 의식적인 "나"는 노리개와 비슷하고, 온갖 기류(氣流)에 이리저리 날리는 깃털과 비슷하며, 가끔은 제물이 되고 가끔은 제물을 바치는 존재가 되며, 그는 두 가지 중 어떤 것도 막지 못한다.

『욥기』는 신이 창조주와 파괴자의 역할 둘 다를 하는 모습을 보여주고 있다. 이런 신은 도대체 누구인가? 그는 인간이 세상의 모든 곳에서 시대를 불문하고 그 자체로부터 언제나 비슷한 형식으로 새롭게 다시 떠올리는 하나의 생각이고, 인간이 찬양하는 내세의 권력이고, 파괴뿐만 아니라 창조까지 하는 어떤 힘이고, 생명에 필요한 하나의 관념이다. 심리학적으로 이해한다면, 신성(神性)은 각 개인의 신앙심의 정도에 비례하여 그 사람의 감정에 두드러지는, 투사된 어떤 표상의 콤플렉스에 지나지 않기 때문에, 신은 에너지(리비도)의 어떤 총량의 대표자로 여겨질 수 있다. 그러므로 이 에너지가 (형이상학적으로) 투사된 것처럼 보인다. 왜냐하면 정신분석이 보여주듯이, 이 에너지가 무의식에서 방출될 때 거기서부터 바깥 방향으로 작용하기 때문이다. 내가 앞서 '개인의 운명에 끼치는 아버지의 중요성'(Die Bedeutung des Vaters für das Schicksal des Einzelnen)에서 분명히 보여주었듯이, 종교적 본능은 유아기의 근친상간 리비도를 먹고 자란다. 지금 존재하는 중요한 형태들의 종교에서, 아버지 전이가 적어도 틀을 형성하는 영향으로는 작용하는 것 같다. 한편, 더 오래된 종교들에서, 신성의 속성들을 창조하는 것은 어머니 전이의 영향인 것 같다.

신의 속성은 전지전능, 공포를 통해 지배하는 엄격한 가부장적 태도(구약 성경), 사랑을 베푸는 가부장적 태도(신약 성경) 등이다. 이것들은 프로이트가 경험적으로 넓은 의미에서 떠올렸던 리비도라는 개념의 속성들이다. 일부 이교도 신의 속성들에서, 그리고 일부 기독교의 신의 속성들에서 모성애적인 요소가 특히 두드러지며, 이교도 속성들의 경우에 동물적인 요소도 대단히 두드러진다. 마찬가지로, 종교적 공상들과 매우 밀접히 얽혀 있는 유아적인 측면도 수시로 매우 폭력적으로 튀어나오며 어디서나 두루 보인다. 이 모든 것은 종교적 활동의 역동적인 상태의 원천들을 가리키고 있다. 그 원천들은 어린 시절에 근친상간 장벽 때문에 근친상간에 적용되지 못하고 철수한 충동들이다. 이 충동들은 특히 사춘기에, 아직 불완전하게 활용되고 있는 성욕에서 오는 리비도 유입의 결과로 그것들만의 특이한 활동을 벌이도록 자극 받는다. 쉽게 이해되듯이, 신을 창조하고 있는 그 생각에서 중요한 것은 형식이 아니라 파워, 즉 리비도이다. 욥의 '창조의 찬가'가 옹호하는 원초적인 권력, 즉 무조건적이고 냉혹하고 부당하고 초인적인 권력은 정말로 리비도, 그러니까 "우리를 삶으로 이끌고", "초라한 사람들이 죄의식을 느끼게 하고", 우리가 맞서 봐야 아무런 소용이 없는 그 리비도의 속성들이다. 인간에게는 이 의지와 조화를 이루며 부지런히 살아가는 것 외에는 아무것도 남지 않는다. 니체의 『차라투스트라는 이렇게 말했다』(Also sprach Zarathustra)는 이 점을 아주 인상적으로 가르치고 있다.

미스 밀러의 내면의 무의식에서 일어나고 있는 종교적 찬가는 에로틱한 것을 보상하기 위한 수정으로 나온 것이며, 그 찬가는 자료의 상당 부분을 그녀가 리비도의 내향을 통해 다시 일깨우는 유아기의 기억에서 얻고 있다. 이 같은 종교적 창조가 성공하지 않았다면(그리고 또 한 번의 승화된 적응이 배제되었다면), 미스 밀러가 에로틱한 인상에, 그러니까 에로틱한 인상의 자연스런 결과나 어떤 부정적인 방출에 굴복했을 수도 있다. 그런 경우에 사랑에서 잃어버린 성공은 그에 상응하는 강력한 슬픔으로 대체되었을 것이다.

에로틱한 갈등을 미스 밀러처럼 해결하는 방법의 가치를 놓고 의견이 크게 엇갈리고 있다는 사실은 잘 알려져 있다. 에로틱한 긴장을 종교적인 시의 고양된 감정에서 아무도 모르게 해결하는 것이 훨씬 더 아름다운 것으로 여겨지고 있다. 아마 그 시에서 많은 사람들이 기쁨과 위안을 발견할 수도 있다. 진리에 대한 광신적 믿음이라는 급진적인 관점에서 이 같은 인식에 강력하게 반대하고 나서는 것은 잘못이다.

우리가 리비도의 이상한 경로들을 철학적으로 감탄하는 시선으로 봐야 할 뿐만 아니라, 리비도가 그런 식으로 우회적인 길을 취하는 목적도 조사해야 한다고 나는 생각한다.

이로써 우리가 성애의 뿌리까지 팠다고 말해도 무방하지만, 그럼에도 그 문제는 여전히 풀리지 않은 채 남아 있다. 그것과 신비한 어떤 목적, 아마도 생물학적으로 아주 큰 의미를 지니는 목적이 밀접히 연결되어 있지 않다면, 분명히 스무 번의 세기가 그것을 그렇게 뜨거운 열정으로 갈망하지 않았을 것이다. 틀림없이, 이런 종류의 리비도의 흐름은 아주 넓은 의미에서 파악한다면 중세의 열광적인 이상과 고대 신비주의 숭배들의 열광적인 이상이 흐르던 방향과 같은 방향으로 움직이고 있으며, 이 고대의 신비주의 숭배들 중 하나가 훗날 기독교가 되었다. 이 이상에서 (프로이트가 훗날 표현하듯이, 과대망상 메커니즘의) 어떤 심리적 투사가 일어나는 것이 생물학적으로 보일 것이다. 그 투사는 갈등을 무의식 속으로 억압하고, 억압된 내용물을 객관적으로 보이도록 설명하는 것으로 이뤄져 있으며, 이것은 또한 편집증의 공식이기도 하다. 잘 알려진 바와 같이, 억압은 고통스런 콤플렉스에서 놓여날 수 있도록 해 준다. 콤플렉스의 강압적인 힘이 워낙 강하고 무섭기 때문에, 사람은 어떤 수단을 써서라도 거기서 벗어나야 한다. 억압은 겉보기에 완전한 억제를 낳을 수 있으며, 이때 억제는 강력한 극기에 해당한다. 그러나 불행하게도 극기는 지나치게 좁게 그어진 한계들을 갖고 있다. 사람들을 면밀히 관찰하면, 결정적인 순간에도 냉정이 지켜질 수 있다는 사실이 확인되지만, 그때 두 가지 범주로 나눌 수 있는 어떤 결과들이 나타난다.

첫째, 억눌렸던 효과가 직후에 직접적으로 나타나는 경우가 드물고 간접적으로 표면에 나타나는 것이 사실이지만, 일반적으로 다른 대상에게로 전치(轉置)되는 형식(예를 들면, 어떤 사람이 공식적인 자리에서는 예절 바르고, 순종적이고, 인내심 있는 모습을 보이지만, 그런 자리에서 참았던 분노를 자기 아내나 부하들에게 쏟아낼 수 있다)으로 나타난다.

둘째, 억눌렸던 효과가 다른 곳에서 보상 작용을 일으킨다. 예를 들면, 과도한 도덕을 추구하는 사람들 또는 언제나 이타적이고 이상적으로 생각하고 느끼고 행동하려고 노력하는 사람들은 이상의 실천 불가능성 때문에 자신에게 이상한 적의를 품으며 보복한다. 이때 적의는 그 사람의 의식에 당연히 그런 것으로 들어가지 않지만 오해와 불행한 상황을 낳는다. 그렇게 되면, 분명히 이 모든 것들은 단지 "특별히 불운한 상황들"이거나, 다른 사람들의 잘못 또는 악의이거나, 비극적인 사태들일 뿐이다.

정말이지, 사람은 의식적 갈등으로부터 자유로울 수 있다. 그럼에도 불구하고, 갈등은 그 사람의 발밑에 보이지 않는 상태로 남아 있으며 그가 걸음을 옮길 때마다 발길에 차인다. 겉으로 나타나지 않도록 억눌러서 망각하는 방법은 부적절하다. 왜냐하면 그것이 최종적으로 성취 가능하지 않은 것으로 확인되고, 사실 임시방편에 지나지 않기 때문이다. 종교적 투사가 훨씬 더 효과적인 도움을 제공한다. 종교적 투사를 통해서 사람들은 눈앞의 갈등(걱정이나 고통, 불안 등)을 자기 밖에 있는 어떤 대상, 즉 신에게 넘길 수 있다. 복음의 명령은 우리에게 이렇게 가르치고 있다.

"여러분의 모든 걱정을 그분께 맡기십시오. 그뿐께서 여러분을 돌보고

계십니다.[34]

아무것도 걱정하지 마십시오. 어떠한 경우에든 감사하는 마음으로 기도하고 간구하며 여러분의 소원을 하느님께 아뢰십시오."[35]

사람은 영혼의 무거운 콤플렉스를 의식적으로 신에게 넘겨야 한다. 다시 말하면, 그 무거운 콤플렉스를 객관적으로 진정한 것으로, 대답하지 못하는 우리를 대신해서 그 문제들에 대답할 수 있는 어떤 인격으로 제시된 명확한 어떤 표상 콤플렉스와 연결시켜야 한다는 뜻이다. 이 같은 내면의 요구에, 죄에 대한 솔직한 고백과 그런 고백을 전제하고 있는 기독교 교도의 겸손이 부응하고 있다. 이 두 가지는 사람이 자신의 자기를 점검하고 자신의 자기를 알도록 하기 위한 것이다. 서로 죄를 고백하는 것이 교육의 이런 노력을 가장 강력하게 뒷받침하는 것으로 여겨지고 있다("그러므로 서로 죄를 고백하고 서로 남을 위하여 기도하십시오."[36]). 이 조치들은 갈등을 의식적으로 인정하도록 하는 것을 목표로 잡고 있으며 철저히 정신분석적이다. 갈등에 대한 의식적인 인정은 정신분석을 통한 회복에 절대적으로 필요한 조건이다.

세속적인 방법인 정신분석이 의사의 주도 하에서 전이의 진정한 대상을 억눌린 갈등들을 넘겨받아 해결해 줄 존재로 내세우는 것과 똑같이, 기독교 종교는 진정한 존재로 여겨지는 구세주를 내세운다. "우리는 그리스도 안에서, 그리스도의 피를 통하여 속량을, 곧 죄의 용서를 받았습니다."[37] 구세주는 우리의 죄를 결정하는 존재이자 죄를 씻어주는 존재이

....
34 '베드로 전서' 5장 7절
35 '필립보서' 4장 6절
36 '야고보서' 5장 16절
37 '에페소서' 1장 7절

다. "그리스도는 죄를 저지르지도 않았고 그의 입에는 아무런 거짓도 없었다."[38] "그분께서는 우리의 죄를 당신의 몸에 친히 지시고 십자 나무에 매달리시어, 죄에서 죽은 우리가 의로움을 위하여 살게 해 주셨습니다."[39] "그리스도께서도 많은 사람의 죄를 짊어지시려고 단 한 번 당신 자신을 바치셨습니다."[40]

이런 식으로 여겨졌던 그 신은 순진무구함으로 유별나고 자기 희생으로 유명하다. (이 특징들은 또한 구세주라 불리는 그 표상 콤플렉스에 속하는 에너지의 양, 즉 리비도에도 그대로 적용된다.) 따라서 기독교 교육이 목표로 잡고 있는 의식적 투사는 이중의 혜택을 안겨준다. 첫째, 사람이 상반된 2가지 경향의 충돌(죄)을 늘 의식하고, 그렇게 함으로써 알려진 문제가 억압이나 망각을 통해 겉으로 드러나지 않는 문제가 되지 않도록 막고, 그리하여 그 문제가 더욱 비통한 슬픔이 되지 않도록 막는다. 둘째, 사람이 어떤 해결책이든 두루 알고 있는 존재에게로 짐을 넘김으로써 자신의 부담을 줄일 수 있다. 이때 사람은 경건한 신앙심에 의해 진정한 것으로 제시되는 그 신의 개인적인 심리적 뿌리가 자신에게 보이지 않는다는 점을, 그리고 자신이 모르고 있음에도 불구하고 여전히 자신이 짐을 홀로 지고 있으며 갈등도 여전히 겪고 있다는 점을 잊어서는 안 된다. 자연이 무한정 속을 수는 없기 때문에, 이 망상은 불가피하게 체계의 신속한 붕괴로 이어질 것이며, 기독교라는 막강한 제도가 지금 그런 상황에 처해 있다. '야고보서'의 명령이 이 같은 상황의 심리적 의미를 가장 잘 표현하고 있다. "서로 남의 짐을 져 주십시오."[41]

....
  38 '베드로전서' 2장 22절
  39 '베드로전서' 2장 24절
  40 '히브리서' 9장 28절
  41 '갈라디아서' 6장 2절

이 명령은 상호 사랑(전이)을 통해 사회를 제대로 지켜나가는 데 특별히 중요한 것으로 강조되고 있다. 사도 바울로의 글들은 이 점에 대해 한 점의 의문도 남기지 않는다.

"사랑으로 서로 섬기십시오."[42]
"형제애를 계속 실천하십시오."[43]
"서로 자극을 주어 사랑과 선행을 하도록 주의를 기울입시다.
어떤 이들이 습관적으로 그러듯이 우리의 모임을 소홀히 하지 말고, 서로 격려합시다."[44]

기독교 공동체에서 가르쳐지는 진정한 전이는 구원의 기적이 일어나는 데 반드시 필요한 조건이라고 볼 수 있다. 요한의 첫 번째 편지가 이 문제를 솔직하게 다루고 있다.

"자기 형제를 사랑하는 사람은 빛 속에 머무르고."[45]
"우리가 서로 사랑하면 하느님께서 우리 안에 머무르시고."[46]

기독교 종교에서 신은 형제애라는 바탕 위에서만 지속적으로 효과를 발휘한다. 따라서 여기도 구원의 비밀은 진정한 전이에 있다. 이 대목에서 사람은 누구나 이렇게 자문할 수 있다. 만약에 그 신의 유효성이 '진정한 전

....
42 '갈라디아서' 5장 13절
43 '히브리서' 13장 1절
44 '히브리서' 10장 24-25절
45 '요한일서' 2장 10절
46 '요한일서' 4장 12절

이'에만 있다면, 신은 무엇에 필요한가? 이에 대해 복음의 메시지는 놀라운 대답을 내놓고 있다.

"인간들은 예수 그리스도 안에서 모두 형제입니다."
"그래서 그리스도께서도 많은 사람의 죄를 짊어지시려고 단 한 번 자신을 바치셨습니다. 그리고 당신을 고대하는 이들을 구원하시려고 죄와는 상관없이 두 번째로 나타나실 것입니다."[47]

형제들 사이의 전이의 조건은 인간과 그리스도 사이의 그것처럼 영적이다. 고대의 숭배들과 일부 기독교 종파들의 역사가 보여주듯이, 기독교 종교의 이 설명은 생물학적으로 특별히 중요한 설명이다. 왜냐하면 심리적 친밀이 인간들 사이의 거리를 크게 좁혀주고, 이것이 기독교가 사람들로 하여금 벗어나게 하려던 것, 즉 성적 관계에 너무나 쉽게 다가서도록 만들기 때문이다. 기독교 시대가 시작할 당시에, 이미 크게 문명화되었던 인간은 그 문제로 인해 고통을 겪어야 했다. 이유는 고대의 종교적 경험이 분명히 신과의 육체적 결합으로 여겨졌듯이, 신앙에 온갖 종류의 성욕이 스며들었기 때문이다. 성욕은 인간들 사이의 관계와 너무나 가까이 서 있었다. 기원후 1세기 동안에 일어난 도덕적 타락은 사회의 맨 밑바닥의 어둠에서 도덕적 반발이 일어나도록 만들었으며, 이 반발은 서기 2세기와 3세기에 서로 대립하던 종교, 즉 기독교와 미트라교에서 가장 순수한 형태로 표현되었다. 이 종교들은 투사된, "육신이 되는" 생각(로고스)을 상징하는, 보다 고차원적인 사회적 교류를 추구했다. 그리하여 그때까지 이 열정 저 열정에 쏟아졌던 고대인의 더없이 충동적이던 에너지가 보다 고차원적인 사

....
47 '히브리서' 9장 28절

회적 교류를 통해서 사회의 보존에 쓰일 수 있게 되었다. 고대인에게 그 에너지는 운명의 신으로서 사악한 별자리의 충동처럼 보였으며, 그 후 시대들의 의미에서 본다면 그 에너지는 리비도의 원동력으로, 제논(Zeno)[48]의, 운동을 시작시키는 힘으로 번역될 수 있다.

이 대목에서 인간의 순화는 엄청난 희생을 치른 결과였다고 자신 있게 말해도 무방하다. 금욕적인 이상(理想)을 낳았던 시대는 그 같은 이상이 나오게 된 이유와 그 이상이 반대하는 것이 무엇인지를 분명히 알고 있었다. 네로(Nero)의 시대는 세네카(Seneca)가 루킬리우스 주니어(Lucilius Junior)에게 보낸 41번째 편지 중에서 발췌한 부분이 유명해지는 데 기여했다.

> "한 사람이 다른 사람을 악의 구렁텅이로 끌고 가고 있는데 어느 누구도 우리를 멈추게 하려 하지 않는다면, 말하자면 세상 모든 것이 우리를 더욱 깊이 몰아넣고 있다면, 우리가 어떻게 구원에 이를 수 있겠는가?"

> "위험에 처해서도 두려워하지 않고, 욕망 앞에서도 조금도 흔들리지 않고, 불행 앞에서도 행복하고, 폭풍의 한가운데서도 태평하고, 신들과 같은 반열에 올라 보통 사람 이상으로 고상한 사람 중에서 자네의 경탄을 불러일으키지 않는 사람이 있는가? 그런 사람을 보면 자네는 '저렇게 고상한 존재는 그가 걸치고 있는 저 비참한 육체와는 확실히 다른 그 무엇일 거야'라는 생각이 절로 들지 않는가? 거기에는 어떤 신성한 힘이 지배하고 있어. 중용으로 넘쳐나고, 온갖 사소한 것들 위로 우뚝 솟은 그런 탁월한 정신이야. 그런 정신은 우리 모두가 두려워하거나 추구하려고 애쓰

....
48 소크라테스 이전 시대에 마그나 그라이키아의 철학자였으며 엘레아 학파에 속했다.

는 것들을 향해 미소를 지을 수 있어. 천상의 어떤 힘이 그런 사람을 고무하고 있으며, 이런 부류의 존재는 신의 협력 없이는 생겨날 수 없어. 그런 존재의 가장 큰 부분은 그의 출신 지역에 속해 있어. 태양의 빛들이 실제로 땅을 건드리고 있으면서도 그것들이 나온 거기에만 편안히 있듯이, 탁월하고 성스러운 인간은 누구나 우리와 연결되어 있어. 그 성스러운 인간은 우리가 신성한 것을 더 잘 아는 방법을 배우도록 돕기 위해 우리에게 보내진 존재이며, 비록 우리와 함께 있더라도 여전히 언제나 원래의 고향에 속해 있어. 그는 그쪽을 바라보고 거기에 닿으려 하고 있어. 우리들 틈에서도 그는 고귀한 존재로서 걷고 있어."

이 시대의 사람들은 자신을 로고스(단어)가 "육신이 된다"는 사상과 동일시할 만큼, 말하자면 하나의 사상을 바탕으로 새로운 동료애를 형성할 수 있을 만큼 성숙했다. 새로운 동료애의 이름으로 사람들은 서로를 사랑하고 서로를 형제라고 부를 수 있었다. 메시아, 즉 자신의 이름으로 새로운 방식의 사랑을 창조할 중개자라는 오래되고 모호한 생각이 이제 하나의 사실이 되었으며, 그 일로 인해 인류는 앞으로 큰 걸음을 내디딜 수 있었다. 이 같은 결과는 사색적이고 현학적인 철학에 의해 생겨난 것이 아니라, 다수 사람들의 내면에서, 말하자면 영적 암흑 속에서 성장하고 있던 어떤 기본적인 욕구에 의해 생겨난 것이었다. 대단히 심오한 필연이 사람들을 그 방향으로 몰아붙인 것이 분명하다. 인간이 방탕의 상태에서는 번창할 수 없으니 말이다.

그 숭배들의 의미는 분명하다. 그것은 동물적인 충동을 도덕적으로 억제하는 것이다. 지금 나는 기독교와 미트라교에 대해 말하고 있다. 두 종교의 역동적인 등장은 최초의 사도들을 고무했던, 구원이라는 그 어마어마한 감정이 어떠했는지를 대충 짐작하게 한다. 그럼에도 오늘날 우리는 그 구원의 감정을 어떻게 평가해야 하는지 잘 모르고 있다. 이유는 이 옛날의 진리들이 우리에겐 공허하기 때문이다. 그래도 만약에 우리의 관습이 고대의 잔인성의 흔적까지 갖고 있다면, 우리는 그것을 확실히 이해해야 한다. 이유는 오늘날 우리로서는 카이사르 같은 인물들이 판치던 고대 로마 시대의 속박되지 않은 리비도가 일으킨 소용돌이를 거의 인식하지 못하기 때문이다.

현재의 문명화된 사람은 그 잔인성과 거리가 아주 먼 것처럼 보인다. 문명인은 단순히 신경 과민을 보이게 되었다. 그렇기 때문에 우리에게는 옛날에 기독교를 낳았던 그 필연이 실제로 실종되었다. 우리가 그 필연의 의미를 더 이상 이해하지 못하니 말이다. 우리는 기독교가 우리를 무엇으로부터 보호해야 했는지에 대해 모르고 있다. 계몽된 사람들에게, 소위 종교성은 이미 어떤 신경증과 매우 가까운 것으로 느껴진다. 지난 2,000년 동안 기독교는 나름의 역할을 하고, 억압의 장벽들을 세우고, 그 장벽이 우리가 자신의 "죄"를 보지 않도록 막아주었다. 리비도의 기본적인 감정들은 우리에게 알려지지 않게 되었다. 이유는 이 감정들이 무의식에서 작용하기 때문이다. 따라서 리비도의 기본적인 감정들과 맞서 싸우는 믿음이 공허하고 무의미하게 되었다. 어떤 가면이 우리의 종교를 덮고 있다는 것을 믿지 않는 사람이 있다면 그 사람에게 양식과 예술이 오래 전에 사라져버린 현대의 교회들의 외양을 보고 스스로 인상을 받을 기회를 주도록 하라.

여기서 우리는 샛길에서 빠져나와 다시 본래의 질문으로 돌아간다. 미스 밀러가 자신의 시로 소중한 무엇인가를 창조했는지 여부를 묻는 질문이다. 만약에 기독교가 어떤 심리적, 도덕적 조건에서 생겨나게 되었는지를 명심한다면, 말하자면 잔혹성이 일상적인 장면이었던 그런 시대를 마음에 새긴다면, 우리는 사람의 전체 인격이 종교에 사로잡혀 지낸 것을 이해하고 또 고대 로마의 문화를 이루던 사람들을 사악의 구렁텅이로부터 보호한 그 종교의 가치를 이해할 것이다. 그 시대의 사람들이 죄를 끊임없이 의식하는 것은 어렵지 않은 일이었다. 죄가 눈앞에서 자행되는 것을 매일 두 눈으로 똑똑히 보았으니 말이다. 그 당시에 종교의 산물은 완전한 인격의 성취였다. 미스 밀러는 자신의 "죄"를 과소평가했을 뿐만 아니라, "울적하고 무모한 욕구"와 자신의 종교적 산물 사이의 연결도 보지 못했다. 따라서 그녀의 시적 창조는 종교적 산물의 생생한 가치를 완전히 상실했다. 그녀의 시는 의식 가까운 곳에서 은밀히 작용하고 있던 성애를 감상적으로 옮겨놓은 것에 지나지 않으며, 대체로 불확실하고 망상적인 측면을 가진 꿈의 내용과 비슷한 가치를 지닐 뿐이다. 따라서 그 시는 꿈을 글로 들려주는 것에 지나지 않는다.

현대인의 의식이 종교와 완전히 다른 종류의 일들로 바쁜 탓에, 종교와 그 대상인 원죄가 뒷전으로 밀려나게 되었다. 말하자면, 종교와 그 대상인 원죄가 대부분 무의식으로 물러나게 되었다. 따라서 오늘날 사람은 종교도 믿지 않고 원죄도 믿지 않는다. 그래서 프로이트 학파가 불순한 공상을 품고 있다는 비난을 듣고 있다. 그럼에도 고대 종교와 도덕의 역사만을 간단히 살펴보기만 해도 인간의 영혼 안에 어떤 종류의 악마들이 숨어 있는지를 쉽게 간파할 수 있다. 이처럼 인간 본성의 잔인성을 믿지 않는 태도는 종교의 힘을 믿지 않는 현상과 깊이 연결되어 있다. 모든 정신분석가에게 잘 알려진 현상, 즉 에로틱한 갈등이 무의식적으로 종교적 활동으로 바뀌는 현상은 윤리적으로 완전히 무가치한 그 무엇이며, 히스테리의 산물에 지나지 않는다. 한편, 자신의 의식적인 죄의 반대편에 종교를 의식적으로 놓는 사람은 모두 누구도 그 위대성을 부정하지 못하는 무엇인가를 하고 있다. 이것은 역사를 되돌아보기만 해도 쉽게 증명된다. 그런 과정이 건전한 종교이다. 에로틱한 것을 무의식적으로 종교적인 것으로 다시 다듬는 것은 감상적이고 도덕적으로 무가치한 태도라는 비난을 듣게 되어 있다.

앞에서 본 바와 같이, (영적인 것을 통하거나 로고스를 통한,) 은폐되었거나 간접적인 전이에 지나지 않는 순진한 투사를 세속적으로 실행함으로써, 기독교의 훈련은 광범위한 영역에 걸쳐서 동물적 본성을 크게 약화시켰다. 그 결과, 충동들의 힘 중 상당 부분이 사회적 보존과 결실에 자유롭게 쓰일 수 있게 되었다. 리비도라는 표현을 빌린다면, 리비도의 이런 풍부함은 이제 막 싹을 틔우고 있던 르네상스 양식과 함께(예를 들면, 페트라르카), 그 당시에 물러나고 있던 고대가 이미 종교적인 것으로 대략적으로 묘사했던 어떤 과정을, 즉 자연으로의 전이라는 길을 추구하고 있다. 리비도의 관심이 이런 식으로 변한 것은 대부분 좋은 의미로 말해 자연의 종교라고 할 수 있었던 미트라 신에 대한 숭배 때문이다. 반면, 최초의 기독교인들은 이 세상의 아름다움에 철저히 부정적인 태도를 보였다. 부르크하르트가 인용한 성 아우구스티누스(St. Augustine)의 글이 기억난다.

"인간들이 산의 높이와 바다의 거센 물결을 숭배하는 쪽으로 끌렸으며, 따라서 자기 자신을 멀리하게 되었다."

미트라교 숭배 분야의 최고 권위자인 벨기에 고고학자 프란츠 퀴몽(Franz Cumont)은 이렇게 말한다.

"신들은 온 곳에 산재해 있었고 일상의 모든 일에 개입했다. 신자들을 위한 음식을 조리하고 그들을 따뜻하게 덥혀주는 불, 갈증을 해소하고 몸을 씻을 물, 숨을 쉴 공기, 세상을 비출 햇살 등은 모두 경의의 대상이었다. 아마도 다른 어떤 종교도 미트라교만큼 신자들에게 기도의 기회와 헌신의 동기를 풍요하게 제공하지 못했을 것이다. 처음 미트라교를 믿게 된 사람이 밤에 숲속에 감춰져 있던 신성한 돌집으로 향할 때, 걸음마다 새로운 감각이 그의 가슴에 신비한 감정을 불러일으켰다. 하늘에서 반짝이는 별들, 나뭇잎 사이로 속삭이는 바람, 계곡을 향해 길을 재촉하는 시내나 샘, 심지어 그의 발밑으로 느끼는 땅마저도 그의 눈에는 신성했다. 그를 둘러싸고 있는 모든 자연은 우주를 움직이게 하는 무한한 힘에 대한 두려움을 불러일으켰다."[49]

　고대의 영적 생활의 다른 많은 것들과 마찬가지로, 르네상스 동안에 무덤에서 부활한 미트라교의 근본 사상들은 세네카의 아름다운 글에서도 발견된다.

　"보통의 나무들보다 훨씬 더 큰 해묵은 나무들이 서로 엉킨 가지로 하늘을 가리고 있는 그런 숲으로 들어갈 때, 미동도 하지 않는 나무 그림자들과 그 공간의 은밀함, 경외심을 불러일으키는 어둑함은 마치 어떤 신의 앞에 선 듯 사람을 전율하게 만든다. 또는 산기슭에서 바위를 관통하는 어떤 동굴을, 인간의 손으로 만든 것이 아니라 자연에 의해 아주 깊은 곳까지 뚫린 그런 동굴을 보았을 때 느끼는 기분과 비슷하다. 그런 분위기는 사람의 마음을 종교적 두려움으로 가득 채운다. 우리는 거대한 강의 수원(水源)을 숭배한다. 땅의 은밀한 곳에서 갑자기 거대한 물기둥이 터져 나오면 거기에 제단을 세운다. 마찬가지로 따뜻한 물이 솟는 샘들을 숭배한다. 속을 숨기는 특성 혹은 엄청난 깊이는 일부 호수를 성스러운

....
49 Franz Cumont, Die Mysterien des Mithra: Ein Beitrag zur Religionsgeschichte der roemischen Kaiserzeit, Ubersetzt von Gehrich, Leipzig, 1903, p. 109

곳으로 만들었다."[50]

이 모든 것들은 기독교 신자의 덧없는 세상에서 사라졌다가, 한참 뒤에, 인류의 사고가 미적인 인상에 저항할 수 있는 생각의 독립성을 성취했을 때, 따라서 사고가 더 이상 인상의 감정적인 효과에 구속되지 않고 깊은 관찰이 가능하게 되었을 때에야 별안간 나타났다. 따라서 인간은 자연과 독립적인 관계를 새롭게 맺게 되었으며, 그로 인해 자연과학과 기술이 발달할 토대가 마련되었다.

그러나 그와 동시에 처음으로 관심의 초점이 이동하게 되었다. 이때 다시 진정한 전이가 일어났는데, 이 전이는 지금 우리 시대에 절정을 이루고 있다. 어디를 가나 물질적 관심이 가장 중요하게 여겨지게 된 것이다. 그 결과, 옛날에 가장 중대한 갈등과 발전이 이뤄졌던 정신의 영역이 가꿔지지 않은 채 버려지게 되었다. 이제 세상은 19세기의 감상주의자들이 애통해 한 바와 같이 신을 잃었을 뿐만 아니라 어느 정도는 영혼마저 잃어버렸다. 그러므로 전적으로 심리적인 관점을 가진 프로이트 학파의 발견과 원칙이 거의 모든 분야에서 반대에 봉착하고 있는 사실은 이상할 게 하나도 없다.

관심의 초점이 내면 세계에서 외면 세계로 옮겨감에 따라, 자연에 관한 지식은 과거에 비해 엄청나게 늘어났다. 그로 인해 종교 교리의 의인화된 개념들이 의심의 대상이 되기에 이르렀다. 따라서 현재의 종교들은 엄청난 어려움을 겪으면서 그 같은 사실에 눈을 감을 수밖에 없다. 이유는 기독교 종교에 쏠렸던 치열한 관심이 다른 곳으로 돌려졌을 뿐만 아니라, 그에 따라서 비판과 필요한 교정도 당연히 증가했기 때문이다.

....
50 Lucius Annaeus Seneca, 41st Letter to Lucilius

우리가 아는 범위 안에서 본다면, 기독교 종교는 중요한 생물학적 목적을 성취한 것 같다. 기독교 종교는 인간 사고가 독립을 이루도록 이끌었고, 따라서 그 중요성을 크게 상실했으며, 어쨌든 기독교 교리의 내용이 미트라교와 관련있게 되었다. 그럼에도 기독교가 교육에 상상을 초월할 만큼 큰 기여를 했다는 사실을 고려한다면, 오늘날에도 기독교 자체를 부정할 수는 없다. 내가 볼 때, 어떤 식으로든 기독교의 사고의 형식을, 특히 2,000년의 세월이 흐르는 동안에 특별히 효과적인 것으로 입증된 삶의 위대한 지혜를 이용할 수 있을 것 같다. 장애물은 종교와 도덕의 불행한 결합이다. 이것은 극복되어야 한다. 영혼에 이 문제를 극복하려고 노력한 흔적이 여전히 남아 있지만, 한 사람의 인간을 놓고 보면 그런 노력의 부족이 느껴진다. 종교와 도덕의 불행한 결합을 극복하려는 노력이 어떠해야 하는지에 대해서는 말하기가 어렵다. 이유는 그런 설명을 하기에는 단어들뿐만 아니라 개념들도 부족하기 때문이다. 그럼에도 불구하고, 이 문제에 대해 몇 마디를 해야 한다면, 나는 다시 세네카의 말을 빌려 그것을 비유적으로 표현하고 싶다.

"자네가 지혜를 추구하는 노력을 끈기 있게 펼친다면, 그것보다 더 이롭고 더 훌륭한 일은 없네. 지혜에 닿을 힘이 자네한테 있는데, 그저 지혜를 달라고 소망하는 것은 우스꽝스러운 일일 걸세. 자네의 손을 하늘 쪽으로 모을 필요도 전혀 없고, 자네의 기도가 더 잘 들리게 신상의 귀 쪽으로 다가서게 해 달라고 신전의 종에게 간청할 필요도 없네. 신은 언제나 자네 곁에 있어. 신은 자네와 함께하고 있어. 맞아, 루킬리우스여, 신성은 선과 악의 관찰자로서, 우리의 변함없는 수호자로서 우리 안에 깃들어 있어. 우리가 신을 대하는 그대로, 그도 우리를 대하고 있어. 누구도 신을 갖지 않고는 선한 사람이 될 수 없어. 신의 가호 없이 운명의 힘 그 위로 우뚝

설 수 있는 사람이 있을까? 정직하고, 공정하고, 순수한 생각들로 우리를 고무하는 존재가 바로 신이야. 정말이지, 우리는 감히 주제넘게 신이 어떤 존재라느니 따위의 말을 해서는 안 된다네. 그래도 신이 모든 선한 사람의 가슴에 깃들어 있는 것은 확실하네."[51]

....
51 Lucius Annaeus Seneca, 41st Letter to Lucilius

:

4장
나방의 노래

:

조금 뒤에 미스 밀러는 제네바에서 파리까지 여행했다. 그녀는 이렇게 말한다.

> "철도 여행이 얼마나 피곤했던지, 나는 채 한 시간도 자지 못했다. 여자용
> 객실은 지독히 더웠다."

새벽 4시에 그녀는 객실 안에서 나방 한 마리가 불빛 주위를 날아다니고 있다는 사실을 알아챘다. 그때 그녀는 다시 잠을 청하려고 애쓰고 있었다. 그런데 별안간 다음 시가 그녀의 마음을 사로잡았다.

태양을 좇는 나방

내가 처음 의식으로 기어갔을 때, 나는 그대를 갈망했어.

내가 번데기 안에 누워 있을 때, 나의 꿈은 온통 그대에 관한 것뿐이었지.

흔히 나 같은 종류의 수많은 존재가 스스로 목숨을 버려.

그대가 발하는 약한 불꽃에 부딪치고

한 시간 뒤면, 나의 가련한 삶은 끝나고 말아.

그래도 나의 마지막 노력은 나의 최초의 욕망과 마찬가지로

오직 그대의 영광에 다가서는 거야. 그러다가 단 한 순간

황홀한 번득임에

만족하며 나는 죽어가리.

그의 완벽한 장엄 속에서

아름다움과 온기와 생명의 원천을 보았으니.

미스 밀러가 이 시에 대한 이해를 돕기 위해 우리에게 제시하는 자료를 파고들기 전에, 우리는 다시 이 시가 비롯된 심리적 상황을 고려할 것이다. 미스 밀러가 우리에게 무의식의 직접적인 표현에 대해 마지막으로 보고한 뒤로 몇 개월 또는 몇 주가 흐른 것 같다. 이 기간에 관한 정보는 전혀 없다. 우리는 이 시기의 분위기와 공상에 대해 아무것도 모른다. 만약에 이 침묵에서 어떤 결론을 끌어낸다면, 2편의 시 사이의 시간에는 실질적으로 중요한 일이 전혀 일어나지 않았다고 짐작해도 무방할 것이다. 따라서 이 시가 몇 개월 아니 몇 년 동안 이어지고 있는 콤플렉스의 무의식적 작용의 한 단편을 밖으로 드러낸 것이라는 결론이 가능하다.

이 시도 그 전의 시가 다뤘던 콤플렉스를 다루고 있을 가능성이 아주 크다. 그러나 앞의 산물, 즉 희망으로 가득한 창조의 찬가는 지금 이 시와 유사한 점이 거의 없다. 지금 우리 앞에 놓여 있는 시는 정말 절망적이고 우울한 분위기를 풍긴다. 나방과 태양이 절대로 만날 수 없는 관계이기 때문이다. 여기서 이런 질문이 제기될 수 있다. 나방이 정말로 태양까지 날기를

기대하는 것일까? 불빛을 좇다가 날개를 그슬린 나방에 관한 속담을 우리는 알고 있다. 그러나 태양까지 날아가려 한 나방의 전설에 대해서는 들어보지 못했다. 분명히 여기서 태양과 나방은 그녀의 내면에서 일어나고 있는, 서로 어울리지 않는 생각들을 통해 서로 연결되고 있다. 첫째, 불빛 주위를 지나치게 오랫동안 날아다니다가 스스로를 태워버린 나방이 있다. 둘째, 하루살이 같이 작고 덧없는 존재라는 생각이 있다. 덧없는 존재는 별들의 영원성과 슬픈 대조를 이루며 낮이 영원하기를 바라고 있다. 이 같은 생각이 파우스트가 한 말을 떠올리게 한다.

"보라, 붉게 타는 저녁 햇살 속에서
푸른 숲으로 둘러싸인 집이 빛나는 것을.
석양이 기울고, 고된 하루가 다하면
태양은 서둘러 그 너머로 가서 생명의 새로운 들판들을 개척하네.
아, 날개가 있다면 나도 땅을 박차고 올라서
태양이 가는 길을 따라 갈 수 있으련만!
그러면 나는 영원한 석양 속에서
나의 밑으로 고요의 세계가 반짝이는 것을 볼 텐데.
……
그러나 결국엔 지친 신이 가라앉고 있다.
새로 생겨난 충동이 나의 정신에 불을 지르고,
그러면 나는 서두를 것이고, 그의 빛들은 영원을 마시고 있으리.
나의 앞으로 낮이 있고, 나의 뒤로 밤이 있어.
나의 위로 하늘이 펼쳐지고, 나의 밑으로 푸른 물결이 넘실거리네.
영광스러운 꿈이여! 지금은 영광이 흐려지고 있지만
아아! 정신의 날개는 이렇게도 가벼운데

그 날개도 육신을 날게 하지는 못하는구나."

그리고 얼마 지나지 않아서, 파우스트는 "그곳 옥수수 밭과 그루터기 사이를 떠돌고 있는 검은 개"를 본다. 파우스트의 날개를 태운 불을 가진 악마, 즉 사탄이나 다름없는 개이다. 파우스트가 자신이 태양과 대지의 아름다움에 대한 갈망을 표현하고 있다고 믿었을 때, "그는 저 높은 곳에서 그만 길을 잃고" "악마"의 손아귀로 떨어졌다.

"좋아, 보다 밝은 먼 곳에 닿기 위해
이 땅의 아름다운 태양에 나는 결연히 등을 돌린다."

이것은 파우스트가 그 직전에 사태를 진정으로 파악한 상태에서 한 말이다. 자연의 아름다움에 대한 경탄이 중세 기독교도를 그의 의식적인 종교와 대립적인 관계에 있던 이교도 사상으로 이끌었다. 한때 미트라교가 기독교를 위협할 만큼 기독교와 치열한 경쟁을 벌였듯이 말이다. 사탄이 종종 빛의 천사로도 위장하니까.

파우스트의 갈망은 그의 파멸이 되었다. 내세에 대한 갈망이 그 결과로 삶에 대한 염증을 낳았고, 그는 자멸 직전의 상태에 처해 있었다. 현세의 아름다움에 대한 갈망은 그를 다시 파멸로, 의심과 고통으로, 심지어 마그리트[52]의 죽음으로 이어졌다. 파우스트의 실수는 그가 격정에 사로잡힌 사람처럼 자신의 리비도의 충동적인 힘을 전혀 억제하지 않은 채 두 개의 세계를 따랐다는 점이다. 파우스트는 기독교 시대 초기에 민중이 겪었던 심리적 갈등을 다시 묘사하고 있다. 그러나 주목할 점은 그 순서를 거꾸로 돌

....
52   '파우스트'에 등장하는 아름다운 처녀.

려놓고 있다는 점이다.

그리스도가 절대적인 내세에 대한 희망을 바탕으로 물리쳐야 했던 그 유혹의 무서운 힘이 얼마나 강했는지는 아우구스티누스 시대의 알리피우스(Alypius)[53]의 예에서 확인될 것이다. 만약에 우리 중 누군가가 고대의 그 시대를 살았다면, 그 사람은 아마 그 문화가 인간성에 반하기 때문에 불가피하게 붕괴하게 되어 있다는 것을 똑똑히 보았을 것이다. 기독교가 널리 퍼지기 전에도 이미 구원에 대한 기대가 사람들의 마음을 사로잡고 있었다는 사실은 잘 알려져 있다. 베르길리우스(Virgil)가 남긴 다음의 전원시는 이 같은 분위기의 결과물일 수 있다.

쿠마에 예언의 마지막 시대가 이미 당도했구나!
위대한 일련의 시대들이 다시 시작하는구나.
처녀자리도 돌아오고, 사투르누스[54]의 왕국들도 돌아왔구나.
지금 마침내 저 높은 하늘에서 새로운 자손이 보내졌도다.
오직 순결한 루시나[55]만이 태어나고 있는 소년에게 자비를 베푸는구나.
이 소년의 시대에서 철의 시대가 끝나고
온 곳에서 황금의 시대가 일어나고
이제 그대 아폴로가 다스리게 되느니라.

그대의 지도 아래에서, 혹시 우리의 죄의 흔적들이 이어진다면,
해를 입지 않도록 해주오.

··········
53 394년에 타가스테(현재의 알제리)의 주교가 되었다. 그는 히포의 아우구스티누스의 평생 친구였으며 그의 개종에 영향을 끼쳤다.
54 고대 로마의 신으로 농경과 부를 지배했다.
55 로마 신화 속의 출산의 여신.

그들은 이 땅에서 두려움을 영원히 몰아내리라.

그는 신들의 삶에 동참할 것이고, 또 영웅들이 신들과 함께 섞이는 것을 보리라.

그 역시도 그들에게 보일 것이고.

그리고 그는 자기 아버지의 덕목들을 바탕으로 평화로운 세상을 통치하리라.

기독교의 전반적인 확장의 결과로 생긴, 금욕주의로의 회귀가 많은 사람들에게 새로운 역경을, 말하자면 수도원 생활과 은둔자의 삶을 초래했다.

파우스트는 반대의 경로를 취하고 있다. 그에게 금욕적 이상은 곧 죽음을 의미한다. 그는 자유를 위해 투쟁을 벌이고 생명을 쟁취하는 동시에 자신을 사악한 존재에게로 넘기고 있다. 그러나 이를 통해 그는 가장 사랑하는 여인 마그리트의 죽음을 부르는 사람이 된다. 그는 극도의 고통을 애써 참으면서 자신의 삶을 유익한 일에 바치고 그런 일을 통해 많은 생명을 구한다. 구원자와 파괴자라는 그의 이중적인 임무는 이미 서두에 암시되어 있다.

바그너: 얼마나 기분이 좋을까, 위대하신 분이시어
진정으로 사람들의 존경을 받으니 말이오!
파우스트: 그래서 우리는 지독한 환약을 갖고
이 골짜기 저 언덕을 돌아다니며
흑사병보다 더 무섭게 설쳐댔던 거야.
수많은 사람들이 내가 준 독약에 죽었어.
그리고 나는 마침내 살아 남은 모든 자들이
뻔뻔한 살인자들을 칭송하는 소리를 들어야 하네.

이 이중의 역할과 비슷한 것이 '마태복음'에 나오는데, 이 문장은 역사적으로 중요한 의미를 지닌다.

> "내가 세상에 평화를 주러 왔다고 생각하지 마라. 평화가 아니라 칼을 주러 왔다."[56]

바로 이것이 괴테(Johann Wolfgang von Goethe)의 '파우스트'의 깊은 의미를 이루고 있다. '파우스트'는 르네상스 이후로 현대인이 계속 뒤척이며 잠을 이루지 못하게 만들었던 바로 그 문제를 언어로 담아내고 있다. 오이디푸스의 드라마가 고대 그리스의 문화권에서 한 역할과 똑같다. 세상을 부정하는 스킬라[57]와 세상을 수용하는 카리브디스 중 어느 것을 택해야 하는 것일까?

우리의 시인 미스 밀러의 경우에 '창조의 신에 대한 찬가'에 담았던 희망 찬 목소리가 그다지 오래 지속되지 않는다. 그런 태도는 약속에 그칠 뿐 성취되지 않고 있다. 오랜 갈망이 다시 나타날 것이다. 이유는 원래의 감정의 양을 조금도 잃지 않는 것이 무의식에서 작용하는 모든 콤플렉스의 특징이기 때문이다. 한편, 콤플렉스들의 외적 표현은 거의 무한정 변화할 수 있다. 따라서 우리는 미스 밀러의 첫 번째 시를 긍정적인 신앙심을 통해 갈등을 해결하려는 무의식적 욕망으로 고려할 수 있다. 앞선 세기들의 사람들이 의식적인 갈등을 종교적 관점으로 맞섬으로써 해결하려고 노력했던 것과 다소 비슷하다. 이 소망은 성취되지 못하고 있다. 그래서 두 번째 시에서 다시 시도된다. 이번에는 보다 세속적이다. 그 생각이 명료하다. "황홀

....

56 '마태복음' 10장 34절

57 그리스 신화에 나오는 바다 괴물로, 좁은 해협을 앞에 두고 역시 바다 괴물인 카리브디스와 마주보며 살았다.

한 눈길을 붙들기만 하면⋯⋯", 그러면 죽어도 좋을 것이다.

'파우스트'에서처럼, 관심이 종교적 세계의 영역들로부터 이 세상의 태양 쪽으로 이동하고 있으며, 거기에는 태양과 결합된 것으로서 또 다른 의미를 지니는 무엇인가가 있다. 빛 주변에서 지나치게 오랫동안 날갯짓을 하다가 그만 날개를 태워버린 나방이다.

이제 미스 밀러가 시의 이해를 돕기 위해 쓴 글을 보도록 하자. 그녀는 이렇게 말하고 있다.

> "이 짧은 시가 나에게 깊은 인상을 남겼다. 당연히, 나는 그 시에 대해 명료하고 직접적인 설명을 즉시 제시할 수 없었다. 그러나 며칠 뒤에, 그 전 겨울 베를린에서 대단히 재미있게 읽었던 철학 책을 다시 읽었을 때(친구에게 큰 소리로 읽어주기도 했다), 나는 다음과 같은 구절에 꽂히게 되었다. '별을 좇는 나방의 그런 뜨거운 열망으로, 사람은 신을 갈구한다.' 나는 이 문장을 까맣게 잊고 있었다. 그런데 이 단어들이 나의 시에 그대로 떠올랐다. 어쩌면 몇 년 전에 본 연극, '나방과 불꽃'(La Mite et La Flamme)이 그 시의 탄생에 더 직접적인 원인이 되었을 수도 있다. '나방'이라는 단어가 나에게 매우 자주 각인되었다는 사실이 쉽게 확인된다."

그 시가 저자에게 깊은 인상을 남겼다는 사실은 그녀가 그 작품에 사랑을 많이 쏟았음을 보여준다. '뜨거운 열망'이라는 표현에서 우리는 그 별을 향한 나방의 뜨거운 열망을, 신을 향한 인간의 갈망을 만날 수 있다. 정말이지, 미스 밀러 본인이 나방이다. '나방'이라는 단어가 자신에게 자주 강한 인상을 남겼다는 마지막 관찰은 그녀가 '나방'이라는 단어를 보면서 그것이 자신에게 그대로 적용된다는 생각을 자주 품었다는 사실을 보여주고 있다. 신을 향한 그녀의 갈망은 그 "별"을 향한 나방의 갈망을 닮았다.

여기서 독자는 "새벽별이 서로 함께 노래할 때", 말하자면 야간 근무하는 배의 승무원이 갑판에서 노래를 부를 때, 이 표현이 이미 그녀의 내면에서 일정한 자리를 차지하고 있었다는 사실을 떠올릴 것이다. 신을 향한 열정적 갈망은 노래하는 새벽별들에 대한 열정적 갈망과 똑같다. 앞 장에서 이같은 유추가 예상된다는 점에 대해 길게 논했다. "그래서 나는 큰 것들과 작은 것들을 비교하곤 했지."

인간을 인간답게 만드는 첫 번째 요소인, 신을 향한 인간의 갈망이 어떤 에로틱한 공상과 연결되어야 한다는 것은 선택하기에 따라 수치스럽기도 하고 고상하기도 하다. 그런 비교는 섬세한 감각에 거슬린다. 그래서 사람은 그 연결이 부정할 수 없는 사실인데도 거기에 반박하려는 경향을 보인다. 갈색 머리에 검은 턱수염을 기른 이탈리아인 선원과 인간성이라는 가장 고상하고 가장 소중한 개념! 이 두 가지는 한자리에 놓이기 어렵다. 이 둘을 같은 차원에 놓는 데 대해 우리의 종교적 감정도 반대하고 우리의 취향도 반대할 것이다.

이 두 가지가 너무나 이질적이기 때문에, 두 대상을 구체적으로 비교하는 것은 틀림없이 부당하다. 어떤 사람이 베토벤 소나타를 좋아하면서도 캐비아를 좋아할 수 있다. 소나타와 캐비아를 비교하는 사람은 아마 없을 것이다. 대상의 특성을 근거로 갈망을 판단하는 것은 흔히 일어나는 오류이다. 거위의 간과 메추라기에만 만족하는 미식가의 식욕은 소금에 절인 쇠고기와 양배추에 만족하는 노동자의 식욕에 비해 절대로 더 특별하지 않다. 갈망은 똑같다. 대상만 바뀐다. 자연이 아름다운 것은 단지 인간이 자연에 쏟는 사랑과 갈망 때문이다. 자연에서 나오는 미학적 속성들은 주로 리비도에 영향을 미치며, 리비도만이 자연의 아름다움을 형성한다. 어떤 꿈이 아름다운 풍경을 보여주는 방법으로 강력하고 아름다운 어떤 감정을 묘사할 때, 그 꿈은 그 점을 잘 알고 있다. 어떤 사람이 성애의 영역 안에서 움직일 때마다, 그 대상은 너무나 적은 것을 의미하고 사랑은 너무나 많은 것을 의미한다는 것이 아주 분명해진다. "성적 대상"은 대체로 과대하게 그려지는데, 그것은 단지 그 대상에 쏟아지는 리비도가 극히 크기 때문이다.

분명히 미스 밀러는 배의 승무원에게 쏟을 리비도가 거의 남아 있지 않았다. 그것은 인간적으로 충분히 이해할 수 있는 일이다. 그럼에도 불구하고 신성을 성애의 대상과 같은 차원에 놓는 이 연결로부터 깊고 오래 지속되는 어떤 효과가 나온다. 그러나 이 대상들에 의해서 생겨나는 분위기는 그 대상들에서 비롯되는 것이 아니며, 그녀의 강력한 사랑의 표현이다. 미스 밀러가 신이나 태양을 칭송할 때, 그녀는 자신의 사랑을, 인간적이고 동물적인 존재의 그 깊고도 강력한 충동을 떠올리고 있다.

독자는 앞 장에서 다음과 같은 동의어의 고리가 제시되었다는 사실을 기억할 것이다. 가수-소리의 신-노래하는 새벽별-창조주-빛의 신-태양-불-사랑의 신.

그때 우리는 태양과 불을 괄호로 썼다. 지금은 이 단어들도 동의어의 고리에서 적절한 자리를 차지할 자격을 갖추고 있다. 에로틱한 인상이 긍정적인 것에서 부정적인 것으로 바뀜에 따라, 빛의 상징들이 최고의 대상으로 나타난다. 갈망이 노골적으로 표출되고 있는 두 번째 시에서, 그 대상은 결코 이 세상의 태양이 아니다. 갈망이 현실의 대상으로부터 거두어졌기 때문에, 갈망의 대상은 무엇보다도 주관적인 대상, 즉 신이 되었다. 그러나 심리학적으로, 신은 강력한 어떤 감정(리비도의 총합)을 중심으로 형성되는 표상 콤플렉스의 이름이다. 더 정확히 말하면, 그 콤플렉스에 성격과 실체를 부여하는 것은 감정이다. 신의 속성들과 상징들은 일관되게 감정(갈망, 사랑, 리비도 등)에 속해야 한다. 만약 누군가가 신이나 태양 또는 불을 숭배한다면, 그 사람은 자신의 생명력, 즉 리비도를 숭배한다. 세네카가 말한 그대로인 것이다. "신은 자네 가까이 있어, 신은 자네와 함께하고 자네의 마음 안에 있다네." 신은 곧 우리가 신성한 경의를 표하고 있는 우리 자신의 갈망이다. 만약에 종교가 대단히 중요했고 또 지금도 대단히 중요하다는 사실이 알려져 있지 않다면, 이처럼 자신의 자기를 갖고 노는 놀라운 장난은 터무니없어 보일 것이다. 그러나 거기엔 그 이상의 무엇인가가 있음에 틀림없다. 왜냐하면 그 장난이 부조리함에도 불구하고 어떤 의미에서 보면 그것이 목적에 최대한 부합하기 때문이다.

자신의 자기 안에 어떤 신을 두고 있다는 것은 많은 것을 의미한다. 그것은 행복과 권력과 심지어 전능의 보증이기도 하다. 이 속성들이 그 신에 속하는 한 그렇다. 자신의 자기 안에 신을 두고 있는 것은 것은 자신의 자기가 신이 된다는 것을 의미하기도 한다. 지나치게 관능적인 표상들과 상징들을 나름대로 최대한 주의 깊게 제거했고 또 유대교 숭배의 상징들의 빈약을 이어받은 것처럼 보이는 기독교에서, 이런 심리의 흔적들이 뚜렷이 발견된다. 기독교와 밀접히 연결된 신비 종교의 경우에 "신과 하나되는" 것에 그 흔적이 훨씬 더 뚜렷하게 남아 있다. 이런 신비 종교들의 경우에, 신비주의자 본인이 입회 의례를 통해서 숭배를 받는 자리까지 올라간다. 이시스[58]신비 종교의 축성식 중 맨 마지막 행사는 신비주의자에게 종려나무 잎으로 만든 관을 씌워주는 것이었다. 그때 신비주의자는 대좌(臺座) 같은 곳에 앉아서 헬리오스로 추앙 받았다. 독일 문헌학자 디트리히(Albrecht Dieterich)가 공개한, 미트라교 전례를 기록한 파피루스를 보면, 그런 식으로 추앙 받는 사람이 한 말이 적혀 있다.

"나는 당신과 함께 이리저리 떠돌아다니는 별이며, 깊은 곳에서 불꽃을 피

....
58 고대 이집트의 풍요의 여신

워 올리고 있다."

신비주의자는 종교적 황홀경에 빠지면 자신을 별과 동일한 차원에 놓는다. 중세의 성자가 성흔(聖痕)을 통해서 스스로를 그리스도의 반열에 올린 것과 똑같다. 아시시의 성 프란치스코(St. Francis of Assisi)는 이것을 정말 이교도적인 방법으로 표현했다. "신과 하나되다"라는 표현은 역사가 매우 깊다. 오래된 믿음은 죽음이 있은 뒤까지 신과 하나되는 것을 배제했다. 그러나 신비 종교들은 신과 하나되는 것이 이승에서 이미 이뤄진다고 주장한다. 아주 오래된 문서가 신과의 이 같은 결합을 매우 아름답게 묘사하고 있다. 승천하는 영혼이 부르는 승리의 노래이다.

"나는 홀로 존재한 아툼 신이로다.
나는 더없이 훌륭한 레 신이로다.
나는 스스로를 창조한 위대한 신, 신 중의 신이로다.
그 어느 신도 나에 비하지 못할 것이니."

"나는 어제였고 내일을 알고 있노라. 내가 말했을 때, 신들의 전투장이 만들어졌도다. 나는 거기를 지키고 있는 위대한 신의 이름을 아노라.
나는 헬리오폴리스에서 그곳에 사는 모든 존재를, 그곳에 있는 모든 것을 보호하고 있는 그 위대한 피닉스로다.
나는 나타나면서 나의 머리에 깃털을 얹은 바로 그 민(Min) 신이로다.
나는 나의 조국에 있고, 나는 나의 도시로 오고 있노라. 매일 나는 나의 아버지 아툼과 함께 있노라.
나의 불결은 씻겨 나가고, 나의 내면에 있던 죄는 극복되었노라.
나는 헤라클레오폴리스에 있는 신성한 호수 두 곳에서 나 자신을 씻었는

데, 그곳은 거기 사는 위대한 신을 위해 인간 제물을 바쳐 정화한 곳이었
노라.

나는 정의의 바다에 있는, 나의 머리를 씻는 곳으로 향하고 있노라. 나는
성역이 된 이 땅에 도착해 장엄한 문을 통해 들어가노라.

내 앞에 서 있는 그대가 나에게 손을 내미는구나. 그것이 바로 나이니
라. 나는 그대와 하나가 되노라. 매일 나는 나의 아버지 아툼과 함께 있
노라."[59]

신과의 동일시는 필히 그 개인의 의미와 권력의 강화를 낳게 되어 있다.
무엇보다, 그것이 동일시의 목적인 것 같다. 현실 생활 속에서 너무나 나약
하고 불안하기 짝이 없는 개인을 강화하는 것 말이다. 따라서 앞에서 보는
것과 같은 엄청난 과대망상은 측은한 배경을 갖고 있다. 그러나 권력에 대
한 자각의 강화는 단지 "신과 하나되는" 것의 외적 결과일 뿐이다. 그것보
다 훨씬 더 중요한 것은 감정의 영역 깊은 곳에 자리 잡고 있는 장애들이
다. 리비도를 안으로 돌리고 있는 사람들, 말하자면 현실의 대상으로부터
리비도를 거둬들이고는 그 자리에 진정한 보상을 놓지 않는 사람들은 누
구나 내향의 불가피한 결과에 압도당하게 되어 있다.

주체의 안으로 돌려진 리비도는 거기서 잠자고 있는 기억들 중에서 그
리비도가 예전에 한때 진짜 대상을 향할 때 밟았던 경로를 포함하고 있는
기억을 다시 일깨운다. 이때 가장 먼저 일깨워질 위치에 있는 것이 바로 어
릴 적 사랑의 대상이었던 아버지와 어머니였다. 아버지와 어머니는 그 어
떤 존재보다 더 두드러지며 또 사라지지 않는다. 성인의 삶에서도 아버지
와 어머니의 기억이 일깨워지고 효과를 발휘하는 데 그다지 큰 곤경이 필

....
59 Erman: "Aegyten", P. 409

요하지 않다. 종교에서는 아버지와 어머니의 심상을 퇴행적으로 되살리는 것이 하나의 체계로 조직화되었다. 종교의 혜택들은 곧 부모의 손들의 혜택이다. 종교의 보호와 평화가 부모가 자식을 보살핀 결과이고, 종교의 신비한 감정들이 어린 시절 초창기의 부드러운 감정들에 대한 무의식적 기억이기 때문이다. 그 찬가가 표현하고 있는 그대로이다.

"나는 나의 조국에 있고, 나는 나의 도시로 오고 있노라. 매일 나는 나의
아버지 아툼과 함께 있노라."

그러나 세상의 눈에 보이는 아버지는 하늘의 불, 즉 태양이며, 따라서 아버지와 신, 태양, 불은 신화적으로 동의어이다. 태양의 힘에서 자연의 위대한 생식력이 숭배되고 있다는 잘 알려진 사실은, 사람들에게 뚜렷이 자각되지 않을지 몰라도, 신성에서 사람들이 현재의 전이 대상의 이미지나 상징의 형태로 자신의 리비도를 숭배하고 있다는 사실을 매우 노골적으로 보여주고 있다. 이 상징은 디트리히가 소개한 파피루스의 세 번째 로고스에서 특별히 두드러진 모습으로 우리를 직시하고 있다. 두 번째 기도 뒤에 별들이 태양의 원반에서 나와서 신비주의자에게로 온다. "5개의 뾰족한 끝을 가진 것들이 창공을 가득 채운다. 태양 원반이 팽창하면, 헤아릴 수 없는 어떤 원이 보이고, 닫힌 불의 문들이 보일 것이다." 그러면 신비주의자는 다음과 같은 기도문을 욀 것이다.

"나의 기도를 들어주소서. 나에게 기도를 허락하여 주소서. 하늘의 번갯불
들을, 두 개의 천체로 이뤄진 불의 하늘을 꽁꽁 묶고 계시는 인류의 창조자
여, 불덩이를 들이쉬고, 불같이 힘차고, 불 속에서, 그리고 인간의 아름다움
속에서 기뻐하는 영적인 존재여, 불같은 몸을 가진, 인간의 통치자여, 인간

에게 불을 주고, 불을 퍼뜨리고, 불을 지피는 존재여, 인류의 생명이시여, 혼
란스러워하는 인간들을 우레로 움직이게 하는 존재여, 인간들 사이에 유명
하시고, 인간 종족을 늘리시고, 인류를 계몽시키시는 존재여, 별들의 정복
자여."

여기서 보듯, 기도는 불빛과 불의 속성을 거의 무한정 이어가고 있으며,
그 터무니없음을 보면 중세 신비주의자가 사랑의 속성들로 제시한 그 동
의어들과 비슷하다. 그 예로 제시될 수 있는 수많은 텍스트 중에서 나는 마
그데부르크의 메히틸드(Mechtild von Magdeburg: 1212-1277)의 글에서
한 구절을 고른다.

"오, 주여, 저를 많이 사랑해 주십시오. 저를 자주, 그리고 오래도록 사랑
해 주십시오. 당신이 저를 사랑할수록, 저는 그만큼 더 순수해질 것입니
다. 당신이 저를 많이 사랑할수록, 저는 그만큼 더 아름다워질 것입니다.
당신이 저를 오래도록 사랑할수록, 저는 이 이 땅에서 그만큼 더 성스러
워질 것입니다."
신이 대답했다. "나는 너를 자주 사랑하고 있어. 나는 태생적으로 사랑하
고 있어. 나 자신이 사랑이니까. 나는 너를 대단히 많이 사랑하고 있어. 나
는 나의 욕망에서 사랑하고 있어. 나 자신도 인간들이 나를 대단히 많이
사랑해 주기를 바라고 있으니까. 나는 너를 오래 사랑하고 있어. 나는 나
의 영원성으로부터 사랑하고 있어. 나에겐 끝이 없으니까."[60]

종교적 퇴행은 정말로 부모의 이미지를 이용한다. 그러나 부모의 이미지

....
60 Martin Buber, "Ekstatische Konfessionen". p. 66

를 의식적으로 전이의 대상으로 삼지는 않는다. 이유는 근친상간 공포가 근친상간을 금지하기 때문이다. 오히려 부모의 이미지는 예를 들면 아버지나 신, 또는 다소 의인화된 태양과 불의 상징의 동의어로 남는다. 태양과 불, 말하자면 열매를 맺게 하는 힘과 열은 리비도의 속성들이다. 신비주의에서 내적으로 지각되는 신의 환상은 종종 태양이나 빛에 지나지 않으며, 아주 조금 의인화되거나 전혀 의인화되지 않는다. 미트라교 전례에서 의미 있는 인용이 발견된다.

"눈에 보이는 신들의 경로는 나의 아버지이며 신인 태양을 관통하며 나타날 것이다."

독일의 수녀 힐데가르트 폰 빙엔(Hildegarde von Bingen: 1100-1178)은 자신에 대해 이런 식으로 표현하고 있다.

"그러나 내가 보는 빛은 가까운 곳의 빛이 아니고 아득히 먼 곳의 빛이며 태양을 받치고 있는 구름보다도 더 밝다. 나는 이 빛의 형태를 절대로 알지 못한다. 태양의 원반을 완벽하게 볼 수 없기 때문이다. 그러나 이 빛 안에서 나는 수시로 다른 빛을 본다. 내가 살아 있는 빛이라고 부르는 빛이다. 그러나 언제 어떤 식으로 내가 이 빛을 보는지에 대해서는 어떻게 설명해야 할지 나는 모른다. 내가 그 빛을 볼 때면, 모든 싫증과 욕구가 나에게서 빠져나간다. 그러면 나는 소박한 소녀 같은 느낌이 들지 늙은 부인 같은 느낌이 들지 않는다."[61]

....
61　Martin Buber, "Ekstatische Konfessionen", p. 51

'신(新) 신학자' 시메온(Symeon, the New Theologian: 970-1040)은 이렇게 말한다.

> "어떻게 표현해야 할지 모르겠다. 나의 내면에서 일어나고 있는 것을 나의 정신은 분명히 보고 있지만 그것을 설명하지 못한다. 나의 정신은 보이지 않는 것을, 복잡하지 않고 너무도 단순하며 무한히 펼쳐지는 모든 형태의 공(空)을 본다. 나의 정신이 어떤 시작도 보지 않고 어떤 끝도 보지 않고 있으니 말이다. 나의 정신은 의미들을 전혀 의식하지 않으며 자신이 보고 있는 것을 무엇이라고 불러야 하는지도 모른다. 완전한 무엇인가가 나타나고, 나에게 그것은 존재 자체를 통해 나타나는 것이 아니라 어떤 참여를 통해 나타나는 것 같다. 당신이 불로 불을 붙일 때 그 불 전체를 다 받는데도, 원래의 불은 그 전과 똑같이 조금도 줄거나 나눠지지 않은 채 그대로 남는다. 이와 같이, 나뉜 것은 처음의 것으로부터 스스로를 떼어놓으며, 형태를 가진 그 무엇처럼 스스로를 몇 개의 불로 퍼뜨린다. 그러나 이것은 정신적이고, 측량 불가능하고, 구분되지 않고, 소진되지 않는 그 무엇이다. 왜냐하면 이것이 여러 개가 될 때에도 분리되지 않은 채 그대로 내 안에 있으면서 나의 궁핍한 가슴 속으로 빛과 비슷하게 태양 또는 태양의 둥근 원반처럼 들어온다. 어쨌든 그것도 하나의 빛이니까."[62]

내면의 불빛으로, 내세의 태양으로 지각된 그것이 갈망이라는 것은 시메온의 말에서 분명히 확인된다.

"광휘를 따르면서, 나의 정신은 앞에 보이는 그것을 포옹하길 원하면서

....
[62] Martin Buber, "Ekstatische Konfessionen", p. 41

창조되지도 않았고 이해되지도 않는 그것을 꼭 껴안을 수 있도록 그것이 피조물들 사이에 나타나게 하려고 노력했으나 그것이 피조물이 아니라서 그 일에 성공하지 못했다. 그럼에도 불구하고, 나의 정신은 온 곳을 떠돌아다니며 그 광휘를 보고자 애를 썼다. 나의 정신은 대기를 뚫고, 하늘 위를 떠돌아다녔고, 심연을 건너 세상 끝까지 찾아다녔다. 그러나 그런 노력에도 불구하고, 모든 것이 창조되었기 때문에, 나의 정신은 아무것도 찾지 못했다. 그래서 나는 비통하고 슬펐으며, 나의 가슴은 타버렸고, 나는 정신이 혼란한 상태에서 살았다. 그러나 그 광휘가 왔으며, 그것은 빛을 발하는 신비한 구름처럼 아래로 내려오면서 나의 머리 전체를 감싸는 것처럼 보였다. 그래서 나는 실망하며 크게 소리를 질렀다. 그러나 광휘는 다시 날아가면서 나를 혼자 남게 했다. 그리고 괴로움에 빠진 내가 그것을 찾아 나설 때, 나는 갑자기 그것이 나의 안에, 나 자신의 안에 있다는 사실을 깨달았다. 나의 가슴 한가운데서 그것은 둥근 태양의 빛으로 나타났다."[63]

니체의 시 '영광과 영원'(Glory and Eternity)에서도 우리는 기본적으로 이와 비슷한 상징을 만난다.

쉿! 나는 광대함을 보고 있어!
광대한 것들로 인해
인간은 성숙해 질 것이니.
만약에 인간이 광대한 것들을
말로 소중하게 간직하지 못한다면?

....
63 Martin Buber, "Ekstatische Konfessionen", p. 45

그러면 밤새워

그대의 감정을,

나의 마법의 지혜를

정확히 표현하도록 하라.

나는 위를 올려다보노라. 저기 별들이 흩뿌려진 바다가 흐르는구나.

오, 밤이여. 무언의 침묵이여, 별들의 소리 없는 외침이여!

그리고 보라! 신호 하나를! 하늘이 가장자리를 열고,

반짝이는 별자리 하나가 나를 향해 떨어지고 있구나.

  니체의 심각한 내적 고독이 옛날의 숭배 의식들의 신비한 황홀경이 의식적(儀式的) 표상으로까지 끌어올렸던 어떤 형태들의 사고를 다시 낳고 있다 하더라도, 그것은 전혀 놀랄 일이 아니다. 미트라교 전례 관련 자료에 담긴 환상들에서, 우리는 이와 비슷한 표상들을 다뤄야 한다. 이제 우리는 그 표상들을 무아경에 빠진 리비도의 상징으로 쉽게 이해할 수 있다.

  "두 번째 기도문을 암송한 뒤에 침묵에 관한 명령이 두 번 내려질 때, 휘
  파람을 두 번 불고 날카로운 소리를 두 번 내라. 그러면 즉시 다섯 개의 뾰
  족점을 가진 많은 별들이 태양에서 떨어져 내려오며 낮은 하늘 전체를 가
  득 채우는 것이 보일 것이다. 그러나 한 번 더 말하도록 하라. 조용! 조용!
  그러면 초심자인 당신은 그 원과, 태양의 열린 원반으로부터 차단된 불타
  는 문들을 볼 것이다."[64]

....
64 Dieterich, "Mithrasliturgie", p.9

침묵이 강요되고, 빛의 환상이 나타난다. 신비주의자의 상황과 니체의 시적 상상의 유사성이 놀랍기만 하다. 니체는 "별자리"를 말한다. 별자리는 주로 짐승이나 사람의 모습을 닮은 상징이라는 것은 널리 알려져 있다.

파피루스는 다섯 개의 손가락을 가진 별들("발그레한 손가락을 가진" 에오스[65]와 비슷하다)에 대해 말하는데, 이것은 사람의 모습을 닮은 상징에 불과하다. 따라서 오랫동안 응시하다 보면 "불꽃의 이미지" 또는 짐승의 모습이나 사람의 모습을 닮은 "별자리"에서 살아 있는 어떤 존재가 형성될 수 있다. 이유는 리비도의 상징이 태양과 빛과 불뿐만 아니라 다른 표현 수단도 모두 이용하기 때문이다. 나는 니체의 우수성을 인정한다.

봉화

여기, 대양들 가운데에 섬이 자란 곳에,
제물을 바치는 바위가 우뚝 솟아 있네.
여기 컴컴한 하늘들 아래에서
차라투스트라가 산처럼 높이 불들을 붙이네.

옅은 잿빛의 배(腹)를 가진 불꽃들
아득히 먼 곳에서 욕망의 불티를 날리네.
그 목을 점점 더 순수해지는 높은 곳을 향해 쭉 뻗고,
한 마리 뱀처럼, 초조한 듯 몸을 곧추 세우네.

이 신호를 나는 저기 내 앞에 세우네.

....
65 그리스 신화 속의 새벽의 여신

이 불꽃은 나의 영혼이요.

아무리 멀리 나아가도 만족할 줄 모르고

그 고요의 열기를 위로, 위로 밀어올리네.

고독한 모든 이들에게 지금 나는 낚싯줄을 던지네.

불꽃의 조급함에 답을 해주오.

높은 산 위의 낚시꾼인 내가 낚게 해주오.

나의 일곱 번째이자 마지막 고독을!

여기서 리비도는 불과 불꽃과 뱀이 된다. "살아 있는 태양의 원반"을 나타내는 고대 이집트인의 상징, 그러니까 서로의 몸을 감고 있는 2마리의 뱀이 그려진 원반은 리비도의 두 가지 유사성들의 결합을 포함하고 있다. 열매를 맺게 하는 온기를 가진 태양의 원반은 생식하게 하는 사랑의 온기와 비슷하다. 리비도를 태양과 불과 비교하는 것은 실제로 그럴 듯하다.

거기엔 "원인으로서 작용하는" 요소도 한 가지 있다. 태양과 불이 결실을 맺게 하는 이로운 힘들로서 인간의 사랑의 대상이니 말이다. 예를 들면, 태양이며 영웅인 미트라는 "가장 사랑 받는" 존재로 불린다. 니체의 시에서도 그 비교는 원인으로 작용하는 요소가 두드러지는 비교이지만, 이번에는 반대의 의미로 그렇다. 뱀과의 비교는 분명히 남근 숭배에서 나온 것으로서, 남근의 상징에서 생명과 결실의 본질을 보려 했던 고대의 경향과 완전히 일치한다. 남근은 생명과 리비도의 원천이며, 위대한 창조주이자 기적의 행위자이다. 남근상은 그런 것으로서 어디서나 경배를 받았다. 따라서 이제 우리는 리비도의 상징으로 3가지를 확보하게 되었다. 첫째, 리비도는 유추에 의해 태양이나 불과 비교된다. 둘째, 리비도는 원인 관계를 바탕으로 비교되며 이 경우에 대상 비교도 가능하고 주체 비교도 가능하다. 먼저 리비도는 그 대상으로, 예를 들면 자비로운 태양이라는 이름으로 불린다. 이어 주체의 비교에서, 리비도는 그것이 기원하는 장소 또는 그곳과 비슷하게 생긴 것들, 예를 들면, 남근 또는 (남근과 비슷한) 뱀으로 불린다. 이 두 가지 근본적인 형식들의 비교에 세 번째 비교가 더해져야 한다. 세 번째 형식의 비교에서 "제3의 비교점"은 예를 들면 그 작용이다. 리비도는 열정의 힘을 발휘하는 수소처럼, 사자처럼, 발정기에 날뛰는 수퇘지처럼, 언제나 발정 상태에 있는 당나귀처럼 수태시킬 때 위험하다.

이 작용 비교도 유사점에 근거한 비교의 범주나 원인을 바탕으로 한 비교의 범주에 똑같이 잘 어울릴 수 있다. 비교의 가능성은 곧 상징적 표현의 가능성을 의미한다. 이를 근거로 한다면, 무한히 다양한 모든 상징들은, 그것들이 리비도의 이미지들인 한, 매우 단순한 뿌리, 즉 리비도와 그것의 고정된 원시적인 특성들로 적절히 환원될 것이다. 이 같은 심리적 환원과 단순화는 무수히 많은 신들을 통합하고 단순화하고 융합하려 했던 문명의 역사적 노력과 일치한다. 우리는 이런 욕구의 뿌리를 찾아 고대 이집트인들까지 더듬어 올라갈 수 있다. 당시 이집트는 지역 신들이 수없이 많았다는 사실에서도 확인되듯이 무한한 다신교 사회였으며, 그 같은 현상이 부득이하게 단순화가 일어나도록 만들었다. 다양하게 숭배되었던 지방의 신들, 말하자면 테베의 아몬과 에드푸의 호루스, 동쪽 지방의 호루스, 엘레판티네의 크눔, 헬리오폴리스의 아툼 등은 태양신 레와 동일시되기에 이르렀다. 태양 찬가들에서, 아몬과 레, 하르마키스, 아툼으로 이뤄진 복합적인 신이 "진짜 살아 있는 유일신"으로 숭배 받았다.

아멘호테프(Amenhotep) 4세(18왕조)는 이 방향으로 이보다 훨씬 더 멀리 나아갔다. 그는 그 전의 모든 신들을 "태양의 살아 있는 위대한 원반"으로 대체했다. 그 신의 공식 명칭은 이렇다.

"두 개의 지평선을 모두 지배하고, 자신의 이름으로 지평선에서 승리를 거두고, 태양의 원반 안에서 휘황찬란한 광휘로 반짝이는 태양."[66]

독일의 이집트 학자 에르만(Adolf Erman)은 "정말로, 태양은 하나의 신으로 숭배되었던 것이 아니라 태양 자체가 빛을 통해서 살아 있는 모든 생명체들에게 무한한 생명을 나눠주는 하나의 행성으로서 숭배되었다."고 덧붙이고 있다.

아멘호테프 4세는 개혁을 통해서 심리학적으로 중요한 일을 완수했다. 그는 모든 수소와 숫양, 악어, 그리고 삼각주의 신들을 태양의 원반으로 통합시켰으며, 그것들의 다양한 속성들이 태양의 속성들과 공존할 수 있다는 점을 분명히 했다. 고대 그리스와 로마의 다신교도 훗날 통합 노력을 통해서 이와 비슷한 운명을 맞았다. 루키우스[67]가 천국들의 여왕에게 올린 아름다운 기도는 이를 뒷받침하는 중요한 증거가 된다.

> "천상의 여왕이시여, 당신이 과일들의 부모인 온화한 케레스든, 천상의 베누스든, 포이보스의 누이이든, 아니면 한밤의 울음으로 공포를 일으키는 프로세르피나든, 여성스런 그 밝음으로 모든 도시의 성벽들을 비추는 신이시여."[68]

수없이 많은 변형들로 갈라지고 또 각각의 다신교적 배열과 분리에 따라 개별 신들로 의인화되었던 종교 사상들을 다시 몇 개의 단위로 통합하려는 이런 시도는 아주 일찍부터 유추가 형식적으로 행해지고 있었다는 사실을 분명히 보여주고 있다. 헤로도토스(Herodotus)는 고대 그리스와 로마

....

66 Adolf Erman, "Aegypten", p. 354

67 아풀레이우스의 소설 '황금 당나귀'(The Golden Ass)의 주인공.

68 Apuleius, "Metamorphoses" lib. p. 239

시대의 체계들에 대해서는 말할 것도 없고, 그런 참조 사항들도 많이 남겼다. 하나의 신으로 통합하려는 노력에 맞서 다양한 신들을 창조하려는 노력 또한 강했다. 그래서 소위 말하는 일신교의 성향이 강한 종교들, 예를 들면 기독교가 지배하는 동안에도 다신교를 채택하려는 경향이 계속되었다. 기독교도의 경우에도 신이 적어도 세 부분으로 분리되고 있으며, 거기에 성모 마리아라는 여자 신이 더해지고 있다. 그것만이 아니다. 이보다 더 작은 신들, 말하자면 천사와 성자도 아주 많다. 두 가지 경향이 언제나 싸움을 벌이고 있다. 수많은 속성들을 두루 지닌 단 하나의 신이 있거나, 지역에 따라 다르게 알려진 여러 신들이 있다. 후자의 경우에 그 신들은 어떤 때는 근본적인 사상의 이 특성을 상징하고 또 어떤 때는 그 사상의 다른 특성을 상징한다. 앞에서 보았던 이집트 신들이 좋은 예이다.

여기서 니체의 시 '봉화'로 다시 돌아가도록 하자. 거기서 불꽃은 동물의 모습, 즉 한 마리의 뱀으로 그려지면서 리비도의 이미지로 이용되었다(불꽃은 영혼의 이미지로도 쓰였다. "이 불꽃은 나의 영혼이오"). 뱀은 리비도의 남근 이미지로 받아들여지고 있으며(성급하게 곧추 서 있다), 태양의 수정(受精)의 한 속성이기도 한 이 이미지는 태양과 남근의 결합에 수반되는 리비도의 이미지이다(고대 이집트의 태양 숭배). 따라서 태양의 원반이 손과 발만 아니라 페니스와 함께 그려지는 것도 그렇게 이상한 일이 아니다. 미트라교의 전례 관련 텍스트의 어느 특이한 부분에서 이런 사상을 뒷받침하는 증거가 발견된다. "마찬가지로, 집전하는 바람의 기원인 소위 관(管)이 보이게 될 것이다. 그것이 태양에서 아래로 드리워진 하나의 관으로서 당신에게 나타날 테니까."

태양에서 아래로 드리워진 관이라는 대단히 중요한 이 환상은 만약에 그 관이 남근의 의미를 전혀 갖고 있지 않다면 미트라교 전례 같은 종교적인 문서에서 이상하고 의미 없는 효과를 낳을 것이다. 관은 바람이 시작하는 장소이다. 남근의 의미가 이 사상에서 매우 약해 보이지만, 바람도 태양과 마찬가지로 열매를 맺게 하는 창조자라는 사실을 기억해야 한다. 중세의 어느 독일 화가가 '원죄 없는 잉태'를 주제로 그린 그림이 있는데, 여기서 언급할 가치가 있을 것 같다. 이 그림에서 잉태는, 하늘에서 내려와 성모 마리아의 치마 밑으로 이어지는 어떤 관에 의해 표현되고 있다. 이 관으로 신의 어머니를 수태시키기 위해 성령이 비둘기의 형태로 날아온다.

독일 심리학자 호네거(Johann Honegger)는 정신이 온전하지 않은 어느 환자(편집증 치매)에게서 다음과 같은 환각을 발견했다. 그 환자는 태양에서 발기한 페니스와 비슷하게 생긴 "곧추선 꼬리"를 본다. 그가 머리를 앞뒤로 움직이면, 태양의 페니스도 똑같이 앞뒤로 움직인다. 그러면 거기서 바람이 일어난다. 이 이상한 환각은 오랫동안 설명 불가능한 것으로 남아 있었다. 그러다 내가 미트라교 전례와 관련된 환상을 알게 되면서, 의문이 풀렸다. 그 환자의 환각은 미트라교 관련 텍스트 중에서 앞에서 인용한 부분 바로 다음에 나오는 매우 애매한 부분을 밝히는 데 도움을 주었다.

G. R. S. 미드(Mead)는 그 부분을 다음과 같이 명쾌하게 번역한다.

"그리고 그것은 마치 무궁한 동풍인 것처럼 서쪽을 향한다. 그러나 만약에 다른 바람이 동쪽 지역을 향해 불어야 한다면, 마찬가지로 사람들은 시선을 반대쪽으로 돌리고 그쪽 지역을 바라볼 것이다."[69]

원래의 그리스어 텍스트에서, ὅραμα는 보이는 것, 즉 환상이고, ἀποφορά는 대체로 휩쓸고 가는 것을 의미한다. 이에 따르면, 그 텍스트의 의미는 보이는 것은 바람의 방향에 따라서 어떤 때는 이곳으로 휩쓸리

....
69 George Robert Stowe Mead, "A Mithraic Ritual", London 1907, P. 22

154

거나 돌려지고 어떤 때는 저곳으로 휩쓸리거나 돌려진다는 뜻일 수 있다. ὅραμα는 어떤 때는 동쪽으로 또 어떤 때는 서쪽으로 방향을 바꾸며 그에 상응하는 바람을 일으키는 관이고, "바람이 기원하는 곳"이다. 그 환자의 환상도 관의 움직임에 관한 이 묘사와 놀랄 정도로 일치한다.

태양의 다양한 속성들은 모두 분리되어 미트라교 전례에 하나씩 차례로 나타난다. 헬리오스[70]의 환상에 따르면, 7명의 처녀가 뱀의 머리를, 7명의 신들이 검은 수소의 머리를 가진 상태로 나타난다.

여기서 처녀들을 원인 관계의 비교라는 측면에서 이용된 리비도의 한 상징으로 이해하는 것은 쉬운 일이다. 뱀이 남근 숭배의 의미를 갖고 있음에도 불구하고, 에덴 동산의 뱀은 대체로 여성적인 것으로, 여자의 내면에 있는 유혹적인 본질로 여겨지고 있으며, 옛날의 예술가들에 의해서 여성적인 것으로 그려졌다. 이와 비슷한 의미의 변화를 통해서 고대의 뱀은 언제나 여성적인 것으로 여겨지는 땅의 상징이 되었다.

수소는 태양의 결실을 상징하는 것으로 널리 알려져 있다. 미트라교의 전례를 보면 수소 신들은 "땅의 축(軸)의 수호자들"로 불렸으며, 이 신들에 의해서 천체의 축이 돌아가는 것으로 여겨졌다. 신인(神人)인 미트라도 똑같은 속성을 지녔다. 그는 간혹 "무적의 태양신"이라 불리며, 가끔 헬리오스의 강력한 동료이자 통치자이다. 그는 오른손에 "천체를 움직이는 큰곰자리"를 쥐고 있다. 수소의 머리를 가진 신들은 단지 동일한 신의 다양한 속성들을 나타낼 뿐이다. 미트라교 전례의 주요 신은 미트라와 헬리오스로 나뉜다. 각자의 속성은 상대방의 속성과 밀접히 연결되어 있다. 헬리오스에 대해서는 이렇게 이야기되고 있다. "젊고, 품위 있고, 타래 머리가 빛을 발하고, 흰 옷에 자주색 망토를 걸치고, 불타는 듯한 투구를 쓴 신을 보게 되리라."[71]

....
70 고대 그리스 신화 속의 태양신.
71 Dieterich, "Mithrasliturgie", p. 10-11

미트라에 대해서는 이렇게 묘사하고 있다.

"빛을 발하는 용모에, 젊고, 황금빛 머리카락을 가졌고, 흰색 옷을 입고, 황
금 왕관을 쓰고, 오른손에 어린 수소의 어깨를, 즉 큰곰자리를 잡고 있고, 시
간마다 위로 아래로 떠돌며 천체를 움직여 돌리는, 막강한 신을 보게 되리
라. 그의 두 눈에서 번개가 튀어나오고 몸에서 별들이 쏟아지리라."[72]

만약에 불과 금을 기본적으로 비슷한 것으로 여긴다면, 두 신들의 속성
들에서 중요한 어떤 일치가 발견된다. 이런 신비주의적인 이교도 사상들
에다가 아마 거의 동시대에 나왔을 계시의 환상을 더할 수 있다.

"나는 나에게 말하는 것이 누구의 목소리인지 보려고 돌아섰습니다. 돌
아서서 보니 황금 등잔대가 일곱 개 있고, 그 등잔대 한가운데에 사람의
아들 같은 분이 계셨습니다. 그분께서는 발까지 내려오는 긴 옷을 입고
가슴에는 금 띠를 두르고 계셨습니다. 그분의 머리와 머리털은 흰 양털처
럼 또 눈처럼 희고 그분의 눈은 불꽃 같았으며, 발은 용광로에서 정련된
놋쇠 같고 목소리는 큰 물소리 같았습니다. 그리고 오른손에는 일곱 별을
쥐고 계셨으며 입에서는 날카로운 쌍날칼이 나왔습니다. 또 그분의 얼굴
은 한낮의 태양처럼 빛났습니다."[73]

"내가 또 보니 흰 구름이 있고 그 구름 위에는 사람의 아들 같은 분이 앉아
계셨는데, 머리에는 금관을 쓰고 손에 날카로운 낫을 들고 계셨습니다."[74]

....

72 Dieterich, "Mithrasliturgie", p. 14-15
73 '요한 묵시록' 1장 12-16절
74 '요한 묵시록' 14장 14절

"그분의 눈은 불꽃 같았고 머리에는 작은 왕관을 많이 쓰고 계셨는데, 그분 말고는 아무도 알지 못하는 이름이 그분 몸에 적혀 있었습니다. 그분께서는 또 피에 젖은 옷을 입고 계셨고. …… 그리고 하늘의 군대가 희고 깨끗한 고운 아마포 옷을 입고서 흰말을 타고 그분을 따르고 있었습니다. 그분의 입에서는 날카로운 칼이 나오는데, 그 칼로 민족들을 치시려는 것이었습니다."[75]

'요한 묵시록'과 미트라교 전례 사이에 직접적인 관계가 있다고 단정할 필요는 없다. 두 텍스트의 환상 관련 이미지는 하나의 원천에서 발달했다. 그 원천은 어느 한 장소에 국한되지 않으며, 다양한 많은 사람들의 영혼에서 발견된다. 왜냐하면 그 원천에서 생겨나는 상징들이 너무나 전형적인 까닭에 어느 한 개인에게만 속할 수 없기 때문이다. 내가 여기서 이 이미지들을 제시하는 것은 빛의 원시적인 상징체계가 환상의 깊이를 점점 더하면서 어떤 식으로 태양이자 영웅, "가장 사랑 받는 존재"라는 사상으로 발전해 갔는지를 보여주기 위해서이다. 빛의 상징의 발달은 지극히 전형적이다. 이것 외에, 나는 이미 무수히 많은 예들을 제시하며 이 과정을 강조했다는 사실을 밝히고 싶다. 따라서 여기서 그 주제로 다시 돌아가 깊이 파고들 필요는 없을 것 같다.

환상에서 일어나는 이런 일들이 신비 의식들에서 행해지는 태양 대관식의 심리적 뿌리이다. 태양 대관식은 전례 형식으로 응축시킨 종교적 환각이며, 이 전례 형식은 엄격한 규칙성 때문에 일반적으로 받아들여지는 외형적 형식이 될 수 있었다. 이 모든 것을 고려하면, 고대의 기독교 교회가 "새로운 태양"으로서의 그리스도와 특별한 관계를 맺는 한편으로 그리

----

75 '요한 묵시록' 19장 12-15절

스도의 세속적 상징들로부터 자유로워지는 데 어려움을 겪은 이유가 쉽게 이해된다. 정말로, 알렉산드리아의 필론(Philo of Alexandria)은 태양에서 특별히 신성한 로고스 또는 신의 이미지를 보았다(『꿈에 대하여』 'De Somniis'). 암브로시우스(Sanctus Ambrosius)의 어느 찬가에서, 예수 그리스도는 "구원의 태양" 등으로 불린다. 마르쿠스 아우렐리우스(Marcus Aurelius)의 시대에, 멜리톤(Meliton)은 자신의 책에서 그리스도를 "떠오르는 태양, 헬리오스, 천국에서 떠오르는 유일한 태양!"[76]이라고 불렀다.

이보다 훨씬 더 중요한 것은 유사 키프리아누스(Pseudo-Cyprian)가 남긴 글의 한 단락에 들어 있다.

> "오, 그리스도가 태양이 앞쪽으로 움직이는 날과 같은 날, 즉 4월의 네 번째 휴일에 태어나야 한다고 한 신의 섭리가 얼마나 놀라운가! 이 때문에 예언가 말라기는 사람들에게 그리스도와 관련해 '너희들에게 정의로운 해가 날개 속에 치료의 힘을 갖춘 채 떠오를 것이니. 이것은 날개 속의 치유력을 드러낼 정의로운 해이다.'라고 말했다."

명목상 요한 크리소스톰(John Chrysostom)[77]의 작품으로 전해지는 '지점(至點)과 분점(分點)'(De Solstitiis et Aequinoctiis)에 이런 단락이 나온다.

> "더욱이 구세주는 겨울인 12월에, 1월 첫날보다 8일 앞서 태어났다. 익은 올리브를 수확하는 때이다. 그래서 기름, 즉 성유가 생산되었을 것이다.

....
76 Quoted from Pitra: "Analecta sacra", cit. by Cumont: "Textes et Monuments", P. 355
77 초기 기독교의 교부이자 제37대 콘스탄티노폴리스 대주교를 지냈으며 뛰어난 설교자(A.D. 347?-407)였다.

또 사람들은 그날을 '정복되지 않는 존재'의 생일이라고 부른다. 여하튼 죽음 자체를 정복한 우리 구세주만큼 정복되지 않는 존재가 누구인가? 아니면 그들이 그날을 태양의 생일이라고 부르는 이유가 무엇이겠는가? 우리의 구세주 본인이 정의의 태양이기 때문이다. 우리의 구세주에 대해 말라기는 이렇게 말했다. '구세주는 빛과 어둠의 창시자이고, 그는 그 예언자에 의해 정의의 태양으로 언급된 그 심판자이다.'"

알렉산드리아의 유세비우스(Eusebius of Alexandria)의 증언에 따르면, 기독교인들은 또한 떠오르는 태양을 숭배했으며, 이 관행은 15세기까지 이어졌다.

"아아, 태양과 달과 별들의 숭배자들에게 재난이 있어라! 태양을 숭배하고 태양에게 기도를 올리는 사람들을 나도 많이 알고 있으니. 해가 떠오르는 지금 그들은 그 해를 숭배하면서 '우리들에게 자비를 베푸소서!'라고 말한다. 태양을 숭배하는 영지주의자들과 이단들만 그렇게 하는 것이 아니라 자신의 신앙을 내버려두고 이단들과 섞이는 기독교인들도 그렇게 하고 있다."

아우구스티누스는 기독교인들에게 단호하게 설교했다.

"구세주가 태양이 된 것이 아니라, 태양이 구세주에 의해 만들어졌다. 그러니 육신을 가진 세속의 현자가 이 태양(그리스도)을 이해할 수 있다는 생각을 갖지 않기를."

미술은 태양 숭배의 잔존물 중 많은 것을 지켜왔으며, 그래서 그리스도의 머리에 광운이 그려지고 일반적으로 성인들에게 후광이 그려지게 되었다. 기독교 전설들은 또 많은 불과 빛의 상징들을 성인들에게로 돌리고 있다. 예를 들면, 12사도는 황도대의 12궁에 비유되며, 따라서 머리 위로 별을 하나씩 갖고 있는 것으로 그려진다.

기독교 교부이자 신학자인 테르툴리아누스(Tertullian)가 인정하듯이, 이교도가 태양을 기독교의 신으로 여겼다고 해도 전혀 이상할 것이 없다. 마니교 신자들 사이에 신은 정말로 태양이었다. 알브레흐트 비르트(Albrecht Wirth)가 편집한 책(Ἐξήγησις περὶ τῶν ἐν Περσίδι πραχθέντων)을 보면 이교도와 아시아, 그리스, 기독교의 신들이 결합하는 모습이 보인다. 이 책은 우화들을 모은 책이지만, 그럼에도 불구하고 기독교와 가까운 공상들을 많이 담고 있으며 기독교 상징에 대한 깊은 통찰을 안겨준다. 이 책에서 다음과 같은 신기한 헌정의 문구가 발견된다. "위대한 태양신이며 왕이며 구원자인 제우스에게."

아르메니아의 일부 지역에서는 지금도 떠오르는 태양이 기독교인들 사이에 숭배의 대상이 되고 있다. "태양이 숭배자들의 얼굴에 발을 내려놓을 것이다."[78] 발은 사람을 닮은 한 특성으로 나타나며, 우리는 이미 깃털과 태양 남근에서 동물을 닮은 속성을 접했다. 태양의 광선을 칼이나 검, 화살 등과 비교하는 것에도 꿈의 심리학에서 배운 바와 같이 그 바탕에 남근의 의미가 있다. 여기서 강조하는 바와 같이, 태양의 발에도 이 의미를 더해야 할 것이다. 태양의 깃털이나 머리카락에도 마찬가지이며, 이것은 곧 태양의 권력이나 힘을 의미한다. 지금 나는 삼손의 이야기와, 태양을 향해 날다가 날개를 잃고 지친 상태에서 밤에 바닷물로 목욕하고 힘을 얻는 불사조에 관한 '바룩의 묵시록'(Apocaplypse of Baruch)의 이야기에 대해 언급하고 있다.

....
78 Abeghian: "Der armenische Volksglaube", p. 41. 1899

"나방과 태양"의 상징을 다루면서, 우리는 영혼의 역사적 깊이까지 파고들었으며, 그렇게 하는 과정에 오랫동안 묻혀 있던 우상을 하나 발굴해냈다. 바로 젊고, 아름답고, 불에 둘러싸여 있고, 머리에 후광을 쓴 태양 영웅이다. 인간은 절대로 닿지 못하는 이 영웅은 이 세상 높은 곳을 떠돌면서 낮 뒤에 밤이 오게 하고, 여름 뒤에 겨울이 오게 하고, 생명 뒤에 죽음이 오게 하며, 다시 원기를 회복하여 새로운 세대들에게 빛을 베푼다. 나방 뒤에 감추어진, 그 꿈을 꾼 사람의 갈망은 바로 이 영웅을 의미한다.

아시아의 고대 문명들은 죽었다가 다시 태어나는 신(오시리스와 타무즈, 아티스-아도니스)이라는 사상을 갖고 있는 태양 숭배와 그리스도, 미트라와 그의 수소, 피닉스 등을 잘 알고 있었다. 불은 파괴의 힘뿐만 아니라 결실을 맺게 하는 힘도 숭배되었다. 욥의 신에서 이미 본 바와 같이, 자연의 힘은 언제나 양면을 다 갖고 있다. 이 상호적인 끈이 우리를 다시 미스 밀러의 시로 안내한다. 그녀의 회상은 우리가 앞에서 제시한, 나방과 태양의 상징이 두 가지 생각의 응축이라는 주장을 뒷받침한다. 두 가지 생각 중 하나에 대해서는 이제 막 논했고, 다른 한 생각은 나방과 불꽃이다. 미스 밀러가 그 내용에 대해 전혀 언급하지 않은 가운데 제시한 연극의 제목 "나방과 불꽃"은 열정의 불꽃 주변을 날다가 결국 날개를 태워버리게 된다는, 너무나 잘 알려진 에로틱한 의미를 가질 것이다. 열정적 갈망, 즉 리비도도 두 가지 측면을 갖고 있다. 리비도는 모든 것을 아름답게 하는 힘이지만, 다른 상황에서는 모든 것을 파괴해 버릴 수도 있다. 사람들은 창조적인 힘의 파괴적인 성격이 어떤 것에 있는지를 정확히 이해하지 못하는 것 같다. 특히 지금과 같은 문화의 조건에서 열정에 몸을 맡긴 여자는 너무 일찍이 리비도의 파괴적인 면을 경험하게 된다. 자신을 운명의 여신에 무조건적으로 맡겨버리는 사람이 느끼게 되는 극도의 불안한 감정을 이해하려면, 누구나 자신이 그냥 일상의 도덕적 조건에서 약간 벗어난 모습을 상상해보기만 하면 된다.

결실을 맺는다는 것은 정말로 자기 자신을 파괴하는 것을 의미한다. 왜냐하면 다음 세대의 상승이 있으면 앞 세대는 절정을 넘어서게 되기 때문이다. 따라서 우리의 후손이 우리의 가장 위험한 적이 된다. 우리가 극복하지 못하는 그런 적이 되는 것이다. 이유는 후손이 우리보다 더 오래 살 것이고, 따라서 틀림없이 우리의 허약한 손으로부터 권력을 넘겨받게 될 것이기 때문이다.

성애의 운명 앞에서 느끼는 불안은 충분히 이해할 만하다. 성애의 운명 안에는 헤아릴 수 없는 무엇인가가 있기 때문이다. 운명은 언제나 미지의 위험을 숨기고 있으며, 신경증 환자가 삶 앞에서 지속적으로 망설이는 것도 삶의 위험한 전투에 참가하지 않고 가만히 있고 싶은 욕망으로 쉽게 설명된다. 경험할 기회를 거부하는 사람은 누구나 내면에서 경험에 대한 욕구를 죽여야 하며, 따라서 그 사람은 일종의 자살 행위를 범하고 있다. 이를 근거로 보면, 에로틱한 소망의 포기에 수반되는 죽음의 공상은 아주 명확히 이해된다. 미스 밀러도 자신의 시에서 이 공상을 노래했다.

그녀는 더 나아가 자신의 글에 다음과 같은 내용을 더하고 있다.

"나는 바이런(George Byron)의 시 한 편을 읽고 있었다. 나를 아주 즐겁게 해 주었고 깊은 인상을 오랫동안 남긴 시였다. 게다가, 나의 시 마지막 두 행의 리듬과 바이런의 시 두 행의 리듬은 아주 비슷하다.

'믿음 안에서 살아왔으니, 이제 나를 죽게 해 주오.
우주가 요동친다 하더라도, 나는 떨지 않을 것이오.'"

일련의 생각들과 밀접히 연결되어 있는 이 회상은 에로틱한 소망의 부정에 수반되는 죽음의 공상을 보여주고 있다. 미스 밀러가 언급하지 않고 있는 이 인용의 출처는 '하늘과 땅'(Heaven and Earth)이라는 바이런의 미완성 시이다. 이 연의 전체는 다음과 같다.

그래도 주님을 찬양합니다.
흘러간 것에 대해,
현재 있는 것에 대해,
모든 것이 주님의 것이기에.
처음부터 마지막까지
시간, 공간, 영원, 생명, 죽음,
알려진 많은 것과 헤아릴 수 없는, 알려지지 않은 것을
그가 만들었고 파괴할 수 있으니,
그런데 내가 가쁜 호흡을 조금 더 하기 위해
주님을 탓하고 불평해야 할까요?
믿음 안에서 살아왔으니, 이제 나를 죽게 해 주오.
우주가 요동친다 하더라도, 나는 떨지 않을 것이오.

이 단어들은 산처럼 높이 밀려오는 대홍수 앞에서 절망적으로 달아나고 있는 "죽을 운명의 인간"이 내뱉는 일종의 찬양 또는 기도에 포함된다. 미스 밀러는 바이런의 시를 인용하면서 자신을 그와 똑같은 상황에 놓는다. 말하자면, 그녀는 자신의 감정이 산처럼 높이 밀려오는 대홍수에 쫓기는 불행한 사람이 느끼는 낙담과 비슷하다는 점을 드러낸다. 이 인용을 통해서, 미스 밀러는 우리가 태양 영웅에 대한 그녀의 갈망의 깊은 곳을 들여다보는 것을 허용한다. 따라서 우리는 그녀의 갈망이 헛되다는 것을 알게 된다. 그녀는 죽을 운명을 타고난 존재일 뿐이다. 단지 짧은 시간 동안만 강력한 갈망을 통해서 빛 속으로 들어가려 발버둥칠 수 있을 뿐, 그러다가 반

드시 죽음으로 떨어지게 되어 있는 그런 존재인 것이다. 아니면 대홍수를 직면한 사람처럼 죽음에 대한 두려운 때문에 더욱 처절하게 버둥거리지만, 그런 결사적인 노력에도 불구하고 어쩔 수 없이 파괴의 운명을 맞게 되어 있는 존재가 그녀였다. 이것은 '시라노 드 베르주라크'의 마지막 장면을 생생하게 떠올리게 하는 분위기이다.

> **시라노:** 오, 그러나 … 그녀가 오고 있기에,
> 나는 서서 기다릴 거요. … 칼을 손에 쥐고서.
> … …
> 당신들은 뭐라고 하는가? … 그래봐야 소용 없다고? 나도 알아.
> 하지만 꼭 승리의 희망이 있어야만 싸우는 건 아니야.
> 그렇지 않아. 절대로 그렇지 않아. 승산 없는 싸움이 더 아름다운 법이야.
> … …
> 나는 알아. 당신들이 마침내 나를 이길 것이라는 걸.

빛에 닿을 길을 열려고 노력하는 것이 어떤 갈망이고 어떤 충동인지를 우리는 이미 충분히 잘 알고 있다. 그 갈망과 충동의 본질은 앞에서 한 모든 발언을 뒷받침하며 마무리짓는 인용, 즉 "이제 나를 죽게 해 주오."라는 표현에 잘 드러나고 있다. 태양의 이미지로 숭배 받는 신, 즉 "가장 사랑 받는 존재"는 미스 밀러의 갈망의 목표이기도 하다.

바이런의 '하늘과 땅'은 다음과 같은 '창세기' 6장 2절의 내용을 바탕으로 한 시극이다. "하느님의 아들들은 사람의 딸들이 아름다운 것을 보고, 여자들을 골라 모두 아내로 삼았다." 바이런은 그 시를 쓰게 된 또 다른 모티브로 영국 시인이자 비평가인 콜리지(Samuel Taylor Coleridge)의 글 중 한 구절을 제시했다. "그리고 여자는 악마 같은 연인을 위해 울부짖고 있

구나." 바이런의 시는 두 가지 중대한 사건을 염두에 두고 있다. 하나는 심리적인 것이고 다른 하나는 땅과 관계있다. 전자는 모든 장벽을 허무는 열정이고, 후자는 자연의 무한한 힘들에 대한 공포이다. 이 사건들과 비슷한 것들에 대한 논의는 이미 앞에서 이뤄졌다. 천사 사미아사와 아자젤은 카인의 아름다운 딸들인 아나와 아홀리바마에게 음흉한 사랑을 품어 몸이 달았던지라 죽을 존재와 불멸의 존재 사이에 놓인 장벽을 뚫고 나아간다. 그들은 루시퍼가 하느님에게 한 것과 똑같이 반란을 일으켰으며, 그러자 대천사 라파엘이 경고의 목소리를 높인다.

> "그러나 인간은 그의 목소리에 귀를 기울였고
> 그리고 너희는 여자의 목소리에도 귀를 기울였지.
> 그녀가 아름다우니까.
> 뱀의 목소리는 그녀의 입맞춤만큼 신비스럽지 않았어.
> 뱀은 한낱 정복된 육신에 지나지 않지만, 그녀는 천상으로부터
> 천상의 법을 깨뜨릴 두 번째 무리를 끌어낼 거야."[79]

신의 권력이 열정의 유혹으로부터 위협을 받고 있다. 천사들의 두 번째 추락이 천국을 위협하고 있다. 여기서 이 신화적 투사를 그것이 기원한 그 심리적 투사로 다시 옮기도록 하자. 그러면 이 시는 이런 식으로 읽힐 것이다. 세상을 현명하게 지배하고 있는 선(善)과 합리성의 파워가 혼란스럽고 원초적인 열정의 파워로부터 위협을 받고 있다. 따라서 열정은 근절되어야 한다. 말하자면, 열정은 신화로 투사되어야 한다. 카인의 종족과 죄 많은 세상 전체가 홍수에 의해 뿌리까지 파괴되어야 한다. 그것은 모든 장벽

....
79 Byron, "The Poetical Works", p. 421

들을 무너뜨린 사악한 열정의 불가피한 결과이다. 사악한 열정의 상대는 바다와 깊은 물, 비의 홍수이고, 또 인도 신화의 표현을 빌리면, 생성시키고 열매를 맺게 하는 "어머니 같은 물"이다. 지금 그 물이 자연스런 울타리를 넘어 산꼭대기보다 더 높이 올라가며 살아 있는 모든 것을 삼키고 있다. 이유는 열정이 스스로를 파괴하기 때문이다. 리비도는 신이고 악마이다. 리비도의 부도덕한 부분이 파괴되면, 리비도의 근본적인 부분이 파괴될 것이다. 악마의 상실을 통해서, 신 자신도 상당한 상실을 겪었다. 신의 육체의 팔다리를 절단하는 것과 다소 비슷하다. 반란을 일으킨 두 천사 사미아사와 아자젤과 관련해 대천사 라파엘이 내뱉는 한탄의 소리에 담긴 신비한 힌트가 이 점을 암시한다.

> "……아니,
> 불멸의 영역에 깊고 거대한 허공이 생기게 하지 않고는
> 이 세상을 있게 하거나 파괴하지 못한단 말인가?"[80]

사랑은 인간을 높이 끌어올린다. 인간 자신보다 더 높은 곳으로 끌어올릴 뿐만 아니라 죽을 운명과 세속성의 한계 그 위로까지, 심지어 신성에까지 끌어올린다. 그러나 사랑은 인간을 끌어올리는 바로 그 행위에서 인간을 파괴한다. 신화학적으로 보면, 이런 뻔뻔함은 바벨탑 이야기에 잘 표현되고 있다. 인간이 하늘 높이까지 닿는 탑을 지은 결과 혼란을 겪게 되었다는 이야기에 나오는 그 탑 말이다. 바이런의 시에서, 이 같은 뻔뻔함은 곧 카인 종족의 사악한 야망이다. 그 야망은 별들도 카인의 사랑을 받기 위해 비굴하게 굴도록 만들고 신의 아들들까지 정도(正道)에서 벗어나도록 만

....
80 Byron, "The Poetical Works", p. 419

든다. 만약에 가장 높은 것들에 대한 갈망이 정말로 정당하다면, 갈망에 인간적인 한계가 있고, 사악한 갈망, 따라서 파괴적인 갈망이 있다는 뜻이다. 별들을 향한 나방의 갈망은 전적으로 순수하지도 않고 투명하지도 않으며 오직 관능의 안개 속에서 빛을 발하고 있을 뿐이다. 인간은 어디까지나 인간이니까. 인간은 지나친 욕망 때문에 신성한 것을 열정의 타락 속으로 끌어내린다. 따라서 인간은 자신을 신성의 수준으로 끌어올리는 것처럼 보이지만, 그로 인해 그의 인간성이 파괴되고 만다. 한 예로, 자신의 천사를 향한 아나[81]와 아홀리바마[82]의 사랑은 신들과 인간들의 파멸이 된다. 카인의 딸들이 자신의 천사들을 향해 쏟아내는 호소는 심리적으로 보면 미스 밀러의 시와 아주 비슷하다.

아나:

세라프 천사여!

그대의 천체에서는

어떤 별이든 그대의 영광을 지녔구려!

하늘의 무한한 깊이에서

그대가 '일곱' 별들과 함께 지켜봄에도

무한한 회백색 공간을 통해서

그대의 빛나는 날개 앞에서 세상들이 비켜서는군.

그래도 들어주소서!

오! 사랑스런 그대를 그리워하고 있는 그녀를 생각해주소서!

그리고 그대에겐 그녀가 아무것도 아닐지라도

그녀에게 그대가 전부라는 것을 생각해주소서.

....

81 노아의 아들 야벳의 애인이었으나 천사 때문에 그의 곁을 떠난다.

82 성경에 몇 차례 언급되는 여가장.

영원이 그대의 나이 안에 있어요.

태어나지 않은, 시들지 않는 아름다움이 그대의 눈 안에 있어요.

그대는 나와 공감하지 못할 거예요, 사랑하지 않는다면.

그대는 인정해야 하지요. 이보다 더 사랑스런 육신이

하늘 아래에서 운 적이 없다는 것을.

그대는 많은 세상들을 두루 떠돌아다니며

그대를 위대하게 만든 그분의 얼굴을 보지요.

그분은 에덴동산 밖으로 쫓겨난 사람들 중에서

나를 가장 보잘것없는 존재로 만들었지요.

그럼에도 사랑하는 세라프 천사여!

오, 들어주소서!

그대가 날 사랑했으니까요. 나는 죽지 않을 겁니다.

그대가 그대의 영원의 세계에서 그녀를 잊을 수 있다는 것을,

죽음이 무엇이라는 것을 내가 알 때까지는.

그녀의 애정이 흘러넘치는 것은 죽음조차도 막지 못하지요.

그대에게 그대 자체가 불멸의 정수이지요.

죄와 두려움 속에서 사랑하는 자들의 사랑은 위대하오.

죄와 두려움이 나의 가슴에서 싸우고 있는 것을 나는 느끼고 있어요.

아무런 가치 없는 전쟁이지요.

용서하소서. 나의 세라프 천사여! 아담의 한 자손에게 그런 생각들이 떠

오르는 것을.

슬픔이 우리의 본질이니까요.

때가 가까워지고 있어요.

우리가 버림받지 않았다고 나에게 말해 줄 때가.

나타나소서! 나타나소서!

세라프 천사여!

나의 아자젤 천사여! 이리로 오소서.

그리고 별들을 그들 자신의 빛에 맡겨두소서.

아홀리바마:

나는 그대를 외쳐 부르고, 그대를 기다리고, 그대를 사랑하오.

비록 나는 흙으로 빚어지고

그대는 빛으로 빚어졌을지라도

에덴동산의 시내들에 부서지는 빛보다 더 밝은 빛으로,

그대의 불멸성은 보답하지 못해요

나의 사랑보다 더 따뜻한 사랑으로

나의 사랑이여. 한 줄기 빛이 있나이다.

나의 안에. 그래도 아직은 반짝이는 것이 허락되지 않고 있지만.

그 빛이 그대의 신과 나의 신에 의해 붙여진 것이 느껴지지요.

그 빛은 오랫동안 숨겨져 있어요. 죽음과 쇠퇴를

우리의 어머니 이브가 우리에게 물려주었지요.

그러나 나의 가슴은 그것을 거부해요. 이승의 삶은 보내야만 하더라도

그것이 그대와 내가 헤어져야 하는 이유가 될 수 있을까요?

나는 모든 것을 함께할 수 있어요. 영원한 슬픔까지도.

그대가 나와 삶을 함께하려고 하는데

내가 그대의 영원을 피해야 할까요?

아니옵니다. 뱀의 독침이 나를 뚫을지라도

그리고 그대 자신이 뱀처럼

나를 칭칭 감을지라도. 그래도 나는 미소를 지을 것이고

그대를 저주하지 않고 그대를

따스하게 끌어안을 것입니다.

그리고 내려가서 증명할 것입니다.

불멸의 존재를 향한

인간의 사랑을 …

이런 간절한 기도에 이어 일어나는 두 천사의 출현은 언제나 그렇듯이 밝은 빛의 환상이다.

아홀리바마: 그들의 날갯짓에 구름들이 흩어지고 있어.

마치 그들이 내일의 빛을 헤치고 나가듯이.

아나: 그런데 우리 아버지가 이 장면을 본다면!

아홀리바마: 그가 보겠지만 달이라고 생각할 거야.

마법사의 노래에 홀려

한 시간 일찍 떠오르는 달이라고.

아나: 보라! 그들이 서쪽을 훤하게 밝혔어.

해질녘 같구나. …

아직 가려져 있는 아라랏 산 정상 위로

형형색색의 활꼴이 하나 펼쳐지네.

그들의 빛나는 길의 흔적이

지금 빛을 반짝이네!

형형색색의 이 빛의 환상 앞에서 두 여인은 욕망과 기대로 충만하다. 아

나는 예감으로 가득한 직유를 이용하고 있는데, 이 직유가 돌연 우리로 하여금 음산하고 어두운 깊은 곳을 다시 들여다보게 만들고, 그 깊은 곳에서 빛을 발하는 온화한 신의 무서운 동물적 본성이 나온다.

> … 그리고 보라! 다시 밤이 되었느니라.
> 거품이 소용돌이치네.
> 리바이어던이 어딘지 모르는 집에서
> 고요하고 깊은 파도 위에서 유희를 하며
> 일으키는 것이리라.
> 그가 높이 솟았다가 다시 대양의 원천들이
> 잠자는 그 깊은 곳으로 돌진해 들어가자
> 곧 잦아지네.[83]

리바이어던 같다고! 우리는 인간 욥의 정의를 재는 하느님의 저울에서 이런 압도적인 무게를 떠올린다. 대양의 깊은 원천들이 있는 그곳에, 리바이어던이 살고 있다. 바로 거기서 모든 것을 파괴하는 홍수가 올라온다. 모든 것을 삼키는 동물적인 열정의 홍수 말이다. 위로 솟구치는 충동의 질식시킬 듯한 감정이 신화적으로 모든 것들 위로 솟아오르며 이 땅에 존재하는 모든 것을 파괴하는 홍수로 표현되고 있다. 이때 모든 것을 파괴하는 이유는 이 파괴에서 새롭고 보다 나은 창조가 이뤄지도록 하기 위해서이다.

> 야벳: 영원한 의지가
> 선과 악의 이 꿈을 설명할 거야.

....
83 Byron, "The Poetical Works", p. 413

그분에게 모든 시간들과 모든 것들을 되찾아 주리라.

그리고 그분의 전능한 날개 밑으로 모여

지옥을 파괴하라!

그리고 속죄한 땅에

땅의 탄생의 아름다움을 다시 주리라.

정령들: 　그러면 언제 이 놀라운 주문이 효력을 발휘하는가?

야벳: 　처음에는 고통 속에서 그 다음엔 영광 속에서,

구세주가 올 때.

정령들: 　새로운 시간, 새로운 기후, 새로운 기술, 새로운 인간,

그래도 여전히 옛날의 눈물과 옛날의 범죄와 옛날의 병이

그대의 종족에 다른 형태로 남을 걸세.

그러나 똑같은 죽음의 폭풍들이

미래를 휩쓸 것이네. 불과 몇 시간 만에

영광스러운 거인들의 무덤 위로 넘쳐나는 파도와도 같이.[84]

　야벳의 예언적인 환상들은 우리의 시인 미스 밀러에게도 거의 예언적인 의미를 지닌다. 빛 속에서 나방의 죽음으로 인해, 악이 다시 중단된다. 콤플렉스는 검열을 거친 형식으로라도 한 번 더 스스로를 표현했다. 그러나 그것으로 문제가 해결되지 않는다. 모든 슬픔과 갈망이 처음부터 다시 시작하지만, "약속의 분위기"가 감돈다. 구세주 또는 "가장 사랑 받는 존재" 또는 태양 영웅의 징후가 보일 것이다. 이 존재는 태양의 높이까지 올라갔다가 다시 겨울의 냉기까지 내려갈 것이다. 이 존재는 모든 종족에게 희망의 빛이고, 리비도의 이미지이다.

....
84　Byron, "The Poetical Works", p. 415

2부

:

1장

리비도의 양상들

:

2부 본론으로 들어가기 전에, 시 '태양을 좇는 나방'을 분석한 결과 나왔던 독특한 생각의 기차를 돌아볼 필요가 있을 것 같다. 이 시는 그 앞에 소개한 '창조의 찬가'와 매우 다르다. 그러나 이 시에 담긴 '태양을 향한 갈망'을 면밀히 분석하다 보면, 종교와 별자리 신화의 근본적인 생각들의 영역으로 들어가게 될 것이다. 이 근본적인 생각들은 첫 번째 시('창조의 찬가')에서 고려한 생각들과 밀접히 연결되어 있다.

이중적인, 즉 도덕적이면서도 육욕적인 성격을 가진, 첫 번째 시에 등장하는 창조의 신은 욥에 의해서 우리에게 특별히 선명하게 드러났는데, 이 창조의 신은 두 번째 시에서 별자리 신화의 성격을, 더 정확히 표현하면 점성술의 성격을 지닌 새로운 능력을 얻는다. 이 신은 태양이 되고, 태양에서 신의 개념을 천상의 아버지와 악마로 도덕적으로 나누던 것과 꽤 다른, 자연스럽고 적절한 어떤 표현을 발견한다. 르낭(Joseph

Renan)[85]이 강조했듯이, 태양은 다른 시대들의 야만적인 관점에서 보든 현대의 자연 과학의 관점에서 보든 유일하게 합리적인 신의 표상이다. 야만의 관점에서 보나 과학의 관점에서 보나 태양은 어버이 신이고 또 신화적으로 탁월한 아버지 신이다. 생명체들은 모두 태양으로부터 각자의 생명을 끌어냈다. 태양은 땅을 비옥하게 하는 존재이고, 살아 있는 모든 것들의 창조자이고, 우리가 살고 있는 세상의 에너지의 원천이다.

인간의 영혼이 도덕적인 법들의 적용으로 인해 겪는 부조화는 인간의 도덕법을 전혀 따르지 않는 자연스런 대상인 태양을 통해 완전한 조화로 바뀐다. 태양은 이롭기만 한 것이 아니라 파괴적이기도 하다. 그래서 황도대에서 8월의 열기를 상징하는 것은 짐승의 무리를 삼키는 사자이며, 이 사자를 유대인의 영웅 삼손은 바짝 마른 대지를 재난으로부터 해방시키기 위해 죽였다. 그럼에도 대지를 바짝 태우는 것은 태양의 조화롭고도 고유한 성격이며, 태양의 태우는 힘은 인간들에겐 자연스러워 보인다. 태양은 정의로운 사람에게나 정의롭지 않은 사람에게나 똑같이 빛을 비추고, 또 유익한 생명체뿐만 아니라 해로운 생명체까지도 번성하도록 한다. 그러므로 태양은 눈으로 볼 수 있는, 이 세상의 신, 다시 말해 우리 자신의 영혼의 원동력을 나타내는 데 다른 그 어떤 것보다 더 적절하다. 그 원동력을 우리는 리비도라고 부르며, 그것의 본질은 유용한 것과 해로운 것, 좋은 것과 나쁜 것이 일어나게 하는 데 있다. 이 비유가 절대로 말의 유희가 아니라는 점을 신비주의자들이 우리에게 가르치고 있다. 자신의 내면을 들여다보면서(내향성) 자신의 존재 깊은 속으로 들어감으로써 "자신의 가슴 속에서" 태양의 이미지를 발견할 때, 신비주의자들은 거기서 자신의 사

....
85 프랑스의 언어학자이자 동양학자이며 철학자(1823-1892).

랑 또는 리비도를 발견한다. 이 사랑 또는 리비도가 태양으로 불리는 데는 충분한, 그리고 육체적인 이유가 있다. 우리의 에너지와 생명의 원천이 바로 태양이니 말이다. 따라서 우리의 생명의 본질은 에너지와 관련있는 과정으로서 완전히 태양이다. 내면을 깊이 들여다보는 신비주의자에게 이 "태양 에너지"가 어떤 특별한 종류로 비치는가 하는 문제에 대한 답은 힌두 신화에서 끌어낸 한 예가 제시하고 있다. '스베타스바타라 우파니샤드' (Svetasvataropanishad) 3부의 설명에서 우리는 다음과 같은 내용을 볼 수 있다. 루드라[86]에 관한 부분이다.

(2) 이 모든 세상들을 지배적인 힘으로 통치하는 루드라는 하나요, 절대로 두 번째를 나타내지 않는다. 그는 태어난 모든 것들의 뒤에 서 있으며, 모든 생명체들이 죽을 때에는 보호자로서 자신이 낳은 것들을 다시 거둬들인다.

(3) 그는 사방으로 눈들을 갖고 있고, 사방으로 확실히 얼굴들을 갖고 있고, 사방으로 확실히 팔들을 갖고 있고, 사방으로 발들을 갖고 있다. 유일한 신인 그는 하늘과 땅을 창조하면서 팔과 날개로 요술을 부려 그것들을 만들어 낸다.

(4) 신들 중에서 원천이자 성장이고 모든 것의 지배자인 루드라. 옛날의 빛나는 근원을 존재하도록 한 전능하신 예언자, 우리에게 순수한 지혜를 주시니라.

이 같은 속성들을 바탕으로 우리는 세상 모든 것들의 창조자와 그의 안에 있는 태양을 분명히 식별할 수 있다. 그 태양은 날개들을 갖고 있고 천

....
86 비교적 비중이 낮은 베다의 신.

개의 눈으로 세상을 두루 살피고 있다.

　다음에 인용한 문장들은 그 텍스트를 뒷받침하며 거기에다가 우리에게 가장 중요한 사상을, 말하자면 신은 개별적인 창조물의 안에도 들어 있다는 사상을 더하고 있다.

(7) 이승 너머 내세의 전능한 브라흐만이 모든 생명체의 안에 그 생명체의 형태에 따라 숨어 있다. 모든 것을 포용하고 있는 그를 아는 자는 불멸을 얻을 것이다.

(8) 나는 이 막강한 인간을, 태양 같고, 어둠 저편에 있는 그를 알고 있다. 그를 아는 것만이 죽음을 넘어서는 길이고 그 외의 다른 길은 절대로 없다.

(11) 그는 우주 온 곳에 편재하면서 모든 것들로 스며드는 존재로서 자비를 베풀고 있다.

　태양과 동격인 막강한 신은 모든 존재의 안에 들어 있으며, 그 신을 아는 사람은 누구나 불멸이다. 이 경전의 구절을 계속 읽다 보면, 우리는 새로운 속성을 하나 더 만나게 된다. 이 속성은 우리에게 루드라가 인간들 사이에서 어떤 형태와 태도로 살았는지에 대해 알려주고 있다.

(12) 막강한 통치자이며 인간인 그는 생명의 정수이고, 완벽한 평화를 이룰 수 있는 존재이며, 결코 꺼지지 않는 빛이다.

(13) 엄지손가락만한 내면의 자기인 그 인간은 태어난 모든 존재의 가슴에 영원히 자리 잡고 있으며, 그는 정신에 의해, 가슴 속을 지배하고 있는 정신에 의해 드러난다. 그것을 아는 자는 불멸을 얻게 된다.

(14) 수천 개의 머리와 수천 개의 눈과 수 천 개의 발을 가진 그 인간은 사

방으로 이 땅을 덮고 있으며, 그는 저 너머에, 열 개의 손가락의 길이
만큼 떨어져 서 있다.

(15) 그 인간은 정말로 옛날에 있었거나 앞으로 올 모든 것이다. 그는 모든
것을 능가하는 불멸의 지배자이다.

서로 비슷한 중요한 인용들이 『카타 우파니샤드』(Kathopanishad) 2부 4
장에서도 발견된다.

(12) 엄지손가락만한 그 인간은 과거와 미래의 자기의 한가운데에 자리 잡
고 있다.

(13) 엄지손가락만한 그 인간은 연기 없는 불과 같으며 과거와 미래의 통
치자이다. 그는 오늘도 똑같고 내일도 똑같을 것이다.

이 톰섬(Tom-Thumb)[87] 같은 존재가 누구인지는 쉽게 점칠 수 있다. 리
비도를 상징하는 남근이다. 남근은 위대한 업적을 성취하는 이 난쟁이 영
웅이다. 이 영웅은 위대한 업적을 성취한다. 추하게 생긴 이 신은 위대한
경이들을 행한다. 그가 인간의 내면에 구체화한 창조력이 겉으로 표현된
것이기 때문이다. 이런 극적인 대조는 '파우스트'에도 매우 두드러지게 나
타난다(어머니 장면).

메피스토펠레스: 우리 헤어지기 전에 당신을 칭찬해야겠어.
당신은 악마에 대해 정말 많이 알고 있군.
이 열쇠를 받아요.

....
87 영국 전설 속의 인물. 자기 아버지의 엄지손가락만한 그는 소에게 삼켜지기도 하고 거인
들과 싸우기도 한다.

파우스트:　이까짓 걸!

메피스토펠레스:　받아요. 무시하지 말고!

파우스트:　아니 손 안에서 커지네! 반짝반짝 빛도 나고!

메피스토펠레스:　그게 얼마나 중요한 물건인지 금방 알게 될 거야.

그 열쇠가 다른 온갖 것들로부터 정확한 장소를 찾아낼 거야.

열쇠를 따라가도록 해! 그러면 그것이 당신을 어머니들에게로 데려다 줄

거야.

여기서 악마는 다시 파우스트의 손에 경이로운 도구를, 리비도의 남근
상징을 쥐어준다. 그 전에 시작 단계에서 악마가 검정개의 모습으로 파우
스트를 따랐듯이. 그때 악마는 이런 말로 자신을 소개했다.

"아직 이해되지 않고 있는 그 힘의 일부이지요. 항상 악을 원하는데도 언
제나 선을 창조하는 그 힘 말이오."

이 힘과 연결되어 있는 파우스트는 처음에는 사악한 모험을 통해서, 다
음에는 인류의 이익을 위해서 자신의 삶의 과업을 완수하는 데 성공했다.
이런 순서를 거치는 이유는 악이 없으면 창조의 힘이 절대로 있을 수 없기
때문이다. 괴테가 초심자들에게 창조력의 마지막 미스터리를 펼쳐 보이는
신비한 어머니 장면에서, 파우스트는 경이들 중 가장 위대한 것, 말하자면
파리스와 헬레네의 창조를 행하기 위해 남근을 상징하는 마술 지팡이를
필요로 한다. 이 지팡이를 가짐으로써 파우스트는 기적을 행할 신성한 권
력을 얻는다. 작고 볼품없는 이 도구의 힘만으로 말이다. 이 역설적인 인상
은 그 역사가 아주 깊은 것 같다. '스베타스바타라 우파니샤드'(3장)도 난
쟁이 신에 대해 다음과 같은 이야기를 들려주고 있으니 말이다.

(19) 그는 손도 없고 발도 없으면서도 움직이고 잡는다. 그는 눈이 없으면서도 보고, 귀가 없으면서도 듣고, 알아야 할 것은 다 알고 있다. 그럼에도 그를 아는 자는 하나도 없다. 그를 최초의 위대한 인간이라고 부른다.

(20) 이 생명체의 가슴 안에서 작은 것보다 더 작고 (그러면서도) 큰 것보다 더 큰 자기가 쉬고 있다.

남근은 사지 없이도 움직이고 눈 없이도 보고 미래를 아는 그런 존재이다. 그리고 어디에나 존재하는 보편적인 창조력의 상징적인 전형으로서, 남근에 불멸성이 들어 있는 것으로 여겨진다. 남근은 언제나 완전히 독립적인 것으로, 또 고대에도 있었을 뿐만 아니라 우리 아이들과 예술가들의 포르노 같은 그림에도 분명히 나타나는 어떤 생각으로 여겨지고 있다. 남근은 예언자이고, 예술가이고, 경이들을 일으키는 주체이다. 따라서 신화 속의 예언자나 예술가나 마법사에게 남근의 특성들이 다시 발견된다 하더라도 놀라운 일이 절대로 아니다.

그리스 신화 속의 대장장이 신 헤파이스토스와 마니교의 창시자 마니(Mani)는 다리를 절었다. 그리스 신화 속의 예언자 멜람포스는 암시적인 이름('검은 발'이라는 뜻)을 가졌으며, 예언자들은 앞을 보지 못하는 것이 전형인 것처럼 보인다. 작달막한 체구, 못생긴 얼굴, 기형 등은 특히 헤파이스토스의 아들로 지하에 사는 신들인 카비리의 특징이며, 이 신들에게도 기적을 행하는 막강한 힘이 주어졌다. 카비리라는 이름은 "막강하다"는 뜻이며, 사모트라키 섬에서 행해지던 숭배는 남근상을 중요하게 여기던 헤르메스 숭배와 밀접히 연결되어 있다. 헤로도토스의 설명에 따르면, 헤르메스는 펠라스기인들[88]이 아티카[89]로 들여온 신이다. 이 신들은 또

....
88 고대 그리스의 일부 저자들이 그리스의 원시 조상들을 일컫기 위해 쓴 표현.

89 고대 그리스의 중부 지방을 일컫는다. 현재는 아티키로 통한다.

한 위대한 신들로 불렸다. 그들의 밀접한 관계는 "이다의 손가락들"(Idaean Dactyli)로 표현되었으며, 이 이다의 손가락들에게 신들의 어머니는 대장장이의 기술을 가르쳐주었다. ("열쇠를 따라가도록 하라. 그러면 그것이 당신을 어머니들에게로 데려다 줄 것이다") 이다의 손가락들은 최초의 지도자들이었고, 오르페우스[90]의 선생들이었으며, 음악적인 리듬들을 발명했다. 앞에 소개한 '우파니샤드' 경전과 '파우스트'에 특징적으로 드러나는 불일치는 여기서도 발견된다. 힘이 센 헤라클레스가 이다의 손가락으로 통했으니 말이다.

레아[91]의 노련한 하인들인 거구의 프리기아인들도 손가락이었다. 바빌로니아의 지혜의 선생인 오안네스는 남근 모양의 물고기로 상징되었다. 두 명의 태양 영웅인 디오스쿠로이[92]는 카비리와 관계 있다. 디오스쿠로이는 또한 끝이 뾰족한 두건을 쓰고 있었으며, 이 두건은 특별히 이런 신비한 신들 사이에서 보인 뒤로 줄곧 신분 확인의 은밀한 증거로 내려오고 있다. 미트라가 그러듯이, 아티스(Attis: 그리스도의 형)도 끝이 뾰족한 모자를 쓰고 있다. 뾰족한 모자는 땅 속에 있는 유치한 신들과 가정의 수호신, 그리고 전형적인 종류의 난쟁이들 사이에도 하나의 전통으로 자리 잡았다. 프로이트는 이미 모자가 현대의 공상에서 지니는 남근의 의미에 관심을 기울일 것을 요구했다. 또 하나의 추가적인 의미는 뾰족한 모자가 음경의 포피를 상징할 수 있다는 것이다. 나의 주제로부터 너무 멀리 벗어나지 않기 위해, 나는 여기서 이런 제안을 제시하는 것으로 만족해야 한다. 그러나 앞으로 기회가 있을 때, 나는 보다 세세한 증거를 갖고 이 문제로 다시 돌아올 것이다.

....
90 고대 그리스 신화와 전설 속의 음악가.
91 고대 그리스 신화 속의 대지의 여신.
92 고대 그리스 신화에 나오는 쌍둥이 형제 카스토르와 폴록스를 일컫는다.

난쟁이 형태는 우리를 신성한 소년의 형상으로 안내한다. '영원한 소년'이 있고, 젊은 디오니소스가 있고, 유피테르[93]가 있고, 타게스[94]가 있다. 이미 언급한 바 있는 테베의 꽃병 그림을 보면, 수염을 기른 디오니소스는 'ΚΑΒΕΙΡΟΣ'로 표시되어 있고, 함께 있는 다른 소년은 Παῖς 'Παῖς'로 표시되어 있으며, 그 뒤를 따르는 만화처럼 그려진 한 소년은 'ΠΡΑΤΟΛΑΟΣ'로, 만화처럼 그려진 다른 한 남자는 'ΜΙΤΟΣ'로 표시되어 있다. 'ΜΙΤΟΣ'는 사실 실을 의미하지만, 오르페우스교의 언어로는 정액을 의미한다. 이 꽃병의 그림은 어떤 숭배가 행해지던 성역에 있던 조각상들을 그린 것으로 짐작된다. 이 같은 가설은 숭배의 역사로 뒷받침된다. 그것은 원래 페니키아에서 시작된, 아버지와 아들을 숭배하는 의식이었다. 그리스의 신들과 다소 동화된 어느 늙고 젊은 카비르를 숭배하는 의식이었다. 어른 디오니소스와 아이 디오니소스를 그린 이중적인 형상들은 이 동화(同化)에 특별히 적합하다. 이를 두고 크고 작은 그 인간에 대한 숭배로 보아도 무방할 것이다.

지금, 디오니소스는 다양한 측면에서 남근의 신이다. 디오니소스의 숭배에서, 예를 들어 수소를 동원한 아르고스 지방의 디오니소스 숭배에서 남근은 아주 중요한 위치를 차지한다. 게다가, 남근 모양이 두드러진 그 신의 흉상은 디오니소스의 남근을 팔레스 신의 형태로 의인화하는 계기가 되었으며, 그런 모습의 팔레스는 프리아포스[95]에 지나지 않는다. 디오니소스는 '동무' 또는 '동료 축하자'로 불린다. 이런 상황을 뒷받침하듯, 앞에 언급한 카비르의 형상과 거기에 더해진 소년의 형상에서 남자와 그의

....
93 고대 로마 신화 속의 하늘과 번개의 신으로, 신들 중의 신이다.

94 고대 로마 신화 속의 지혜의 신.

95 고대 그리스 신화에서 유독 남근이 과장되게 그려지는 신이다. 비옥의 신으로 정원과 남자들의 생식기를 보호한다.

페니스의 그림을 보지 않을 수가 없다. '우파니샤드' 경전에서 언급된, 크고 작은 것, 거구이며 난쟁이인 것에 관한 역설이 여기서는 남자와 소년 혹은 아버지와 아들로 다소 부드럽게 표현되고 있다. 카비르 숭배에 지속적으로 이용되고 있는 추함이라는 주제는 꽃병 그림에도 나타난다. 한편, 디오니소스와 'Παῖς'로 표시된 소년의 형상과 비슷한 것은 만화처럼 그려진 'ΜΙΤΟΣ'와 'ΠΡΑΤΟΛΑΟΣ'이다. 이전에 키의 차이가 구분의 기준이었듯이, 여기서는 기형이 구분의 기준이 되고 있다.

여기서 추가적인 증거를 더 제시하지 않고도, 나는 이 같은 지식을 바탕으로 종교적인 영웅들이 지니는 독특한 심리학적 의미를 밝힐 수 있다고 말할 수 있다. 디오니소스는 죽었다가 다시 그 죽음으로부터 일어난 초기의 아시아 신의 심리학과 밀접한 관계가 있다. 이 신의 다양한 현현(顯現)들이 결합하고 응축되면서 그리스도라는 인물 안에서, 수 세기 동안 이어지고 있는 하나의 견고한 인격으로 굳어졌다. 우리는 우리의 전제로부터 이 영웅들의 전형적인 운명뿐만 아니라 이 영웅들 자체가 인간의 리비도와 그 리비도의 전형적인 운명들을 의인화한 것이라는 지식을 얻을 수 있다. 이 영웅들은 우리가 밤에 꾸는 꿈에 나타나는 형상들처럼 이미지들이며, 우리의 은밀한 생각들의 연기자들이고 해설가들이다. 그리고 오늘날의 우리는 꿈의 상징을 해독함에 따라 개인의 발달의 신비한 심리적 역사를 추측할 능력을 갖추고 있기 때문에, 종족의 심리적 발달의 바탕에서 작동하고 있는 충동의 비밀스런 원천들을 이해할 길이 하나 더 열려 있다. 리비도의 상징이 지닌 남근 숭배의 측면을 보여준 이전의 생각의 기차들은 또한 "리비도"라는 용어가 얼마나 적절한지를 잘 보여주고 있다. 원래 성적인 영역에서 나온 이 단어는 정신분석에서 가장 흔하게 쓰이는 전문적인 용어가 되었다. 그것은 그 단어의 의미가 쇼펜하우어가 말하는 의지의 알려지지 않은 무수한 표상들까지 모두 포용할 정도로 넓다는 단 한 가지 이유 때문이었다. 리비도라는 표현은 그것이 포함하는 정신적 실체의 본질을 특징적으로 보여줄 수 있을 만큼 그 의미가 충분히 포괄적이고 풍부하다. 리비도라는 단어가 뜻하는 고전적 의미를 정확히 파악한다면, 이 단어가 절대적으로 적절하다는 것이 확인될 것이다. 리비도는 키케로(Marcus Tullius Cicero)의 글에서 아주 폭넓은 의미로 쓰이고 있다.

"선한 것으로부터 욕망과 즐거움이 시작된다. 즐거움은 현재의 선과 관계있고, 욕망은 미래의 선과 관계있다. 그러나 즐거움과 욕망은 선한 의견에 좌우된다. 불 붙여지고 자극받는 욕망은 선해 보이는 것들에게로 강하게 끌리고, 즐거움은 간구했던 것들을 얻을 때 기뻐할 것이기에, 우리는 자연히 선한 외양을 가진 것들을 추구하게 됨과 동시에 그와 반대되는 것을 피하게 된다. 그런 까닭에 선한 외양을 가진 무엇인가가 모습을 드러내기만 하면, 자연은 우리가 그것을 얻기 위해 노력하도록 자극한다. 이 강력한 욕망이 일관되고 또 신중을 바탕으로 하고 있는 지금, 스토아학파 철학자들에 의해 이 욕망은 'Bulesis'(의도)라 불리고 있으며, 우리가 이 욕망에 붙인 이름은 'voluntatem'(의지)이다. 이것을 그 철학자들은 현명한 사람들에게만 허용하며 이렇게 정의한다. 의지는 합리적인 욕망이지만, 이성에 반하게 지나치게 폭력적으로 자극을 받는 것이면 무엇이든, 그것은 정욕, 즉 바보들에게서나 발견되는 고삐 풀린 욕망이다."[96]

여기서 리비도의 의미는 "소망하는 것"이며, 의지를 강조하는 스토아학파의 구분에서는 타락한 욕망을 뜻한다. 키케로도 그와 비슷하게 리비도는 "이성이 아니라 욕정에 의해 어떤 것을 하는 것"이라고 썼다. 이와 똑같

....
96 Marcus Tullius Cicero, "The Tusculan Disputation", p. 403

은 의미에서, 고대 로마의 역사가 살루스티우스(Sallust)도 "화는 리비도의 일부이다."라고 말한다. 살루스티우스의 또 다른 글에서는 리비도가 보다 부드럽고 보다 일반적인 의미로 쓰이고 있는데, 이 의미는 분석적 목적에 거의 완전히 부합한다.

"리비도는 방탕이나 연회보다는 무기와 군마에 쓰이고 있다."

리비도의 사용이 아주 일반적이기 때문에 "libido est scire"(리비도는 아는 것이다.)라는 표현은 단순히 "나는 할 것이다. 그것이 나를 즐겁게 하니까."라는 의미를 지녔다. 또 "aliquam libido urinæ lacessit"(오줌 속의 약간의 리비도가 자극한다)라는 표현에서, 리비도는 절박성의 의미를 가졌다. 물론 성적 욕망의 의미도 고전에 있었다.

그렇다면 프로이트의 새로운 연구와 그의 학파를 통해 발달한 리비도의 개념은 기능적으로 보면 생물학 영역에서, 로베르트 마이어(Robert Mayer)의 시대 이후로 에너지가 물리학 영역에서 지닌 것과 똑같은 중요성을 지닌다고 말할 수 있다. 리비도의 상징의 형성을 종교적 영웅이라는 인간의 형태로까지 추적한 이 시점에서, 리비도의 개념과 관련해서 더 많은 것을 이야기해도 시간 낭비가 아닐 것이다.

:

2장
리비도의 개념과 발생론

:

리비도의 분석적인 개념의 역사를 파악할 수 있는 중요한 자료는 프로이트가 쓴 『성 이론에 관한 3편의 논문』(Three Contributions to the Sexual Theory)이다. 이 책에서 프로이트는 리비도라는 용어를 성적 충동 또는 성적 욕구라는 좁은 의미에서 쓰고 있다. 현실의 경험은 우리가 리비도의 전치(轉置) 능력까지 가정할 것을 강요하고 있다. 왜냐하면 비(非)성적인 힘의 기능들이 틀림없이 어느 정도의 성적 충동, 말하자면 리비도를 받아들일 능력을 갖추고 있기 때문이다. 그러므로 기능들 또는 대상들이 성적 가치를 획득할 수 있으며, 정상적인 상황이라면 이 기능들 또는 대상들은 성욕과 전혀 아무런 관계가 없다.

 이 같은 사실을 바탕으로 프로이트는 리비도를 하나의 강에, 그러니까 몇 개의 줄기로 나눠질 수도 있고, 흐름을 막아 가둘 수도 있고, 여러 개의 지류로 넘쳐흐를 수도 있는 그런 강에 비유하고 있다. 프로이트의 원래 개념

186

은 "모든 것을 성적으로" 해석하지 않는다. 단지 비평가들이 그런 식으로 보고 있을 뿐이다. 그러나 프로이트는 그 본질이 아직 잘 알려지지 않은 어떤 힘들의 존재를 인정하고 있다. 프로이트는 평범한 사람에게도 너무나 분명하게 보이는 악명 높은 사실들에 압도당하면서 그 힘들에게 "리비도의 유입"을 받아들이는 능력을 허용하고 있다. 그 바탕에서 작용하고 있는 가설적인 생각은 "충동들의 다발"의 상징이며, 그 다발 안에서 성적 충동은 전체 체계의 부분적 충동으로 여겨지며, 성적 충동이 다른 충동의 영역을 침범한다는 것은 경험을 통해 확인되는 하나의 사실이다. 이 같은 해석에서 나온 프로이트의 이론에 따르면, 어느 신경계의 원동력은 리비도가 (비(非)성적인) 다른 기능적 충동들에 더해진 것과 정확히 일치하는데, 내가 볼 때 프로이트의 이 이론은 그와 그의 학파의 연구에 의해 맞는 것으로 충분히 입증된 것 같다.

『성 이론에 관한 3편의 논문』이 1905년에 발표된 이후로, 리비도의 개념에 변화가 일어났다. 리비도가 적용되는 분야가 크게 확장된 것이다. 리비도 개념의 이 같은 확장을 너무나 분명하게 보여주는 예가 바로 이 책이다. 그러나 나는 나뿐만 아니라 프로이트도 리비도의 개념을 확장할 필요성을 확인했다는 점에 대해 언급해야 한다. 프로이트가 리비도 개념의 초기 한계를 확장하도록 만든 것은 정신분열증과 밀접한 관계가 있는 편집증이었던 것 같다. 프로이트는 그 대목에서 편집증 환자(그리고 정신분열증 환자)의 잘 알려진 현실 갈망을 거꾸로 거슬러 올라가면 "리비도 유입"의 철회까지 닿을 수 있는가, 아니면 그 갈망이 소위 대체적인 객관적 관심과 우연히 일치하는 것인가 하는 문제를 분명히 건드리고 있다. 이런 환자에 대해 특별히 관심을 기울일 것을 나도『정신분열증의 심리학』(Psychology of Dementia Praecox)에서 요구했다. 정상적인 "현실 기능(fonction du réel)"(피에르 자네(Pierre Janet)의 표현임)이 오직 리비도의 유입 또는 성적 관심을 통해서만 유지된다고 보기는 어려울 것 같다. 사실은 많은 환자들의 경우에 현실이 완전히 사라져 버리고, 그래서 심리적 적응 또는 방향성의 흔적이 확인될 수 없다는 것이다. 이런 상황에서 현실은 억압되고 콤플렉스의 내용물로 대체된다. 여기서는 성적 관심뿐만 아니라 일반적인 관심까지 사라진다는 점을 반드시 말해야 한다. 말하자면, 현실에 대한 적응이 완전히 멎어버리는 것이다. 혼미 상태와 극도의 긴장감 때문에 기계적으로 행동하게 되는 상태가 이 범주에 속한다.

나는 이전에 『정신분열증의 심리학』에서 "정신 에너지"라는 표현을 사용했다. 왜냐하면 그때만 해도 내가 리비도 유입의 전치(轉置)라는 개념을 바탕으로 이 정신병의 이론을 확립할 수 없었기 때문이다. 당시에 나의 경험이 주로 정신 의학 쪽에 치우쳐 있었던 탓에 나로서는 이 이론을 제대로 이해하기가 힘들었다. 그러나 훗날 히스테리와 강박 신경증 분야에서 경험을 크게 늘림에 따라 나에게도 신경증, 엄격히 말해 전이 신경증과 관련해서 이 이론의 정확성이 입증되었다. 전이 신경증 분야에서는 구체적인 억압을 통해 아끼게 된 리비도 중 일부라도 내향하면서 그 전에 있었던 전이의 경로들, 예를 들면 부모로의 전이 경로로 퇴행하는가 하는 문제가 아주 중요하다. 그러나 그런 식의 퇴행이 일어난다 하더라도, 이전에 이뤄진, 환경에 대한 비(非)성적인 심리적 적응은 성욕과 관계없는 것인 한 그대로 지켜진다. 환자들에게 결여된 현실은 리비도 중에서 신경증에서 발견되는 바로 그 부분이다.

이와 반대로, 정신분열증의 경우에는 잘 알려진 특별한 성적 억압에서 아껴진 리비도의 그 부분만 현실에서 상실되는 것이 아니라, 엄격한 의미에서 성욕으로 설명할 수 있는 것보다 훨씬 더 많은 것이 현실에서 상실된다. 현실 기능이 너무나 심하게 상실되기 때문에, 그 상실로 인해 원동력까지 크게 훼손되는 것이 분명하다. 이 상실의 성적 성격은 절대적으로 반박되어야 한다. 이유는 현실이 성적 기능으로 이해되지 않기 때문이다. 더욱이, 만약에 현실이 성적 기능이라면, 엄격한 의미에서 리비도의 내향은 결과적으로 신경증 환자에게 현실의 상실을, 그러니까 정신분열증의 그것과 비교할 수 있는 상실을 낳아야만 한다. 이 같은 사실들이 내가 프로이트의 리비도 이론을 정신분열증에 적용하는 것을 불가능하게 만들었다. 따라서 나는 아브라함의 연구에 대해서도 프로이트의 리비도 이론의 관점에서 보면 이론적으로 거의 지지할 수 없다는 의견을 갖고 있다. 만약에 아브라함이 외부 세계로부터 리비도가 철회하는 것에서 편집증 혹은 정신분열증 증상이 비롯된다고 믿는다면, 그 가설은 당시 지식의 관점에서는 정당화되지 않는다. 왜냐하면 프로이트가 분명히 보여준 바와 같이, 리비도의 단순한 내향과 퇴행은 빠르게 신경증으로, 엄격히 말하면 전이 신경증으로 이어지지 정신분열증으로 이어지지는 않기 때문이다. 그러므로 리비도 이론을 정신분열증에 적용하는 것은 불가능하다. 왜냐하면 이 병이 현실의 상실을 낳는데, 그 상실이 이런 식으로 좁은 의미로 정의되는 리비도의 결핍으로 설명될 수 없기 때문이다.

프로이트도 편집증적 심리에 관한 섬세한 자료들에 손을 대면서 자신의 리비도 개념의 적용 가능성에 의문을 품지 않을 수 없게 되었다는 사실은 나에게 특별한 만족감을 준다. 리비도의 성적 정의를 바탕으로 한면, 나는 굶주림 본능이라는 모호한 영역에 성적 본능의 영역만큼 강하게 영향을 미치는 그런 기능의 장애들을 절대로 이해하지 못한다. 나에게는 오랫동안 리비도 이론이 정신분열증에 적용될 수 없는 것처럼 보였다. 그러나 분석 작업의 경험이 많이 쌓임에 따라, 나는 나의 리비도 개념에 점진적으로 변화가 일어나고 있다는 사실을 깨달았다. 『성 이론에 관한 3편의 논문』에 소개된 기술적(記述的) 정의 대신에, 리비도의 발생론적 정의가 점점 형태를 갖춰가고 있었던 것이다. 리비도의 발생론적 정의는 내가 "정신 에너지"라는 표현을 "리비도"라는 용어로 바꾸는 것을 가능하게 만들었다. 그래서 나는 스스로에게 이런 질문을 던져야 했다. 현실 기능이 오늘날 성적 리비도라는 보다 작은 부분에만 있는 것이 아니라 다른 충동들의 보다 큰 부분에도 있는 것이 아닌가? 계통 발생론적으로 볼 때 현실 기능은 적어도 대부분이 성적 기원을 갖지 않는 것이 아닌가 하는 질문은 여전히 매우 중요하다. 이 질문에 대해 현실 기능을 바탕으로 대답하는 것은 가능하지 않지만, 우리는 간접적으로 이해하려고 시도할 것이다.

진화의 역사를 잠깐 돌아보기만 해도, 오늘날 어떤 성적 성격도 없는 것처럼 보이는 복잡한 많은 기능들이 원래 일반적인 번식 충동에서 파생된 것이라는 사실이 쉽게 확인된다. 동물 왕국을 뚫고 상승하는 동안에, 생식 본능의 근본 법칙에 중요한 변화가 일어났다. 수정(受精)의 불확실성 때문에 후손을 많이 낳던 현상이 통제된 수태와 후손의 효과적인 보호로 대체되었다. 이런 식으로, 난자와 정자의 생산에 요구되었던 에너지의 일부가 매혹과 어린 자식의 보호에 필요한 메커니즘을 창조하는 일로 옮겨졌다. 그리하여 인간의 내면에서 최초의 예술 본능이 생겨나게 되었다. 이런 생물학적 관습들이 원래 지녔던 성적 성격은 그것들이 독립되고 고착되는 과정에 상실되게 되었다.

예를 들어 보자. 음악의 성적 기원과 관련해서 어떤 의심도 있을 수 없을지라도, 만약에 음악을 성욕의 범주에 포함시킨다면, 그것은 미학적이지 않은 형편없는 일반화일 것이다. 이와 비슷한 분류법을 채택한다면, 쾰른 성당은 돌로 지어졌다는 이유로 광물학으로 분류될 것이다. 인간의 삶에서 최종적으로 생식 본능으로 환원되지 않는 것이 별로 없다는 사실을 발견하는 것은 진화의 역사를 잘 모르는 사람에게나 놀라운 일로 다가올 것이다. 우리가 사랑하거나 좋아하는 것들 거의 모두가 종국적으로 생식 본능에 포함된다고 나는 생각한다.

지금 우리는 리비도에 대해 창조적인 충동이라고 이야기했으며, 동시에 우리는 종 보존 본능과 자기 보존 본능을 대립적인 것으로 보는 것과 똑같이 리비도와 굶주림을 대립적인 것으로 보는 인식에 동의하고 있다. 그러나 자연에는 이런 인위적인 구분이 존재하지 않는다. 자연에는 오직 지속적인 삶의 충동만이, 개인의 보존을 통해 전체 종의 창조를 이루겠다는 그런 삶의 의지만이 관찰될 뿐이다. 여기까지의 인식은 쇼펜하우어의 의지 개념과 일치한다. 의지를 객관적으로 단지 어떤 내면적 욕구의 표현으로 생각할 수 있기 때문이다. 심리적 지각들을 이런 식으로 물질적인 현실로 투사하는 것은 철학적으로 "내사"(內射)"(introjection)로 규정된다. (페렌치의 "내사" 개념은 거꾸로 일어나는 현상, 즉 외부 세계를 내면 세계로 받아들이는 것을 말한다.) 당연히, 세상에 대한 인식은 내사에 의해 왜곡되었다. 욕망 원칙이라는 프로이트의 개념은 내사를 공식화한 것인 한편, 그의 "현실 원칙"[97]은 내가 "현실 수정"이라고 부른 것과 기능적으로 일치한다. 힘이라는 개념은 그 존재를 바로 이 투사에 힘입은 바가 크며, 이 같은 내용은 이미 갈릴레오(Galileo Galilei)에 의해 멋지게 표현되었다. 갈릴레오는 힘의 기원을 근육의 힘에 대한 개인의 주관적 지각에서 찾아야 한다고 강조했다.

원래 난자와 정자의 생산에 독점적으로 쓰였던 리비도가 지금은 둥지를 짓는 일에 동원되는 것 같고 이제 더 이상 다른 방식으로는 활용될 수 없게 되었다는 과감한 가설이 받아들여졌기 때문에, 우리는 이 같은 인식을 굶주림을 포함한 모든 욕망으로 확장할 것을 요구받고 있다. 지금은 둥지를 지으려는 의지와 먹이를 먹으려는 의지를 더 이상 근본적으로 구분할 수 없게 되었기 때문이다. 이 같은 관점은 우리에게 리비도의 개념을 물리학

....
97 정신이 외적 세계의 현실을 평가하고 거기에 따라 외적 세계에 작용하는 능력을 일컫는다.

의 경계를 넘어 철학적인 측면으로, 말하자면 일반적인 의지의 개념으로 확장하는 것을 허용한다.

나는 심리학적 "주의주의"(主意主義;Voluntarismus)[98] 중 이 부분의 해석을 철학자들에게 넘겨야 한다. 나머지 부분에 대해 나는 쇼펜하우어가 한 말을 빌려 설명할 것이다. 이 개념의 심리학과 관련하여(나는 메타 심리학이나 형이상학을 이 개념을 바탕으로 이해하지 않는다), 나는 플라톤과 헤시오도스(Hesiod)의 글에 나타나는 에로스의 우주론적 의미를 상기함과 동시에 "에로스의 아버지"이자 최초로 창조된 "빛나는 존재"인 파네스라는 오르페우스교의 형상을 떠올린다. 파네스는 밀교에서 프리아포스의 의미를 지닌다. 그는 사랑의 신으로 양성애자이며 테베의 디오니소스 리시오스와 비슷하다. 파네스의 밀교적 의미는 인도의 사랑의 신이고 우주 생성의 원리이기도 한 카마(Kâma)의 의미와 비슷하다.

신(新)플라톤주의의 플로티노스(Plotinus)에겐 세상의 영혼은 지성의 에너지이다. 플로티노스는 창조의 제1의 원리인 "하나"(The One)와 일반적인 빛을, 지성과 태양(♁)을, 세상의 영혼과 달(♀)을 각각 비교한다. 또 다른 비교에서 플로티노스는 "하나"와 아버지를, 지성과 아들을 각각 비교한다. 우라노스[99]라 불린 그 "하나"는 초월적이다. 그 아들은 크로노스로서 눈에 보이는 세상에 대한 지배권을 가졌다. 세상의 영혼(제우스로 명명되었다)은 크로노스에게 종속된 것 같다. "하나" 또는 완전한 존재는 플로티노스에 의해 본질적인 것으로, 3가지 형식의 영향력으로, 3가지 형태로 된 하나의 본질로 여겨지고 있다. 독일 철학자이자 역사학자인 드레프스(Arthur Drews)가 관찰했듯이, 이것은 또한 기독교가 니케아 종교회의에서 결정한 삼위일체(아버지 신, 아들 신, 성령 신) 교리이기도 하다. 초기 기독

....

98 일반적으로 지식이나 지성보다 의지를 우선시하는 사고방식

99 고대 그리스 신화 속의 하늘의 신.

교의 일부 종파들이 성령(세상의 영혼, 달)에 모성의 의미를 부여한 것도 주목할 만하다. 플로티노스에 따르면, 세상의 영혼은 분리된 존재와, 모든 변화와 창조, 생식의 필수불가결한 조건인 가분성(可分性)(모성의 한 특성이기도 하다)을 추구하는 경향을 갖고 있다. 세상의 영혼은 "생명의 영원한 모든 것"이며, 포괄적인 에너지이다. 이유는 세상의 영혼이 그 안에서 유효성과 현실성을 얻는 생각들의 살아 있는 유기체이기 때문이다. 지성은 세상의 영혼의 어버이이고, 세상의 영혼의 아버지이며, 이 아버지는 세상의 영혼을 잉태함으로써 그 영혼이 사고 속에서 발달하도록 만든다.

> "지성 안에 에워싸여 있는 것은 세상의 영혼 속에서 로고스로 발달하게 되고, 세상의 영혼을 의미로 채우고, 세상의 영혼을 넥타르에 취한 것처럼 만든다."[100]

넥타르는 체세포와 비슷하고, 다산과 생명의 음료와 비슷하고, 또 정액과도 비슷하다. 영혼은 지성에 의해 비옥해지며, 대령(大靈)으로서 영혼은 천상의 아프로디테라 불리고, 소령(小靈)으로서 영혼은 지상의 아프로디테라 불린다. "영혼은 산고(産苦)를 안다."[101] 아프로디테의 새인 비둘기가 성령의 상징인 데는 그럴 만한 이유가 있다.

쉽게 확장될 수 있는, 철학의 역사 중 이 부분은 정신 안에서 일어나는, 리비도에 대한 지각의 중요성과 리비도의 상징이 인간의 사고에서 지니는 중요성을 잘 보여주고 있다.

자연적 현상의 다양성 속에서, 우리는 욕망, 즉 리비도가 아주 다양한 형태로 적용되고 있는 것을 확인하고 있다. 유년의 단계에서 리비도가 거의

....
100 Plotinus: "Enneades", III, 5, 9.
101 Plotinus: "Enneades", p. 141

전적으로 신체의 발육을 돌보는, 영양 섭취의 본능에 전념하는 것이 보인다. 신체가 발달함에 따라, 리비도가 적용될 새로운 영역들이 연이어 열린다. 적용의 마지막 단계가 바로 성욕이다. 기능의 중요성을 따지자면 다른 모든 것을 능가하는 성욕은 처음에는 거의 전적으로 영양 섭취의 기능과 연결되어 있다. (이 기능과 하등 동물이나 식물에서 영양 섭취의 조건이 번식에 미치는 영향을 비교해 보라.) 성욕의 영역에서, 리비도는 리비도라는 용어를 일반적으로 써도 정당할 만큼 엄청난 중요성을 얻는다. 이제 리비도는 생식의 충동으로서 매우 적절해 보이고, 성장의 에너지로서 획일적이고 일차적인 성적 리비도의 형태를 보인다. 이 리비도는 개인이 분리와 후손 등을 추구하도록 만든다. (두 가지 형태의 리비도 사이의 구분은 영양 섭취의 단계가 번데기 단계에 의해 성적 단계와 구별되는 동물들 사이에서 가장 뚜렷하게 확인된다.)

하나의 작은 생명체가 수백만 개의 알과 씨를 낳게 했던 그 일차적인 성적 리비도로부터, 생식력에 큰 한계를 지닌 파생물들이 발달했으며, 이 파생물들 안에서 기능들은 특별히 분화된 리비도에 의해 유지된다. 이 분화된 리비도는 지금부터 난자와 정자의 생산이라는 원래의 기능으로부터 분리되기 때문에 성적 특성을 잃으며, 이 리비도가 원래의 기능을 다시 회복할 가능성은 없다. 따라서 발달의 과정은 대체로 생식의 산물들만을 낳았던 일차적인 리비도가 매혹과 자식들의 보호라는 부차적인 기능들로 점점 변해가는 것이나 다름없다. 지금 이것은 매우 다르고 매우 복잡한, 현실과의 어떤 관계를, 말하자면 기능적으로 분리될 수 없고 생식 욕구와 밀접히 연결된 진정한 어떤 현실 기능을 전제하고 있다. 따라서 변형된 유형의 생식은 상호 보완 관계에 있는 한 요소로서 높은 현실 적응력을 수반한다.

이런 식으로, 우리는 현실 기능의 일부 원시적인 조건들에 관한 통찰을 얻을 수 있다. 현실 기능의 강력한 힘이 하나의 성적 힘이라고 말하는 것은 근본적으로 틀렸을 것이다. 그 힘은 상당 부분이 성적이었다. 일차적인 리비도에서 이차적인 충동들로 변화하는 과정은 언제나 성적 리비도의 유입이라는 형태로 일어났다. 말하자면, 성욕이 원래의 목적지에서 벗어나게 되었고, 성욕의 일부가 점점 그 양을 늘리면서 매혹과 자식들의 보호라는 메커니즘의 계통 발생적 충동으로 바뀌었다. 성적 리비도가 이런 식으로 성적 영역으로부터 연관된 기능들로 전환되는 현상은 지금도 일어나고 있다. 이 과정이 개인의 적응을 해치지 않고 성공적으로 이뤄지는 경우를 우리는 승화라고 부른다. 한편, 이 시도가 성공하지 못하는 경우를 우리는 억압이라고 부른다.

심리학의 기술적(記述的) 관점은 성적 본능을 포함한 본능들의 다양성을 하나의 특별한 현상으로 받아들이고 있으며, 더욱이, 그 관점은 리비도가 비(非)성적인 본능들로도 유입된다는 점을 인정하고 있다.

발생론적 관점은 이와 꽤 다르다. 발생론적 관점은 본능들의 다양성이 하나의 상대적인 통일체, 즉 일차적인 리비도에서 나오는 것으로 본다. 발생론적 관점은 한정된 양의 일차적인 리비도가 갈라져서, 말하자면 새로 형성된 기능들과 결합하고 마침내 그 기능들로 흡수된다는 점을 인정한다. 리비도가 이런 식으로 결합하고 흡수되기 때문에, 발생론적 관점에서 보면 기술적 관점이 갖는, 엄격히 한정적인 리비도 개념을 고수하는 것은 불가능하다. 발생론적 관점은 불가피하게 리비도 개념의 확장을 낳게 되어 있다. 이로써 우리는 독자들이 이런 발생론적인 개념에 익숙하도록 하기 위해 내가 이 책의 1부에서 은밀히 소개했던 그 리비도 이론에 도달했다. 이 같은 선의의 기만에 대한 설명을 나는 2부까지 미루었다.

모든 점에서 기술적(記述的)인 성적 리비도를 능가하는 발생론적 개념의 리비도를 통해서 프로이트의 리비도 이론을 정신병의 심리학에 적용시키는 것이 처음으로 가능해졌다. 앞에서 프로이트의 리비도 개념이 정신병의 문제와 충돌을 빚는다는 점을 지적한 바 있다. 따라서 내가 리비도에 대해 말할 때, 나는 리비도를 즉시적인 성적 리비도뿐만 아니라 성적 특성을 잃은 일정량의 일차적인 리비도까지 포함하는 발생론적인 관점의 리비도와 연결시킨다. 내가 병에 걸린 어떤 사람이 리비도로 내면세계에 몰두하기 위해 외부 세계로부터 리비도를 거둬들인다고 말할 때, 그것은 그 사람이 단순히 현실의 기능에 리비도가 유입되는 것을 차단한다는 뜻이 아니라, 현실의 기능을 규칙적으로 적절히 뒷받침하고 있는, 성적 특성을 잃은 본능들로부터 에너지를 철수시킨다는 뜻이다.

리비도의 개념에 이런 식으로 변화가 일어남에 따라, 우리가 쓰는 용어도 일부 수정이 불가피하다. 우리가 아는 바와 같이, 아브라함은 프로이트의 리비도 이론을 정신분열증에 적용시키는 실험을 했으며, 그는 정신분열증에서 두드러지게 확인되는 관계의 결여와 현실 기능의 정지를 자기 성애로 여겼다. 이 개념 역시 수정이 필요하다. 리비도의 히스테릭한 내향은 자기 성애로 이어진다. 이유는 그런 환자의 경우에 적응 기능에 투입되어야 했던 리비도가 안으로 향하고, 그로 인해 그의 자아가 그만한 양의 성적 리비도의 지배를 받게 되기 때문이다. 그러나 정신분열증 환자는 성적 리비도의 유입으로 설명할 수 있는 것보다 훨씬 더 심하게 현실을 피하며, 따라서 정신분열증 환자의 내적 조건은 히스테리 환자의 내적 조건과 크게 다르다. 정신분열증 환자는 자기 성애 그 이상이다. 정신분열증 환자는 정신 안에다가 현실에 해당하는 것을 구축한다. 이 목표를 위해 그 환자는 성적 리비도의 유입으로 가능해진 힘 외에 다른 힘들도 반드시 동원하게 된다. 따라서 나는 스위스 정신과 의사 블로일러(Eugen Bleuler)에게 히스테리성 신경증 연구에서 나온 자기 성애라는 개념을 부정할 권리를, 그리고 그것을 자폐증으로 대체할 권리를 허용해야 한다. 이로써 나는 나 자신이 이전에 자폐증(블로일러)과 자기 성애(프로이트)를 동일시했던 것이 잘못이었다는 점을 인정하고 그 의견을 취소한다. 리비도 개념을 이런 식으로 완전히 수정함에 따라, 나는 예전의 생각을 수정하지 않을 수 없게 되었다.

이런 고려들로부터, 리비도 이론을 정신분열증에 적용하기 위해선 기술 심리학(記述心理學)의 리비도 개념을 포기해야 한다는 결론이 자연스레 나온다. 정신분열증에도 리비도 개념을 적용할 수 있다는 점은 프로이트가 슈레버(Daniel Paul Schreber)[102]의 공상을 분석한 탁월한 연구에서 확인되었다. 지금 문제는 내가 제안한, 리비도의 이런 발생론적 개념이 신경증에 적절한가 하는 점이다. 나는 이 물음에 대한 대답이 긍정적인 쪽일 것이라고 믿는다. "자연은 도약하지 않는다." 적어도, 직접적인 성적 경계를 넘어서는, 다양한 수준의 일시적 기능 장애들이 신경증 환자들에게도 나타날 것이라고 예상하는 것이 타당할 뿐만 아니라, 실제로 그런 장애들이 일어날 가능성이 높다. 어쨌든 정신병 환자들의 에피소드들을 보면 그런 일이 일어나고 있다.

나는 최근의 분석 작업을 통해 이뤄진 리비도 개념의 확장을, 내향성 정신병의 중요한 분야에 특히 이로운 것으로 입증될 그런 진전으로 여기고 있다. 나의 가설이 맞다는 점을 입증할 증거들은 이미 확보되어 있다. 현재 일부 공개된, 취리히 학파의 일련의 연구들을 통해서, 교란된 현실 기능을 대신하는 공상적인 대체물이 옛날 생각의 흔적들을 갖고 있다는 것이 분명해졌다. 이 같은 확인은 앞에 제시한 가설과 일치하며, 이 가설에 따르면 현실은 일정한 양의 성적 리비도를 빼앗길 뿐만 아니라 이미 분화되었거나 성적 특성을 잃은 리비도까지 빼앗긴다. 후자의 리비도는 선사 시대 이후로 정상적인 사람들 사이에 현실 기능에 속했다. 현실 기능의 마지막 획득(즉 적응)

....
102 3가지 정신병을 앓은 독일 판사(1842-1911).

에서 떨어져 나온 부분은 필히 초기의 적응 유형으로 대체된다.

우리는 이 원리를 이미 신경증의 원칙들, 즉 최근의 감정 전이 실패로 인해 일어난 억압은 옛날의 어떤 감정 전이 방식으로, 말하자면 부모 심상의 퇴행적 부활로 대체된다는 원칙에서 발견하고 있다. 성적 리비도 중 일부가 특별한 성적 억압에 의해 현실로부터 제거되는 전이 신경증에서, 제거된 성적 리비도를 대체하는 것은 개별적인 기원과 의미를 가진 어떤 공상이다. 이 공상은 고대 이후로 조직된 인간의 일반적인 현실 기능 중 일부가 갑자기 중단되는 그런 정신적 장애를 겪는 사람의 공상들에서 발견되는 낡은 특징들의 흔적만 보인다. 현실 기능 중에서 갑자기 중단된 그 부분은 일반적으로 타당한 낡은 대용물에 의해서만 대체될 수 있다.

이 같은 주장을 뒷받침하는 간단하고 분명한 예를 호네거의 연구에서 얻을 수 있다. 지구가 둥글고 또 지구가 태양을 돈다는 것을 분명히 알고 있을 만큼의 지적 수준이 있는 어느 편집증 환자는 이런 현대적 천문학적 관점을 지구가 평평하고 그 위를 태양이 여행한다는, 케케묵었다고 부를 수밖에 없는 어떤 세밀한 체계로 대체하고 있다. (나는 여기서 이 책의 1부에 소개했던 태양의 남근 상징을 떠올린다. 그 부분 역시 호네거의 공으로 돌리고 싶다.) 러시아 정신분석가 슈필라인(Sabina Spielrein)도 어떤 질병에서 현대적인 단어의 진정한 의미들을 가리기 시작하는 낡은 정의(定義)들의 매우 흥미로운 예들을 제시했다. 예를 들면, 슈필라인의 환자는 취하게 만드는 음료인 술의 신화학적 의미가 "정액의 분출"이라는 것을 정확히 발견했다. 이 여자 환자는 또한 비등(沸騰)의 상징체계도 갖고 있었다. 나는 이 상징체계를, 제단의 빈 공간의 끓는 물에서 사람들을 발견한 조시모스(Zosimos)[103]의 특별히 중요한 연금술적 환상과 비교해야 한다. 이 환자는

....
103 3세기 말과 4세기 초에 걸쳐 살았던 이집트 연금술사이자 영지주의 신비주의자.

어머니 대신에 대지를 이용했으며, 또한 어머니를 표현하는 데 물을 이용했다. 취리히 학파의 미래 연구가 이런 종류의 증거를 풍부하게 제시할 것이기 때문에, 여기서는 더 이상의 예를 제시하지 않을 것이다.

　장애를 일으키는 현실 기능이 옛날의 대용물로 대체된다는 나의 주장은 슈필라인의 탁월한 어떤 역설의 뒷받침을 받고 있다. 그녀는 "나는 이 환자들이 단지 어떤 민간 미신의 희생자가 아닌가 하는 착각을 종종 일으켰다."고 말한다. 실제로 환자들은 현실을 공상으로 대체하며, 이 공상들은 따지고 보면 과거의 타당하지 않은 정신적 산물과 비슷하지만, 그런 과거의 정신적 산물도 한때는 현실관이었다. 조시모스의 환상이 보여주듯이, 옛날의 미신들은 아득히 먼 곳까지 이동을 허용했던 상징들이었다. 이런 현상은 고대의 일정 시기 동안에는 매우 편리했음에 틀림없다. 왜냐하면 이 수단을 통해서 리비도의 일부 양이 정신의 영역으로 편하게 넘어갈 다리들이 제시될 수 있었기 때문이다. 슈필라인이 다음과 같이 말할 때, 분명히 그녀는 상징들의 어떤 비슷한 생물학적 의미에 대해 생각하고 있다.

"따라서 내가 볼 때 하나의 상징은 그 기원을 대체로 어떤 콤플렉스가 사고의 공통적인 전체성 속으로 용해되려고 하는 경향에 두고 있는 것 같다. … 그 콤플렉스는 용해로 인해 개인적인 요소를 빼앗긴다. … 모든 개별적인 콤플렉스가 갖고 있는, 용해(변환)되려는 경향이 시와 그림을 비롯한 모든 종류의 예술의 동기이다."[104]

　여기서 우리가 "콤플렉스"라는 형식적인 개념을, 리비도 이론의 관점에서 정당화되는 척도인, 리비도의 양(그 콤플렉스의 전체 효과)이라는 개념

....
104 Spielrein, "Über den psychologischen Inhalt eines Falles von Schizophrenie", 'Jahrbuch', Vol. Ⅲ, p. 329

으로 대체할 때, 슈필라인의 견해는 나의 견해와 쉽게 일치한다. 원시인이 생식 행위가 무엇인지에 대해 일반적으로 이해할 때, 그때 최소 저항 경로의 원칙에 따라서 그가 생식기관들을 예리한 칼이나 베틀의 북으로 대체한다는 생각에는 절대로 이를 수 없지만, 인류의 기원을 두 개의 전이 상징들의 결합으로 설명하는 일부 인디언들에게는 그런 일이 벌어지고 있다. 그러면 원시인은 성과 관계 없는 어떤 표현에다가 명백한 성적 관심을 입히기 위해서 유사한 것을 고안해 내야만 한다. 이런 식으로 직접적인 성적 리비도를 비(非)성적인 표현으로 이동시키는 현상의 모티브는 나의 의견에는 오직 원시적인 성욕에 반대하는 저항에서만 발견될 수 있다.

　마치 공상적으로 유사한 것을 형성하는 이 방법에 의해서 더욱 많은 리비도가 점차적으로 성적 특성을 잃게 된 것처럼 보인다. 왜냐하면 점점 더 많은 공상 상관물들이 성적 리비도의 원시적인 성취를 대신했기 때문이다. 이로 인해 세상에 대한 생각이 점진적으로 엄청나게 확장되기에 이르렀다. 새로운 대상들이 언제나 성적 상징으로서 동화되었기 때문이다. 인간의 의식이 지금처럼 된 것이 전적으로 이런 식이었는가, 아니면 부분적으로 이런 식이었는가 하는 것은 풀어야 할 문제로 남아 있다. 어쨌든 인간 정신의 발달에서 중요한 역할을 했던 한 가지 요소가 유사성을 발견하려는 충동이었던 것은 분명하다. 독일 문헌학자이자 철학자인 슈타인탈(Hermann Steinthal)이 사상의 발달사에서 "그것과 같은"이라는 짤막한 표현에 대단한 중요성을 부여해야 한다고 말할 때, 우리는 그의 말에 전적으로 동의해야 한다. 리비도가 공상적인 상관물로 넘어간 것이 원시인으로 하여금 다수의 중요한 발견을 이루도록 했을 것이라고 믿는 것은 꽤 그럴듯하다.

3장
리비도의 변환—
원시인의 발견의 원천

:

앞으로 몇 페이지에 걸쳐서, 나는 리비도의 이동을 보여주는 구체적인 예를 그림처럼 상세하게 설명할 것이다. 언젠가 긴장성 우울증을 앓는 환자를 치료한 적이 있다. 그 환자는 내향성이 약간 있는 정신병을 가졌을 뿐이며, 따라서 히스테리의 특징을 많이 보여도 놀랄 일이 아니었다. 분석 치료 초기에, 그 여자 환자는 꿈 같이 몽롱한 상태에 빠졌을 때에 관한 이야기를 들려주면서 성적 흥분의 온갖 징후를 보였다. 명백한 이유들로 인해, 그녀는 그런 이야기를 들려주는 동안에 내가 자기 앞에 있다는 사실을 전혀 몰랐다. 흥분이 그녀를 자위 같은 행위(허벅지 문지르는 행위)로 이끌었다. 이 행위에는 특이한 몸짓이 수반되었다. 그녀는 왼손 집게 손가락으로 자신의 왼쪽 관자놀이를 마치 구멍이라도 뚫겠다는 듯이 원을 그리며 매우 격하게 문질렀다. 그런 뒤에 그녀에게 기억상실증이 일어났다. 그녀가 자신에게 일어난 일을 깡그리 잊어버린 것이다. 손으로 한 이상한 행동에 대해서도 전혀 아는 바가 없었다. 그 행위는 입이나 코, 귀를 쑤시는 행위가 관자놀이로 옮겨간 것으로 쉽게 여겨질 수 있지만, 그것은 분명 유아기의 성적 놀이의 영역에 속한다. 당시에 그 몸짓을 진정으로 이해하지 못하고 있었음에도 불구하고, 나에겐 그것이 대단히 중요해 보였다.

몇 주가 지난 뒤, 나는 환자의 어머니와 대화할 기회를 가졌다. 환자의 어머니로부터 환자가 매우 예외적인 딸이었다는 말을 들었다. 겨우 두 살일 때, 환자는 열린 찬장 문에 기대고 앉아서 몇 시간 동안이나 박자를 맞춰가며 머리로 문을 치곤 해서 가족들을 산만하게 만들곤 했다. 나이가 조금 더 든 뒤에 그녀는 다른 아이들처럼 놀지 않고 손가락으로 집의 벽에 구멍을 내기 시작했다. 그녀는 눈길을 다른 곳으로 돌리거나 벽을 긁거나 하는 행동은 하지 않고 구멍만 내고 있었다. 몇 시간 동안이나 그 행위에만 몰두했던 것이다. 그런 그녀가 부모에게는 완전히 수수께끼였다. 그녀는 네 살 때부터 자위를 했다. 이 이른 유아기의 행위에서 훗날 문제를 일으킬 예비적 단계가 발견되는 것이 분명하다. 이 예에서 특별히 두드러진 특징은 첫째, 아이가 자신의 몸에 그런 행동을 하지는 않았다는 점이고, 둘째는 아이가 그 행위에 대단한 열중을 보였다는 점이다. 그러면 사람들은 두 가지 사실을 서로 인과관계로 엮으며 이런 식으로 말하고 싶은 유혹을 느낀다. 아이가 그런 행위를 자신의 몸에 하지 않았기 때문에 그 행위에 그렇게 열중할 수 있었다고 말이다. 소녀가 벽에다가 구멍을 뚫은 까닭에 자신의 몸으로 자위행위를 할 때와 같은 만족에 결코 도달할 수 없었을 테니까.

자위행위와 많이 비슷한, 이 환자의 구멍 뚫는 행위는 아주 어린 시절로, 그러니까 국부 자위가 일어나는 시기 이전까지 거슬러 올라갈 수 있다. 그 시기는 심리학적으로 여전히 매우 모호하다. 왜냐하면 개인의 재현과 기억들이 동물들과 비슷한 수준으로 크게 떨어지기 때문이다. 동물들의 경우에 종의 특징들(생활 방식)이 평생 동안 지배하지만, 인간들의 경우에 개인의 성격이 종족의 유형보다 더 강하다. 이 설명이 정확하다고 인정한다면, 우리는 이 아이가 아주 어린 나이에 한, 좀처럼 이해되지 않는 개인적인 행위에 강한 인상을 받을 것이다. 우리는 훗날 그녀의 삶의 이야기를 통해서, 늘 그렇듯이 비슷한 외적 사건들과 밀접히 결합된 그녀의 발달이 그 같은 정신적 장애를 낳았다는 것을 알고 있다. 이 정신적 장애는 그 특성과 산물들의 독특성, 즉 정신분열증 때문에 특별히 잘 알려져 있다.

앞에서 강조한 바와 같이, 이 장애의 특이성은 대체로 유아기의 공상적인 형태의 사고가 지배하게 된 데 따른 것이다. 그 사고는 일반적으로 유치하다. 이런 유형의 사고로부터 신화적 산물들과의 수많은 접점들이 나오며, 우리가 독창적이고 개성이 탁월한 창작들로 여기는 것들이 고대의 창작들과 비교할 만한 경우가 종종 있다. 나는 이 비교를 두드러진 이 질병의 모든 형성에도 적용할 수 있다고 믿는다. 아마도 구멍을 뚫는 이 특별한 징후에도 적용 가능할 것이다. 이 환자가 자위행위와 비슷한 방식으로 구멍을 뚫는 행위는 아주 어릴 때부터 시작되었다는 사실을 우리는 이미 보았다. 그것은 과거의 그 시대로부터 재현되고 있었다.

병을 앓은 여자는 결혼하고 몇 년이 지나서 자기 아이가 죽은 뒤에야 처음으로 초기의 자위로 돌아갔다. 죽은 아이는 그녀가 응석을 지나치게 받아주는 그런 사랑을 통해서 자신과 동일시하던 아이였다. 그렇던 아이가 죽었을 때, 그때까지 건강하던 어머니는 흥분 상태를 거의 숨기지 않는 자위 형식으로, 구멍을 뚫는 바로 이 행위와 관련있는 유아기 초기의 징후들에 완전히 압도되었다. 이미 관찰한 바와 같이, 구멍 뚫는 행위가 처음 나타난 것은 성기에 집중된 유아기 자위보다 앞선 시기였다. 이 사실이 중요하다. 그로 인해 이 구멍 뚫기가 성기 자위 이후에 나타난 그 비슷한 행위와 다르기 때문이다. 훗날의 나쁜 버릇들은 대체로 억압된 성기 자위 또는 그 방향으로 일어나는 시도의 대체물을 뜻한다. 그런 것으로서, 이런 버릇들(손가락을 빨거나, 손톱을 물어뜯거나, 무엇이든 만지려 들거나, 귀나 콧구멍을 후비는 행위 등)은 성인이 되어도 일정 부분 억눌린 리비도의 징후로 계속 이어질 것이다.

앞에서 본 바와 같이, 어린 개인들의 리비도는 처음에 음식이 율동적인 움직임과 온갖 만족의 표시가 수반되는 빠는 행위를 통해 섭취될 때 영양 섭취 부위에 나타난다. 개인이 성장하고 그의 신체 기관들이 발달함에 따라, 리비도도 그가 필요로 하는 활동과 만족을 공급할 새로운 길들을 스스로 창조한다. 쾌감과 만족을 낳는 율동적인 행위의 일차적인 모델은 이제 성욕을 최종적 목표로 잡고 있는 다른 기능들의 부위로 옮겨져야 한다.

"굶주림 리비도"의 상당 부분이 "성적 리비도"로 바뀌었다. 이 변화는 일반적으로 생각하는 것과 달리 사춘기에 갑자기 일어나는 것이 아니라 어린 시절 내내 매우 점진적으로 일어난다. 리비도는 성적 기능의 특성을 갖기 위해 영양 섭취 기능으로부터 아주 서서히 힘들게 벗어난다. 내가 판단할 수 있는 범위 안에서 말한다면, 이 변화의 상태도 두 개의 시기로, 말하자면 빠는 시기와 율동적인 행위의 시기로 구분된다. 빠는 것은 여전히 영양 섭취의 기능에 속하지만, 그 기능을 넘어서고 있다. 젖은 빠는 것이 더이상 영양 섭취의 기능이 아니고, 영양 섭취 없이 하나의 목표로서 쾌감과 만족을 주는 율동적인 행위가 되었으니 말이다.

여기서 손이 보조적인 신체기관으로 등장한다. 율동적인 행위의 시기에, 손은 보조적인 신체기관으로 훨씬 더 분명하게 나타난다. 쾌감의 획득은 구강 부위를 떠나 다른 부위들로 이동한다. 이제 가능성은 다양하다. 대체로, 신체의 다른 구멍들이 리비도의 관심의 대상이 된다. 그런 다음에 살갗으로, 또 살갗의 특별한 부위로 리비도의 관심이 옮겨간다. 부비거나 쑤시거나 후비는 등의 행위로 나타나는, 이들 부위에 표현된 행위는 어떤 리듬을 따르고 쾌감을 낳는 데 이바지한다.

이 역(驛)들에서 길거나 짧게 머문 뒤에, 리비도는 계속 나아간다. 그러다가 리비도는 마침내 성적 부위에 닿는다. 거기서 처음으로 자위의 시도가 일어날 수 있다. 리비도는 이 이동의 과정에 상당한 정도의 영양 섭취 기능을 성적 부위까지 갖고 간다. 이것은 영양 섭취 기능과 성욕 사이의 고유한 수많은 상관 관계를 설명해준다. 만약에 성적 부위를 점령한 뒤에 리비도를 지금처럼 적용하는 데 반대하며 어떤 장애가 일어난다면, 그런 경우에 잘 알려진 법칙에 따라서 뒤쪽에 자리 잡고 있는 가장 가까운 역으로, 그러니까 앞에서 설명한 그 두 개의 시기로 퇴행하는 현상이 나타난다.

여기서 율동적인 행위의 시기가 정신과 언어의 발달이 이뤄지는 시기와 전반적으로 일치한다는 사실이 특별한 중요성을 지닌다. 나는 출생에서 시작해서 성적 부위의 점령이 이뤄지는 때까지의 기간을 발달의 '성 이전 단계'라고 부른다. 이 단계는 보통 생후 3년차에서 5년차 사이에 일어나며, 나비로 치면 번데기 단계와 비교할 만하다. 이 단계는 영양 섭취의 요소들과 성적 기능의 요소들이 불규칙하게 혼합되는 것이 특징으로 꼽힌다. 어떤 퇴행은 곧장 성 이전 단계로 향하며, 나의 경험을 바탕으로 판단한다면 정신분열증에서 일어나는 퇴행이 그런 것 같다.

간단한 예를 두 가지 제시하고자 한다. 한 예는 약속된 면담을 하던 중에 긴장병을 일으킨 어린 소녀 환자이다. 그녀는 나를 처음 만난 자리에서 갑자기 나를 껴안으며 "아빠, 먹을 것 좀 주세요."라고 했다. 다른 한 예는 젊은 하녀이다. 이 여자는 사람들이 전기(電氣)를 갖고 자신을 뒤쫓고 있으며 그 전기가 그녀의 성기에 야릇한 느낌을 일으킨다고 불평했다. "전기가 그곳을 단숨에 먹고 마셔 버리는 것 같아요."

이런 퇴행적인 현상들은 현대인의 정신도 아득히 먼 리비도의 초기 단계까지 퇴행할 수 있다는 사실을 보여주고 있다. 그러므로 인간 발달의 초기 상태에서는 그 같은 퇴행의 길을 여행하는 것은 지금보다 훨씬 더 쉬웠을 것이라고 짐작할 수 있다. 그렇다면 이 흔적들이 역사에 간직되어 있는지 여부를 아는 것이 대단한 관심거리가 된다.

우리는 아브라함의 소중한 연구를 통해서 구멍을 뚫는 인류학적 공상에 관한 지식을 많이 얻게 되었다. 아브라함은 또한 우리에게 독일 민속학자 아달베르트 쿤(Adalbert Kuhn)의 글을 소개하고 있다. 이 조사를 통해서, 우리는 인간에게 불을 가져다 준 프로메테우스가 힌두교의 프라만타, 말하자면 비벼서 불을 일으키는 수컷 나무 조각일 수 있다는 것을 배운다. 힌두교에서 불을 갖고 온 존재는 마타리슈반(Mâtariçvan)이라 불리고, 불을 피우는 행위는 언제나 신관의 문서에서 "만타미"(manthâmi)라는 동사로 쓰이고 있다. 이 단어는 흔드는 것, 비비는 것, 비벼서 만드는 것을 의미한다. 쿤은 이 동사를 "배우다"라는 뜻을 가진 그리스어 'μανθάνω'와 연결시키며 이 개념적 관계를 설명했다. "제3의 비교점"은 리듬, 즉 마음속에서 앞뒤로 움직이는 것에 있을 수 있다. 쿤에 따르면, 어근 "manth" 혹은 "math"는 'μανθάνω'(μάθημα, μάθησις)'에서부터 'προ-μηθέομαι'를 거쳐 그리스의 불을 훔치는 자인 'Προμηθεύς'까지 거슬러 올라감에 틀림없다. 공식적으로 인정 받지 못하고 있는 산스크리트 단어 "pramâthyus"는 "pramantha"를 거쳐서 오고 또 "비비는 사람"과 "강탈자"라는 이중의 의미를 갖고 있는데, 이 단어를 통해서 프로메테우스로의 이동이 가능했다. 그러나 그 단어의 접두사 "pra"가 특별한 어려움을 야기했다. 그래서 그 파생전체가 많은 저자들로부터 의심의 눈길을 받았으며 부분적으로 잘못된 것으로 여겨졌다.

그런 한편, 제우스가 특별히 흥미로운 별명 'Προ-μανθεύς'를 가짐에 따라, 'Προ-μηθεύς'가 원래 산스크리트어 "pramantha"와 관련 있는 인도 게르만어의 어간이 아니고 단지 하나의 별명을 의미할 수도 있다는 지적이 나왔다. 이 같은 해석은 '프로메테우스, 타이탄들의 사자(使者)'라고 한 성

헤시키우스(Hesychius)의 주석에 의해 뒷받침되고 있다. 헤시키우스의 또 다른 주석을 포함한 다른 자료를 통해서, 프로메테우스와 "프라만타"의 관계가 쿤이 추측하는 것만큼 직접적이지 않을 수 있는 것으로 드러나고 있다. 간접적인 관계의 문제는 그것으로 해결되지 않는다. 무엇보다, 'Προ-μηθεύς'는 'Ἰθάς'의 별명으로 대단한 의미를 지닌다. "불처럼 열정적인 자"가 "선각자"이니까. 그러나 쿤에 따르면 프로메테우스는 인도의 사제 가문 브르구(Bhrgu)와 관계있는 플레준족의 계열에 속한다. 브르구는 마타리슈반처럼 불을 갖고 온 자이다. 쿤이 인용한 대목은 브르구도 아그니[105]처럼 불꽃에서 일어난다고 적고 있다. ("불꽃 속에서 브르구가 생겨났다. 브르구는 구워졌으나 타지는 않았다.") 이 견해는 브르구와 관계있는, '빛나다'라는 뜻을 지닌 산스크리트어 어근 'bhrây'로 이어진다. 라틴어로는 'fulgeo'이고, 그리스어로는 'φλέγω'이다(산스크리트어 'bhargas'는 장엄을 뜻하며 라틴어 'fulgur'와 같은 뜻이다). 따라서 브르구는 "빛나는 자"로 나타난다. 'Φλεγύας'는 어떤 종의 독수리를 의미하는데, 이유는 그 독수리가 반질반질한 황금색이기 때문이다. "불타다"를 의미하는 'φλέγειν'와의 연결이 명백하다. 플레준족도 불 독수리들이다. 프로메테우스도 플레준족에 속한다. 프라만타에서부터 프로메테우스까지의 경로는 단어를 통과하지 않고 생각을 통과한다. 따라서 우리는 프라만타가 힌두교의 불의 상징을 통해 얻은 것과 똑같은 의미를 프로메테우스에게도 적용해야 한다.

만타나(Mantana; 불 제물)의 도구로서, 프라만타는 힌두교에서 순수하게 성적인 것으로 여겨진다. 프라만타는 남근 혹은 남자로 여겨지고, 구멍 뚫린 나무판은 여자의 성기 또는 여자로 여겨진다. 그에 따라 일어나는 불은 아이, 즉 신의 아들 아그니이다. 두 조각의 나무는 숭배 의식에서 푸루

....
105 힌두 신화에 등장하는 불의 신.

라바스와 우르바시라 불리며, 남자와 여자의 화신으로 여겨졌다. 불은 여자의 생식기에서 태어났다. 하나의 종교 의식(만타나)으로서 불을 만들어 내는 과정을 특별히 흥미롭게 표현한 사람은 독일 역사학자 베버(Albrecht Weber)였다.

> "제물로 바치는 불은 보통 두 개의 나무 막대기를 비벼서 붙여진다. 그 나무 막대기 중 하나를 집어들 때에는 '그대는 불의 출생지로다'라고 말한다. 그런 다음에 풀잎 두 장을 막대기 위에 놓는다. 이때는 '그대는 두 개의 고환이로다'라고 말한다. 이어 아래쪽의 나무, 즉 아다라라니에게는 '그대는 우르바시이로다'라고 말한다. 그런 다음에 맨 위에 놓일 우타라라니에 버터가 발라진다. '그대는 권력이로다.' 이어 우타라라니가 아다라라니 위에 놓여진다. 그리고 '그대는 푸루라바스로다'라면서 나무 막대기 2개를 세 번 비빈다. '가야트리메트룸(Gayatrimetrum)으로 그대를 비비고, 트리슈투브메투룸(Trishtubhmetrum)으로 그대를 비비고, 자가티메트룸(jagatimetrum)으로 그대를 비비도다.'"[106]

불을 지피는 과정이 성적 상징이라는 점은 아주 명백하다. 우리는 여기서 또한 리듬, 그러니까 원래 성적 리듬이었던 박자가 짝짓기 신호를 벗어나서 음악으로 발달하는 것을 보고 있다. '리그베다'의 어느 노래도 똑같은 해석과 상징을 전하고 있다.

> "여기 그 장치가 있네, 불꽃을 일으킬 부싯깃이 있네.
> 종족의 여자 대장이 가져온 것이라네. 우리는 옛 풍습에 따라 아그니를

....
106 Albrecht Weber, "Indische Studien", Ⅰ, 197; Quoted by Kuhn: "Mythologische Studien", p. 71)

비벼 불을 일으킬 것이네.

두 개의 나무 막대기 안에는 야타베다스(Jâtavedas)가 누워 있어. 임신한 여자들의 몸 안에 태아가 편안하게 들어 있듯이.

아그니는 매일 봉납물을 올리면서 숭배하는 남자들에 의해 자극을 받아야 하네.

누워 있는 거기에 이것을 조심스럽게 놓도록 하라. 수태되자마자 그녀는 수소를 낳을 것이니.

광휘로 번쩍이는 그의 붉은 기둥을 갖고, 우리의 능숙한 손놀림에서 일라(Ilâ)의 아들이 태어났도다.[107]

너무나 명백한 성교의 상징체계와 함께, 우리는 또한 프라만타가 그 불에서 창조된 아들 아그니라는 것을 확인한다. 남근이 아들이거나, 아들이 남근이다. 그러므로 베다 신화에서 아그니는 삼중의 성격을 갖는다. 이로써 우리는 앞에서 언급한 카비르의 아버지-아들 숭배와 한 번 더 연결되고 있다. 현대 독일어에도 원시적인 상징의 흔적이 뚜렷이 보인다. 소년은 'bengel'(짧고 굵은 나무 조각)로 불린다. 헤센 지방에서는 'stift' 또는 'bolzen'(화살, 나무 쐐기나 그루터기)으로 불린다. 독일어로 'Stabwurz'라 불리는 '아르테미시아 아브로타눔'(Artemisia Abrotanum)이라는 식물은 영어로 'Boy's Love'라 불린다. (페니스를 '소년'이라고 부르는 저속한 표현에 대해서는 심지어 그림 형제를 포함한 여러 작가들도 언급했다.) 의식을 치르면서 불을 피우는 행위는 유럽에서 19세기까지 미신적인 관행으로 이어져왔다. 쿤은 1828년에 독일에서 있었던 그런 예에 대해 언급한다. 엄숙하고 주술적인 그 의식은 "노드피르"[108](Nodfyr:정화(淨火))라 불렸으며,

....

107 "Rigveda", Ⅲ, 29, 1-3.

108 옛 독일어 표현으로 영어로 바꾸면 'Need-fire'가 되며, 제식을 위해 피우는 불을 뜻한다.

주문(呪文)은 주로 가축의 전염병을 쫓는 데 쓰였다. 쿤은 1268년의 래너코스트 연대기(Lanercost Chronicle)[109]에서 특별히 주목할 만한 정화(淨火)를 하나 끌어내고 있다. 이 정화의 의식은 근본적으로 남근 숭배를 분명히 보여주고 있다.

> "신성한 믿음을 순수한 형태로 간직하기는커녕, 독자는 일반적으로 폐병이라 불린 전염병이 라오도니아의 가축들을 공격한 올해에 어떤 무도한 남자들, 말하자면 영혼을 걸치지 않고 옷만 걸친 수도승들이 자기 지역의 무지한 사람들에게 나무를 서로 비벼서 불을 지피는 방법을 가르치고, 남근상을 세우고, 그렇게 함으로써 가축들을 구했다는 사실을 떠올릴 것이다. 시토 수도회의 평범한 어느 수사는 펜토네 근처 '법원' 입구에서 이런 의식을 행한 뒤에 동물들에게 성수를 뿌리고 개의 고환을 던졌다."[110]

따라서 불의 발생에 담긴 성적 상징을 명확하게 보여주는 이 예들은 다양한 시대에 다양한 사람들 사이에서 확인되고 있으며, 따라서 불의 발생에 주술적인 의미뿐만 아니라 성적 의미까지 부여하는 경향이 보편적으로 존재했음을 증명하고 있다. 매우 오래된 관습이 이런 식으로 의식적으로나 주술적으로 반복된다는 사실은 인간의 정신이 옛날 형식에 얼마나 강하게 집착하는지를, 그리고 구멍을 뚫으며 불을 피우는 행위에 대한 기억의 뿌리가 얼마나 깊은지를 잘 보여주고 있다. 사람들은 또 불 생산의 성적 상징체계에서 성직자의 지식에 비교적 늦게 더해진 내용을 보는 경향이 있다. 이 말은 불을 숭배하는 신비 의식의 정교한 의례 부분에는 적용될 수 있지만, 원래부터 불을 일으키는 것이 대체로 성적인 행위였는지, 말하자

----

109 1201년부터 1346년까지, 스코틀랜드 독립 전쟁 등 영국 북부의 역사를 기록하고 있다.

110 Kuhn: "Mythologische Studien", Vol. Ⅰ p. 43

면 하나의 "성교 유희"였는지는 아직 풀리지 않은 문제로 남아 있다.

이와 아주 비슷한 일들이 매우 원시적인 민족들 사이에서 일어나고 있다는 것을 우리는 호주의 와찬디 부족을 통해 알 수 있다. 와찬디 부족은 봄에 풍작을 빌면서 다음과 같은 의식을 치른다. 땅에 구멍을 판다. 그런 다음에 그 구멍을 관목으로 에워싼다. 그러면 그곳은 여자의 생식기를 닮게 된다. 와찬디 부족은 이 구멍 주변을 밤새도록 돌며 춤을 춘다. 이 의식에서 와찬디 부족 사람들은 자기 앞쪽으로 창을 드는데, 그 모습이 꼭 발기한 페니스를 연상시킨다. 그들은 구멍 주위를 돌며 춤을 추면서 창으로 구멍 안을 찌른다. 그러면서 "구멍이 아니라, 구멍이 아니라, 음부를 다오!"라고 외친다. 이런 외설스런 댄스는 다른 원시 부족에서도 보인다.

이 봄의 주술에는 성교 유희의 요소들이 포함되어 있다. 이 유희는 성교 게임에 지나지 않는다. 말하자면, 원래 이 유희는 단순히 신성한 짝짓기 형식으로 이뤄지는 일종의 성교였다. 신성한 짝짓기는 오랫동안 일부 숭배들 사이에 하나의 신비의 요소였으며 종파들에 다시 나타났다. 친첸도르프(Nikolaus Zinzendorf)[111]의 추종자들이 치른 의식에서도, 신성한 성교의 흔적이 보인다. 다른 종파에서도 그런 흔적이 나타난다.

앞에 언급한 호주의 원주민 부족이 그런 식으로 성교 유희를 치르는 것과 똑같이, 성교 유희라는 행사가 다른 방식으로, 그리고 정말로 불의 발생이라는 형식으로 치러졌을 수도 있다. 선택된 두 사람의 인간 대신에, 이 성교는 두 개의 대체물, 이를 테면 푸루라바스와 우르바시, 남근과 질, 구멍을 뚫는 것과 구멍에 의해 표현되었다. 다른 관습들의 뒤에 작용하고 있는 원시인의 사고가 정말로 신성한 성교인 것과 똑같이, 여기에 나타나는 일차적인 경향은 성교 행위 자체이다. 왜냐하면 수정(受精) 행위가 절정이

....
111 독일의 종교가이자 법률가, 시인(1700~1760).

고 진정한 생명의 축제이며, 어떤 종교적 신비의 핵심이 될 만한 가치가 충분하기 때문이다. 만약에 와찬디 부족이 땅의 비옥을 위해 대지에 낸 구멍의 상징체계가 성교를 나타낸다는 식으로 결론을 내리는 것이 타당하다면, 불의 발생도 마찬가지로 성교의 대체물로 여겨질 수 있으며, 정말이지, 이 같은 추론을 따른다면 불을 피우는 기술의 발명이 성적 행위에 어떤 상징을 제공할 필요성 때문에 이뤄졌다는 식의 결론도 가능할 것이다.

여기서 잠시 구멍을 뚫는 유아기의 그 징후로 돌아가 보자. 건장하게 생긴 어떤 성인 남자가 두 조각의 나무를 갖고, 아이가 구멍을 뚫을 때 보이는 그런 에너지와 끈기로 구멍 뚫기를 계속하는 모습을 상상해보라. 그는 이런 놀이를 통해 아주 쉽게 불을 창조할 수도 있다. 그러나 이 작업에서 가장 중요한 것은 리듬이다. 나에게는 이 가설이 심리학적으로 가능해 보인다. 물론 불의 발견이 꼭 이런 식으로 이뤄졌다고 단정적으로 말할 수는 없지만 말이다. 부싯돌로 부싯돌을 때릴 때도 불이 일어날 수 있다. 이렇듯, 불이 오직 한 가지 방법으로 발견되었을 것이라고 생각하는 것은 터무니없다. 여기서 내가 확립하고자 하는 것은 단순히 그 심리적 과정이며, 그 과정의 상징적 암시들은 불이 그런 식으로 발명되었거나 준비되었을 가능성을 가리키고 있다.

원시적인 성교 유희 또는 의식(儀式)의 존재가 나에게는 충분히 입증된 것처럼 보인다. 유일하게 분명하지 않은 것은 그 의례적인 유희의 에너지가 어느 정도였으며 초점이 어디에 맞춰졌는가 하는 것이다. 원시인의 이런 의식들이 매우 진지하게, 또 엄청난 에너지가 발산되는 가운데 치러졌다는 사실은 널리 알려져 있다. 이런 의식에 쏟아진 원시인들의 에너지는 그들의 잘 알려진 나태와 뚜렷한 대조를 이룬다. 따라서 의식(儀式)의 행위는 놀이의 성격을 완전히 상실하고 뚜렷한 목적을 갖게 된다. 만약에 어떤 흑인 부족이 밤새도록 단조롭기 짝이 없는 3개의 음으로만 춤을 출 수 있다면, 우리의 개념에 따르면 거기에는 놀이와 오락의 성격이 절대적으로 부족하다. 그것은 오히려 훈련에 가깝다. 거기에 리비도를 그런 의식의 행위로 바꾸려는 어떤 충동이 작용하고 있을지도 모른다. 만약에 그 의식의 행위의 바탕이 성적인 행위라면, 성적 행위가 그 훈련의 바닥에 깔린 사고이자 목표일 수 있다고 단정해도 별 무리가 없을 것이다.

그런 상황이라면, 다음과 같은 의문들이 생긴다. 원시인이 성적 행위를 상징적으로 표현하려고 애를 쓰는 이유는 무엇인가? 또 원시인이 실질적으로 아무런 소용이 없는 것을 성취하기 위해서, 말하자면 그에게 특별한 쾌락을 안겨주지 않는 의식에 그렇게 많은 에너지를 투입하는 이유는 무엇인가? 그 원시인에게는 성행위가 그처럼 불합리하고 피곤하게 만드는 훈련보다 훨씬 더 바람직할 것이라고 단정적으로 말할 수 있다. 어떤 충동이 대용물들의 생산을 유도하면서 원래의 대상과 진정한 목표로부터 에너지를 빼돌리는 것은 거의 가능하지 않다. 남근 숭배 혹은 흥청망청 술판을 벌이는 숭배 의식이 존재한다는 사실이 그 자체로 특별히 음탕한 생활을 암시하지는 않는다. 그것은 기독교의 금욕적인 상징이 특별히 도덕적인 삶을 의미하지 않는 것과 똑같다. 사람은 자신이 소유하지 않았거나 갖추지 않은 것을 존경한다. 앞에서 설명한 용어로 말하자면, 이 충동은 진짜 성적 행위로부터 일정 양의 리비도를 제거하고, 잃어버린 것 대신에 상징적이고 실질적으로 유효한 어떤 대체물을 창조한다.

이 심리학은 앞에서 언급한 와찬디 부족의 의식에 의해 뒷받침되고 있다. 와찬디 부족의 의식을 보면, 행사가 벌어지는 동안에 남자들 중 어느 누구도 여자를 바라보지 않는다. 이 같은 세부 사항은 다시 우리에게 그 리비도가 어디서 거둬들여지는지를 알려준다.

그러나 이것은 중요한 질문을 낳는다. 그렇다면 그런 식으로 성적 행위로부터 리비도를 제거하려는 충동은 어디서 오는가? 원시인의 성욕이 저항에 봉착하고, 이 저항이 리비도가 옆길로 빠져서 대체 행위(유사성, 상징 체계 등)로 옮겨가도록 한다는 점을 우리는 앞에서 이미 암시했다. 그 충동 이 어쨌든 외적 반대의 문제라거나 어떤 진정한 장애물의 문제라고 생각 하는 것은 불가능하다. 이유는 어느 원시인에게도 요리조리 달아나는 사 냥감을 주문(呪文)으로 잡겠다는 생각이 떠오르지 않을 것이기 때문이다. 그것은 내면의 저항의 문제이다. 의지가 의지에 맞서고, 리비도가 리비도 에 맞서는 것이다. 왜냐하면 심리적 저항은 하나의 에너지 현상으로서 일 정 양의 리비도에 해당하기 때문이다. 리비도의 변환을 원하는 심리적 충 동은 의지의 원래의 분할에 바탕을 두고 있다. 나는 리비도의 이런 분할에 대해 앞으로 다른 곳에서 다룰 것이다. 여기서는 리비도의 이동에만 관심 을 두도록 하자. 유사한 것으로 옮겨가는 현상이 거듭 암시하는 바와 같이, 이 이동은 분명히 일어난다. 리비도가 원래 있어야 할 적절한 곳에서 철수 되어 다른 하부 구조로 옮겨지는 것이다.

따라서 성욕에 맞서는 저항은 성적 행위를 막는 것을 목표로 잡고 있다. 그 저항은 또한 리비도를 성적 기능과 떼어 놓으려 노력한다. 예를 들면, 히스테리증에서 구체적인 억압이 전이의 진짜 경로를 어떻게 봉쇄하는지 가 드러난다. 따라서 그런 경우에 리비도가 어쩔 수 없이 다른 경로를 택하 지 않을 수 없게 되는데, 이 경로가 바로 어릴 적의 경로, 종국적으로 부모 에게로 이어지는 근친상간의 길이다. 그러나 여기서 바로 그 최초의 성적 전이를 방해했던 근친상간 금지에 대해 이야기하도록 하자. 그러면 상황 이 변한다. 리비도가 아직 부분적으로 영양 섭취의 기능 안에 있는 성 이전 의 발달 단계의 전이 경로를 제외하고는 그 어떤 전이의 길도 남아 있지 않 으니 말이다. 성 이전 단계의 요소로 퇴행함으로써, 리비도는 성적 특성을 잃은 것이나 다름없는 상태가 된다.

그러나 근친상간 금지가 단지 성욕의 일시적 및 조건적 제한을 의미하기 때문에, 리비도 중에서 근친상간적 요소에 가장 가까운 부분만이 지금 성 이전 단계로 되돌려지고 있다. 따라서 억압은 성적 리비도 중에서 영원히 부모에게 고착되기를 원하는 부분에서만 일어난다. 성적 리비도는 성 이전 단계로 억압된 근친상간적 요소로부터만 철수하고, 만약에 그 과정이 성공적으로 이뤄진다면 거기서 성적 특성을 잃게 되며, 그로 인해 그 만한 양의 리비도는 성과 관계없는 일에 적용될 준비를 하게 된다.

그러나 이 과정은 당연히 어려움을 수반한다고 봐야 한다. 왜냐하면 근친상간 리비도가 말하자면 성적 리비도로부터 인위적으로 분리되어야 하기 때문이다. 동물의 왕국 전반에 걸쳐서 오랫동안 근친상간 리비도가 성적 리비도와 분리 불가능할 만큼 밀접히 연결된 상태로 있었으니 말이다. 따라서 근친상간적인 요소의 퇴행에는 상당한 어려움이 따를 뿐만 아니라 성 이전 단계로까지 퇴행해도 그 요소에는 성적인 성격이 상당히 많이 남게 마련이다. 그 결과 나타나는 현상은 성적 행위의 성격을 지니고 있음에도 불구하고 실제로는 성적 행동이 아닌 그런 현상이다. 그 현상들은 성 이전 단계로부터 나오고 또 억압된 성적 리비도에 의해 지속되며, 따라서 이중적인 의미를 지닌다. 그러므로 불을 일으키기 위해서 구멍을 뚫는 것은 성교(그리고 분명히 근친상간적인 성교)이지만, 성적 성격을 잃은 성교이다. 이런 성교는 직접적인 성적 가치를 상실했으며, 따라서 종의 번식에 간접적으로만 유익하다.

성 이전 단계는 적용의 가능성이 무한하다는 점이 특징이다. 왜냐하면 리비도가 아직 명확한 국지성을 형성하지 않았기 때문이다. 그러므로 퇴행을 통해 이 단계에 이른 일정 양의 리비도가 다양한 적용 가능성들에 직면한다는 말은 충분히 이해가 된다. 무엇보다 먼저, 이 리비도는 순수하게 자위적인 행위의 가능성을 만난다. 그러나 퇴행하는 리비도의 요소에서 문제가 되는 것이 생식을 최종 목표로 잡고 있는 성적 리비도이기 때문에, 그것은 외적 대상(부모)으로 향한다. 또한 그것은 하나의 근본적인 성격으로서 이 목적지를 간직한 채 내향할 것이다. 따라서 순수하게 자위적인 행위는 불충분한 것으로 드러나고, 근친상간 대상을 대신할 또 다른 대상을 찾아야 할 것이다. 만물에 영양을 공급하는 대지가 그런 대상의 이상적인 예이다. 성 이전 단계의 심리는 영양의 요소에 도움이 되고, 성적 리비도는 성교 생각에 도움이 된다. 이것으로부터 농업의 고대 상징들이 생겨난다. 농경에서, 굶주림과 근친상간이 서로 결합한다. 고대의 어머니 대지의 숭배들과 거기에 바탕을 둔 모든 미신들은 땅의 경작에서 어머니의 다산을 보았다. 그러나 그 숭배 행위의 목표는 성적 특성을 잃었다. 이유는 목표가 들판의 열매이고, 그 열매 안에 들어 있는 영양이기 때문이다. 근친상간 금지에 따른 퇴행이 이 경우에 어머니에 대한 새로운 평가로 이어진다. 그러나 이번에 어머니는 성적 대상이 아니라 영양의 공급자로 여겨진다.

불의 발견은 성 이전 단계로, 보다 구체적으로 가장 가까운 율동적 표현 단계로의 퇴행과 매우 비슷한 퇴행 때문인 것 같다. 근친상간 금지로 인해 내부로 돌려진 리비도는 (성교의 운동적인 요소들을 보다 세세하게 알고 있는 상태에서) 성 이전 단계에 도달할 때 유아기의 구멍 뚫기를 만나며, 이 구멍 뚫기에 그 리비도는 이제 현실적인 목적지에 맞춰서 실질적인 어떤 재료를 제공한다. (따라서 이 재료는 적절히 "materia"라는 이름으로 불린다. 그 대상이 앞에서 설명한 바와 같이 어머니(mother)이니 말이다.) 앞에서 보여주려고 노력했던 바와 같이, 유치한 구멍 뚫기 행위가 불을 일으키기 위해서는 오직 성인 남자의 힘과 끈기, 그리고 적절한 "재료"만 있으면 된다. 만약에 이것이 맞다면, 앞에서 설명한 자위행위 같은 구멍 뚫기와 비슷하게, 불을 피우는 것이 원래 유사 자위행위 같은 행동으로 시작되었다는 주장도 가능할 것이다. 이 행동을 직접적으로 보여주는 것은 불가능하지만, 어딘가에 이런 식으로 불을 피운 흔적이 남아 있을 수 있다는 생각은 그다지 엉뚱하지 않다. 나는 매우 오래된 힌두교 문헌에서 성적 리비도가 불을 준비하는 과정에 자위행위적인 단계를 거친다는 내용을 발견했다. 다음은 '브리하다란야카 우파니샤드'(Brihadaranyaka-Upinishad)에서 인용한 것이다.

"사실을 말하자면, 그(아트만[112])는 서로 꼭 껴안고 있을 때의 여자와 남자만큼 컸다. 그는 자기 자신을 두 개로 나누었는데, 그 중 하나에서 남편이, 다른 하나에서 아내가 형성되었다. 그는 그녀와 성교를 했다. 여기서 인간이 태어났다. 그러나 그녀는 곰곰 생각했다. '그가 자신으로 나를 창조해 놓고 다시 나와 결합하려 하지 않을까? 그러니 내가 몸을 숨어야겠어.' 그래서 그녀는 암소가 되었다. 그런데 그도 수소가 되어 그녀와 짝짓기를 했다. 거기서 뿔 달린 동물들이 나왔다. 이어 그녀는 암말이 되었다. 그러나 그도 수말이 되었다. 또 그녀는 암컷 당나귀가 되었고, 그는 수컷 당나귀가 되어 그녀와 짝짓기를 했다. 여기서 발굽이 달린 동물들이 나왔다. 그녀는 암염소가 되고, 그는 숫염소가 되었다. 그녀는 암양이 되고, 그는 숫양이 되어 그녀와 짝짓기를 했다. 이리하여 염소와 양이 창조되었다. 이런 식으로 그는 개미까지 모든 것을 창조했다. 그러면서 그는 이렇게 생각했다. '나 자신이 곧 창조야. 내가 이 세상 모든 것을 창조했으니까.' 이제 그는 두 손을 (입에 대고) 비볐다. 그리하여 그는 어머니의 자궁에서 끌어내듯 입과 손으로 불을 만들어냈다."

여기서 우리는 심리학적 해석을 요구하는 특이한 창조 신화를 만나고 있다. 처음에 리비도는 분화되지 않았고 양성(兩性)이었다. 이어서 남자와

....
112 힌두교의 근본 교리의 하나로 생명의 근원을 뜻한다.

여자의 요소로 나뉘어졌다. 그 후로 줄곧 남자는 자신이 어떤 존재인지를 알고 있다. 이어서 앞에서 승화의 열망을 설명하면서 가정했던 바로 그 저항이 속한 사고의 일관성에 어떤 균열이 생긴다. 그 다음에는 성적 부위로부터 넘어온, 문지르거나 구멍을 뚫는(여기서는 손가락을 빼는 행위) 자위 같은 행위가 따르고, 이 행위에서 불이 생겨난다. 여기서 리비도는 성적 기능으로서의 독특한 표현을 버리고 성 이전 단계로 퇴행하며, 이제 리비도는 거기서 앞에서 설명한 바와 같이 성욕의 최초의 단계들 중 하나를 차지하면서 '우파니샤드'에 표현된 견해에 따르면 최초의 인간의 기술을 낳고, 또 쿤이 어근 "manth"를 강조하며 암시한 바와 같이 보다 높은 지적 활동을 낳을 것이다.

이 발달 과정은 정신과 의사에게 낯설지 않다. 왜냐하면 자위와 과도한 공상 활동은 서로 매우 밀접히 연결되어 있다는 것이 널리 알려진 정신병리학적 사실이기 때문이다. (자기 성애를 통해서 정신을 성적으로 흥분시키는 것은 예를 제시할 필요조차 없을 만큼 널리 알려진 사실이다.) 이런 연구들을 통해 결론 내릴 수 있듯이, 리비도의 경로는 원래 어린이의 내면에서 일어나는 것과 비슷하게 나아간다. 단지 순서가 거꾸로일 뿐이다. 성적 행위가 고유의 부위에서 밀려나와 유사한 입 주변으로 옮겨졌다. 입은 여성 생식기의 의미를 얻고, 손과 손가락은 각각 남근의 의미를 얻는다. 이런 식으로, 퇴행적으로 다시 일어나게 된 성 이전 단계의 행위가 성적 중요성을 얻게 된다. 정말로, 이 행위는 이미 부분적으로 성적 중요성을 가졌지만, 그것이 의미하는 바는 완전히 다르다. 성 이전 단계의 일부 기능들은 영원히 적절한 것으로 확인되며, 따라서 그 기능들은 뒤에도 성적 기능들로서 계속 간직된다. 예를 들면, 입 부위는 성적으로 중요한 부위로 남는다. 이것은 입의 가치가 영원히 고정된다는 것을 의미한다. 입과 관련해서 우리는 그것이 동물들 사이에서도 성적 의미를 지닌다는 것을 알고 있다.

예를 들어, 수말은 성행위를 할 때 암말을 문다. 수컷 고양이와 수탉도 마찬가지이다. 입의 두 번째 중요성은 그것이 언어의 도구라는 점이다. 입은 기본적으로 구애의 소리를 내는 데 결정적으로 중요하다. 구애의 소리는 동물의 왕국에서 나오는 소리 중에서 가장 세련되어 있다.

손에 대해 말하자면, 우리는 손이 이성을 만지고 애무하는 신체 기관으로서 중요한 의미를 지닌다는 것을 알고 있다(예를 들면, 개구리들). 원숭이들 사이에 손을 성적 용도로 자주 쓴다는 사실은 잘 알려져 있다. 만약에 진정한 성욕에 맞서는 저항이 존재한다면, 축적된 리비도는 그 저항을 보상하는 데 가장 적절한 부차적인 것들의 기능을 과도하게 강화하는 결과를 낳을 수 있다. 말하자면, 그 행위의 채택에 이바지할 수 있는 가장 가까운 기능들의 과도한 강화를 낳을 수 있다는 말이다. 그런 기능의 예를 든다면, 한쪽에 손의 기능이 있고, 다른 한쪽에 입의 기능이 있다. 그러나 반대에 봉착한 성적 행위는 성 이전 단계의 그 비슷한 행동으로 대체되는데, 흔한 예를 든다면 손가락을 빨거나 구멍을 뚫는 행위가 있다.

원숭이들 사이에서 간혹 발이 손의 역할을 하는 것처럼, 아이들은 빨 대상을 선택하며 불확실한 모습을 보이며, 가끔 손가락 대신에 엄지발가락을 입에 넣기도 한다. 엄지발가락을 이용하는 것은 힌두교 의식에도 있으며, 이 의식에서는 큰 엄지발가락을 입에 넣지 않고 눈에 갖다 댄다. 성 이전 단계에서 쾌락을 얻는 데 기여했던 손과 입은 성적 의미를 통해서 생식력을 갖게 되며, 이 생식력은 성적 또는 창조적인 리비도에 관여하기 때문에 외부 대상을 목표로 잡고 있는, 앞에서 언급한 목적지와 동일하다. 실제로 불을 준비하는 과정을 통해서, 거기에 동원된 리비도의 성적 성격이 성취될 때, 입 주변은 적절한 표정 없이 그대로 남고 오직 손만이 그 최초의 기술에서 진정으로 인간적인 목표를 이룬다.

우리가 본 바와 같이, 입은 중요한 기능을 하나 더 갖고 있다. 손이 대상과의 관계에서 갖는 성적 관계만큼이나 중요한 기능이다. 바로 구애의 소리를 내는 기능이다. 남근의 역할을 하는 손이 불을 일으키는 도구가 되는 그런 자기 성애적인 고리(손-입)를 개시하면서, 입 부위로 향했던 리비도는 작용할 다른 경로를 찾지 않을 수 없었으며, 그 경로는 당연히 이미 존재하고 있는 구애의 소리에서 발견되었다. 이곳으로 들어가고 있는 리비도의 과잉은 평상시의 결과들을, 말하자면 새로 소유하게 된 기능을 자극하고, 따라서 구애의 소리를 더욱 정교하게 다듬는 결과를 낳았을 것임에 틀림없다.

원시적인 소리들로부터 인간의 언어가 발달했다는 것을 우리는 잘 알고 있다. 심리학적 상황을 고려한다면, 언어의 진정한 기원은 바로 이 순간에, 그러니까 성 이전 단계로 억눌러진 충동이 그곳에서 적절한 대상을 발견하기 위해 외부로 관심을 돌리는 그 순간에 있다는 가정도 가능하다. 하나의 의식적인 활동으로서 진정한 생각은 이 책의 1부에서 본 것처럼 외부 세계를 향한, 어떤 확고한 결단을 가진 사고이다. 이런 종류의 사고는 바로 성 이전 단계로 억눌러진 충동이 그 대상을 찾기 위해 외부로 관심을 돌리는 순간에 기원한 것 같다. 추론에 의해 뒷받침되는 이 관점은 다시 옛날의 전설이나 다른 신화적 자료를 통해서도 설득력을 얻고 있다

'아이타레야 우파니샤드'(Aitareyopanishad)를 보면, 인간의 발달에 관한 원칙을 다루는 대목에 다음과 같은 내용이 나온다. "오랫동안 품은 끝에 그의 입이 알처럼 부화를 했다. 그의 입에서 언어가 나오고, 언어에서 불이 나왔다." '아이타레야 우파니샤드' 2부 중에서 새로 창조된 대상들이 인간에게 들어가는 방식을 묘사한 대목을 보면 이렇게 되어 있다. "말이 불이 되어 입 안으로 들어갔다." 이 인용은 불과 언어 사이의 밀접한 관계를 분명하게 보여주고 있다. '브리하다란야카 우파니샤드'를 보면, 다음과 같은 글이 나온다.

"그는 이렇게 말했다. '야자발키야(Yajñavalkya)여, 이 사람이 죽고 그의 언어가 불로 들어갈 때, 그의 숨결은 바람 속으로 퍼지고 그의 눈은 태양 속으로 들어가느니라.'"

'브리하다란야카 우파니샤드'에서 추가로 인용을 하도록 하자.

"오, 야자발키야여, 그러나 해가 지고 달이 지고 불이 사라질 때, 그 다음에 무엇이 인간의 빛이 되는가? 그러면 언어가 인간의 빛 노릇을 할 것이다. 사람은 언어의 빛을 등불로 삼아 앉고 이동하고 일을 끝내고 집으로 돌아갈 것이다. 그러나 해도 지고 달도 지고 불도 꺼지고 소리도 사라지고 나면, 그때는 무엇이 인간의 빛이 되는가? 그러면 인간은 자기 자신(아트만)을 빛으로 삼을 것이다. 인간은 자신의 빛을 등불로 삼아, 앉고 이동하고 일을 끝내고 집으로 돌아갈 것이다."

이 인용에서 우리는 불이 다시 언어와 밀접한 관계가 있다는 것을 확인할 수 있다. 말 자체가 "빛"으로 불리고, 이 빛은 다시 아트만의 "빛", 말하자면 창조적인 심리적 힘, 즉 리비도로 환원된다. 따라서 힌두교의 형이상학은 언어와 불을 내면의 빛의 발산으로 인식하고 있으며, 이 내면의 빛이 바로 리비도이다. 언어와 불은 리비도의 표현 형식들이며, 리비도의 변환에서 비롯된 최초의 인간의 기술들이다.

불을 준비하는 과정에 대해 논할 때 확인된 바와 같이, 불이라는 도구의 성적 의미는 훗날 덧붙여진 것이 아니었다. 성적 리비도 자체가 불의 발견을 이끈 원동력이었다. 그래서 훗날 성직자들의 가르침은 불의 실제적 기원을 확인한 것에 지나지 않았다. 원시시대의 다른 발견들도 아마 이와 똑같이 성적 리비도에서 비롯되었을 것이며, 그런 다음에 성적 상징으로 여겨졌을 것이다.

아그니 제물의 프라만타를 근거로, 우리는 'manthâmi' 또는 'mathnâmi'라는 단어의 한 가지 의미에만, 말하자면 비비는 동작을 표현하는 것에만 관심을 두고 있다. 그러나 쿤이 보여주는 바와 같이, 이 단어는 또한 찢거나 강제로 빼앗거나, 강탈한다는 의미도 갖고 있다. 쿤이 언급하는 바와 같이, 이 의미는 이미 베다 문헌에 존재하고 있다.

불의 발견에 관한 전설은 언제나 불의 발명을 강탈로 표현하고 있다. (이 점에서 보면 불은 획득하기 어려운 보물이라는 인식이 인간들 사이에 널리 퍼져 있었다고 볼 수 있다.) 인도만 아니라 다른 많은 곳에서도 불을 준비하는 것이 강탈 행위에 기원을 두고 있는 것처럼 표현되고 있다는 사실은 지배적인 어떤 사고를 뒷받침하는 것 같다. 이 사고에 따르면 불을 준비하는 것은 금지된 일이고 죄가 되는 행위였다. 따라서 폭력적인 행동이나 책략을 통해서만 얻을 수 있는 것이 불이었다.

자위행위가 의사에게 하나의 징후로 제시될 때, 그것이 은밀한 절도 행위의 상징으로 나타나는 경우가 자주 있다. 이때 절도 행위는 반드시 금지된 어떤 소망을 은밀히 성취한다는 것을 의미한다. 역사적으로, 이 생각의 기차는 아마 의식용 불을 준비하는 것에 어떤 주술적인 목적이 있었고, 따라서 공식적인 종교들이 그런 과정을 추구했을 것이라는 점을 암시한다. 그래서 당시에 불을 준비하는 과정이 의식(儀式)에서 신비의 한 요소가 되었으며, 성직자들에 의해 비밀로 지켜지게 되었다.

힌두교의 의례 관련 법들은 정확하지 않은 방법으로 불을 준비하는 자를 무거운 벌로 위협한다. 무엇인가가 신비롭다는 사실은 그것이 은밀히 행해진다는 뜻이다. 그것이 비밀로 지켜져야 하고, 그것을 사람이 보거나 하는 일이 없어야 한다는 말이다. 말하자면 사람이 그것을 보거나 해서는 안 된다는 뜻이다. 또한 그것은 육체와 영혼에 대한 엄격한 처벌로 보호를 받는 그 무엇이며, 또 종교적인 의식으로서 허가받은, 금지된 그 무엇이다.

불의 준비의 기원에 관한 모든 것을 알게 된 지금, 금지된 것이 무엇인지를 짐작하는 것은 더 이상 어려운 일이 아니다. 그것은 자위행위이다. 육체 자체로 옮겨진, 대용적인 성적 행위의 자기 성애적인 고리를 깨뜨리고, 따라서 문화의 보다 넓은 영역들을 열어젖히는 것이 만족의 결여일 수 있다고 이전에 말했을 때, 나는 인간이 다른 위대한 발견, 즉 진짜 자위행위의 발견을 이룰 때 느슨하게 닫힌 자위행위적인 고리가 훨씬 더 견고하게 닫힐 수도 있다는 식으로 언급하지 않았다. 진짜 자위행위의 발견으로 인해, 그 행위는 적절한 장소에서 시작되고, 그것이 어떤 상황에서 오랫동안 충분한 만족을 의미할 수도 있지만, 그 만족은 어디까지나 성욕에게 진정한 목적을 속이는 대가를 치르며 얻게 된다. 그것은 사물들의 자연스런 발달에 가해지는 사기이다. 왜냐하면 문화의 발달에 기여할 수 있고 또 기여해야 하는 모든 원동력이 자위행위를 통해 문화로부터 철수하기 때문이다. 자위행위의 경우에 전이가 아니라 국부로의 퇴행이 일어나는데, 그것이 바람직한 것과는 정반대이니 말이다.

그러나 심리학적으로 보면 자위는 결코 낮춰봐서는 안 되는 중요한 발견이다. 사람이 운명으로부터 보호를 받을 수도 있다. 이유는 그 어떤 성적 필요도 그 사람에게 삶을 직면하도록 강요할 힘을 갖지 못하기 때문이다. 자위행위를 발견함에 따라, 사람은 너무도 멋진 마법을 손에 넣게 되었다. 사람에겐 이제 공상만 필요할 뿐이다. 공상에 빠져 자위행위를 하고, 그러면 사람은 세상의 모든 쾌락을 다 소유할 것이고 이제 더 이상 현실과 힘들게 드잡이를 하면서 자신의 욕망의 세계를 정복할 필요가 없어진다. 알라딘은 자신의 램프를 문지르고, 그러면 충직한 수호신들이 그의 명령을 충실히 따른다. 따라서 알라딘 이야기는 국부적인 성적 만족으로의 쉬운 퇴행이 갖는 심리적 이점을 잘 표현하고 있다. 알라딘의 상징은 마법적인 불의 준비의 모호성을 미묘하게 뒷받침하고 있다.

불을 일으키는 것과 자위행위 사이의 밀접한 관계는 실제 예에서도 확인된다. 이 환자에 대해 내가 알게 된 것은 세리에서 활동하는 슈미트 기잔(Hans Schmid-Guisan) 박사의 도움이 컸다. 환자는 정신이 온전치 않은 상태에서 불을 여러 차례 지른 농촌 젊은이였다. 그 방화들 중 한 차례에서 그는 행동 때문에 의심을 사게 되었다. 그는 반대편 집의 문 앞에 서서 바지 주머니에 손을 넣은 상태에서 황홀한 듯 불을 바라보고 있었다. 정신병동에서 조사를 한 결과, 그는 화재에 대해 아주 세세하게 묘사했으며 그 사이에 바지 주머니에 손을 넣고 수상한 행위를 했다. 동시에 실시된 몸수색에서 그가 자위를 한 것으로 드러났다. 그 뒤에 그는 자신이 지른 불을 보며 자위를 즐겼다고 털어놓았다.

불의 준비 자체는 여러 세기 동안 어디서나 행해져온 아주 일상적이며 유익한 관습이며, 거기엔 먹고 마시는 행위 그 이상으로 신비한 요소는 하나도 담겨 있지 않다. 그러나 이따금 의례를 갖추고 신비로운 방식으로 불을 준비하려는 경향이 언제나 있었다. (먹고 마시는 행위가 의례를 갖춰 치러질 수 있는 것과 마찬가지이다.) 불을 준비하는 과정은 미리 정해진 방식 대로 행해졌으며, 누구도 감히 정해진 방식에서 벗어나려 하지 않았다. 그 기술과 연결된 이 신비한 경향이 자위행위적인 퇴행이 일어나는 두 번째 경로이며, 그 같은 경향은 언제나 문화 바로 옆에 자리 잡고 있다. 불의 준비에 적용된 엄격한 규칙들, 의례에 따라 준비에 쏟는 열성, 신비 의식의 종교적 경외감은 다음과 같은 사실에서 비롯된다. 의식(儀式)이 분명히 비합리적임에도 불구하고 심리학적 관점에서 보면 대단히 독창적인 관습이라는 사실 말이다. 그 의식이 법에 의해 정확히 제한되고 있는 자위행위적인 퇴행의 가능성의 대체물을 나타내고 있기 때문이다. 법은 의례의 내용에 적용될 수 없다. 이유는 의례가 이런 식으로 치러지든 저런 식으로 치러지든 법은 의례의 행위에 꽤 무관심하기 때문이다. 이와 반대로, 억제된 리비도가 자위행위를 통해 쓸모없이 방출되느냐 아니면 승화의 경로로 옮겨가느냐 하는 문제는 매우 근본적이다. 이런 엄격한 보호 조치들은 주로 자위행위에 적용된다.

불을 훔치는 행위의 자위행위적 성격에 관해, 또는 획득하기 어려운 보물이라는 주제에 대해 내가 중요한 말을 할 수 있었던 것은 순전히 프로이트의 덕분이었다. 신화에는 대략적으로 다음과 같이 읽히는 원칙들이 되풀이해서 나타나고 있다. 보물은 금기의 나무(에덴 동산의 나무, 정원을 돌보는 헤스페리데스(Hesperides))[113]로부터 따거나 떼어내야 한다. 이것은 금지된 위험한 행위이다. 이 점을 잘 보여주는 예가 '아리키아 숲의 디아나'(Diana of Aricia)를 섬기던 투박한 관습이다. 디아나의 신성한 숲에서 감히 가지를 자르겠다고 나서는 자만이 디아나 여신의 사제가 될 수 있었다. 잘라내는 행위는 대중의 언어에 (비비는 행위 외에) 자위행위의 상징으로 여겨졌다. 따라서 비비는 것은 잘라내는 것과 비슷하며, 이 두 가지의 뜻이 'manthami'에 담기게 되었으며, 그 뜻은 불을 훔치는 신화를 통해서만 서로 분명하게 연결된다. 그런데 불을 훔치는 행위는 보다 깊은 측면에서 자위행위와 연결되고 있다. 따라서 가장 깊은 층, 즉 자기 성애적인 단계보다 앞서는 근친상간의 단계에서는 두 가지 의미, 즉 비비는 것과 잘라내는 것이 일치할 수도 있으며, 이 일치는 신화적 전통이 부족한 관계로 아마 어원학적으로만 추적 가능하게 되었다고 짐작할 수 있다.

....
113 고대 그리스 신화에서 세상 서쪽 끝의 축복받은 정원을 돌보는 님프들을 일컫는다.

：

4장
영웅의 무의식적 기원

：

지금까지 여러 개의 장을 거치며 준비를 어느 정도 갖췄으니, 이젠 리비도가 정복자나 영웅이나 악마의 형태로 의인화되는 문제를 다룰 것이다. 이로써 상징체계는 별이나 기상 관련 상징이 주를 이루는 비개인적이고 중립적인 영역을 벗어나서 인간적인 형태를 취하게 된다. 슬픔에서 기쁨으로, 기쁨에서 슬픔으로 변하고 있는 어떤 존재의 형상, 가끔 태양처럼 절정에 서 있다가 칠흑의 밤 속으로 잠겼다가 그 밤으로부터 새로운 영광의 빛을 발하며 다시 일어나는 그런 형상에 대해 논할 것이다. 주어진 경로를 따르며 아침부터 정오까지 위로 오르다가 정오를 기점으로 밤을 향해 내려가며, 그러다가 때가 되면 영광을 뒤로 한 채 모든 것을 감싸는 밤 속으로 완전히 잠겨버리는 태양처럼, 인간도 불변의 법칙에 따라 자신의 길을 따르고 있으며 그 코스를 다 밟은 뒤에는 역시 밤 속으로 가라앉는다. 이튿날 아침에 아이가 되어 새로운 주기를 다시 시작하기 위해서다. 상징을 태양에서 인간으로 옮기는 것은 쉽고 또 실행 가능하다. 미스 밀러의 세 번째이 자 마지막 창작도 이 경로를 밟고 있다. 그녀는 '치완토펠'(Chiwntopel)이 라는 작품을 "최면의 시"라고 부른다. 그녀는 이 공상의 기원과 관련있는 상황들에 대해 다음과 같은 정보를 제시하고 있다.

> "걱정과 불안이 떠나지 않는 저녁 시간을 보낸 뒤, 나는 11시 반쯤 되어 잠을 자려고 누웠다. 극도로 피곤했음에도 흥분이 느껴지고 잠을 이룰 수 없었다. 방에는 빛이라곤 하나도 없었다. 나는 눈을 감았지만 무슨 일이 일어날 것 같은 예감을 받았다. 긴장이 풀리는 느낌이 전신을 타고 흘렀 다. 나는 마음을 최대한 편안하게 가라앉히려 노력했다. 그때 내 눈 앞으 로 선들이 보였다. 불꽃도 있고, 빛을 발하는 나선형도 있었다. 이어 최근 에 일어난 사소한 일들이 만화경처럼 펼쳐졌다."

여기서 독자는 우리가 그녀의 걱정과 불안의 원인을 알 수 없다는 사실 에 대해 나를 원망할지도 모르겠다. 그런 정보가 있었다면 앞으로 대단히 유용할 테니 말이다. 첫 번째 시가 쓰인 1898년부터 여기 논하는 공상이 일어난 1902년 사이에 4년이란 세월이 흘렀다는 사실 때문에, 정보의 부 족이 더욱 안타깝게 느껴진다. 이 시기에 관한 정보는 하나도 없다. 이 시 기에도 그 중요한 문제는 틀림없이 무의식에 남아 있었을 것이다. 어쩌면 정보의 부족이 나름대로 이점으로 작용할 수도 있다. 저자의 개인적인 운 명에 대한 동정 때문에 우리의 관심이 여기 제시된 공상의 보편적 적용성 으로부터 벗어나는 일이 없다는 점에서 보면 그렇다. 따라서 정신분석가 가 일상의 임무를 수행하면서 지루한 세부 사항에서 벗어나 보다 넓은 관 계로 눈길을 돌리지 못하도록 종종 막는 무엇인가가 사전에 제거되었다. 보다 넓은 관계를 파고들면, 각각의 신경증적 갈등이 대체로 인간의 운명과 관련 있는 것으로 드러난다.

미스 밀러가 여기 묘사한 조건은 영매(靈媒)들이 종종 묘사하는 의도적 몽유에 선행하는 조건과 일치한다. 밤의 나직한 소리들에 귀를 기울이는 경향이 그녀에게 있는 것이 분명하다. 그렇지 않다면, 거의 지각되지 않을 만큼 섬세한 내면의 경험은 본인이 모르는 사이에 지나간다. 우리는 이처럼 귀를 기울이는 행위에서 리비도의 흐름이 안으로 향하며 내부의 보이지 않는 어떤 신비한 목표 쪽으로 흐르기 시작하는 것을 확인할 수 있다. 마치 리비도가 무의식의 깊은 곳에서 강하게 끌어당기고 있는 어떤 대상을 돌연 발견한 것처럼 보인다. 본래 전적으로 밖을 향했던 인간의 삶은 일반적으로 그런 내향을 허용하지 않는다. 따라서 어떤 예외적인 조건이, 말하자면 개인이 자신의 영혼 안에서 어떤 대체물을 추구하도록 강요하는, 외적 대상의 결여가 있다고 추측해야 한다. 그러나 이 풍요로운 세상이 한 인간에게 사랑의 대상을 제공하지 못할 만큼 빈약하다고 상상하기는 어렵다. 따라서 그 결여의 원인을 이 세상과 세상의 대상들로 돌리지 못한다.

세상은 모든 사람들에게 무한한 가능성을 제공하고 있다. 인간으로부터 가능성들을 박탈하는 것은 바로 사랑하지 못하는 그 무능함이다. 이 세상은 오직 자신의 리비도를 대상들 쪽으로 쏟는 방법을 이해하지 못하는 사람들에게만, 말하자면 대상들을 자신의 힘으로 아름답고 생생하게 만드는 방법을 이해하지 못하는 사람들에게만 공허할 뿐이다. 이유는 아름다움이 사물들 안에 있는 것이 아니라 우리가 사물들에게 품는 감정 안에 있기 때문이다. 우리가 스스로 어떤 대체물을 찾도록 강요하는 그것은 외적 대상의 결여가 아니라, 우리가 자신의 밖에 있는 어떤 것을 사랑하는 마음으로 포용하지 못하는 그 무능함이다.

틀림없이, 삶의 조건의 어려움과 생존 투쟁의 역경이 우리를 압박할 것이지만, 그럼에도 불구하고 불리한 외적 상황도 리비도의 방출을 막지 못할 것이며, 반대로, 그런 외적 상황은 오히려 우리가 엄청난 노력을 기울이도록 자극할 수 있다. 이런 노력을 통해 우리는 전체 리비도를 현실에 쏟는다. 현실의 곤경만으로는 절대로 리비도가 신경증을 낳을 만큼 심각하게 퇴행하지 않는다. 거기엔 모든 신경증의 조건인 갈등이 빠져 있기 때문이다.

의지에 적대적으로 맞서는 저항만이 모든 심인성 장애의 출발점인 병적 내향을 낳을 힘을 갖고 있다. 사랑하는 행위에 대한 저항은 사랑하지 못하는 무능을 낳는다. 정상적인 리비도가 현실 세계로 물을 광범위하게 흘려보내는 안정적인 강과 비교될 수 있는 것과 마찬가지로, 역학적으로 고려하는 경우에 저항은 홍수가 난 강의 바닥에 자리 잡고 있는 높은 바위보다는 수원 쪽으로 역류하는 강물과 비슷하다. 영혼의 한 부분은 외부의 대상을 갈망하지만, 영혼의 또 다른 부분은 공상의 허약한 궁전들이 손짓해 부르는 주관적인 세계를 떠올린다.

여기서 인간 의지의 이중성을 가정할 수 있다. 이 이중성을 나타내기 위해 블로일러는 정신과 의사의 관점에서 일반적으로 존재하는 그 무엇으로서 "상반된 경향의 공존"(ambitendency)이라는 표현을 만들어냈다. 블로일러는 대단히 원시적인 운동 자극까지도 반대의 힘을 수반한다는 점에 착안했다. 예를 들면, 쭉 뻗는 행동에서 굴근(屈筋)도 자극을 받는다. 그러나 "상반된 경향의 공존"이 정상적으로 이뤄지는 경우에 의도한 행동에 대한 방해나 억제는 절대로 나타나지 않는다. 오히려 그런 공존은 그 행동의 완벽이나 조화에 반드시 필요한 조건이다. 상반된 경향들이 서로 조화를 이루는 상태에서 행동을 방해하는 저항이 일어나려면, 이쪽 경향이나 저쪽 경향에 비정상적인 플러스 또는 마이너스가 꼭 있어야 한다. 저항은 이런 식으로 더해진 세 번째의 것에서 비롯된다.

이것은 의지의 이중성에도 적용되며, 바로 이 의지의 이중성 때문에 인류에게 너무나 많은 시련들이 생겨난다. 정상적인 상태라면 서로 아주 단단하게 연결되어 있었을 상반된 짝들을 비정상적인 세 번째의 것이 그만 자유롭게 풀어놓으면서 각 경향이 서로 분리되며 두드러지도록 만든다. 그러면 이 상반된 짝들은 각자 기꺼이 하려는 경향과 하지 않으려는 경향이 되어 서로를 간섭한다. '바가바드기타'는 "상반된 짝들로부터 자유로워져라."고 말한다. 앞서 말한 바와 같이, 조화가 부조화가 된다. 여기서 미지의 세 번째의 것이 어디서 생겨나며, 또 그것이 무엇인지를 조사하는 것은 나의 임무가 될 수 없다. 우리 환자들의 예를 통해서 그 뿌리까지 들춰보면, "핵심 콤플렉스"(프로이트)는 근친상간의 문제인 것으로 드러난다. 부모에게로 역행하고 있는 성적 리비도는 근친상간의 경향으로 나타난다. 이 경로를 그렇게 쉽게 밟게 되는 이유는 인간의 엄청난 게으름 때문이다. 인간의 게으름은 과거의 대상을 절대로 놓아주지 않고 거기에 영원히 매달릴 것이다.

니체가 말하는 "신성 모독적이고 퇴화적인 집착"이 근친상간의 외피를 벗은 채, 리비도가 어린 시절의 최초의 대상에서 수동적으로 멈춘 상태로 그 모습을 드러낸다. 17세기 프랑스 작가 라 로슈푸코(La Rochefoucauld)가 멋지게 표현했듯이, 이 나태도 하나의 열정이다.

> "모든 열정 중에서, 우리에게 가장 덜 알려져 있는 것이 나태이다. 나태는 폭력성이 느껴지지 않고 또 그것으로 인한 폐해가 숨겨져 있음에도 불구하고 가장 열렬하고 가장 해로운 열정이다. 나태의 힘을 주의 깊게 살펴면, 어느 경우에나 그것이 우리의 감각과 관심, 쾌락의 안주인 노릇을 한다는 것이 확인된다. 그것은 아무리 큰 배라도 멈추게 할 힘을 지닌 닻이며, 또 그것은 대단히 중요한 문제들에게는 바위와 최악의 폭풍보다도 더 위험한 평온이다. 나태의 휴식은 대단히 열렬한 추구와 단호한 결심까지 돌연 중단시키기도 하는 영혼의 은밀한 주문(呪文)이다. 마지막으로, 이

열정의 진정한 본질을 전하기 위해선, 나태가 나태의 모든 상실 앞에서도 나태에게 위로의 말을 건네고 나태의 모든 소유물을 대신하는 영혼의 팔복과 비슷하다는 점을 반드시 밝혀야 한다."[114]

다른 어떤 것들보다 원시인에게 특별히 더 해당하는 이 위험한 열정은 근친상간의 상징이라는 위태로운 가면을 쓰고 나타나며, 근친상간에 대한 두려움이 우리가 그 열정에 가까이 다가서지 못하도록 막아야 하고, 이 열정은 우선 "끔찍한 어머니"의 이미지 아래에서 극복되어야 한다. 그 열정은 무수히 많은 악들의 어머니이며, 이 악들 중에서 적잖은 것이 신경증적인 문제들이다. 이유는 특히 정지된 리비도의 잔재들의 안개로부터 일련의 해로운 공상들이 일어나고, 이 공상들이 현실을 너무나 철저히 가려버리는 탓에 적응이 거의 불가능해지기 때문이다. 그러나 여기서 근친상간 공상의 바탕에 대해서는 깊이 조사하지 않을 것이다. 근친상간의 문제라는 순수하게 심리학적인 나의 개념을 제시하는 것으로도 충분하다.

여기서 우리는 미스 밀러의 정신에서 내향을 낳는 저항이 의식적인 외적 어려움을 의미하는지 여부에만 관심을 쏟을 것이다. 만약에 저항이 외적 어려움이라면, 리비도는 격하게 막히면서 공상의 홍수를 일으킬 것이다. 이런 공상을 보면 계획이라는 표현이 가장 적절하다. 말하자면, 장애들을 어떻게 극복할 수 있을 것인지에 관한 계획처럼 보인다는 뜻이다. 공상들은 해결을 위한 길을 열어주려고 노력하는, 현실적이고 매우 구체적인 생각들일 것이다. 그것은 최면의 시가 아닌 다른 것을 낳을 가능성이 큰 그런 격한 명상일 것이다. 앞에서 묘사한 수동적인 조건은 절대로 현실의 외적 장애와 어울리지 않지만, 바로 그 수동적 복종을 통해서 그 조건은 현실

....
114   La Rochefoucauld, "Pensées", LIV

적인 해결책을 경멸하고 공상적인 대체물을 선호하는 어떤 경향을 암시한다. 따라서 우리는 지금 종국적으로, 그리고 기본적으로 어떤 내면의 갈등을 다루고 있다. 아마 앞에서 소개한, 최초의 두 가지 무의식적 창작을 낳았던 그 갈등과 비슷할 것이다. 그러므로 우리는 외부 대상이 사랑 받을 수 없는 상황이라고 결론 내리지 않을 수 없다. 왜냐하면 많은 양의 리비도가 공상적인 대상을 선호하고, 이 공상적인 대상이 잃어버린 현실에 대한 보상으로서 무의식의 깊은 곳에서 끌어내어져야 하기 때문이다.

내향의 첫 단계에서 나타나는 환상 현상들은 입면(入眠)시의 환상이라는 잘 알려진 현상에 속한다. 내가 이전의 어느 논문에서 설명했듯이, 이 환상 현상들은 리비도가 상징적으로 모습을 드러낼 그런 진정한 환상들의 바탕을 형성한다. 이젠 이 부분에 대해 논할 것이다.

미스 밀러는 이런 식으로 글을 이어간다.

"그런 다음에 나는 어떤 영교가 임박했다는 인상을 받았다. 나의 내면에서 다음과 같은 단어들이 반향을 일으키는 것처럼 느껴졌다. '오, 주여, 말씀하십시오. 당신의 종이 듣고 있습니다. 저의 귀를 열게 해주십시오!'"

이 부분은 의도를 매우 분명하게 묘사하고 있다. "영교"라는 표현은 영적 영역에서 현재 쓰이고 있는 용어이다. 성경에 있는 단어들은 명확한 간청, 즉 "기도"를 담고 있다. 말하자면 신(무의식적인 콤플렉스)을 향한 어떤 소망(리비도)을 표현하고 있다. 기도는 '사무엘 상서' 3장에 관한 것인데, 이 대목을 보면 사무엘은 밤에 신의 부름을 세 차례 받지만 그것이 엘리[115]의 부름이라고 믿는다. 그러자 엘리가 사무엘에게 그를 부른 존재가

....
115 구약 성경 '사무엘서'에 등장하는 유대인의 민족 지도자로 대제사장이다.

신이었으며 다시 이름을 부르면 꼭 대답하라고 일러준다. "오, 주여, 말씀하십시오. 당신의 종이 듣고 있습니다." 꿈을 꾼 사람은 이 단어들을 반대의 의미로, 말하자면 이 말로 신을 만들어내기 위해 쓰고 있다. 그럼으로써 그녀는 자신의 욕망을, 자신의 리비도를 자신의 무의식 깊은 곳으로 밀어넣는다.

개인들은 각자 의식의 내용물에 나타나는 차이로 인해 서로 다른 모습을 보이지만, 무의식을 보면 개인들은 서로 매우 비슷하다. 정신분석학에 종사하는 사람들은 각 개인의 무의식적 콤플렉스들이 서로 많이 일치한다는 사실에 강한 인상을 받는다. 차이는 먼저 개성화[116]로부터 생긴다. 이 같은 사실은 쇼펜하우어와 하르트만(Eduard von Hartmann) 철학의 일부 근본적인 부분에 깊은 심리학적 정당성을 부여한다. 무의식적 메커니즘의 너무도 분명한 획일성이 이들의 철학적 관점의 심리학적 토대를 이루고 있다. 무의식은 개인의 분화에 의해 극복된 초기의 심리적 기능들의 분화된 잔재들을 포함하고 있다. 동물의 정신의 반응과 산물들은 대체로 일치성과 견고성을 보이지만, 이 특징들은 인간들 사이에서는 흔적으로만 발견된다. 인간은 동물들과 뚜렷이 구별되는, 대단히 개인적인 그 무엇으로 등장한다.

이것은 엄청난 착각일 수 있다. 왜냐하면 우리 인간에게 언제나 사물들의 차이만을 인식하려는 적합한 경향이 있기 때문이다. 이 경향은 심리적 적응이 요구하는 것이며, 인상의 아주 미세한 차이까지 파악하는 능력이 없다면 아마 심리적 적응은 절대로 불가능할 것이다. 이런 경향과 정반대로, 우리는 매일 일상적으로 관심을 두고 있는 것들을, 그것들의 공통적 관계들 속에서 인식하는 데 큰 어려움을 겪는다. 이런 인식은 우리와 거리가

....
116 사회적 환경 속에서 인격의 조화로운 발달을 이뤄가는 과정을 일컫는다.

먼 것일수록 훨씬 더 쉬워진다.

예를 들어 보자. 유럽인이 중국인들의 집단 속에서 중국인들의 얼굴을 구별하는 것은 거의 불가능하다. 중국인도 유럽인과 마찬가지로 사람마다 얼굴이 다 다르게 생겼는데도, 그런 현상이 나타난다. 중국인과 거리가 먼 방관자에게는 중국인들의 낯선 얼굴 표정의 그 유사성이 중국인들의 개인적 차이보다 훨씬 더 분명하게 다가오는 것이다. 그러나 우리가 중국인들과 함께 어울려 살게 될 때, 중국인들의 얼굴이 서로 같다는 인상은 점점 사라진다. 그러다가 마침내는 중국인들도 각자 개인으로 다가오게 된다.

개성은 실용적 중요성 때문에 이론적으로 과대 평가를 받는 그런 조건부 현상에 속한다. 개성은 과학이 토대로 삼을 수 있는, 절대적으로 분명하고, 따라서 보편적으로 두드러진 그런 일반적인 사실들에 속하지 않는다. 따라서 개인의 의식의 내용물은 심리학의 입장에서 보면 상상할 수 있는 가장 껄끄러운 대상이다. 왜냐하면 의식의 내용물이 그 자체가 인식 불가능하게 될 때까지 보편적으로 타당한 것을 감추기 때문이다. 의식의 핵심은 대단히 세세하게 일어나는 적응의 과정이다.

한편, 무의식은 일반적으로 두루 퍼져 있다. 그렇기 때문에 무의식은 개인들을 종족과 연결시킬 뿐만 아니라 과거의 사람들과 그들의 심리와도 연결시킨다. 따라서 보편성에서 개인을 초월하는 무의식은 우선 스스로 정신물리학적이지 않다고 주장하는 어느 진정한 심리학의 대상이다.

한 사람의 개인으로서 인간은 하나의 의심스런 현상이며, 자연스런 생물학적 관점에서 보면, 그런 개인의 존재의 권리는 심각한 이의에 직면할 수 있다. 왜냐하면 이 관점에서 보면 개인이 단지 종족의 한 원자에 지나지 않으며, 집단의 구성원으로서만 의미를 지니기 때문이다. 그러나 윤리적인 관점은 인간에게 그를 집단과 분리시키는 개인적 경향을 부여한다. 이 경향은 수 세기를 내려오는 동안에 인격의 발달로 이어졌으며, 인격의 발달은 동시에 영웅 숭배의 발달을 불렀으며, 개별 저명 인사들을 숭배하는 현대적인 현상으로 이어졌다. 인간적인 예수를 인간의 상상력 너머로 사라져 버린 신성의 마지막이자 가장 소중한 잔존자로 지키려는 합리주의 신학의 시도들은 이 경향과 부합한다. 이런 측면에서 보면, 로마 가톨릭 교회는 보다 실용적이었다. 왜냐하면 로마 가톨릭 교회가 숭배의 옥좌에 작지만 분명하게 알아볼 수 있는 세속의 신, 즉 로마 교황을, '파테르 파트룸'(Pater Patrum)[117]을, 그리고 동시에 눈으로 볼 수 없는 저 높은 곳 또는 내면의 신의 '폰티펙스 막시무스'(Pontifex Maximus)[118]를 앉힘으로써, 눈으로 볼 수 있는 영웅 또는 적어도 역사적으로 믿어지는 영웅에 대한 일반적인 욕구를 충족시켰기 때문이다. 신을 감각적으로 증명할 가능성은 당연히 종교적인 내향의 과정을 뒷받침한다. 왜냐하면 인간을 닮은 형상이 기본적으로 전이를 용이하게 하기 때문이다. 어떤 영적 존재에서 사랑하거나 숭배할 만한 것을 상상하는 것은 결코 쉬운 일이 아니니 말이다.

현재 어디서나 나타나고 있는, 신을 구체적으로 증명하려는 경향은 예수를 역사로 뒷받침하려고 노력해 온 합리주의 신학 안에 은밀히 존재해 왔다. 이것이 인간들이 눈에 보이는 그 신을 사랑했다는 것을 의미하지는 않는다. 인간들은 예수를 그가 인간이 아니라서가 아니라 인간이라서 사랑하며, 독실한 사람들은 인류를 사랑하길 원할 때면 언제나 이웃들과 적들에게 다가갈 수 있었다. 인간들은 신에게서 오직 자신의 생각들만을, 말하자면 자신들이 신에게로 투사하는 생각들만을 사랑하길 원한다. 그렇게 함으로써, 인간들은 자신의 무의식을, 말하자면 고대부터 지금까지 모든 인간의 과거가 남긴 잔재를, 햇빛과 공기처럼 모든 인간에게 주어진 공동의 재산을 사랑하길 원한다. 그러나 인간들은 이 유산을 사랑하면서 모두

....
117 아버지 중의 아버지라는 뜻의 라틴어.
118 고대 로마의 국가 사제단에 속한 최고 사제를 뜻한다.

에게 공통적인 것을 사랑한다. 따라서 그들은 인류의 어머니에게로, 말하자면 종족의 정령에게로 돌아가고, 그렇게 함으로써 그들은 무리에 소속되었다는 감정이 낳는 그 연결성과 신비하고 저항할 수 없는 힘을 지닌 무엇인가를 다시 얻는다. 그것은 어머니 대지와의 접촉을 통해서만 엄청난 힘을 간직할 수 있는 안타이오스[119]의 문제이다.

이런 식으로 자신의 자기에게로 일시적으로 철수하는 것은 앞에서 본 바와 같이 유아기의 부모와의 연결로 퇴행하는 것을 의미하며, 이 철수는 일정한 범위 안에서 개인의 심리적 조건에 이롭게 작용하는 것처럼 보인다. 정신병 환자들의 근본적인 두 가지 기제, 즉 전이와 내향은 콤플렉스에 맞서려는 반응으로 꽤 폭넓게 정상으로 통한다. 전이는 어떤 사람이 콤플렉스로부터 현실 속으로 달아나려는 수단으로, 내향은 콤플렉스를 통해서 자신의 자기를 현실로부터 떼어놓으려는 수단으로 여겨진다.

기도의 일반적인 목적에 대해 어느 정도 알게 되었으니, 이제는 그 꿈을 꾼 사람의 환상에 대해 더 많은 것을 들을 준비가 되어 있다. 기도 후에, "이집트인의 머리 장식을 한 스핑크스의 머리"가 나타났다가 금방 사라졌다. 여기서 미스 밀러가 방해를 받았으며, 그래서 그녀는 잠시 잠에서 깨어났다. 이 환상은 앞에서 언급한 이집트 조각상에 관한 공상을 떠올리게 하고, 조각상의 경직된 제스처는 소위 기능적인 범주의 한 현상으로서 여기에 배치되고 있다.

가벼운 단계의 최면 상태는 전문 용어로 "engourdissement"(마비)라 불린다. 문명 세계에서 스핑크스라는 단어는 수수께끼와 같은 것을 의미한다. 오이디푸스의 스핑크스처럼, 마치 불가피성을 상징적으로 선언이라도 하듯이 운명의 문 앞에 서서 수수께끼를 내고 있는 이상하게 생긴 생명체를

....
119 포세이돈과 가이아의 아들로 반(半)거인이다. 그는 행인들과 레슬링 시합을 벌이길 즐겼는데, 이때 자신의 어머니인 대지와 접촉해 있는 동안에는 무적의 존재가 될 수 있었다.

상상해 보라. 스핑크스는 신화에서 자주 발견되는 "끔찍한 어머니"로 불릴 수 있는 그런 "어머니 이미지"를 표현하는 반인반수의 존재이다. 이 해석은 오이디푸스의 스핑크스의 경우에는 맞다. 여기서 의문이 제기될 수 있다. "스핑크스"라는 단어를 제외하고는 그 어떤 것도 오이디푸스의 스핑크스를 암시하지 않는다는 지적이 가능하다. 미스 밀러의 글에 이 환상에 관한 주관적인 자료가 부족하기 때문에, 개인적인 해석도 당연히 배제되어야 한다. "이집트" 공상(1부 2장)의 암시는 여기에 이용되기에 절대적으로 불충분하다. 따라서 우리는 이 환상을 이해하기를 원한다면 현대인의 무의식도 아득한 과거에 했던 것과 똑같이 상징을 만들어낸다는 가정 하에서 현재 접근 가능한 민족학적 자료로 눈길을 돌려야 한다.

전형적인 형태의 스핑크스는 반은 인간이고 반은 동물인 그런 생명체이며, 우리는 이 생명체를 부분적으로 그런 공상적인 산물들에 적용할 수 있는 쪽으로 해석해야 한다. 독자 여러분은 짐승의 모습을 한 리비도를 논한 이 책의 1부를 바탕으로 추론해야 한다. 이 같은 표현 방식은 신경증 환자들(그리고 정상적인 사람들)의 꿈과 공상을 경험한 분석가들에게는 매우 익숙하다. 충동은 쉽게 동물로, 황소나 말, 개 등으로 표현된다. 나의 환자 중에 여자들과 의문스런 관계를 맺고 있었던 탓에 분석가인 내가 분명히 성적 모험을 금지시킬 것이라는 두려움을 품은 상태에서 분석을 시작한 사람이 있었다. 그는 내(그의 의사)가 벽에다가 참으로 이상하게 생긴 동물을, 반은 돼지이고 반은 악어인 그런 동물을 아주 능숙하게 그리는 꿈을 꾸었다. 꿈에 리비도를 그런 식으로 동물로 그리는 대목이 많이 나온다. 이 꿈에서 나타나듯, 반인반수의 형상은 드물지 않다.

하반신이 짐승으로 그려진, 일련의 매우 아름다운 그림들을 베르칭거(Hans Bertschinger)가 제공했다. 짐승의 모습으로 표현된 리비도는 억압 상태에 있는 "동물적인" 성욕이다. 억압의 역사는 앞에서 본 바와 같이 근친상간의 문제로까지 거슬러 올라가며, 거기서 성욕에 맞서는 도덕적 저항의 첫 번째 동기들이 모습을 드러낸다. 억압된 리비도의 대상들은 바로 아버지와 어머니의 이미지들이며, 따라서 짐승 모습의 상징들은 그것들이 단순히 일반적인 리비도를 상징하지 않는 한 아버지와 어머니를 나타내는 경향을 갖고 있다(예를 들면, 아버지는 수소로 그려지고 어머니는 암소로 그려진다). 앞에서 지적했듯이, 이 뿌리들로부터 신의 동물적인 속성이 나왔을 수 있다. 억눌린 리비도가 어떤 조건에서 화로 표현되기 때문에, 이 동물들은 일반적으로 무서운 성격을 갖고 있다. 의식에서 우리는 온갖 신성한 끈들에 의해서 어머니와 연결되어 있으며, 꿈에서 어머니는 끔찍한 동물로서 우리를 뒤쫓는다.

신화학적으로 고려한다면, 스핑크스는 실제로 어머니의 어떤 파생물의 특징들을 두드러지게 보이는 무서운 동물이다. 오이디푸스 전설 속에서 스핑크스는 바쿠스의 출생 때문에 테베를 증오하는 헤라가 보낸 존재이다. 오이디푸스는 어머니에 대한 공포에 지나지 않는 스핑크스를 정복하기 때문에 자신의 어머니인 이오카스테와 결혼해야 한다. 이유는 과부가 된 테베의 왕비의 권좌와 손이 그 땅을 스핑크스의 괴롭힘으로부터 해방시킨 자의 것이었기 때문이다.

스핑크스의 혈통은 여기서 건드리고 있는 문제에 관한 암시들을 많이 담고 있다. 그녀는 상반신은 아름다운 처녀이고 하반신은 가증스런 뱀인 에키드나의 딸이다. 이런 이중적인 존재는 어머니의 그림과 일치한다. 상체는 사랑스럽고 매력적인 인간의 모습이고, 하체는 근친상간 금지 때문에 무시무시한 동물의 모습으로 변했다. 에키드나는 어머니 대지 가이아에서 나왔으며, 가이아는 의인화된 저승(공포의 장소)인 타르타로스와 관계를 맺어 에키드나를 낳았다. 에키드나 자체는 모든 공포들의 어머니이자, 키메라와 스킬라와 고르고의 어머니이다. 또 무서운 케르베로스[120]의 어머니이고, 네메아의 사자의 어머니이며, 프로메테우스의 간을 삼킨 독수리의 어머니이기도 하다. 이 밖에 그녀는 다수의 용들을 낳았다. 그녀의 아들 중 하나가 헤라클레스에게 죽음을 당한, 괴물 게리온의 개 오르트로스이다. 에키드나는 자기 아들인 이 개와 근친상간의 성교를 하여 스핑크스를 낳았다. 이 자료들은 스핑크스 상징을 낳은 리비도의 양을 짐작하게 하기에 충분하다. 만약에 주관적인 자료의 부족에도 불구하고 미스 밀러가 제시한 스핑크스 상징으로부터 어떤 추론을 끌어내려 한다면, 우리는 스핑크스가 어머니와의 연결에서 떨어져 나온 리비도의 양을 상징한다는 식으로 말해야 한다. 아마 다음 환상들을 검토할 때까지, 이 같은 결론을 미루는 것이 바람직할 것이다.

미스 밀러가 다시 정신을 집중한 뒤, 환상은 더욱 발달해갔다.

> "갑자기 아즈텍 사람이 나타났다. 모든 세부 사항들이 너무나 선명했다.
> 두 손은 활짝 펴져 있고 손가락은 길었으며, 옆모습으로 본 머리에는 아
> 메리카 인디언의 깃털 장식과 비슷한 장식이 있어서 마치 투구를 쓴 것
> 같았다. 전체 모습이 다소 멕시코 조각을 암시했다."

스핑크스의 고대 이집트적인 성격이 여기서 아메리카의 고대, 즉 아즈텍 문명으로 대체되고 있다. 기본적인 생각은 이집트도 아니고 멕시코도 아니다. 두 가지가 서로 교환 가능한 것이 아니기 때문이다. 그러나 기본적인 생각은 꿈을 꾼 사람이 자신의 과거로부터 엮어내는 하나의 주관적인 요소이다. 나는 미국 사람들을 대상으로 한 분석에서 무의식적 콤플렉스, 예를 들면 억압된 성욕 같은 것이 흑인이나 인디언의 상징을 통해 표현되는

....
120 고대 그리스 신화와 로마 신화에 나오는 개로, 머리가 여럿이고 뱀의 꼬리와 사자의 이
     빨을 갖고 있다. 지하세계의 입구를 지킨다.

것을 자주 관찰했다. 예를 들어, 유럽인들이 자신의 꿈에서 "그때 넝마를 걸친 지저분한 사람이 나타났다"고 말할 때, 미국인들이나 적도에 사는 사람들에게는 그런 존재가 흑인으로 나타난다. 그 사람 본인이 억누르고 있는 성적 인격을 상징하는 것에 대해 말하자면, 유럽인의 경우에는 그것이 방랑자나 범죄자로 나타나는 반면에 미국인들의 경우에는 흑인이나 인디언으로 나타난다. 말하자면 자신보다 열등하게 여겨지는 존재로 나타나는 것이다.

이 환상의 특별한 사항들도 깊이 들여다보는 것이 바람직하다. 거기에 주목할 만한 가치가 있는 것들이 많기 때문이다. 독수리들의 깃털로 만든 깃털 모자는 당연히 일종의 부적이다. 자신의 몸을 독수리들의 깃털로 장식하고 있는 영웅은 그와 동시에 독수리의 태양 같은 성격의 무엇인가를 갖고 있다. 영웅이 적의 심장을 삼키거나 적의 두피를 벗길 때 그 적의 용기와 힘을 빼앗게 되는 것이나 마찬가지이다. 그와 동시에, 깃장식은 태양의 빛과 동등한 것으로서 하나의 왕관이다. 태양과의 동일시가 지니는 역사적 중요성에 대해서는 1부에서 충분히 논했다.

"펴진" 것으로 묘사된 손과 "긴" 것으로 묘사된 손가락에 특별히 관심이 쏠리고 있다. 그것은 명백히 강조되고 있는 것이 손이라는 점을 의미한다. 손이 아닌 얼굴 표정의 묘사가 강조될 수도 있었을 것이다. 손의 동작이 중요하다는 사실은 잘 알려져 있다. 그러나 불행하게도 여기서는 손의 동작에 대해 알 수 있는 것이 하나도 없다. 그럼에도 불구하고, 손을 강조한 다른 비슷한 공상을 언급할 수는 있을 것이다.

어느 환자는 이제 막 잠이 든 상태에서 벽에 자기 어머니가 그려져 있는 것을 보았다. 마치 비잔틴 교회의 벽화처럼 보였다. 한 손을 위로 올려 든 채 손가락을 쫙 펴고 있었다. 손가락은 매우 길었으며, 손가락 끝이 마디처럼 부풀어 있었고 손가락마다 작은 후광을 두르고 있었다. 이 그림을 보는 순간 떠오른 것은 끄트머리에 빨판을 가진 개구리의 발가락이었다. 그런 다음에 페니스와의 유사성이 떠올랐다. 이 어머니 그림의 고대적인 분위기도 중요하다. 분명히 이 공상에서 손은 남근의 의미를 지녔다. 이 해석은 동일한 환자의 매우 두드러진 공상에 의해 뒷받침되고 있다. 그는 자기 어머니의 손에서 "미사일" 같은 것이 솟아오르는 것을 보았다. 그것을 주의 깊게 관찰하면 황금 날개를 가진, 반짝이는 새처럼 보인다. 우리는 앞 장에서 손이 실제로 남근의 생식적인 의미를 지니고, 또 이 의미가 불의 생산에 중요한 역할을 하는 것을 보았다. 이 공상과 연결시키면, 거기에는 한 가지 관찰밖에 없다. 불은 손으로 구멍을 뚫은 결과 일어났으며, 따라서 불은 손에서 나온다. 불의 신 아그니는 황금 날개를 가진 새로 숭배 받았다. 그것이 어머니의 손이라는 점이 매우 중요하다. 나는 이쪽 방향으로 더 깊이 들어가고 싶은 유혹을 뿌리쳐야 한다. 이런 식으로 비슷한 손의 공상을 통해서 아즈텍족의 손이 지닐 수 있는 의미를 제시하는 것으로 충분할 것이다.

우리는 스핑크스를 갖고 어머니에 대해 암시적으로 언급했다. 스핑크스를 대신하고 있는 아즈텍족은 암시적인 손을 통해서 남근을 뜻하는 손이 어머니의 손인 그런 비슷한 공상을 가리키고 있다. 마찬가지로 우리는 이와 비슷한 공상들에서 고대의 분위기를 확인한다. 경험에 따르면 "유아기"를 상징하는 것으로 확인되는 골동품의 중요성은 미스 밀러의 공상에 의해서도 그대로 뒷받침되고 있다. 그녀가 이렇게 말하고 있으니 말이다.

"어린 시절에 나는 아즈텍 유물과 페루와 잉카의 역사에 특별한 관심을
가졌다."

이미 출간한, 아이를 대상으로 한 두 건의 분석을 통해서, 우리는 아이의 작은 세계를 들여다볼 수 있었다. 그 결과, 아이가 자기 부모와 관련해 은

밀히 품는 관심사와 의문들이 어떤 것인지를 알게 되었고, 또 부모가 오랫동안 아이에게 지대한 관심의 대상이 된다는 사실을 확인하게 되었다. 따라서 고대적인 배경이 "고대인"에게, 말하자면 부모에게 적용되는 것이 아닌가, 따라서 이 아즈텍족이 그 자체로 아버지나 어머니의 무엇인가를 갖고 있는 것이 아닌가 하고 의심해보는 것도 정당하다. 여기까지 간접적인 힌트들은 어머니만을 가리키는데, 이것은 미국인 소녀에게 특별할 것이 전혀 없다. 왜냐하면 아버지와 극단적일 만큼 무관심한 상태로 사는 결과 엄청난 어머니 콤플렉스를 갖고 있는 것이 미국인들의 특징이기 때문이다. 이 어머니 콤플렉스는 다시 미국에서 여자들의 특별한 사회적 위치와 연결된다. 이 위치가 유능한 여자들 사이에 특별한 남성성을 낳고 있으며, 이 남성성은 쉽게 남자 같은 형상에 의해 상징된다.

이 환상을 경험한 뒤에, 미스 밀러는 이 아즈텍 사람의 이름 같기도 한 어떤 이름이 "조금씩" 형성되는 것을 느꼈다. "페루의 어느 잉카족의 아들"이라는 뜻이었다. 그 이름은 "치-완-토-펠"(Chi-wan-to-pel)이다. 미스 밀러가 암시했듯이, 이와 비슷한 무엇인가가 그녀의 어린 시절 기억 속에 있었다. 이름을 짓는 행위는 세례(洗禮)처럼 인격의 창조에 대단히 중요한 일이다. 왜냐하면 고대 이후로 이름에 주술적인 힘이 부여되었기 때문이다. 예를 들면, 이름을 부르면 죽은 사람의 영혼을 불러낼 수 있는 것으로도 통했다. 신화학에서는 누군가의 이름을 안다는 것은 곧 그 사람을 지배할 힘을 갖는다는 뜻이다. 잘 알려진 예로, 나는 '룸펠슈틸츠헨'(Rumpelstilzchen)[121] 동화를 제시한다. 이집트 신화에서 여신 이시스는 태양신 레가 자신의 진짜 이름을 밝히도록 강요함으로써 그의 권력을 영원히 빼앗는다. 따라서 어떤 이름을 준다는 것은 권력을 준다는 의미이고 명

....

121 독일 전설 속의 난쟁이.

확한 인격을 부여한다는 의미이다.

　미스 밀러는 치완토펠이라는 이름 자체와 관련해, 이 이름이 '포포카테페틀'이라는 인상적인 산의 이름을 떠올리게 한다고 관찰했다. 포포카테페틀이라는 이름은 그녀의 학창 시절의 기억에 속하고, 꿈이나 공상을 분석하는 과정에 케케묵은 농담과 함께 자주 나타나 환자를 분노하게 만들었다. 학교에서 들은 이 농담은 분석 과정에 떠올려졌다가도 시간이 조금 지나면 망각되는 그런 농담이었다. 이런 천박한 농담까지도 심리학적으로 중요한 것으로 여겨야 하는가 하는 문제 앞에서 망설여질 수 있지만, 그럼에도 이 농담이 그때까지 기억 속에 깊이 남아 있는 이유에 대해서는 반드시 물어야 한다. 그리고 그 이름이 이웃하고 있는 이스탁시와틀 산이거나 그보다 더 분명한 이름인 오리자바가 아니고 하필 포포카테페틀 산인지 그 이유를 물어야 한다. 오리자바라는 이름이 분명히 더 아름답고 발음하기도 더 쉽다. 포포카테페틀이 인상적인 이유는 의성어 같은 이름 때문이다. 영어와 독어, 그리스어 등을 바탕으로 이 이름을 어원학적으로 비교해 보면, 신체 중 엉덩이 부분과 아이 사이에 두드러진 관계가 있다는 것이 확인된다. 이 문제는 다시 뒷부분에서 우리의 관심을 끌 것이기 때문에, 여기서는 이 관계에 대해서는 더 이상 언급하지 않을 것이다.

　나의 환자 한 사람은 어린 시절에 언제나 배변 행위와 어떤 공상을 연결시켰다. 자신의 엉덩이가 화산이고, 거기서 가스 폭발과 용암 분출이 맹렬히 일어나는 공상이었다. 자연에서 일어나는 그런 사건들을 표현하는 용어들은 원래 전혀 시적이지 않다. 예를 들어, 별똥별의 아름다운 현상을 독일어는 시적인 분위기를 전혀 풍기지 않는 "Sternschnuppe"(연기 나는 별의 심지)라고 부른다. 남미의 일부 인디오들은 별똥별을 "별들의 오줌"이라고 부른다. 최소 저항의 원칙에 따라, 표현들은 접근하기 가장 가까운 원천에서 나온다.

이젠 미스 밀러가 어느 메모에서 영매의 지배령(支配靈)과 비교한 치완토펠이라는 신비의 인물이 그런 불명예스런 영역에서, 말하자면 그의 본질(이름)이 신체 중 그 특별한 부위와 관계를 맺는 그런 영역에서 발견되는 이유가 매우 모호해지는 것 같다. 이 가능성을 이해하기 위해서, 우리는 무의식으로부터 무엇인가를 만들어낼 때 거기서 가장 먼저 나오는 것이 기억 속에서 오랫동안 잊혔던 유아기의 자료라는 것을 깨달아야 한다. 따라서 우리는 이 유아기의 자료가 여전히 표면에 그대로 남아 있던 그 시절의 관점을 가져야 한다. 만약에 지금 매우 존경 받는 어떤 대상이 무의식에서 항문과 연결되고 있다면, 우리는 높은 가치를 지니는 무엇인가가 그런 식으로 표현되고 있다고 결론을 내려야 한다. 문제는 단지 이것이 그 아이의 심리와 일치하는가 하는 것뿐이다.

이 문제에 대해 논하기 전에, 항문 부위는 존경과 매우 밀접히 연결되어 있다는 점부터 먼저 언급해야 한다. 위대한 인물의 배설물에 대해 생각해 보라. 동양의 어느 이야기는 기독교 기사들에 대해서 그와 비슷한 내용을 들려주고 있다. 이 이야기 속에서 기독교 기사들은 스스로를 위협적인 존재로 보이도록 하기 위해 교황과 추기경의 배설물을 몸에 바른 것으로 전해진다. 자신의 아버지에 대한 존경이 유별났던 한 여자 환자는 아버지가 아주 위엄스런 자세로 화장실에 앉아 있는데 오가는 사람들이 그에게 요란스레 인사하는 그런 공상을 꾸었다. 이런 예들 외에 배설물과 황금의 연결을 보여주는 다른 예들을 통해서, 항문과 관련 있는 연상은 높은 가치나 자긍심을 절대로 배제하지 않는다. 바로 여기서 더없이 쓸모없는 것이 가장 소중한 것과 밀접한 관계를 형성한다.

이것은 또한 종교적 가치 판단에도 나타난다. 나는 종교적으로 훈련 받은 젊은 환자가 십자가에 못 박힌 존재가 청색 꽃이 장식된 변기의 바닥 위에 있는 것으로 나타나는 꿈을 꾸는 것을 알고는 당시에 크게 놀랐다. 말하자면, 십자가에 못 박힌 존재가 배설물의 형태로 표현되었던 것이다. 그 대비가 너무나 두드러졌기 때문에, 어린 시절의 가치 평가는 성인의 가치 평가와 매우 다르다는 점을 인정하지 않을 수 없었다. 실제로 맞는 말이다. 아이들은 배변 행위와 그 행위의 산물에 대해 긍지를 느끼고 관심을 보인다. 훗날에는 그 같은 긍지와 관심은 건강염려증 환자에게만 가능할 것이다. 우리는 아이들이 아주 어릴 때부터 배변과 생식 이론을 연결시킨다는 것을 배울 때까지 그 같은 관심을 이해하지 못한다. 리비도의 유입이 아마 이 행위에 대한 엄청난 관심에 대해 설명할 것이다. 아이는 무엇인가가 만들어지고 무엇인가가 나오는 것이 바로 그런 식이라고 생각한다.

내가 '유아의 정신적 갈등에 대하여'(Über Konflicte der kindlichen Seele)라는 작은 책자에서 보고한 아이는 프로이트가 우리에게 소개한 '꼬마 한스'처럼 출생에 관한 이론을 나름대로 갖고 있었으며, 훗날 화장실에 오랫동안 앉아 있는 버릇을 들이게 되었다. 한번은 참다 못한 아버지가 화장실로 가서 "아직도 안 나오고 뭘 하고 있는 거냐?"라고 소리를 질렀다. 그러자 안에서 "작은 마차와 조랑말 두 마리를 만들고 있어요."라는 대답이 돌아왔다. 그 아이는 작은 마차와 조랑말 두 마리를, 말하자면 당시에 자신이 특별히 바라고 있던 것을 만들고 있었던 것이다. 이런 식으로 아이는 자신의 소망을 달성하고, 그렇게 만들어진 것은 아이가 원하는 것이었다. 아이는 인형을 진정으로 원하거나 진짜 아이를 진심으로 바라고 있다. (즉, 아이는 미래에 있을 자신의 생물학적 임무를 위해 연습을 했으며, 아이는 일반적으로 모든 것이 만들어지는 방식으로 아이의 대표 또는 일반적으로 바라는 사물의 대표를 인형으로 직접 만들었다.)

다른 환자로부터도 나는 어린 시절에 이와 비슷한 공상을 꾸었다는 소리를 들었다. 이 환자의 화장실 벽에 틈이 하나 있었다. 그녀는 이 틈으로부터 요정이 나와서 그녀에게 원하는 모든 것을 선물할 것이라는 공상에 사로잡혀 지냈다. 화장실이라는 "장소"는 많은 것들을 소망하고 또 많은 것들이 창조되는, 꿈들의 장소로 알려져 있다. 여기서 이탈리아 범죄학자 롬브로조(Cesare Lombroso)가 정신 이상을 겪은 2명의 예술가와 관계있는 병적인 공상을 들려준다. 이 예술가들은 똑같이 스스로를 신이자 세상의 통치자로 여겼다. 그들은 직장(直腸)으로 이 세상을 내보냄으로써 세상을 창조하거나 낳았다고 생각했다. 새들의 알이 난관(卵管)에서 시작되듯이. 2명의 예술가 중 한 사람은 진짜 예술가적인 감각을 타고났다. 그는 창조 행위 중인 자신의 모습을 그리기도 했다. 세상은 그의 항문에서 나오고, 음경은 완전히 발기해 있다. 그는 발가벗은 몸으로 여자들에게 둘러싸여 있으며 권력을 말해주는 온갖 휘장을 두르고 있다.

배설물은 어떤 의미에서 보면 소망했던 것이며, 바로 그런 이유로 그것은 합당한 평가를 받는다. 내가 처음 이 연결을 이해했을 때, 제대로 이해되지 않아 나를 괴롭히고 있던 오래 전의 어떤 관찰이 갑자기 명확하게 이해되었다. 교육 수준이 높았던 환자에 관한 관찰이었다.

이 환자는 매우 불행한 상황에서 남편과 아이와 헤어져 정신병동에 수용되어야 했다. 그녀는 감정 쪽의 정신적 악화로 여겨질 수 있는 그런 전형적인 냉담과 단정치 못한 면을 보였다. 그 당시에도 나는 이 정신적 악화에 의문을 제기하면서 그것을 이차적인 적응으로 여기는 쪽이었다. 나는 어떻게 하면 이 환자의 내면에서 감정의 존재를 발견할 수 있을 것인가 하는 문제를 놓고 고민을 많이 했다. 3시간에 걸쳐 노력한 끝에, 마침내 나는 환자가 적절한 감정 상태로 다시 돌아갈 수 있도록 하는 생각의 기차를 발견할 수 있었다. 그 순간에 그녀와의 감정적 연결이 완전히 다시 확립되었다. 그 일은 오전에 일어났다. 밤에 정해진 시간에 그녀를 관찰하기 위해 병동을 다시 찾았을 때, 그녀는 나를 맞이하기 위해 머리끝에서 발끝까지 배설물을 뒤집어쓰고는 웃음을 터뜨리며 외쳤다. "나, 재미있죠?" 그 전까지 그녀는 한 번도 그런 적이 없었다. 그것은 순전히 나를 위한 것이었다. 그때 내가 받은 인상은 개인적 모욕 같은 것이었으며, 그 일을 겪은 결과 나는 몇 년 동안 그런 환자의 경우에 감정 상태가 크게 악화된다는 사실을 확신하게 되었다. 지금 우리는 이 같은 행위를 환영을 유치하게 표현하는 의례나 사랑의 선언으로 이해하고 있다.

따라서 치완토펠, 즉 어떤 무의식적인 인격의 기원은 앞에서 설명한 그런 의미에서 파악한다면 이런 뜻이 된다. "나는 그를 나 스스로 만들고, 낳고, 발명하고 있어." 그것은 항문의 길을 통한, 일종의 인간 창조 또는 출생이다. 최초의 사람들은 배설물이나 진흙으로 만들어졌다. "촉촉한 흙"이라는 뜻을 가진 라틴어 단어 '루툼'(lutum)은 또한 오물이라는 의미도 갖고 있다. 고대 로마의 희극 작가 플라우투스(Titus Maccius Plautus)의 글에서 이 단어는 "인간쓰레기 같으니라고!" 같은 표현과 비슷한 욕설로도 쓰이고 있다.

항문으로부터의 출생은 "자신의 뒤로 던지기"라는 주제를 떠올리게 한다. 잘 알려진 예가 대홍수에서 유일하게 살아남은 듀칼리온과 피라가 받은 신탁의 명령이다. 그들은 자신의 뒤쪽으로 대모신의 뼈들을 던져야 했다. 이어서 그들은 뒤로 돌을 던졌으며, 거기서 인류가 생겨났다. 전설에 따르면, 다크틸리도 이와 비슷하게 님프 안키알레가 뒤로 던진 먼지에서 나왔다. 항문의 산물들에 유머러스한 의미가 부여되기도 한다. 배설물은 종종 대중의 유머 속에서 기념물로 여겨지기도 한다(배설물은 '현장의 증거물'로서 범죄 수사에 특별한 역할을 한다). 정령의 안내로 미로들을 거쳐 숨겨진 보물을 찾아나선 사람이 자신의 옷을 찢은 조각들을 다 뿌리게 되자 자신의 길의 마지막 안내판으로 배설물을 이용했다는 이야기는 널리 알려져 있다. 아주 먼 옛날에는, 이런 종류의 표시는 동물들이 지나간 자리를 알려주는 동물들의 똥만큼이나 큰 중요성을 지녔다. 단순한 기넘물들("작은 돌 형상들")이 영속하지 않는 이 표시를 대체했다.

미스 밀러가 또 다른 예를 인용하고 있다는 사실에 주목할 필요가 있다. 치완토펠이 의식 속으로 들어오는 것처럼, 아-하-마-라-마(A-ha-ma-ra-ma)라는 이름이 갑자기 떠오르면서 아시리아의 무엇인가를 다루고 있다는 느낌을 준다. 이 이름이 나올 수 있는 원천으로서, 그녀에게 "설형문자 벽돌들을 만든 아수라바마(Asurabama)"가 떠올랐다. 진흙으로 불멸의 문서를, 역사가 가장 깊은 유물을 만든 인물 말이다. 만약에 설형문자가 새겨진 벽돌이라는 점이 강조되지 않았다면, 그것은 막연히 쐐기 모양이 새겨진 벽돌을 의미할 것이다. 후자의 벽돌은 미스 밀러가 말한 벽돌보다 우리의 해석을 더 쉽게 암시할 것이다.

미스 밀러는 '아수라바마'라는 이름 외에 '아하스에루스' 또는 '아하스베루스'도 생각났다고 밝히고 있다. 이 공상은 무의식적 인격의 문제의 매우 다른 어떤 양상으로 이끈다. 앞의 자료들이 유아기의 창조 이론을 보여주는 한편, 이 공상은 인격의 무의식적 창조의 역학을 들여다볼 기회를 제공한다. 잘 알려진 바와 같이, 아하스베르(Ahasver)는 방랑하는 유대인이다. 그는 세상 끝까지 지칠 줄 모르고 끝없이 떠돌아다니는 것이 특징이다. 미스 밀러가 이런 특별한 이름을 생각했다는 사실이 우리가 이런 식으로 분석하고 있는 것을 정당화하고 있다.

13세기 문헌에 처음 흔적이 나타나는 아하스베르의 전설은 서양에서 시작된 것 같으며, 무한한 생명력을 지닌 그런 이야기에 속한다. 방랑 유대인이라는 인물은 파우스트라는 인물에 비해 문학적으로 더 많이 다뤄졌으며, 그 작업의 대부분은 19세기에 이뤄졌다. 설령 그 인물이 아하스베르라는 이름으로 불리지 않았더라도, 어쨌든 그런 인물은 그 불멸성이 보장되고 일시적 거주지(땅)도 마찬가지로 알려져 있던 다른 이름으로, 아마 비밀스런 장미십자회원 생 제르맹 백작(Count of St. Germain)이라는 이름으로라도 존재했을 것이다. 아하스베르에 관한 이야기의 흔적은 13세기 이전까지 거슬러 올라가지 않을지라도, 구전으로 내려오는 그 전설은 그보다 상당히 더 멀리까지 올라간다. 동양과 연결되어 있을 가능성도 배제하지 못한다. 이와 비슷한 인물로, 독일 시인 뤼케르트(Friedrich Rueckert)가 노래로 찬양한 "영원히 젊은 치드허(Chidher)"가 있다.

치드허 전설은 순전히 이슬람과 관계있다. 그러나 기이한 특징은 치드허가 성자일 뿐만 아니라 수피교 안에서 신의 반열에까지 올랐다는 점이다. 이슬람이 엄격한 일신교라는 점에 비춰본다면, 치드허를 이슬람이 생겨나기 전의 아라비아 신으로 보는 것도 일리가 있다. 이슬람 이전의 아라비아 신이라면 이슬람이라는 새 종교로부터 공식적으로 인정받기 어려웠을 테지만 정치적 이유로 관대하게 다뤄졌을 수 있다. 그러나 그걸 입증할 자료는 전혀 없다. 치드허의 최초의 흔적은 '코란' 해설서 '부카리'(Buchâri)와 '타바레'(Tabare)에서, 또 '코란' 18장의 주목할 만한 구절에 대한 어떤 해설서에서 발견된다.

'코란' 18장은 '동굴'이라는 제목이 붙어 있다. 7명의 사람들이 박해를 피해 동굴 안에서 309년 동안이나 잠을 잔 끝에 새로운 시대에 깨어나게 되었다는 전설 때문에 그런 제목이 붙게 되었다. 그들의 전설이 '코란' 18장에 소개되고 있으며, 다양한 사상이 그 전설과 연결되어 있다. 이 전설이 소망 성취를 묘사하고 있다는 점은 아주 분명하다. 그 전설을 위한 신비한 소재는 태양의 경로라는 불변의 본보기이다.

태양은 주기적으로 지지만 죽지는 않는다. 태양은 바다의 자궁 안이나 땅 밑의 동굴에 숨는다. 그랬다가 아침에 완전히 "다시 태어난다". 이 같은 천문학상의 사건을 표현하는 언어는 명확한 상징체계의 언어임에 틀림없다. 태양이 어머니의 자궁 속으로 돌아갔다가 어느 정도 시간이 지난 뒤에 다시 태어난다고 하니 말이다. 물론 이 사건은 근친상간의 행위이며, 신화에 이런 행위의 흔적이 두루 담겨 있다. 그 흔적들 중에 죽었다가 부활한 신들이 자기 어머니의 연인들이거나 자기 어머니를 통해서 자신을 태어나게 하는 예들이 적잖다. "육신을 갖게 된 신"으로서 그리스도는 마리아를 통해서 자신을 생기게 했으며, 미트라도 똑같은 방법으로 태어났다. 이 신들은 틀림없는 태양의 신들이다. 태양도 스스로 새롭게 부활하기 위해 그렇게 하고 있으니 말이다. 당연히, 천문학이 먼저 생겨났고 이 신들의 개념은 나중에 생겨났다는 식으로 단정할 필요는 없다. 그 과정은 늘 그렇듯 거꾸로였으며, 병든 사람의 치료와 관련 있는 부활과 세례와 온갖 종류의 미신적인 용법들이 하늘로 투사된 것도 사실이다. 이 젊음들은 태양의 신들처럼 어떤 새로운 시대에 동굴(어머니 대지의 자궁)에서 태어났다. 그것이 그들이 죽음을 정복한 방법이다. 그 정도까지 그들은 불멸이었다. '코란'이 같은 장 안에서 윤리적인 생각을 오랫동안 한 뒤에, 치드허 신화의 기원과 관련해 아주 특별한 의미를 지니는 다음과 같은 구절로 어떤 식으로 넘어가는지를 살펴보는 것도 흥미로울 것 같다. 그런 이유로 나는 '코란'의 내용을 여기에 그대로 옮긴다.

"모세가 하인에게 '나는 두 개의 바다가 합쳐지는 지점에 이를 때까지 걸음을 멈추지 않을 거야. 아마 80년은 쉬지 않고 여행해야 할 거야.'라고 말한 때를 기억하라.

그러나 두 개의 바다가 합쳐지는 지점에 당도했을 때, 그들은 갖고 있던 물고기를 망각했으며, 물고기는 바다에서 자유롭게 제 갈 길을 갔다.

그리고 두 사람이 여행을 계속하다가, 모세가 하인에게 '아침 식사를 가져오렴. 여행 탓에 지치는구나.'라고 말했다.

그러자 하인이 대답했다. '무슨 생각을 하고 계십니까? 휴식을 위해 바위를 찾았을 때, 솔직히 말씀드리면 제가 물고기를 잊어버렸습니다. 틀림없이 그놈의 사탄이 제가 그걸 잊도록 만들었을 겁니다. 물고기는 경이로운

몸짓을 하며 바다로 헤엄쳐 갔습니다.'

그때 모세가 말했다. '우리가 찾고 있는 것이 바로 그곳이로다.' 그래서 두 사람은 자신들의 발자국을 더듬으며 오던 길을 되돌아갔다.

그러다가 그들은 우리가 자비를 베풀고 지혜를 가르쳐준 우리의 하인들 중 한 사람을 발견했다.

모세가 그에게 말했다. '당신이 배운 것을 나에게 가르쳐 주기를 바라오. 내가 당신을 따라야 하지 않겠소?'

그가 말했다. '진심으로 드리는 말씀인데, 당신은 절대로 나를 견뎌내지 못할 것입니다. 의미도 이해하지 못하는 문제를 놓고 당신이 어떻게 인내심을 발휘할 수 있겠습니까?'"

모세는 이제 신의 그 신비한 하인을 동행한다. 이 하인은 모세가 이해할 수 없는 다양한 것들을 행한다. 그러다가 마침내 그 미지의 인물이 모세에게 작별을 고하며 이렇게 말한다.

"그들이 당신에게 둘카르네인(Dhoulkarnein: 2개의 뿔이 달린 존재)에 대해 물을 것입니다. 그러면 '내가 그분에 관한 이야기를 들려주지요'라고 대답하시오.

진정으로, 우리는 이 땅에 그의 권력을 확립했으며 그에게 모든 목적을 이룰 수단을 주었지요. 그래서 그는 그의 길을 따랐지요.

그러다가 태양이 지는 곳에 도달했을 때, 그는 태양이 늪지의 숲으로 지는 것을 발견했지요. 그리고 거기 아주 가까운 곳에서 그는 어떤 종족을 발견했답니다……"

여기서 도덕적 성찰이 이어진 다음에, 이야기가 계속된다.

"이어 그는 그의 경로를 계속 따랐으며, 마침내 그는 태양이 떠오르는 곳에 닿았다."

신의 미지의 하인이 누구인지 알고 싶다면, 이 문장을 보면 된다. "그는 둘카르네인이고, 알렉산더이고, 태양이다. 그는 해가 지는 곳으로 가고 해가 뜨는 곳으로 간다." 신의 미지의 하인에 관한 이 구절은 상당히 명확한 어느 전설 속의 해설들에 의해 설명된다.

이 하인은 "젊은 존재"인 치드허이다. 결코 지칠 줄 모르는 방랑자로서 수십 만 년 동안 땅과 바다를 떠돌면서 신앙심 깊은 사람들의 스승이자 조언자 역할을 하고 예언에도 밝고 불멸인 그 치드허 말이다. '타바레'의 권위가 치드허와 둘카르네인을 연결시키고 있다. 치드허는 알렉산더의 추종자로서 "생명의 강"에 도달한 것으로 전해지고 있다. 거기서 두 사람은 무심코 그 강물을 들이켰으며, 그 결과 불멸의 존재가 되었다. 게다가 치드허는 옛날의 주석자들에 의해 엘리야(Elias)와 동일시되고 있다. 이 엘리야 역시 죽지 않고 불타는 전차(戰車)를 타고 천국으로 올라갔다. 엘리야가 곧 헬리오스이다. 아하스베르의 존재도 기독교 경전을 통해서 확인된다. '마태복음' 16장 28절에서 그의 흔적이 발견된다. 먼저 그리스도가 베드로를 교회의 반석으로 지명하고 자신의 권력의 대리자로 임명하는 장면이 나온다. 이어서 자신의 죽음에 대한 예언이 있고, 그 뒤에 이런 구절이 나온다.

"내가 진실로 너희에게 말한다. 여기 서 있는 이들 가운데에는 죽기 전에 사람의 아들이 자기 나라에 오는 것을 볼 사람들이 더러 있다."[122]

....
122 '마태복음' 16장 28절

252

이어서 예수가 변모하는 장면이 따른다.

"그리고 그들 앞에서 모습이 변하셨는데, 그분의 얼굴은 해처럼 빛나고 그분의 옷은 빛처럼 하얘졌다.
그때에 모세와 엘리야가 그들 앞에 나타나 예수님과 이야기를 나누었다. 그러자 베드로가 나서서 예수님께 말하였다. '주님, 저희가 여기에서 지내면 좋겠습니다. 원하시면 제가 초막 셋을 지어 하나는 주님께, 하나는 모세에게, 하나는 엘리야께 드리겠습니다.'"[123]

이 구절을 볼 때, 그리스도는 엘리야와 동일시되는 것이 아니라 같은 반열에 서 있는 것처럼 보인다. 사람들은 그리스도를 엘리야로 여기고 있을지라도 말이다. 승천이 그리스도를 엘리야와 동일한 자리에 놓는다. 그리스도의 예언은 그리스도의 재림까지 죽지 않을 자가 그 자신 외에 하나 이상 있다는 점을 보여주고 있다. '요한복음' 21장 22절에 따르면, 소년 요한은 이 불멸의 존재들 중 하나로 여겨졌으며, 전설에서도 그는 실제로 죽지 않았으며 그리스도의 재림 때까지 단지 땅 속에서 잠을 자면서 숨을 쉬어 무덤 주변에 먼지를 일으키고 있는 것으로 전해오고 있다. 분명히, 엘리야를 거쳐 그리스도로부터 치드허와 아하스베르에게로 이어지는 다리들이 있다. 이 전설에 대한 어느 설명을 보면, 둘카르네인이 자신의 친구 치드허를 "생명의 샘"으로 이끌고 불멸의 물을 마시도록 한 것으로 전해진다. 알렉산더도 생명의 강에서 몸을 씻으며 목욕재계 의식을 치렀다. 이전에 어디선가에서 언급했듯이, '마태복음' 17장 12절에 따르면, 세례자 요한은 엘리야이며, 따라서 치드허와 동일하다.

....
123 '마태복음' 17장 2-4절

그러나 지금 여기서는 아라비아 전설에서 치드허가 동반자로 등장한다는 점에 주목할 필요가 있다(치드허가 둘카르네인과 함께 있거나 엘리야와 함께 있는데, "그들은 서로 같으니라."). 따라서 서로 닮았지만 그럼에도 불구하고 명백히 구분되는 비슷한 인물이 두 사람 있다는 말이 된다. 기독교 전설에서는 요한이 그리스도를 "생명의 샘"으로 이끄는 요르단 강가의 장면에서 이와 비슷한 상황이 발견된다. 그리스도도 그곳에 있고 세례자 요한도 그곳에 있다. 둘카르네인과 치드허, 또는 치드허와 모세의 사이와 비슷하다. 엘리야도 거기 있다.

독일의 동양학자 폴러스(Karl Vollers)는 치드허와 엘리야의 관계를, 한편으로는 길가메시와 죽을 운명을 타고난 그의 형제 에아바니의 관계와, 다른 한편으로는 제우스의 쌍둥이 아들인 디오스쿠로이(한 아들은 불멸이고 한 아들은 죽을 운명을 타고났다)와 비교한다. 이 같은 관계는 또 한편으로는 그리스도와 세례자 요한의 사이, 다른 한편으로는 그리스도와 베드로의 사이에서도 발견된다. 이 중에서 마지막 관계에 대한 설명은 유물을 통해 우리에게 전해지고 있는 미트라교 신비 의식과의 비교를 통해서만 가능하다.

클라겐푸르트에 남아 있는 미트라교 대리석 부조(浮彫)를 보면, 미트라가 헬리오스에게 광배를 왕관으로 씌워주고 있으며, 헬리오스는 미트라 앞에 무릎을 꿇거나 아래로부터 올라오는 모습으로 그려져 있다. 오스테르부르크켄에 있는 미트라교 유물에는 미트라가 오른손으로 자기 앞에 허리를 굽히고 서 있는 헬리오스 위로 황소의 어깨를 잡고 있고 왼손으로 칼의 손잡이를 잡고 있는 모습으로 그려지고 있다. 둘 사이의 땅바닥에 왕관이 하나 놓여 있다. 프란츠 퀴몽은 이 장면을 칼과 왕관이 수여되는 전사(戰士) 임명식으로 보고 있다. 그렇다면 헬리오스가 미트라의 전사에 임명되었다는 뜻이다. 대체로 보면 미트라는 헬리오스의 후원자 역할을 하는 것 같다. 이것은 헤라클레스가 헬리오스에게 보였던 그 대담성을 상기시킨다. 헬리오스는 게리온 쪽으로 향하던 길에 너무도 뜨겁게 불탄다. 그러자 헤라클레스가 화가 머리끝까지 치밀어 올라 백발백중의 화살로 헬리오스를 위협한다. 이런 상황에 이르자, 헬리오스는 굴복하고 헤라클레스에게 자신이 바다를 가로질러 여행할 때 타던 태양 배를 빌려준다. 이리하여 헤라클레스는 에리티아에게로, 게리온의 소떼에게로 돌아간다. 클라겐푸르트의 유물에는 미트라가 헬리오스의 손을 이별의 인사나 승인의 뜻으로 지그시 누른다. 또 다른 장면을 보면 미트라가 승천 또는 "바다 여행"을 위해 헬리오스의 전차에 오르고 있다. 이에 대해 퀴몽은 미트라가 헬리오스를 위해 일종의 수여식을 열고 헬리오스에게 직접 왕관을 씌워줌으로써 자신의 신성한 권력을 전하고 있다고 설명한다.

미트라와 헬리오스의 관계는 그리스도와 베드로의 관계와 비슷하다. 베드로는 자신의 상징인 수탉을 통해 태양신의 성격을 얻는다. 그리스도의 승천(혹은 바다 여행) 후, 베드로는 사람들의 눈에 보이는, 그 신의 교황이고, 따라서 베드로는 그리스도와 똑같은 죽음(십자가형)을 당하고 위대한 로마의 신(무적의 태양), 말하자면 교황으로 구현된 의기양양한 교회 자체가 된다. 말코스(Malchus)라는 종이 겟세마네에서 베드로에게 귀를 베이는 장면을 보면, 베드로는 칼을 소지하는 것이 허용된 그리스도의 병사로, 또 교회가 세워질 반석으로 그려진다. 사람들을 잡아들이고 풀어줄 권력을 가진 그에게 왕관도 주어진다. 따라서 그리스도는 태양처럼 눈에 보이는 신인 반면에, 교황은 로마 황제들의 상속자들처럼 무적의 태양이다. 지는 태양은 태양의 권력을 받을 후계자를 임명한다. 둘카르네인은 치드허에게 영원한 생명을 부여한다. 치드허는 모세에게 자신의 지혜를 전한다. 심지어 여호수아의 건망증 있는 종이 생명의 샘에서 물을 마셨다는 이야기까지 전해오고 있다. 이 종은 즉시 불멸의 존재가 되었으며, 그에 대한 처벌로 치드허와 모세에 의해 배에 실려 바다에 던져졌다고 한다. 다시 태양 신화 의 한 조각인 "바다 여행"의 동기가 보인다.

황도대에서, 태양이 동지를 기점으로 새로운 한 해의 운행에 들어가는 지점을 나타내는 원시적인 상징은 바다염소이다. 태양은 한 마리 염소처럼 가장 높은 산을 향해 계속 올라간 다음에 물고기처럼 물속으로 들어간다. 물고기는 아이의 상징이다. 이유는 아이가 출생 전에 물고기처럼 물속에서 살기 때문이다. 태양도 마찬가지로 바다 속으로 떨어지기 때문에 아이이고 물고기이다. 그러나 물고기는 남근의 상징이기도 하고 여자의 상징이기도 하다. 다시 말해, 물고기는 리비도의 상징이며 리비도의 부활의 상징이다.

모세가 자신의 종과 함께 한 여행은 평생의 여행(80년)이다. 그 사이에 그들은 늙어서 생명력(리비도)을 잃는다. 말하자면 그들은 "바다까지 경이로운 몸짓으로 자신의 경로를 추구하는" 물고기를 잃는다. 그것은 곧 태양이 지고 있다는 뜻이다. 두 사람이 자신들의 상실을 깨달을 때, 그들은 "생명의 원천"이 발견된 거기서(죽은 물고기가 살아나서 퍼덕이며 바다 속으로 뛰어든 곳) 포대기에 싸인 채 땅바닥에 놓여 있는 치드허를 발견한다. 또 다른 설명에 따르면, 치드허는 바다에 떠 있는 섬에 앉아 있었거나 "땅 위의 가장 축축한 곳"에 있었다. 말하자면 어머니의 깊은 거기서 이제 막 태어난 상태였다는 뜻이다. 물고기가 사라진 곳에서, "영원히 젊은 존재"인 치드허는 "깊은 물의 아들"로 태어났다. 바빌론의 오안네스-에아는 물고기 형태로 그려졌는데, 이 신은 매일 바다에서 물고기로 나와서 사람들에게 지혜를 가르친다. 그의 이름은 요한과 관계있었다. 새롭게 부활한 태양이 떠오르는 동안에, 밤과 죽음의 공포에 떨면서 어둠 속에 살던 모든 것이 낮의 빛나는 하늘이 되었다. 따라서 세례자 요한의 말이 특별한 의미를 얻게 된다.

"나는 너희를 회개시키려고 물로 세례를 준다. 그러나 내 뒤에 오시는 분은 나보다 더 큰 능력을 지니신 분이시다. 나는 그분의 신발을 들고 다닐 자격조차 없다."[124]

폴러스의 이론에 기댄다면, 우리는 치드허와 엘리야(모세와 그의 종 여호수아)의 관계를 길가메시와 그의 형제 에아바니의 관계와 비교할 수 있다. 길가메시는 불안과 욕망에 쫓기며 불멸을 찾아 세상을 두루 방황했다. 그의 길이 그를 바다 건너 현자 우트나피쉬팀(Utnapishtim)(노아)으로 안내했으며, 우트나피쉬팀은 죽음의 바다를 건너는 방법을 알고 있었다. 그곳에서 길가메시는 신비의 약초를 얻기 위해 바다 밑바닥으로 뛰어들어야 했는데, 이 약초가 그를 다시 인간의 땅으로 안내하게 되어 있었다. 그가 태어난 곳으로 다시 돌아왔을 때, 어느 뱀이 그에게서 신비의 약초를 훔쳤다(물고기가 다시 바다 속으로 미끄러져 들어갔다). 그러나 길가메시가 축복의 땅에서 돌아오는 길에, 어느 불멸의 뱃사람이 그를 동행했다. 우트나피쉬팀의 저주를 받아 추방되어 축복의 땅으로 다시 돌아가는 것이 금지된 뱃사람이었다. 길가메시의 여행은 신비의 약초를 잃음에 따라 그 목표를 잃어버리고 말았다. 대신에 길가메시는 불멸의 존재와 동행하는데, 지금까지 전해오는 그 서사시의 내용으로는 이 존재의 운명을 알지 못한다. 이 추방된 불멸의 존재가, 독일 동양학자 옌센(Peter Jensen)이 주장하는 바와 같이, 바로 아하스베르의 모델이다.

여기서 우리는 다시 디오스쿠로이의 주제, 즉 죽을 운명이면서 불멸이고, 지면서 떠오르는 태양을 만난다. 이 주제는 또 마치 영웅으로부터 투사되고 있는 것처럼 표현되고 있다.

....
124 '마태복음' 3장 11절

미트라교에서 수소를 제물로 바치는 의식을 보면, 양 옆의 기둥을 다도 포로, 즉 카우테스와 카우토파테스[125]가 지키고 서 있다. 이 중 카우테스는 횃불을 위로 들고 있고 카우토파테스는 횃불을 아래로 들고 있다. 그들은 형제이며, 횃불의 상징적인 위치를 통해서 각자의 성격을 드러내고 있다. 퀴몽은 그들과, 횃불을 거꾸로 든 수호신들로서 인습적인 의미를 지니는 음산한 "에로테스"[126]를 연결시킨다. 아래로 향하는 횃불은 죽음을 의미하고, 위로 향하는 횃불은 생명을 의미한다.

나는 미트라교의 제물 바치는 의식(여기서는 제물로 바쳐진 수소가 가운데에 있고 양 옆에 카우테스와 카우토파테스가 자리 잡고 있다)과 어린 양(숫양)을 제물로 바치는 기독교 의식의 유사성에 대해 언급하지 않을 수 없다. 십자가형에 처해진 예수 그리스도의 옆에 전통적으로 2명의 도둑이 자리하고 있다. 이 도둑들 중 하나는 천국으로 올라가고 다른 하나는 지옥으로 떨어질 것이다. 죽을 운명과 불멸이라는 사상도 기독교 신앙으로 넘어간 것 같다. 셈족의 신들은 종종 양 옆에 두 사람의 관리를 거느리고 있는 것으로 묘사된다. 예를 들어, 에데사의 바알은 아지즈와 모니모즈를 거느리고 있다(천문학의 표현을 빌리면, 바알이 태양으로서 화성과 수성을 거느리고 있는 형국이다). 칼데아인의 관점에 따르면, 신들은 삼인조로 되어 있다. 삼위일체도 이 사상의 범위 안에 포함된다. 삼위일체 교리 안에서 그리스도는 아버지와 성령과의 일치 속에서 고려되어야 한다. 그래서 2명의 도둑도 내면적으로 그리스도에 속한다. 퀴몽이 지적하는 바와 같이, 2명의 다도포르는 미트라라는 중요한 인물에서 나온 파생물일 뿐이며, 미트라는 신비로운 삼중의 성격을 갖고 있다.

디오니시우스 아레오파기타(Dionysus Areopagita)의 설명에 따르면, 마

....

125 각종 미트라 유물에 미트라를 섬기고 있는 것으로 그려진다.

126 고대 그리스 신화 속에서 사랑과 성교와 관계있는 날개 달린 신들의 무리를 일컫는다.

법사들이 "삼중의 미트라"라는 이름으로 축제를 열었다. 플루타르코스도 오르무즈드[127]와 관련하여 삼위일체를 관찰하고 있다. "그는 자신을 삼중으로 확장하면서 태양을 떠났다." 삼위일체는 3가지 다른 상태들이 일치를 이루는 것으로서 기독교 사상이기도 하다. 가장 먼저, 삼위일체는 어떤 태양 신화 를 암시한다. 5세기 로마의 저자 마크로비우스(Macrobius)의 관찰도 이 같은 사상을 뒷받침하는 것 같다.

> "계절에 나타나는 이런 차이들은 태양과 관련 있다. 태양은 동지 때는 아이처럼 보인다. 이집트인들이 정해진 어느 날짜에 자신들의 성역에서 데려나오는 그런 아이 말이다. 그러다 춘분이 되면 태양은 청년으로 표현된다. 이어 하지가 되면, 그것의 나이는 덥수룩한 턱수염으로 상징되고, 그러다 마지막에 그 신은 점진적으로 허약해지는 노인으로 상징된다."[128]

퀴몽이 관찰한 바와 같이, 카우테스와 카우토파테스는 간혹 손에 수소의 머리와 전갈을 들고 있다. 황소자리와 전갈자리는 춘분점과 추분점이다. 이것은 분명히 제물을 바치는 장면이 주로 태양의 주기를 묘사하고 있다는 점을 암시한다. 말하자면 하지점에서 스스로를 희생시키게 되는 떠오르는 태양과 지는 태양을 각각 그리고 있다는 뜻이다. 제물을 바치는 장면에서 떠오르고 지는 태양의 상징을 쉽게 표현될 수 없었으며, 따라서 이 사상은 제물을 바치는 장면을 그린 이미지에서 배제되었다.

우리는 앞에서 디오스쿠로이 형제도 형식은 다소 달라도 이와 비슷한 사상을 상징한다는 점을 강조했다. 이 형제의 경우에는 한 태양은 언제나 죽을 운명이고, 다른 한 태양은 언제나 불멸이다. 이 태양 신화는 단지 인간

----

127 조로아스터교의 최고신

128 Cited by Cumon: "Textes et Monuments", p. 208

의 심리가 하늘로 투영된 것에 지나지 않기 때문에, 근본적인 주제는 아마 다음과 같을 것이다. 인간이 죽는 부분과 불멸의 부분으로 이뤄진 것처럼, 태양도 한 짝의 형제이다. 그 짝 중 하나는 죽을 운명이고, 다른 하나는 불멸이다. 대체로 보면 모든 신학의 바탕에는 이런 사고가 깔려 있다. 인간은 정말 죽는다. 그러나 불멸인 존재도 더러 있거나, 아니면 우리의 내면에 불멸인 무엇인가가 있다. 따라서 신들, 말하자면 "치드허 같은 존재나 생 제르맹 같은 존재"는 우리의 불멸의 부분이고, 이 부분은 우리의 눈에 잡히진 않지만 우리들 사이 어딘가에서 살고 있다.

태양과의 비교는 신들이 리비도라는 점을 우리에게 거듭 가르치고 있다. 우리라는 존재 중에서 불멸인 것도 바로 그 부분이다. 왜냐하면 그것이 종족 안에서 우리가 절대로 소멸되지 않는다는 느낌을 갖게 만드는 끈을 상징하기 때문이다. 그것은 인류의 생명에서 나오는 생명이다. 무의식의 깊은 곳에서 솟는 생명의 샘들은 인류 전체의 뿌리에서 나온다. 그 이유는 우리라는 존재가 어머니에게서 꺾어 옮겨 심은 가지 하나에 지나지 않기 때문이다.

우리의 내면에 있는 신성한 것이 바로 리비도이기 때문에, 우리의 신학 안에 신에게 3개 한 벌의 형상을 부여한 고대의 표현이 그대로 남아 있다고 해도 이상할 것이 하나도 없다. 우리는 남근 상징체계로부터 이 삼중의 신을 취했으며, 이 상징체계의 독창성에 대해서는 논쟁의 여지가 없을 것이다. 남자의 생식기가 이 삼위일체의 바탕이다. 한쪽 고환이 대체로 다른 쪽 고환보다 약간 더 높은 곳에 자리 잡고 있는 것은 해부학적 사실이다. 한쪽 고환은 소년을 생기게 하고 다른 쪽 고환은 소녀를 생기게 한다는 것도 오래 전부터 지금까지 이어지고 있는 미신이다.

영국 고고학자 레이어드(Henry Layard) 컬렉션에서 나온 후기 바빌로니아의 얕은 돋을새김은 이 견해와 일치하는 것 같다. 그 이미지의 한가운데에 남녀 양성의 신이 서 있다(남자의 얼굴과 여자의 얼굴을 동시에 갖고 있다). 오른쪽, 그러니까 남자의 얼굴 위에서 뱀 한 마리가 보인다. 뱀의 머리 주변에 태양 광선이 후광으로 그려져 있다. 왼쪽, 말하자면 여자의 얼굴 위에도 뱀이 한 마리 있다. 이 뱀의 머리 위에는 달이 그려져 있다. 신의 머리 위로는 3개의 별이 있다. 이 앙상블은 그 표상의 삼위일체를 확정하는 것 같다. 오른쪽에 있는 태양 뱀은 남자이고, 왼쪽에 있는 뱀은 여자이다(달로 상징되고 있다). 이 이미지는 추가로 성적 상징을 하나 더 갖고 있는데, 이것이 성적 의미를 특히 두드러지게 만든다. 남자 쪽 위에 마름모 모양이 하나 발견된다. 여자 생식기의 상징으로 널리 쓰이는 이미지이다.

여자 쪽의 위에는 바퀴 또는 바퀴 테가 있다. 바퀴는 언제나 태양을 가리키지만 바큇살의 끝부분이 두껍고 큰데, 이것은 남근의 상징체계를 암시한다. 그것은 고대에도 모르지 않았던 음경 바퀴처럼 보인다. 큐피드가 음경들임에 틀림없는 바퀴를 돌리는 그런 외설스런 장면을 그린 부조도 있다. 태양이 남근의 의미를 지닌다는 점을 암시하는 것은 뱀만이 아니다. 나는 아주 많은 증거들 중에서 특별히 두드러진 예를 하나 제시하고 있을 뿐이다. 베로나의 고대 예술품 중에서 나는 고대 로마 시대의 신비한 명문(銘文)을 하나 발견했는데, 거기에는 다음과 같은 형상들이 포함되어 있다.

이 상징들은 쉽게 읽힌다. 태양은 남근이고, 달은 질(자궁)이다. 이 해석은 똑같은 컬렉션의 또 다른 형상에 의해서 뒷받침된다. 거기서 똑같은 표상이 발견된다. 단지 선박만 여성의 형상으로 대체되고 있다. 주화에 새겨진 이미지들을 보면, 한가운데에 뱀에 칭칭 감긴 야자나무가 서 있고, 뱀 옆에는 두 개의 돌(고환)이 있다. 아니면 한가운데에 돌이 있고 그 돌을 뱀이 칭칭 감고 있다. 오른쪽에 있는 야자나무와 왼쪽에 있는 조개(여성 성기)는 비슷하게 해석되어야 한다.

프랑스 고고학자 라자르(Felix Lajard)의 "연구"("비너스 숭배")를 보면, 페르게라는 도시의 주화가 있다. 거기엔 페르게의 아르테미스가 원뿔형의 돌(남근)로 표현되고 있고, 이 돌 옆엔 남자(멘 신[129]으로 여겨짐)와 여자 같은 형상(아르테미스로 여겨짐)이 자리 잡고 있다. 멘(소위 루누스)은 아티카의 어느 돋을새김에서 발견된다. 창임이 분명하지만 기본적으로 남근의 의미를 지니는 그런 권장을 들고 있는 모습이다. 옆에는 몽둥이(남근)를 든 판(Pan)과 여자 형상이 자리 잡고 있다. 십자가형을 당한 그리스도를 전통적으로 표현한 장면에는 요한과 마리아가 옆에 서 있는데, 이것은 이런 사상과 밀접히 연결된다. 십자가형에 처해진 그리스도 옆에 도둑이 2명 있는 것과 비슷하다. 이것으로부터 우리는 태양 외에 그보다 훨씬 더 원시적인, 리비도와 남근의 비교가 어떻게 거듭 나타나는지를 확인한다.

이 대목에서 언급할 만한 가치가 있는 특별한 흔적이 하나 있다. 미트라를 나타내는 다도포르 카우토파테스도 수탉과 파인애플과 함께 나타난다. 그러나 이것들은 프리기아[130]의 신 멘의 속성들이며, 이 신에 대한 숭배는 널리 행해지고 있었다. 멘은 필레우스(원뿔 모양의 두건)를 쓴 채 소년의 형태로 파인애플과 수탉과 함께 나타난다. 다도포르 형제가 소년의 형상인 것과 마찬가지로 말이다. (이 마지막 특성은 다도포르 형제를 멘과 카비

....
129 아나톨리아의 서부 내륙 지역에서 숭배되었던 달의 신.

130 B.C 8세기부터 A.D. 5세기까지 아나톨리아의 중서부에 있었던 왕국.

262

리와 연결시킨다.) 멘은 키벨레의 아들이자 연인인 아티스와 매우 밀접하게 연결된다. 고대 로마 황제들의 시대에, 멘과 아티스는 앞에서 언급한 것처럼 완전히 동일시되었다. 아티스는 멘과 미트라, 다도포르 형제처럼 필레우스를 썼다.

자기 어머니의 아들이자 연인으로서, 아티스는 다시 우리를 종교를 창조하고 있는 이 근친상간 리비도의 원천, 즉 어머니에게로 이끈다. 근친상간은 아티스와 키벨레 숭배에서 논리적으로 의례적 거세로 이어진다. 자기 어머니 때문에 미치게 된 아티스가 스스로 그 부분을 자르니 말이다. 근친상간 문제는 이 책 마지막 부분에서 논할 것이기 때문에, 여기서는 더 깊이 파고들지 않을 것이다. 단지 이런 주장만을 밝히는 것으로도 충분하다. 리비도의 상징체계를 분석하는 작업은 서로 다른 방향에서 시작되더라도 언제나 어머니 근친상간에 닿게 되어 있다. 그러므로 신 쪽으로 향하는 리비도의 갈망(무의식 속으로 억압되었다)은 어머니와 관계있는, 원시적이고 근친상간적인 갈망이라고 짐작할 수 있다.

이 영웅들이 모두 방랑자라는 점은 심리학적으로 아주 명확한 상징성을 지닌다. 방랑은 갈망의 한 표현이며, 욕망 자체에는 알려져 있지 않지만 그것이 잃어버린 어머니를 추구하고 있기 때문에 어디서도 그 대상을 발견하지 못하는, 결코 충족될 수 없는 욕망의 한 표현이다. 방랑은 태양을 쉽게 연상하게 한다. 이런 측면에서, 영웅들은 언제나 방랑하는 태양을 닮았다. 이것은 영웅 신화가 언제나 태양 신화라는 사실을 쉽게 설명하는 것 같다. 그러나 내가 볼 때 영웅 신화는 고통 받는 우리 자신의 무의식의 신화인 것 같다. 우리의 무의식은 우리 자신의 존재의 가장 깊은 모든 원천들에 대해, 어머니의 육체에 대해, 그리고 어머니의 육체를 통해서 무수한 형태의 존재로 나타나는 무한한 생명과의 공유 상태에 대해 억제할 수 없는 갈망을 품고 있다. 여기서 나는 파우스트가 품은 갈망들의 깊은 뿌리들을 예견한 괴테의 글을 소개하지 않을 수 없다.

> **메피스토펠레스:** 어쩔 수 없이, 그 숭고한 비밀을 밝혀야겠소.
> 여신들은 고독 속에 권좌에 앉아 있는데
> 그들 주위에 공간이 전혀 없소. 장소와 시간은 더더욱 없소.
> 그들에 대해 말하는 것 자체가 당황스럽기 짝이 없는 일이오.
> 그들은 '어머니들'이지요!
> ……
> 죽을 운명을 타고난 그대들에겐 알려지지 않은 여신들
> 우리도 부르길 꺼려하지요.
> 그 여신들에게 닿으려면
> 그대는 아주 깊이 내려가야 하오.
> 우리가 그들에게 도움을 간청하다니, 그건 그대의 실수가 될 것이오.
> **파우스트:** 길은 어디 있소?
> **메피스토펠레스:** 길은 없소! 닿을 수 없는 곳이라오.
> 아직 아무도 가보지 않았소! 간청할 수 없는 존재들에게 이르는 길,
> 절대로 간청을 들어주지 않아요! 그대는 준비가 되었소?
> 자물쇠도 없고, 열어야 할 빗장도 전혀 없소!
> 끝없는 고독 속에 이리저리 떠돌게 될 거요!
> 고독과 광야를 뼈저리게 겪어본 적 있소?
> ……
> 그리고 그대는 대양의 가장 먼 끝자락까지 헤엄을 쳤고
> 거기서 무한한 공간이 펼쳐졌소.
> 그래도 파도가 끝없이 밀려오는 것을 그대는 보았소.
> 운명의 순간이 코앞인 것 같은 공포를 느꼈겠지만

그래도 그대는 평화로운 바다의 그 담녹색 속에서

무엇인가를 보았을 것이오.

유희하듯 헤엄치는 돌고래

흘러가는 구름과 태양, 달, 별도.

그래도 아득히 먼 허공에서는 아무것도 보지 못했을 거요.

당신의 발자국 소리도 들리지 않고

당신의 아픈 발을 쉬게 할 곳도 하나 없을 것이오.

……

이 열쇠를 받으시오!

……

이 열쇠가 진짜 장소를 냄새 맡을 거요.

열쇠를 따라 내려가시오! 그러면 그것이 당신을 '어머니들'에게 데려다

줄 거요.

……

이제 내려가시오! 아니, 올라가시오 라고 해도 상관없겠소.

그러나 저러나 마찬가지니까. 이미 창조된 것들로부터 벗어나

형태 없는 것들이 있는 자유로운 공간 속으로 탈출하시오!

오래 전에 버려진 것을 즐겨보시오!

구름이 서로 엉키듯, 거기서 소용돌이가 거세게 칠 거요.

그러면 팔을 쭉 뻗고 열쇠를 잡은 손을 흔드시오!

……

마침내 불이 타고 있는 세발 제단이 나오면,

그곳이 맨 밑바닥이오.

제단의 불빛 속으로 '어머니들'이 보일 것이고

일부 어머니들은 앉아 있고,

다른 어머니들은 서 있거나 걷고 있을 것이오.

그들 마음대로지요. 형성, 변형,

영원한 정신의 영원한 재창조.

모든 피조물들의 형태들. 거기선 모두가 자유롭게 떠다니고 있어요.

그들은 당신을 보지 못할 것이오! 그들은 유령만을 보니까요.

그러니 마음을 다잡으시오! 거긴 대단히 위험하니까요.

머뭇거리지 말고 곧장 세발 제단으로 가시오.

그리고 그 제단을 열쇠로 건드리시오.

5장

어머니와 부활의 상징체계

:

영웅의 창조에 이어지는 환상은 미스 밀러에 의해 "사람들의 무리"로 묘사되고 있다. 이 표상은 꿈의 해석을 통해서 무엇보다 신비의 상징으로 알려져 있다. 이 상징을 선택하는 것은 그것이 신비를 나타낼 가능성 때문이라고 프로이트는 생각한다. 신비를 알고 있는 존재는 다수의 무지한 사람들의 반대편에 놓인다. 신비를 알고 있다는 사실이 그 존재를 나머지 인류와의 교류로부터 차단시킨다. 이유는 주변 세계와 매우 완전하고 부드러운 관계를 갖는 것이 리비도의 관리에 대단히 중요하고, 주관적으로 중요한 비밀을 갖고 있는 것이 대체로 엄청난 장애를 일으키기 때문이다. 삶의 전체 기술은 어떻게 하면 리비도를 피해를 최소화하는 방향으로 방출시킬 수 있는가 하는 한 가지 문제로 압축된다고 할 수 있다. 따라서 신경증 환자의 경우에 자신으로부터 다양한 비밀들을 제거할 수 있을 때에 치료 효과가 가장 크게 나타날 수 있다. 주로 강물처럼 집단으로 움직이는 군중의 상징은 내가 종종 확인하듯이 특히 외적으로 차분한 사람들의 무의식에 대단한 흥분이 일어나고 있음을 보여준다.

미스 밀러의 "무리" 환상은 더 발달한다. 말들이 나오고, 전투가 벌어진다. 정신분석가 질버러의 의견에 따라, 나는 이 장면의 의미를 무엇보다 "기능적인 범주"에 속하는 것으로 받아들인다. 왜냐하면 근본적으로 서로 섞이는 군중의 개념은 생각이 홍수를 이루면서 쏟아지고 있다는 것을 보여주는 상징에 지나지 않기 때문이다. 마찬가지로, 전투와 말들도 그런 동작을 보여주고 있다. 말들의 등장이 지니는 가장 깊은 의미는 어머니의 상징체계를 추가로 다루는 과정에 처음으로 드러날 것이다.

그 다음 환상은 더욱 명확하고 더욱 중요한 성격을 띤다. 미스 밀러는 "꿈의 도시"를 본다. 그 그림은 그녀가 직전에 어느 잡지의 표지에서 본 것과 비슷하다. 그러나 애석하게도 우리는 그 장면에 대해 그것 이상으로 알지 못한다. 그러나 이 "꿈의 도시"에 대해서는 누구나 쉽게 상상할 수 있다. 간절히 갈망해 온 매우 아름다운 무엇인가가 꿈속에서 실현되는 것으로 여길 수 있는 것이다. '요한 묵시록'의 저자가 꿈꾸었던 것처럼, 일종의 천국의 예루살렘 같은 곳일 것이다. 그 도시는 어머니의 상징이고, 또 거주민들을 아이처럼 보살피는 여자의 상징이다. 따라서 두 어머니 여신, 즉 레아와 키벨레가 성벽 모양의 관을 쓰고 있는 이유가 이해된다. '구약 성경'은 예루살렘과 바벨 등의 도시를 여자로 여기고 있다.

> "처녀 딸 바빌론아
> 내려와 먼지 위에 앉아라.
> 딸 칼데아야
> 왕좌가 없으니, 땅바닥에 앉아라.
> 사람들이 너를 더 이상 부드러운 여인이라고,

상냥한 여인이라고 부르지 않으리라.

맷돌을 돌려 가루를 내어라.

너울을 벗고

치맛자락을 걷어 올려 다리를 드러낸 채

강을 건너라.

네 알몸이 드러나고

네 치부까지 보이게 하여라.

나는 복수하리라.

어떤 인간도 그냥 두지 않으리라.

우리의 구원자

그 이름 만군의 주님

그분은 이스라엘의 거룩하신 분이시다.

딸 갈데아야

잠자코 앉아 있다 어둠 속으로 들어가거라.

사람들이 너를 더 이상

만국의 여왕이라 부르지 않으리라."[131]

예레미아는 바벨에 대해 이렇게 말한다.

"너희 어머니가 큰 수치를 당하고

너희를 낳은 여인이 수모를 당하리라."[132]

튼튼하고 정복되지 않은 도시들은 처녀이고, 식민지들은 아들과 딸이다.

....

131 '이사야서' 47장 1-5절

132 '예레미아서' 50장 12절

도시들은 또한 매춘부이다. 이사야는 티르에 대해 이렇게 말한다.

"수금을 들고
성읍을 돌아다녀라,
너 잊혀진 창녀야."[133]

그리고 이사야는 이렇게 말한다.

"충실하던 도성이
어쩌다 창녀가 되었는가?"[134]

우리는 이집트의 테베를 지배하는 신화 속의 왕 오기게스의 이야기에서도 이와 비슷한 상징을 만난다. 이 왕의 아내는 그 분위기에 어울리게 테베라는 이름으로 불리었다. 카드모스가 건설한 보이오티아 지역의 테베는 그런 이유로 "오기게스의 도시"라는 별명을 얻었다. 오기게스라는 별명은 대홍수에도 붙여졌다. 이 홍수가 오기게스 통치 시대에 일어났다는 이유에서다. 이 우연의 일치는 뒤에서 거의 우연이 아닌 것으로 확인될 것이다. 오기게스의 도시와 아내가 똑같은 이름을 가졌다는 사실은 도시와 여자 사이의 어딘가에 어떤 관계가 존재함에 틀림없다는 점을 암시한다. 도시가 여자와 동일시되기 때문에, 이런 사실은 쉽게 이해된다.

힌두 사람들의 민간 전설에서도 이와 비슷한 사상이 보인다. 이 전설에서 인드라[135]가 우르바라의 남편으로 등장하는데, 우르바라는 "비옥한 땅"

....
133 '이사야서' 23장 16절
134 '이사야서' 1장 21절
135 인도 신화 속의 하늘 신이다. 날씨와 전쟁을 관장하는 것으로 여겨진다.

을 뜻한다. 마찬가지로, 왕이 한 나라를 차지하는 것은 쟁기질을 끝낸 땅과의 결혼으로 이해되었다. 이와 비슷한 표현은 유럽에서도 널리 퍼져 있었음에 틀림없다. 예를 들어, 군주들은 왕위 계승 때 풍작을 보장해야 했다. 도말디(Domaldi)라는 스웨덴 왕은 실제로 풍작을 거두지 못했다는 이유로 살해되었다('윙글링 일족의 전설'(Ynglinga saga)). 인도의 라마 전설을 보면, 라마는 들판의 밭고랑인 시타와 결혼한다. 중국의 황제가 왕위에 오르면서 밭고랑을 쟁기로 가는 관습도 비슷한 사상에 속한다.

흙이 여성이라는 생각은 또한 여자와의 지속적인 동반의 관계라는 생각을, 육체적 소통이라는 생각을 포함한다. 남근 신인 시바는 마하데바와 파르와티처럼 남자이며 여자이다. 시바는 자신의 몸의 반을 자신의 배우자 파르와티에게 주거 공간으로 제공한다. 영국 아마추어 신화학자 토머스 인먼(Thomas Inman)은 아르다나리-이스와라라는 힌두 신에 대해 설명하고 있다. 이 신의 반쪽은 남자이고 반쪽은 여자이며, 생식기는 서로 합쳐진 모습을 보이고 있다. 생식기 결합이라는 주제는 널리 알려진 시바의 남근 상징에서도 표현되고 있다. 이 상징은 인도의 사원 어디서나 발견될 것이다. 그 바탕은 여성의 상징이고, 그 안에 남근이 들어 있다. 이 상징은 고대 그리스의 남근 바구니와 궤짝과 매우 비슷하다. (이것과 엘레우시스 신비를 비교해 보라.) 궤짝 혹은 상자는 여기서 여성의 상징, 즉 어머니의 자궁이다. 이것은 옛날의 신화학에 아주 잘 알려진 개념이다. 궤짝이나 바구니는 소중한 내용물과 더불어 물 위에 떠 있는 것으로 여겨졌다. 아이가 양수 안에 떠 있는 자연의 사실과 거꾸로이다.

이 같은 전도(轉倒)는 승화에 대단한 이점을 안겨준다. 이 전도가 신화를 담아낼 공상이 전개될 가능성을 크게 높이기 때문이다. 말하자면 태양의 주기를 공상에 끌어들일 수 있게 된다는 뜻이다. 태양은 마치 불멸의 신처럼 바다 위를 떠다닌다. 태양은 매일 밤이면 어머니의 물속에 잠겼다가 아침에 다시 새롭게 태어난다. 프로베니우스(Leo Frobenius)는 이렇게 말한다.

"아마 시뻘건 핏빛의 일출과의 연결 속에서, 여기서 출생이 이뤄지고 있다는 생각이 일어날 것이다. 어린 아들의 출생 말이다. 그러면 불가피하게 이런 의문이 생겨난다. 아버지는 어디서 오는가? 여자는 어떻게 임신을 하는가? 이 여자가 바다를 의미하는 물고기와 똑같은 생각을 상징하기 때문에(왜냐하면 우리가 태양이 바다에서 떠오를 뿐만 아니라 바다로 진다는 가정으로부터 생각을 발전시킬 수 있기 때문이다), 따라서 그 질문에 대한 신기하고 원시적인 대답은 이 바다가 그 늙은 태양을 미리 삼켰다는 것이다. 그래서 생기게 된 신화는 여자(바다)가 한때 태양을 삼켰다가 지금 새로운 태양을 세상 속으로 끌어내고 있으며, 따라서 그녀가 임신한 상태였다는 것이다."[136]

바다로 가는 이 모든 신들은 태양의 상징이다. 그들은 "바다에서의 밤의 여행을 위해"(프로베니우스) 궤짝 같은 것이나 방주에 담겨 있다. 또 종종 그 여행을 여자들과 함께 한다(여기서 실제 상황과 반대로 전도가 일어난다. 그러나 이 전도는 앞에서 언급한, 남자와 여자의 성기들이 서로 합쳐지는 주제를 뒷받침한다). 밤에 바다를 여행하는 동안에, 태양신은 어머니의 자궁 안에 감싸여 있다. 그런 가운데 온갖 종류의 위험에 처하게 된다. 수많은 개별적인 예들 대신에, 나는 프로베니우스가 이런 종류의 수많은 신화들을 바탕으로 그린 그림을 제시하는 것으로 만족할 것이다.

....
136 Leo Frobenius, "Das Zeitalter des Sonnengottes", Berlin, 1904, p. 30

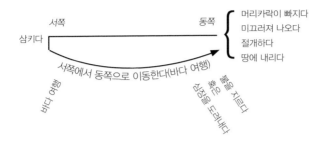

프로베니우스는 이를 쉽게 보여주기 위해 다음과 같은 전설을 제시한다.

"어떤 영웅이 서쪽의 수중 괴물에게 삼켜진다(삼키다). 이 괴물이 자신의 뱃속에 영웅을 넣은 채 동쪽으로 이동한다(바다 여행). 그 사이에 영웅은 괴물의 뱃속에 불을 지른다(불을 지르다). 영웅이 허기를 느끼고 아래로 드리워진 괴물의 심장 일부를 도려낸다(심장을 도려내다). 물고기가 뭍에 미끄러져 올라갔다는 사실을 알게 되자마자(땅에 내리다), 영웅은 즉시 괴물을 안에서부터 밖으로 가르기 시작하고(절개하다) 곧 거기서 빠져나온다(미끄러져 나오다). 물고기의 뱃속이 대단히 뜨거웠기 때문에, 영웅의 머리카락이 모두 빠져버렸다(머리카락이 빠지다). 영웅은 종종 이전에 괴물에게 삼켜졌던(모두를 삼키다) 모든 것을 해방시키고, 그러면 모두가 괴물의 뱃속에서 미끄러져 나온다(미끄러져 나오다)."

이와 아주 비슷한 것이 홍수 동안에 있었던 노아의 행로이다. 이 홍수로 인해, 당시에 살아 있던 생명체가 모두 죽고, 노아와 그가 지킨 생명만이 새롭게 탄생한다. 멜라-폴리네시아의 전설을 보면(프로베니우스), 킹 피시의 배 안에 있던 영웅이 자신의 무기를 들고 물고기의 배를 가르는 것으로 되어 있다. "영웅은 물고기의 뱃속에서 빠져나와 장관을 본 직후 앉아서 생각에 잠겼다. 그는 '도대체 여기가 어디야?'라고 중얼거렸다. 그때 태양이 튀어오르듯 솟으며 앞면과 뒷면의 위치를 바꿨다." 태양은 다시 밖으로 빠져 나왔다.

프로베니우스는 고대 인도의 산스크리트어 대서사시 '라마야나'(Ramayana)를 바탕으로 태양 영웅을 상징하는 원숭이 하누만의 신화에 대해 이야기한다. 태양 속에 들어 있는 상태에서 하누만이 서둘러 하늘을 가로지르는데, 이때 태양이 바다에 그림자를 드리운다. 바다 괴물은 이 그림자를 알아채고 그림자 속에서 하누만을 끄집어낸다. 괴물이 삼키려는 순간, 하누만이 자신의 몸을 무한정 뻗는다. 그러자 괴물은 하누만이 엄청나게 거대하다고 짐작하고 똑같이 몸을 키운다. 괴물이 그런 식으로 몸을 거대하게 만들자, 하누만은 엄지손가락 크기만큼 작아지며 괴물의 큰 몸 안으로 들어갔다가 반대편으로 빠져나간다. 그 시의 다른 부분에서는 그가 괴물의 오른쪽 귀에서 나온 것으로 전해진다(라블레(François Labelais)의 작품에 나오는 가르강튀아와 비슷하다. 가르강튀아는 어머니의 귀에서 태어난다). "다시 하누만은 여행을 계속한다. 그러다가 또 다른 바다 괴물을 만난다. 이 괴물은 태양을 삼키는 악마인 라후스의 어머니이다. 이 바다 괴물은 하누만의 그림자를 똑같이 자기 쪽으로 잡아당긴다. 하누만은 앞에서 썼던 전략을 한 번 더 동원하며 자그맣게 되어 괴물의 몸속으로 미끄러져 들어간 직후 몸집을 거대하게 키워 괴물을 찢어 죽인다. 이런 식으로 하누만은 위기를 모면한다."

따라서 우리는 인도인에게 불을 일으키는 존재로 숭앙받는 마타리슈반이 "어머니의 뱃속에서 부풀려지는 존재"라고 불리는 이유를 이해할 수 있다. 방주(작은 상자, 궤짝, 통, 배 등)는 자궁의 상징이다. 태양이 재생을 위해 빠지는 바다가 자궁의 상징인 것과 똑같다. 이 사상을 바탕으로 우리는 오기게스에 관한 신화적 설명을 이해할 수 있다. 어머니를 소유하고 있는 것도 그이며, 어머니와 연결되어 있는 도시를 소유한 것도 그이다. 따라서 그의 아래로 대홍수가 일어났다. 이유는 영웅이 힘들여 획득한 여자와 결합할 때 어떤 통 안에서 발각되어 그대로 바다로 던져졌다가 새로운 생명을 살기 위해 먼 곳 해안가에 상륙하는 것이 태양 신화의 전형적인 부분이기 때문이다. 중간 부분, 즉 방주를 타고 "바다를 항해하는 야간 여행"은 오기게스의 전설에는 빠져 있다. 그러나 신화학의 원칙은 어떤 신화의 전형적인 부분들은 온갖 변형을 통해 서로 결합될 수 있다는 것이다. 이 때문에 다양한 신화들에 대한 전반적인 지식이 없는 경우에 구체적인 어떤 신화를 해석하는 작업이 대단히 어려워진다. 여기 언급된 신화들에 나타나는 이 순환 과정이 의미하는 바는 분명하다. 그것은 어머니의 자궁으로 돌아감으로써 부활을 이루겠다는, 말하자면 태양처럼 불멸의 존재가 되겠다는 갈망이다. 어머니를 향한 이 같은 갈망은 성경에도 자주 표현되고 있다. 나는 갈라디아 사람들에게 보낸 서한에서 그런 갈망을 특별히 분명하게 읽는다.

"그러나 하늘에 있는 예루살렘은 자유의 몸으로서 우리의 어머니입니다.
성경에 이렇게 기록되어 있습니다.
'즐거워하여라. 아기를 낳지 못하는 여인아!
기뻐 소리쳐라, 환성을 올려라, 산고를 겪어 보지 못한 여인아!
버림받은 여인의 자녀가
남편 가진 여인의 자녀보다 더 많기 때문이다.'
형제 여러분, 여러분은 이삭과 같은 약속의 자녀입니다. 그러나 그때에 육에 따라 태어난 아들이 성령에 따라 태어난 아들을 박해한 것처럼, 지금도 그렇습니다.
그런데 성경은 무엇이라고 말합니까? '여종과 그 아들을 내쫓아라. 여종의 자식이 자유의 몸인 부인의 아들과 함께 상속을 받을 수는 없다.' 하였습니다. 그러므로 형제 여러분, 우리는 여종의 자녀가 아니라 자유인의 몸인 부인의 자녀입니다.

그리스도께서는 우리를 자유롭게 하시려고 해방시켜 주셨습니다. 그러니 굳건히 서서 다시는 종살이의 멍에를 메지 마십시오."[137]

기독교 신자들은 어머니의 상징인 천상의 도시의 자식들이지, 버림받게 되어 있는, 세속 도시의 자식들이 아니다. 왜냐하면 육신을 본떠 태어난 이들은 정신을 본떠 태어난 이들과 반대이기 때문이다. 또 정신을 본떠 태어난 이들은 육신을 가진 어머니에게서 태어나지 않고 어머니의 상징으로부터 태어나기 때문이다. 이 대목에서 우리는 칼자루와 베틀의 북에서 최초의 사람이 생겨났다고 말하는 인디언들에 대해 다시 생각해 보아야 한다. 종교적인 사고는 어머니를 더 이상 어머니라고 부르지 않고 도시나 원천, 밭 등으로 부르려는 충동과 강력히 연결되어 있다. 이 충동은 어머니와 연결된 리비도의 양을 분명히 나타내고 싶은 욕구에서 나올 수 있지만, 이때 그 표현은 어디까지나 어머니가 상징을 통해 그려지거나 상징 속에 숨는 식으로 이뤄진다. 우리는 도시의 상징이 요한의 계시들에서 잘 발달하고 있는 것을 확인할 수 있다. 거기서는 두 개의 도시가 중요한 역할을 맡는데, 이 도시 중 하나는 그에게 모욕을 당하고 저주를 받고 다른 하나는 대단한 욕망의 대상이 된다. '요한 묵시록'에는 이런 내용이 있다.

"'이리 오너라. 큰 물 곁에 앉아 있는 대탕녀에게 내릴 심판을 너에게 보여 주겠다. 땅의 임금들이 그 여자와 불륜을 저지르고, 땅의 주민들이 그

....
137 '갈라디아서' 4장 26-31절. 5장 1절

여자의 불륜의 술에 취하였다.'

그 천사는 성령께 사로잡힌 나를 광야로 데리고 갔습니다. 나는 진홍색 짐승을 탄 여자를 보았습니다. 그 짐승의 몸에는 하느님을 모독하는 이름들이 가득한데, 머리가 일곱이고 뿔이 열이었습니다.

그 여자는 자주색과 진홍색 옷을 입고 금과 보석과 진주로 치장하였습니다. 손에는 자기가 저지른 불륜의 그 역겹고 더러운 것이 가득 담긴 금잔을 들고 있었습니다.

그리고 이마에는 '땅의 탕녀들과 역겨운 것들의 어미, 대바빌론'이라는 이름이 적혀 있었는데, 그 이름은 하나의 신비였습니다. 내가 보니 그 여자는 성도들의 피와 예수님의 증인들의 피에 취해 있었습니다."[138]

이어서 우리에게 쉽게 이해되지 않는 환상에 대한 해석이 따른다. 이 환상에서 우리는 용의 일곱 개의 머리는 그 여자가 앉아 있는 7개의 언덕을 의미한다는 점만을 강조할 수 있을 뿐이다. 이것은 아마 로마를 암시할지도 모른다. '요한 묵시록'이 쓰였을 당시에 세상을 억누르고 있던 권력의 도시가 바로 로마였으니까. "어머니"인 그 여자가 앉아 있는 물은 "사람들과 군중들과 국가들과 언어들"이다. 이것 또한 로마를 암시하는 것 같다. 로마가 민족들의 모든 땅을 소유하고 있었으니까. 예를 들면, 속어로 식민지들이 딸로 불리는 것과 똑같이, 로마에 복종하는 민족들은 어머니에게 종속된 가족의 구성원과 비슷하다. 그 그림의 또 다른 버전을 보면, 민족의 왕들, 즉 아버지들은 이 어머니와 간음을 저지른다. '요한 묵시록'은 이런 내용으로 이어진다.

....
138 '요한 묵시록' 17장 1–6절

"그가 힘찬 소리로 외쳤습니다.

'무너졌다, 무너졌다, 대바빌론이!

바빌론이 악마들의 거처가 되고

온갖 더러운 영들의 소굴,

온갖 더러운 새들의 소굴,

더럽고 미움 받는 온갖 짐승들의 소굴이 되고 말았다.

그 여자의 난잡한 불륜의 술을

모든 민족들이 마시고.'"[139]

이리하여 이 어머니는 모든 혐오스런 것의 어머니가 될 뿐만 아니라 진실로 사악하고 불결한 것들을 받아들이는 그릇이 된다. 새들은 영혼들의 이미지이며, 따라서 저주받고 사악한 정령들의 모든 영혼을 의미한다. 한 예로 어머니는 헤카테[140]가 되고, 저승이 되고, 저주 받은 자의 도시가 된다. 우리는 용의 등에 올라탄 여자라는 고대의 생각에서 앞에서 언급한, 지옥의 공포의 어머니 에키드나가 그려지고 있는 것을 쉽게 확인할 수 있다. 바빌론은 모든 사람들을 유혹하여 매춘부로 만들려고 하고 포도주로 취하게 하려는 "끔찍한" 어머니의 원형이다. 취하게 만드는 술은 간음과 아주 가깝다. 왜냐하면 불과 태양의 비교에서 이미 보았듯이, 사람을 취하게 만드는 술도 리비도의 상징이기 때문이다. 바빌론의 몰락과 저주 후에, 우리는 '요한 묵시록'(19장 6-7절)에서 찬가가 그 어머니의 아래쪽 반에서 위쪽 반으로 옮겨가는 것을 발견한다. 거기서는 근친상간을 억압하지 않고는 불가능했을 모든 것이 가능하다.

....

139 '요한 묵시록' 18장 2-3절

140 고대 그리스 신화 속에서 처음에 출산의 여신으로 통했으나 나중에 대지의 여신과 저승의 여신이 결합된 여신으로 여겨졌다.

"'할렐루야!

주 우리 하느님,

전능하신 뿐께서 다스리기 시작하셨다.

기뻐하고 즐거워하며

하느님께 영광을 드리자.

어린양의 혼인날이 되어

그분의 신부는 몸단장을 끝냈다.

그 신부는 빛나고 깨끗한

고운 아마포 옷을 입는 특권을 받았다.'

고운 아마포 옷은 성도들의 의로운 행위입니다.

또 그 천사가 나에게 말하였습니다. "'어린양의 혼인 잔치에 초대받은 사
람은 행복하다.'고 기록하여라." 하고 말하였습니다."[141]

어린양은 그 "여자"와 자신의 결혼을 축하하는 사람의 아들이다. 그 "여
자"가 누구인지는 처음에 드러나지 않는다. 그러나 '요한 묵시록'은 어느
"여자"가 어린양의 아내이고 신부인지를 보여준다.

"일곱 천사 가운데 하나가 나에게 와서 말하였습니다. '이리 오너라. 어
린양의 아내가 될 신부를 너에게 보여 주겠다.' 이어서 그 천사는 성령께
사로잡힌 나를 크고 높은 산 위로 데리고 가서는, 하늘로부터 하느님에게
서 내려오는 거룩한 도성 예루살렘을 보여 주었습니다.[142]

이 인용을 근거로 하면, 여기 아들에게 약속된 천상의 신부인 그 도시는

....
141 '요한 묵시록' 19장 6-9절
142 '요한 묵시록' 21장 9-10절

어머니인 것이 분명하다. 갈라디아인들에게 보낸 편지에 따르면, 바빌론에서 불결한 처녀는 쫓겨났으며, 그래서 이곳 천상의 예루살렘에서 어머니-신부가 보다 확실히 얻어질 것이다. 교회법들을 만든 교부들이 그리스도 신비의 상징적인 의미 중에서 이 부분을 보존한 것은 심리적 지각이 아주 섬세하게 발휘되었다는 사실을 증명하고 있다. 천상의 예루살렘은 초기 기독교의 근본을 이루는 공상들과 신화 자료들의 보고(寶庫)이다. 천상의 예루살렘에 덧칠해진 속성들은 어머니로서의 그 도시가 지니는 의미를 너무도 분명하게 보여주고 있다.

> "그 천사는 또 수정처럼 빛나는 생명수의 강을 나에게 보여 주었습니다. 그 강은 하느님과 어린양의 어좌에서 나와, 도성의 거리 한가운데를 흐르고 있었습니다. 강 이쪽저쪽에는 열두 번 열매를 맺는 생명나무가 있어서 다달이 열매를 내놓습니다. 그리고 그 나뭇잎은 민족들을 치료하는 데에 쓰입니다. 그곳에는 더 이상 저주를 받는 것이 없을 것입니다. 도성 안에는 하느님과 어린양의 어좌가 있어, 그분의 종들이 그분을 섬기며 그분의 얼굴을 뵐 것입니다."[143]

이 인용에서 우리는 물의 상징을 만난다. 도시와 관련해서 오기게스를 언급하던 곳에서 이미 경험한 상징이다. 물의 모성적인 의미는 신화학의 영역에서 가장 명확한 상징체계에 속한다. 그래서 고대인들은 바다가 탄생의 상징이라고 말할 수 있었다. 생명은 물에서 시작된다. 이 대목에서 우리의 관심을 가장 많이 끄는 두 신인 그리스도와 미트라 중에서, 미트라는 어느 강가에서 태어났고 그리스도는 요르단 강에서 새로운 탄생을 경험했

....
143 '요한 묵시록' 22장 1-3절

다. 게다가 그리스도는 "영원한 사랑의 샘"으로부터, 신의 어머니에게서 태어났으며, 신의 어머니는 이교도-기독교 전설에 의해 샘의 님프로 여겨졌다.

"샘"은 미트라교에서도 발견된다. 페르시아에서 아르드비샤라(Ardvîçûra)는 생명수의 샘이다. 아르드비샤라-아나히타는 물과 사랑의 여신이다(아프로디테가 거품에서 태어나는 것과 마찬가지이다). 사산 왕조의 페르시아는 행성 금성과 결혼 적령기의 소녀를 "나히드"라는 이름으로 불렀다. 페르시아 여신 아나히드의 신전에는 매춘부들이 있었다. 사카인(Sakaeen)에서는 (아나이티스를 기려서) 이집트의 아레스와 그의 어머니를 기리는 축제에서처럼 전투 의식이 치러졌다. '베다'에서 물은 '가장 모성적'이라는 뜻으로 '마트리타마흐'라 불린다. 살아 있는 모든 것은 태양이 그러듯이 물에서 나타나고 밤이 되면 물속으로 떨어진다. 물과 강과 바다에서 태어난 인간은 죽음에 이르면 "밤의 바다 여행"에 들어가기 위해 저승의 강에 닿는다. 이때의 소망은 죽음의 검은 물이 생명의 물이었으면 하는 것이다. 또 차갑게 포옹하는 죽음이 어머니의 자궁이었으면 하는 것이다. 바다가 태양을 삼켰다가 어머니의 자궁을 통해 다시 세상으로 내보내듯이 말이다(요나의 주제). 생명은 죽음을 믿지 않는다.

> 생명의 홍수 속에서, 행위들의 격랑 속에서
> 나는 높이 올랐다가 가라앉고
> 앞뒤로 흔들리고 있구나!
> 요람과 무덤으로서,
> 결코 끝 없는 바다로서,
> 늘 일어나는 변화로서,

생명의 백열광으로서.**[144]**

   생명의 숲 또는 생명의 나무가 모성의 상징이라는 것은 앞의 추론을 통해서도 쉽게 이해될 것 같다. 아마 생명의 나무는 다른 무엇보다도 열매를 맺어 대를 잇는 나무로서 어머니의 이미지일 것이다. 무수한 신화들은 사람이 나무에서 기원했음을 입증하고 있다. 많은 신화들은 영웅이 모성의 나무 안에 어떤 식으로 들어 있었는지에 대한 이야기를 들려주고 있다.

   예를 들면, 오시리스는 죽어서 나무 기둥 안에 들어 있었고, 아도니스**[145]**는 상록의 관목 속에 있었다. 수많은 여신들은 나무로 숭배를 받았으며, 여기서 신성한 숲이나 나무를 숭배하는 풍습이 생겨났다. 아티스가 자기 어머니 때문에 소나무 아래에서 스스로를 거세할 때, 나무의 의미는 아주 분명하다. 여신들은 종종 나무나 숲의 형식으로 숭배를 받았다. 한 예로 테스피아이의 유노**[146]**는 나무의 가지였으며, 사모스의 유노는 판자였다. 아르고스의 유노는 기둥이었다. 카리아의 디아나는 자르지 않은 나무 조각이었다. 린두스의 아테나는 광을 낸 기둥이었다. 테르툴리아누스는 파로스의 케레스를 "얼굴도 없고, 거칠고, 형태도 없는 나무 막대기"라고 부른다. A.D. 2세기의 그리스 문법학자 아테나이오스(Athenaeus)는 달로스의 라토나에 대해 형태가 없는 나무토막이라고 적고 있다. 테르툴리아누스는 아티카의 팔라스**[147]**를 나무 깃대라고 부른다. 나무 깃대는 그 이름이 암시하듯이 남근을 상징한다. 이 단어는 훗날 "빛나는, 찬란한" 같은 의미를 얻게 되었다. 이 단어의 인도 게르만어 뿌리는 "부풀다, 팽창하다" 등의 뜻을

....
144 Johann Wolfgang Goethe, "Faust"
145 고대 그리스 신화 속의 젊은 사냥꾼.
146 고대 로마 신화 속의 여신으로 국가의 수호자였다.
147 고대 그리스 신화 속의 지혜와 정의의 여신.

가진 'bhale'이다. 그렇다면 여기서 누가 파우스트를 떠올리지 않을 수 있겠는가?

"그것은 내 손 안에서 성장하고, 빛나고, 커지고 있어!"

그것은 원초적인 리비도의 상징이다. 남근의 리비도와 빛이 얼마나 직접적으로 연결되는지를 잘 보여주는 상징이다. '리그베다'에서도 루드라의 말을 통해서 이와 똑같은 관계가 확인된다.

"오, 인간을 지배하는, 오줌을 누는 루드라여, 당신의 은총을 비나이다."[148]

여기서 나는 앞에서 언급한 바 있는, '우파니샤드'에 나타나는 루드라의 남근 상징체계에 대해 이야기하고 있다.

"아래로, 불꽃을 피우는 루드라에게, 제물을 갖고 오는 존재에게, (창공을 떠돌면서) 예언자에게까지 원을 그리며 다가가는 존재에게 도움을 청하노니."[149]
"달콤한 것들을 맺게 하고, 우리의 부름에 귀기울이시고, 혈색 좋고, 아름다운 투구를 쓴 이여, 우리가 질투심에 휘둘리지 않게 해주소서."
"강한 생명력으로 간청하는, 마루트[150]와 연결된 수소는 저를 기쁘게 하나이다."

....
148 '리그베다' Ⅰ, 114, 3
149 '리그베다' Ⅰ, 114, 4
150 힌두 신화 속의 폭풍의 신이며, 루드라의 아들이다.

"적갈색의 수소에게, 하얗게 빛나는 수소에게 찬양의 노래를 부르고, 불
꽃으로 타오르고 있는 수소를 숭배하라. 우리는 빛나는 존재 루드라를 찬
양하나이다."

"루드라의 화살이 우리를 맞히지 않도록 해주소서. 빛나는 존재의 화가
우리를 비켜가도록 해주소서. 왕자들을 위해 팽팽한 활을 풀어주소서. 그
대의 육체의 물(생식력)로 축복하는 존재여, 우리의 자손들에게 은총을
베푸소서."[151]

이런 식으로 우리는 슬그머니 어머니의 상징에서 남근 상징의 영역으로
넘어간다. 남근 상징의 요소는 나무에도 있고, 중세의 가계도가 분명하게
보여주듯, 심지어 가계도에도 있다. 최초의 조상에서부터 점점 위로, 나무
줄기가 남근 모양으로 자란다. 라틴어에서 나무들이 남성형 어미를 가지
면서도 여성형이라는 사실은 나무가 양성적인 상징적 성격을 지닌다는 점
을 암시한다. 꿈에서 숲이 여성적(특히 모성적) 의미를 갖고 나무들이 남
근의 의미를 갖는다는 것은 널리 알려져 있다. 예를 하나 보자.

늘 신경이 예민하고, 여러 해에 걸쳐 결혼생활을 하는 동안에 리비도가
축적된 결과 병을 앓게 된 여인의 예이다. 그녀는 자신에게 매우 즐거운
존재로 다가오는, 영혼이 자유로운 어느 젊은이를 알게 된 뒤에 다음과
같은 꿈을 꾸었다. 그녀는 어느 정원에 있다. 거기엔 이국적인 나무가 한
그루 서 있다. 붉고 낯선 꽃 또는 열매를 탐스럽게 달고 있는 나무이다. 그
녀는 열매를 따서 먹었다. 그런데 갑자기 열매에 독이 있을지도 모른다는
생각이 들었다. 이 같은 꿈 생각은 전통적 또는 시적 상징체계에 의해 쉽
게 이해될 수 있다. 그래서 여기서는 분석 자료에 관한 정보를 공개할 필

....
151 '리그베다 I, 114, (5, 6, 8, 14)

요조차 없다.

나무의 이중적인 의미는 그런 상징들이 "해부학적"으로가 아니라 심리학적으로 리비도의 상징으로 이해된다는 사실에 의해 쉽게 설명된다. 따라서 나무를 생김새 때문에 직접적으로 남근으로 해석하는 것은 허용되지 않는다. 나무가 여자 또는 어머니의 자궁으로 여겨질 수도 있기 때문이다. 의미의 일관성은 오직 리비도의 유사성에만 있다. 이것은 어머니를 대체하는 상징이라든가 저것은 페니스를 대체하는 상징이라는 식으로 말하면 연속적으로 궁지에 빠지며 길을 잃게 된다. 상징의 영역에서는 사물들의 고정된 의미는 절대로 없다. 여기서 유일한 현실은 리비도이며, 리비도에게는 "소멸할 수 있는 모든 것은 단순히 하나의 상징일 뿐"이다. 유일한 현실은 실제의 육체적인 어머니가 아니라, 한때 어머니를 대상으로 삼았던 아들의 리비도이다.

신화적인 상징들을 지나치게 구체적으로 받아들이다 보니, 우리는 걸음을 옮길 때마다 끝없는 모순들에 놀란다. 이 모순들이 일어나는 이유는 별것 아니다. 공상의 영역에서는 "감정이 전부"라는 점을 우리가 지속적으로 망각하기 때문이다. 따라서 "그의 어머니는 사악한 마법사였다"라는 글을 읽을 때면, 그 해석은 아들이 어머니를 사랑하고 있다는 것이다. 말하자면, 아들이 어머니 심상으로부터 자신의 리비도를 떼어놓지 못하고 있고, 따라서 그가 근친상간에 대한 저항으로 힘들어 하고 있다는 뜻이다.

도시의 상징에서 추가적인 속성으로 만나는 물과 나무의 상징체계도 무의식적으로 어머니 심상으로 집중되는 리비도의 양을 말한다. '요한 묵시록'의 일부에서, 종교적 갈망의 무의식적 심리학이 드러나고 있다. 종교적 갈망은 곧 어머니를 향한 갈망이다. 계시에 대한 기대는 결국 어머니로 귀착된다. "그리고 그곳에는 더 이상 하느님의 저주를 받는 것이 없을 것입니다."[152] 더 이상의 죄도, 억압도, 자신의 자기와의 불화도, 죄의식도, 죽음에 대한 공포도, 분리의 고통도 없을 것이니까!

따라서 '요한 묵시록'은 2,000년이 지나서 '파우스트' 속의 마리아누스 박사의 마지막 기도에 시적으로 표현된 그 신비한 조화에서 다시 한 번 메아리를 일으키고 있다.

> 참회자들이여,
> 그녀가 구원의 빛을 발하는 그곳을
> 우러러보고 힘을 내라.
> 축복받은 운명에 감사하고,
> 다시 힘을 얻어 성장하라!
> 우리의 영혼을 늘 그랬듯
> 당신에게 바치리라!
> 동정녀여, 어머니여, 여왕이여, 여신이여,
> 은총을 베푸소서![153]

감정의 이런 아름다움과 위대함 앞에서 한 가지 중요한 물음이 생긴다. 말하자면, 종교에 의해 보상되고 있는 그 중요한 경향이 근친상간으로 지나치게 편협하게 이해되고 있는 것은 아닌가? 나는 이미 예전에 이 의문과 관련해서 나 자신도 "리비도에 맞서는 저항"을 일반적으로 근친상간 금지와 일치하는 것으로 고려하고 있다는 사실을 확인했다. 나는 심리학적 근친상간의 개념에 대한 정의를 당분간 그냥 백지 상태로 남겨둬야 한다. 그러나 나는 여기서 이 점만은 꼭 강조하고 싶다. "근친상간" 욕망의 근본적

....
152 '요한 묵시록' 22장 3절
153 Johann Wolfgang Goethe, "Faust"

286

인 바탕이 부부살이를 목표로 잡는 것이 아니라, 다시 아이가 되거나, 부모의 보호를 받는 상태로 돌아가거나, 다시 태어나기 위해 한 번 더 어머니의 뱃속으로 들어가겠다는 특별한 생각을 목표로 잡고 있다는 것을 우리에게 증명하는 것이 특히 태양 신화 의 완전성이라는 점을 말이다. 그러나 이 목표를 이루는 길에, 말하자면 어머니의 자궁 속으로 다시 들어가는 길에 근친상간이 방해가 되고 있다.

재탄생을 이루는 가장 간단한 방법은 어머니에게 임신을 시켜 자신과 똑같은 아이를 낳는 것이다. 그러나 여기서 근친상간 금지가 개입하고 나선다. 그래서 태양의 신화나 부활의 신화는 근친상간을 피할 수 있는 온갖 계획으로 가득하다. 근친상간을 피하는 매우 간단한 방법은 어머니를 다른 존재로 바꿔버리거나, 어머니를 젊게 만들거나, 어머니를 사라지게 하는 것이다. 그러나 이것은 독창적인 방법이긴 하지만 유일한 길은 아니다.

근친상간 금지에 대한 저항은 대단히 창의적인 공상을 불러일으킨다. 예를 들면, 다산을 비는 신비의 부적을 빌려 어머니를 임신시키려는 시도도 있다. 이런 방향으로 일어나는 시도들은 신화적인 공상들의 단계에 남지만, 그 시도들은 한 가지 결과를 낳는다. 바로 공상의 활동이다. 공상의 활동은 공상적 가능성들의 창조를 통해서 점진적으로 경로들을 만들어 내며, 그 활동 중에 리비도가 적극적인 역할을 하며 흐름을 시작할 수 있다. 따라서 리비도는 지각되지 않을 만큼 미세한 방식으로 영적으로 변한다. 그리하여 "언제나 악을 소망하는" 힘이 어떤 영적 삶을 창조한다. 그 결과, 종교에서 지금 이 과정이 하나의 시스템으로 강화되고 있다. 그렇기 때문에, 종교가 이 상징적 전이들을 촉진시키기 위해 얼마나 많은 노력을 기울이는지를 살피는 것도 상징을 이해하는 데 큰 도움을 준다. '신약 성경'은 상징의 전이를 들여다볼 수 있는 예들을 풍부하게 제시하고 있다. 니코데모(Nicodemus)는 부활에 관한 연설에서 그 문제를 매우 현실적으로 이해하지 않을 수 없었다.

> "니코데모가 예수님께 말하였다. '이미 늙은 사람이 어떻게 또 다시 태어
> 날 수 있겠습니까? 어머니 배 속에 다시 들어갔다가 태어날 수야 없지 않
> 습니까?'"[154]

　그러나 예수는 물질주의적인 관점에서 다듬어진 니코데모의 감각을 순
수한 차원으로 끌어올리기 위해 노력하면서 그에게 똑같은 말을, 하지만
결코 똑같지 않은 말을 한다.

> "내가 진실로 진실로 너에게 말한다. 누구든지 물과 성령으로 태어나지
> 않으면, 하느님 나라에 들어갈 수 없다. 육에서 태어난 것은 육이고 영에
> 서 태어난 것은 영이다.
> '너희는 위로부터 태어나야 한다.'고 내가 말하였다고 놀라지 마라. 바람
> 은 불고 싶은 대로 분다. 너는 그 소리를 들어도 어디에서 와 어디로 가는
> 지 모른다. 영에서 태어난 이도 다 이와 같다."[155]

　물에서 태어난다는 것은 단지 어머니의 자궁에서 태어난다는 것을 의미
한다. 정신에서 태어난다는 것은 열매를 맺는 바람의 숨결로부터 태어난
다는 의미이다. 이런 진리를 우리는 고대 그리스의 텍스트(거기서는 정신
과 바람이 같은 단어로 표현된다)를 통해서 배운다.
　이 상징체계는 독수리들에 관한 이집트의 전설을 낳았던 것과 똑같은 필
요에서 나왔다. 바로 어머니의 상징이다. 독수리들은 암컷들 뿐이었고, 바

....
154　'요한복음' 3장 4절
155　'요한복음' 3장 5-8절

288

람에 의해 수정되었다. 여기서 우리는 도덕적 요구를 이런 신화적인 단언들의 토대로 매우 분명하게 보고 있다. "당신은 어머니에 대해서 죽을 운명을 타고난 인간에 의해 평범한 방식으로 임신하는 것이 아니라 영적인 존재에 의해서 비범한 방식으로 임신했다고 말해야 한다." 이 같은 요구는 현실의 진리와 정반대이며, 따라서 신화가 아주 적절한 해결책이 되어준다. 여기서 우리는 죽었다가 놀라운 방식으로 다시 태어남으로써 불멸을 얻은 존재가 영웅이었다고 말할 수 있다. 이 같은 요구가 필요했던 이유는 틀림없이 어머니와 관련해서 어떤 명확한 공상을 품지 않도록 막기 위해서였을 것이다. 아들은 당연히 어느 아버지가 육체적 관계를 통해 자기를 낳게 했다고 생각하지, 자신이 어머니를 임신하게 해서 자신을 새롭게 어린 모습으로 다시 태어나게 했다고 생각하지 않는다. 어떤 이유들로 아주 특별한 힘을 지니고, 따라서 충동적인 어떤 소망으로 나타나는 이 근친상간 공상은 억눌러지고, 그 공상은 앞에서 언급한 요구를 따르면서 어떤 조건에서 출생의 문제에 관해서, 더 적절히 말하면 어머니로부터의 개인적 재탄생에 관해서 상징적으로 스스로를 다시 표현한다.

예수가 니코데모에게 이의를 제기하는 장면에서, 우리는 이런 경향을 확실히 볼 수 있다. "육욕적으로 생각하지 마라. 그렇지 않으면 네가 육욕적이게 된다. 상징적으로 생각하라. 그러면 네가 영적인 존재가 된다." 상징을 추구하려는 충동이 대단히 교육적이고 발전적일 수 있다는 것은 분명하다. 만약에 니코데모가 상징을 통해서 자신을 억압된 근친상간의 욕구그 이상으로 성숙시키지 못한다면, 그는 아마 낮고 진부한 차원에 고착될 것이다. 교양 있는 한 사람의 정직한 속물로서, 니코데모는 아마 그런 노력을 그다지 열심히 펴지 않았을 것이다. 왜냐하면 사람들이 대체로 근친상간 리비도를 억누르는 것으로 만족하고, 기껏해야 겸손한 종교적 관행들을 통해서 그것을 표현하는 것처럼 보이기 때문이다.

그럼에도 다른 측면에서 보면, 사람이 근친상간 리비도를 단순히 부정하고 억누름으로써 근친상간의 끈에 계속 고착되어 있을 것이 아니라, 자신의 역량을 충분히 발휘하기 위해서 근친상간에 묶여 있는 역동적인 힘을 되찾는 것이 중요해 보인다. 이유는 사람이 자신의 인격의 한계들을 다 채우기 위해서는 전체 리비도가 다 필요하고, 그럴 때에만 처음으로 최선을 다할 수 있는 조건을 갖추게 되기 때문이다. 사람이 근친상간 쪽으로 고착된 리비도를 표현할 수 있는 경로들은 종교의 신화적인 상징들에 의해 제시되었던 것 같다. 그런 까닭에 예수는 니코데모에게 이런 식으로 가르친다. "그대는 부활을 위해 근친상간적인 소망에 대해 생각하고 있네. 그럴 것이 아니라, 그대가 물에서 태어나고 바람의 숨결에 의해 생겨난다고 생각해야 하네. 그런 식으로 그대는 영생을 누릴 수 있을 걸세."

한 예로, 억압된 근친상간적인 끈 속에, 또 법과 복수하는 아버지 신에 대한 두려움 속에 잠자코 있는 리비도는 세례의 상징(물로부터의 출생)과 성령의 강림의 상징을 통한 생식의 상징(영적 탄생)을 통해서 승화될 수 있다. 따라서 사람은 다시 아이로 태어나 형제자매의 집단으로 들어가지만, 그의 어머니는 "성자들의 집단", 즉 교회이고, 그의 형제자매 집단은 인류이다. 그는 원시적인 상징이라는 공통적인 유산에서 인류와 새롭게 결합한다.

기독교가 처음 시작될 때, 이 과정이 특별히 필요했던 것 같다. 그 시대는 시민들과 노예 주인들이 누리던 자유와 노예제도 사이의 대조가 너무나 뚜렷했던 탓에, 인류가 공통의 끈을 갖고 있다는 자각을 완전히 상실한 상태였기 때문이다. 기독교에서 유아기로의 퇴행이 활발하게 일어난, 두 번째이면서 가장 근본적인 이유들 중 하나는 아마 여성들에 대한 지나친 경시에서 발견되었을 것이다. 물론, 이 퇴행은 근친상간 문제의 부활과 맞물려 있었다. 당시에 성욕을 채우는 일은 아주 쉬웠다. 그 결과, 성적 대상을 과도하게 경시하는 경향이 나타났다. 기독교에 의해 개인적 가치들의 존재가 처음 발견되었으며, 오늘날에도 그런 가치들을 발견하지 못한 사람들이 아주 많다. 그러나 성적 대상의 경시는 성적 행위에 의해 충족될 수 없는 그 리비도의 유출을 방해한다. 왜냐하면 성적 대상이 이미 성적 특성을 잃은, 보다 높은 질서에 속하기 때문이다. (만약에 그렇지 않다면, 돈 후안 같은 인간은 절대로 신경증 환자가 될 수 없겠지만, 실상은 정반대이다.) 무가치하고 경멸스런 대상에 높은 가치를 부여할 이유가 있을까? 따라서 리비도는 아주 오랫동안 "모든 여자에게서 헬레네[156] 같은 여자"를 본 뒤에 성취하기 어려운 목표를, 숭배 받고 있지만 아마 닿지는 못할 목표를 추구한다. 무의식에서 그 목표는 바로 어머니이다.

따라서 근친상간 저항 때문에 상징적 필요가 다시 크게 부각되었으며, 그리하여 올림포스 신들의 아름답고 죄 많은 세상이 불가해하고 꿈같고 비밀스런 신비들로 바뀌었으며, 이 신비들은 상징과 모호한 의미의 텍스트들을 받아들임으로써 우리를 고대 그리스와 로마 세계의 종교적 감정들로부터 더욱 멀리 떼어 놓았다.

예수가 니코데모에게 사물들을 상징적으로 지각하는 것을, 말하자면 실제적인 사실들을 억누르거나 숨기는 것을 받아들이도록 가르치면서 큰 어려움을 겪었다는 사실을 고려한다면, 또 사람들이 그런 식으로 생각해 왔고 지금도 마찬가지로 그런 식으로 생각하는 것이 전반적인 문명의 역사에 얼마나 중요했는지를 고려한다면, 우리는 신경증적 또는 정상적인 상징체계의 진정한 배경이 심리학적으로 발견될 때마다 일어나는 반감을 쉽게 이해할 수 있다. 언제 어디서나 우리는 몹시 불쾌한 성욕의 영역을 만나며, 이 영역은 오늘날의 모든 정직한 사람들에게 불결한 무엇인가로 다가

....
156 고대 그리스 신화에서 가장 아름다운 여인으로 꼽히며 트로이 전쟁의 원인이 되었다.

온다. 그러나 성욕에 대한 종교적 숭배가 다소 공개적으로 이뤄지던 때로부터 2,000년 가까운 세월이 흘렀다. 분명히, 그런 숭배를 한 사람들은 이교도였고 또 더 많은 것을 알지도 못했지만, 종교적 힘의 본질은 세월이 흘러도 변하지 않는다. 만약에 고대의 숭배의 성적 내용에 강한 인상을 받았다면, 또 만약에 그 종교적 경험, 즉 고대의 신과의 결합이 고대인에게 다소 구체적인 성교로 이해되었다는 점을 깨닫는다면, 그 사람은 어느 종교의 원동력이 그리스도의 탄생 이후로 갑자기 완전히 달라졌다는 공상을 더 이상 품지 못할 것이다. 정확히 그와 똑같은 일이 히스테리 환자에게, 그러니까 처음에 꽤 추하고 유치한 성적 표현에 몰입해 놓고는 뒤에 주변 사람들에게 자신이 특별히 순수하다는 점을 확신시키기 위해 성적인 것을 과도하게 부정하는 태도를 취하는 히스테리 환자에게 일어났다. 명백히 성적인 것을 억압하는 기독교는 고대의 성적 숭배의 부정이다. 원래의 숭배가 그 표시들을 바꿨다. 방탕한 이교도 사상 중에서 얼마나 많은 것이 기독교 교회로 수용되었는지를 파악하기만 하면, 그 같은 사실이 확인된다. 심지어 꼴사나운 신들까지도 기독교 교회로 받아들여졌다. 한 예로, 품위 없는 옛날의 프리아포스가 성 티콘(St. Tychon)의 축제를 통해 화려하게 부활했다. 밀랍으로 만든 "남근"을 행사의 일부로 받아들인, 의사들인 성 코스마(Kosma)와 성 다미안(Damien)의 축제에서도 그런 부활이 보인다. 옛날 기억 속의 성 팔루스가 시골의 예배당에서 다시 숭배되고 있으니, 이교도 신앙의 나머지에 대해서는 말할 필요도 없다.

성욕을 굶주림과 동등한 기능으로 인정하는 것을 아직 배우지 않은 탓에, 성과 상관없는 피난처로 여겨지던 일부 터부 제도들이 오늘날 성적 상징체계로 넘쳐나는 것으로 인식된다는 점을 수치스런 일로 생각하는 사람들이 있다. 그런 사람들은 자신들의 강력한 반발에도 불구하고 여전히 그것이 현실이라는 사실을 고통스럽게 인정하지 않을 수 없다. 사람은 통념과 달리 정신분석적 사고가 무수히 많은 손을 거치면서 다듬어지는 과정에 아주 복잡해진 상징적 구조들을 하나하나 해체하고 있다는 점을 이해할 수 있어야 한다. 이것은 어떤 환원 과정을 의미하며, 만약에 그 대상이 달랐다면, 아마 그 과정은 대단한 지적 즐거움을 안겨줄 것이다.

그러나 여기서 그 과정은 미학적으로만 아니라 윤리적으로도 괴로운 작업이다. 왜냐하면 극복해야 할 억압들이 우리의 최고의 선의에 의해 이뤄졌기 때문이다. 우리는 다른 측면에서 야비한 존재로 추락할 것임에 틀림없다는 두려움을 품은 가운데 우리의 고결성을 극복하기 시작해야 한다. 이것은 분명히 맞는 말이다. 왜냐하면 고결성이 언제나 내적으로 야비한 경향에 의해 보상되기 때문이다. 내적으로 역겨운 미덕을 갖춘 상태에서 도덕적 과대 망상증에 빠져 있는 사람들 중에 방탕하게 구는 사람들이 얼마나 많은가? 방탕한 사람이나 도덕적 과대 망상증에 빠진 사람은 분석 심리학을 접하는 경우에 똑같이 속물로 드러난다. 왜냐하면 도덕적인 사람은 성욕에 대해 객관적이고 값싼 어떤 심판을 상상했고, 비도덕적인 사람은 자신의 성욕의 상스러움이나 이기적이지 않은 사랑을 하지 못하는 자신의 무능력을 절대로 자각하지 못하기 때문이다. 사람들은 악덕뿐만 아니라 미덕 때문에도 비참해질 수 있다는 진리를 완전히 망각하고 있다. 세상에는 악덕만큼이나 비열하고 악덕만큼이나 심각한 폭력과 부정을 야기하는 독선이 있다.

인류 중 상당한 비중이 기독교를 버리기 시작하는 이때, 기독교가 원래 받아들여지게 되었던 이유를 분명히 이해하는 것도 가치 있는 일일 것이다. 기독교는 마침내 고대의 잔인성으로부터 달아나기 위해 받아들여졌다. 우리가 기독교를 버리자마자, 현대의 대도시의 삶을 통해 확인되듯이, 부도덕이 다시 나타나고 있다. 이 걸음은 앞으로 나아가는 걸음이 아니라 퇴보하는 걸음이다. 그것은 한 가지 형태의 전이를 버린 뒤에 새로운 형태의 전이를 전혀 갖지 않은 개인들에게 나타나는 현상이다. 틀림없이, 그런 개인들은 옛날의 전이 경로를 퇴행적으로 밟으며 자신에게 피해를 입힐 것이다. 그 개인들의 주변 세상이 그 후로 근본적으로 변했으니 말이다.

기독교 교조주의의 역사적 및 철학적 허약성과 역사적인 예수의 종교적 공허함에 혐오감을 느끼고 기독교와 함께 기독교 도덕까지 버린 사람은 틀림없이 부도덕이라는 고대의 문제에 직면하고 있다. 역사적인 예수라는 개인에 대해 우리는 전혀 아무것도 모르고, 그의 종교적 가치는 부분적으로 '탈무드'와 관련있고, 또 부분적으로 고대 그리스인의 지혜이다. 오늘날 개인은 여전히 대중의 위선적인 의견에 억제 당하는 느낌을 받으며, 따라서 개인은 별도의 은밀한 삶을 영위하길 선호하면서도 공개적으로는 도덕성을 보이는 쪽을 택하고 있다.

만약에 모든 사람이 어느 한 순간에 일제히 자신의 도덕적 가면이 지나치게 따분하다는 사실을 깨닫는다면, 또 그들이 자신의 내면에 야수들이 서로를 기다리며 위험하게 앉아 있다는 사실을 깨닫는다면, 타락의 광기가 인류에게 휘몰아칠 것이다. 이것은 오늘날 도덕적으로 제약을 받고 있는 사람의 꿈, 소망 꿈이다. 그가 필연을, 말하자면 사람들을 어느 정도 숨막히게 하고, 사람들로부터 생기를 빼앗고, 또 모든 열정을 방해하는 그런 필연을 망각하고 있기 때문이다.

나 자신이 리비도가 원시적인 단계로 돌아가는 경우에 인류에게 닥칠지 모르는 위험을 완전히 망각한 가운데 분석적인 환원을 통해서, 리비도를 거의 정복된 원시적인 단계로 되돌려 놓길 원한다는 비난이 제기되어서는 안 된다. 정말로, 일부 개인들은 큰 피해를 입어가면서까지 죄의 부담을 느낄 필요가 없었던 옛날의 광적인 성욕에 자신을 맡겨 버릴 수도 있다. 그러나 그런 사람들은 다른 상황에서도 그 외의 다른 방식으로 일찍이 사라졌을 사람들이다. 나는 인간의 성욕을 가장 냉혹하게 가장 효과적으로 규제하는 장치를 잘 알고 있다. 바로 필연이다. 필연이라는 무거운 부담을 지고 있는 상황이라면, 인간의 정욕은 절대로 지나치게 높이 날지 못한다.

오늘날 단순히 자신만의 방식으로 행복을 추구하는 방법을 몰라서 신경증 환자가 되는 사람이 너무나 많다. 그들은 자신에게 결여가 일어나고 있는 곳이 어딘지조차 깨닫지 못하고 있다. 이런 신경증 환자들 외에, 제약을 받고 있거나 불만스럽다고 느끼는 정상적인 사람들도 많다. 이런 사람들에게는, 성적 요소로 환원시키는 작업이 반드시 필요하다. 목적은 그들이 자신의 원초적인 자기를 다시 찾고, 그것을 통해서 원초적인 자기와 자신의 전체 인격의 관계를 알고 그 관계를 소중히 여기는 방법을 배울 수 있도록 하기 위해서이다.

이런 과정만 거쳐도 일부 조건들이 충족될 것이고, 다른 조건들은 유아적인 성격 때문에 부적절한 것으로 여겨지며 버려질 것이다. 이런 식으로, 개인은 어떤 것들은 희생시켜야 한다는 사실을 깨달을 것이다. 비록 그것들이 다른 영역에서는 성취될지라도 말이다. 우리는 자신의 근친상간 소망을 오랫동안 부정하고 희생시키고 차단시켰다고, 그래서 근친상간 소망은 전혀 남아 있지 않다고 상상한다. 그러나 이것은 진실이 아니며, 우리가 다른 영역에서 무의식적으로 근친상간을 저지르고 있다는 생각은 우리에게 떠오르지 않는다.

예를 들면, 우리는 종교적 상징에서 근친상간을 만난다. 우리는 근친상간 소망이 완전히 사라졌다고 생각하고 있다가 종교에서 그 같은 소망을 온전한 모습으로 재발견한다. 이 과정 또는 변환은 세속적인 발달에서 무의식적으로 일어났다.

1부에서 그와 비슷한 리비도의 무의식적 변환이 윤리적으로 무가치한 태도라는 것을 보여주었고, 내가 부도덕과 잔인성에 대한 저항이 강했던 고대 로마의 초기 기독교와 그 변환을 비교했던 것과 똑같이, 여기서도 나는 근친상간 리비도의 승화와 관련해서 종교적 상징에 대한 믿음이 더 이상 윤리적인 이상이 아니라는 점에 대해 언급해야 한다. 그러나 하늘이 아버지처럼 보이고 땅이 어머니처럼 보이고 땅 위의 사람들이 자식들과 형제자매처럼 보이도록 인간들을 속이는 것은 근친상간 소망이 상징적인 행위들과 상징적인 개념들로 바뀌는 그 무의식적 변환이다. 따라서 인간은 언제든 아이로 남을 수 있으며, 자신도 전혀 알지 못하는 상태에서 근친상간 소망을 충족시킨다. 만약 그 상태가 유치하지 않고, 따라서 어린애 같은 태도를 보이는 어떤 일방적인 소망이 아니라면, 그 상태는 틀림없이 이상적일 것이다. 그 반대가 불안이니까.

신에 대한 믿음이 흔들리지 않는 가운데 안전하게 축복 받으며 세계를 떠도는 독실한 사람들에 대한 이야기가 많다. 그러나 나는 아직 치드허 같은 사람을 한 번도 본 적이 없다. 그런 사람은 아마 소망이 그려낸 형상일 것이다. 신자들 사이에도 불확실성이 큰 것이 원칙이다. 그 불확실성을 신자들은 그들 사이나 다른 사람들 사이의 광적인 외침 속으로 던져 버린다. 게다가, 신자들은 종교적 회의(懷疑)와 도덕적 불확실성, 자신의 인격에 대한 회의, 죄책감, 그리고 무엇보다 대단히 지적인 사람들조차도 온 힘을 쏟으며 맞서고 있는, 현실의 정반대 양상에 대한 두려움을 강하게 품고 있다. 이 다른 면은 악이고 적이며, 현대적인 용어로 표현하면, 현실의 교정이고, 지배적인 쾌락 원칙을 통해서 받아들여지도록 다듬어진 유치한 세상 그림의 교정이다. 그러나 세상은 신의 정원도 아니고 하느님 아버지의 정원도 아니며, 공포들의 장소이다. 하늘도 절대로 아버지가 아닐 뿐만 아니라 땅도 절대로 어머니가 아니며, 사람들도 형제자매가 아니며 모두가 적대적이고 파괴적인 힘들을 의미한다. 이 파괴적인 힘들에 스스로를 맡겨 버리는 사람은 소위 아버지 같은 신의 손에 자신을 유치하게 생각 없이 맡기는 경향을 보인다. 여기서 나폴레옹(Napoleon Bonaparte)이 했다는 그 유명한 말, 즉 선한 신은 언제나 가장 막강한 포병을 가진 자의 편이라고 한 말을 절대로 잊어서는 안 된다.

여기서 종교적 신화가 가장 위대하고 가장 의미 있는 인간의 제도들 중 하나로서 우리와 만난다. 오해하게 만드는 상징들에도 불구하고, 종교적 신화는 인간에게 확신과 힘을 주고, 그 결과 인간이 우주의 괴물들에게 압도되지 않을 수 있다. 상징은 실제적 진실이라는 관점에서 보면 오해하게 할 수 있지만, 심리학적으로는 진리이다. 왜냐하면 상징이 옛날에도 인간의 모든 위대한 성취들과 연결된 다리였고 지금도 마찬가지로 그런 다리이기 때문이다.

그러나 이렇게 말한다고 해서, 근친상간 소망이 이런 식으로 무의식적으로 종교적 활동으로 변환되는 것이 유일하거나 유일하게 가능한 방법이라는 뜻은 아니다. 의식적으로 인정하고 이해하는 방법도 있다. 그런 식으로 접근하는 경우에 우리는 근친상간에 갇혀 종교적 활동으로 변형된 이 리비도를 소유할 수 있게 되고, 그러면 우리는 이 목적을 위한 종교적 상징체계의 단계를 더 이상 필요로 하지 않는다. "그리스도의 사랑"을 위해서 동료 인간들에게 선한 일을 하는 것이 아니라, 인류는 서로 공동체를 이뤄 살면서 타인을 위해 자신을 희생시키지 않으면 존속 가능하지 않다는 지식을 근거로 동료 인간들에게 선한 일을 하는 것도 가능해진다. 인간이 강요받지 않는 상태에서도 자신이 해야 하는 일을 하기를 원할 수 있을 때, 그리고 그런 소망을 종교적 상징들에 대한 믿음을 통한 망상에 빠지지 않은 상태에서 품을 수 있을 때, 그것이야말로 도덕적 자율의 과정이고 완벽한 자유의 과정일 것이다.

우리를 유치한 상태로, 따라서 도덕적으로 열등한 상태로 계속 남겨두고 있는 것은 어떤 인위적인 교리이다. 문화적 관점에서 보면 대단히 중요하고 미학적 관점에서 보면 불멸의 아름다움으로 다가올지 몰라도, 이 망상은 도덕적 자율성을 추구하려고 노력하는 인류에게 더 이상 윤리적으로 충분하지 않다.

유치하고 도덕적인 위험은 상징에 대한 믿음에 있다. 왜냐하면 상징을 통해서 우리가 리비도를 어떤 상상의 현실로 이끌기 때문이다. 단순히 상징을 부정해서는 아무것도 변화시키지 못한다. 이유는 우리가 단지 위험한 대상만을 제거하는 탓에 정신의 전체 경향은 그대로 똑같이 남기 때문이다. 그러나 그 대상은 위험하지 않으며, 위험은 우리 자신의 유치한 정신 상태이다. 이런 정신 상태를 사랑한 탓에, 우리는 종교적 상징의 단순한 포기를 통해서 매우 아름답고 독창적인 무엇인가를 잃어버렸다. 나는 믿음이 이해로 대체되어야 한다고 생각한다. 그러면 우리는 상징의 아름다움을 지키면서도 여전히 믿음에 대한 순종의 우울한 결과들로부터 자유로운 상태로 남을 수 있을 것이다. 이것이 믿음과 불신을 위한 정신분석적 치료일 것이다.

도시의 환상에 이어 나타나는 환상에 "가지들이 옹이투성이인 이상한 전나무"가 보인다. 이 환상은 생명의 나무와, 그것과 도시, 그것과 생명의 물의 연결에 대해 많은 것을 배운 지금은 그리 비상해 보이지 않는다. 이 특별한 나무는 단순히 어머니 상징의 범주를 계속 이어가고 있는 것처럼 보인다. "이상해" 보이는 그 특성은 아마 다른 꿈에서와 마찬가지로 특별히 중요한 의미를 지닐 것이다. 불행하게도 미스 밀러는 이에 대해 개인적인 자료를 전혀 제시하지 않는다. 도시의 상징에서 이미 제시된 나무가 여기서 미스 밀러의 추가적인 환상을 통해서 특별히 강조되고 있기 때문에, 나무의 상징의 역사에 대해 다소 길게 논할 필요가 있다.

나무들이 아주 오랜 옛날부터 숭배 신화에서 중요한 역할을 맡았다는 것은 널리 알려져 있다. 신화 속의 전형적인 나무는 천국의 나무이거나 생명의 나무이다. 이런 나무들은 바빌로니아의 전설이나 유대인의 전설에서 풍부하게 발견된다. 그리고 기독교 이전의 시대에도 아티스의 소나무가 있고 미트라의 나무가 있다. 독일 신화에는 거대한 물푸레나무가 있다. 아티스의 성상이 소나무에 내걸렸고, 마르시아스[157]의 교수형은 예술의 주제가 되었다. 오딘[158]의 교수형이 있고, 게르만 족에게는 교수형을 통해 제물을 바치는 관행이 있었다. 교수형에 처해진 신들을 쭉 나열하다 보면, 그리스도가 십자가형에 처해진 것이 종교적 신화에서는 독특한 사건이 아니라는 것을 알 수 있다. 이 이미지의 세계에서 그리스도의 십자가는 생명의 나무이자 죽음의 판목이다. 이 같은 대조는 놀라운 것이 아니다. 인간의 기원이 나무라는 것이 전설적인 관념인 것과 똑같이, 사람들을 속이 빈 나무 안에 묻는 매장 풍습도 있었다. 그런 전통에서 독일어는 지금도 관을 뜻하는 단어로 "Totenbaum"(죽음의 나무)을 쓰고 있다. 나무가 특별히 어머니의 상징이라는 측면에서 보면, 이런 방식의 매장이 갖는 신화적 의미가 아주 쉽게 이해된다. 죽은 자가 부활을 위해 다시 어머니에게 보내지는 것이다.

우리는 플루타르코스가 전하는 오시리스 신화에서 이 상징을 만나는데, 이 신화는 대체로 여러 면에서 전형적이다. 레아가 오시리스를 임신한다. 그와 동시에 레아는 이시스도 임신한다. 그래서 오시리스와 이시스는 어머니의 자궁 안에서 짝짓기를 한다(근친상간을 하면서 밤에 바다를 이동하는 여행의 주제이다). 그들의 아들이 아루에리스이며 훗날 호루스로 불리게 된다. 이시스와 관련해서는 그녀가 "축축한 습기" 속에서 태어난 것으로 전해진다. 오시리스와 관련해서는 테베의 파밀레스가 물을 긷다가

....
157 고대 그리스 신화에 등장하는 사티로스로, 음악 경연 대회에서 아폴론에게 도전했다가 목숨을 잃은 것으로 전해진다.
158 북유럽 신화의 중요한 신으로 바람과 전쟁, 죽은 자의 영혼 등을 주관한다.

제우스 신전으로부터 오시리스가 태어났다고 외쳐달라는 부탁을 들은 것으로 전해진다. 파밀레스는 원래의 디오니소스와 비슷한 남근 숭배의 화신이었다.

이 신화를 압축하면 이렇다. 오시리스와 이시스는 물(어머니 자궁)에서 남근에 의해 평범하게 생겨났다. (크로노스가 레아를 임신시켰으며, 둘의 관계는 비밀이었으나 사실은 레아가 그의 여동생이었다. 그러나 헬리오스가 그것을 목격하고 둘의 관계에 저주를 내렸다.) 오시리스는 저승의 신 티폰에 의해 교묘한 방법으로, 궤짝에 갇혀 죽음을 당했다. 그는 나일강으로 던져져 바다까지 떠내려갔다. 그러나 오시리스는 저승에서 자신의 둘째 여동생 네프티스와 짝짓기를 했다(근친상간을 하면서 밤에 바다를 여행하는 주제이다).

여기서 상징이 어떤 식으로 발달하는지 그 과정이 보인다. 바깥 세계에 존재하기도 전에 어머니의 자궁 안에서, 오시리스는 근친상간을 저지른다. 죽음에서, 말하자면 두 번째로 자궁 안에 있게 되는 죽음에서, 오시리스는 다시 근친상간을 저지른다. 두 번 다 상대는 여동생이다. 이 여동생은 단지 합법적이고 비난 받지 않을 상징으로서 어머니를 대체하고 있다. 왜냐하면 고대에는 여동생과의 결혼이 허용되는 수준이 아니라 적극적으로 권장되기까지 했기 때문이다. 차라투스트라도 일족과의 결혼을 권했다. 오늘날엔 이런 형태의 신화가 불가능할 것이다. 왜냐하면 여동생과의 동거가 근친상간인 까닭에 억압될 것이기 때문이다.

사악한 티폰은 오시리스를 교활하게 꼬드겨 상자 또는 궤짝 안으로 유인했다. 여기서 어떤 진짜 상황이 이런 식으로 왜곡되고 있음에 분명하다. "원죄"가 남자들로 하여금 다시 어머니의 자궁 안으로 들어가고 싶다는 소망을, 말하자면 법으로 금지된, 어머니에 대한 근친상간의 욕망을 품도록 한다는 것이 티폰의 계략이다. 이 계략이 아주 중요하다. 남자는 다시 아이가 되기 위해 온갖 구실을 대며 은밀히 재탄생을 꾀한다. 고대 이집트 초기의 어느 찬가는 어머니 이시스가 태양신 레를 배신하고 파괴한다는 이유로 이시스를 비난하고 있다. 이시스가 레를 추방하고 배신한 것이 아들에 대한 어머니의 악의로 해석되었다. 이 찬가는 이시스가 레의 길에 뱀을 숨겨 놓았고, 그 뱀이 독이 있는 이빨로 태양신을 문 이야기까지 들려주고 있다. 태양신은 뱀이 문 상처에서 결국 회복하지 못하고 천상의 암소의 등에 올라탄 채 물러나야 했다. 그러나 오시리스가 수소 아피스인 것과 마찬가지로, 이 암소는 암소의 머리를 한 여신이다. 이시스는 마치 남자가 어머니에게 입은 상처를 치료하기 위해 어머니에게 달려가도록 한 원인인 것처럼 비난의 소리를 듣고 있다. 이 상처가 곧 근친상간의 금지이다. 따라서 남자는 어린 시절과 젊은 시절 초기의 확실성으로부터, 또 아이가 자신을 자각하지 않는 가운데 부모의 종속물로 살게 하는, 무의식적이고 본능적인 모든 사건들로부터 차단된다. 거기에, "해야 하는 것"이나 "해서는 안 되는 것"은 전혀 없고 모든 일이 그냥 일어나는 사건들일 뿐인 동물적인 시대의 많은 예민한 기억들이 포함되어 있을 것임에 틀림없다. 그럼에도 남자의 내면에 어떤 깊은 원한이 자리 잡고 있는 것처럼 보인다. 왜냐하면 어떤 가혹한 법이 그를 자신의 욕망들에 대한 본능적 굴복으로부터, 또 동물적 본성의 조화라는 위대한 아름다움으로부터 분리시켰기 때문이다.

이 분리는 특히 근친상간 금지와 그와 관련된 제도(결혼의 원칙 등)에서 두드러지게 드러나고 있으며, 따라서 고통과 화가 어머니와 연결되고 있다. 마치 인간들의 아들들이 유순해진 것이 어머니의 책임이라는 듯이 말이다. 자신의 근친상간 소망(퇴행적으로 동물적인 본성에 귀를 기울이려는 태도)을 의식하지 않기 위해, 아들은 죄의 모든 부담을 어머니에게 지우고, 그러면 거기서 "끔찍한 어머니"라는 개념이 생겨나게 된다. 이제 어머니는 아들에게 불안의 유령이 되고 악몽이 된다.

"밤의 바다 여행"이 끝난 뒤, 오시리스의 궤짝은 파도에 떼밀려 비블로스 근처 해안에 올라오게 되었고, 거기서 에리카라는 나무의 가지들 사이에 놓였다. 에리카 나무는 거기 궤짝 주변에서 자라 멋진 나무가 되었다. 그 땅의 왕이 그 나무를 자신의 궁전 지붕을 받치는 기둥으로 썼다. 오시리스가 부재한 시기(동지)에, 죽은 신을 기리고 그의 부활을 염원하는 행사가 수천 년 동안 개최되고 있으며, 이 행사는 축제처럼 열린다. 이시스가 오시리스를 찾는 장면을 묘사한 어느 문장은 특별히 주목할 가치가 있다.

> "그녀는 죽어 잠자는 신이 들어 있는 기둥을 돌면서 슬퍼하며 한 마리 제비처럼 몸을 떤다."

(이와 똑같은 동기가 키프하우저 전설에 다시 나타난다.)

후에 티폰은 시신을 찢어서 그 조각들을 뿌린다. 여기서 우리는 수많은 태양 신화에 나타나는, 육신을 갈기갈기 찢는 주제를 만난다. 말하자면 어머니의 자궁 안에서 아이가 만들어진다는 사상과 정반대의 사상이 나타나고 있는 것이다. 사실, 어머니 이시스는 자칼의 머리를 한 아누비스의 도움으로 찢어진 살점들을 모은다. (그녀는 개들의 도움을 받아 시신을 발견한다.) 여기서 밤에 육신을 먹는 존재인 개와 자칼이 육체를 다시 꿰맞추는 부활의 보조자가 된다. 이집트의 독수리는 어머니로서의 상징적 의미를 이처럼 시신을 먹는 관습으로부터 얻게 되었다. 고대 페르시아에서는 시신들을 개들이 먹도록 던졌다. 오늘날 인도에서 화장용 장작더미에서 시신을 치우는 일을 독수리들에게 맡기는 것과 똑같다.

페르시아에는 임종을 맞고 있는 사람의 침대로 개를 끌고 가는 풍습이 있었다. 그럴 때면 죽어가던 사람은 개에게 약간의 음식을 내놓아야 한다. 그 겉모습을 보면, 이 풍습은 분명히 개가 죽은 자의 시신을 건드리지 않도록 하기 위해 개에게 미리 음식을 준다는 의미를 담고 있다. 케르베로스가 헤라클레스가 지옥을 여행하면서 던져준 꿀떡에 마음이 누그러진 것과 똑같다. 그러나 자칼의 머리를 한 아누비스가 찢어진 오시리스의 조각들을 모으는 일을 돕는다는 점과 독수리의 모성적 의미를 고려한다면, 이 의식(儀式)이 보다 깊은 무엇인가를 의미하는 것이 아닌가 하는 의문이 생긴다. 독일 고고학자 크로이처(Georg Friedrich Creuzer)도 이 같은 생각을 품었으며, 해가 가장 높은 위치에 있을 때 개의 별인 천랑성이 나타나는 것은 이것과 관련이 있다고 결론을 내렸다. 개의 등장이 보상적인 의미를 지니고, 그로 인해 죽음이 태양의 가장 높은 자리와 동일한 것이 된다는 뜻에서 말이다. 이것은 죽음이 어머니의 자궁(재탄생)으로 들어가는 것으로 여겨진다는 일반적인 사실에서 나오는 심리학적 사고와 꽤 일치한다.

미트라교 의식에서 제물을 바친 결과 많은 결실을 맺게 되었다는 뜻이 담겨 있다.

이 같은 해석은 미트라교에서 수소를 제물로 바치는 장면 중, 그렇지 않았더라면 수수께끼가 되었을 개의 역할에 의해서도 뒷받침된다. 이 유물을 보면 개 한 마리가 언제나 미트라가 죽인 수소의 위쪽에서 위로 뛰어오르고 있다. 그러나 이 제물은 아마 이 유물뿐만 아니라 페르시아 전설을 통해서도 최고 생식력의 순간으로 해석될 것이다. 이것을 가장 아름답게 표현한 작품은 헤덴하임의 미트라 부조(浮彫)이다. 커다란 식판의 한쪽 면에는 수소를 제압하고 제물로 바치는 모습이 그려져 있고, 다른 한쪽 면에는 고대 로마의 태양신 솔이 손에 포도송이를 들고 있고, 미트라는 풍요의 뿔을, 다도포르들은 과일을 각각 들고 있다. 모든 생식력은 죽은 수소에서 나온다는, 말하자면 과일은 그 뿔에서, 포도주는 그 피에서, 곡식은 그 꼬리에서, 가축은 그 정액에서 나온다는 전설과 일치한다. 숲의 신 실바누스는 이 장면 위에, 그에게서 나오는 숲의 동물들과 함께 서 있다. 크로이처가 궁금해 하는 그 중요성은 이 맥락에서 아주 쉽게 개에게 속하는 것으로 확인되고 있다.

여기서 오시리스의 신화로 돌아가자. 이시스가 시신을 복원했음에도 불구하고, 소생은 불완전하게만 성공한다. 오시리스의 남근을 물고기들이 먹어 치운 탓에 다시 만들 수 없었기 때문이다. 오시리스는 유령으로서 이시스를 한 번 더 임신시켰으나 그 결과물이 다리가 부실한 하르포크라테스였다. 말하자면 발의 중요성을 부각시키는 존재가 태어난 것이다. (여기서 발은 아주 분명하게 남근의 의미로 쓰이고 있다.) 지는 해의 이런 치유 불가능성은 앞에서 언급한 이집트 태양 찬가에 나타나는 레의 치유 불가능성과 부합한다.

오시리스는 유령에 지나지 않음에도 불구하고 지금 젊은 태양, 즉 자신의 아들 호루스가 암흑의 악의 정령인 티폰과 일전을 벌이도록 준비시키고 있다. 오시리스와 호루스는 처음에 언급한 아버지-아들 상징체계와 일치하며, 그 상징적 형상은 또 다시 앞의 공식과 일치하는 모습을 보이면서 양 옆에 호루스의 멋진 형상과 하르포크라테스의 추한 형상을 두고 있다.

이 중 하르포크라테스는 대부분 신체에 장애를 가진 모습으로 그려지며 그냥 윤곽만 그려질 때도 종종 있다.

하르포크라테스는 전설 속에서 호루스와 혼동을 많이 일으키며, 같은 이름을 갖기도 한다. 그의 진짜 이름 'Hor-pichrud'는 '아이'를 뜻하는 'chrud'와 위나 꼭대기에 있다는 뜻의 형용사 'hri'에서 딴 'Hor'를 연결한 것이며, 떠오르는 태양처럼 다가올 아이를 의미하며, 지는 해, 즉 서쪽의 해를 의인화한 오시리스와 정반대이다. 따라서 오시리스와 호르피크루드 또는 호루스는 같은 존재이며, 같은 어머니 하토르-이시스의 남편이자 아들이다. 하(下)이집트의 태양신으로 숫양으로 상징되는 크눔-라는 그곳의 여신으로 머리에 물고기를 달고 있는 하트메히트를 옆에 두고 있다. 그녀는 비넵디드(숫양, 크눔-라의 현지 이름)의 어머니이며 아내이다. 히비스 찬가를 보면, 아몬-라에게 이렇게 기원하는 내용이 있다.

> "그대(크눔-라)는 멘데스[159] 안에 거주하며 사중(四重)의 신으로서 트무이스와 결합하네. 그는 신들의 지배자인 남근이네. 그의 어머니의 수소는 암소(아헤트[160], 어머니) 안에서 기뻐하고, 남자는 자신의 정액을 통해 열매를 맺는다."[161]

다른 비명(碑銘)들을 보면, 하트메히트는 "멘데스의 어머니"로 직접적으로 언급되었다. (멘데스는 그리스 형식의 비넵디드, 숫양이다.) 그녀는 또한 "젊은 여인"이라는 추가적인 의미까지 가진 "덕 있는 존재"로 추앙을 받는다. 어머니의 상징으로서 암소는 하토르-이시스의 온갖 변형에 나타

....
159 멘데스의 신으로 이집트의 기념물에 숫염소로 그려진다.
160 이집트 신화에서 신성한 암소로 등장한다.
161 Brugsch, "Religion und Mythologie der alten Agypter", p. 310

나며 여성적인 눈(Nun: 이와 비슷한 원시 여신은 니트 혹은 네이트이다), 힌두교의 아트만과 관계있으며 남자와 여자의 본질을 똑같이 갖고 있는 원형질에도 나타난다. 따라서 눈은 아몬으로, 시작을 뜻하는 최초의 물로 숭앙 받는다. 그는 또한 아버지들의 아버지, 어머니들의 어머니이다. 눈- 아몬 또는 니트나 네이트의 여성적인 측면에 대한 기도는 눈에 대한 기도에 해당한다.

> "니트, 덕망 있는 인물, 신의 어머니, 에스네의 연인, 아버지들의 아버지,
> 어머니들의 어머니, 딱정벌레이고 독수리이며, 이제 막 시작 단계에 있는
> 존재.
> 니트, 덕망 있는 인물, 빛의 신 라를 낳은 어머니, 세상에 아무것도 없을
> 때 가장 먼저 낳은 어머니.
> 암소, 태양을 낳은 다음에 신들과 인간들의 씨를 낳은 덕망 있는 인물."[162]

"nun"이라는 단어는 '젊은, 신선한, 새로운' 등의 의미를 갖고 있으며 또 동시에 나일 강에 홍수가 날 때 밀려오는 물이라는 뜻도 갖고 있다. 변형된 의미로, "nun"은 혼돈의 원초적인 물을 뜻하는 단어로도 쓰였으며, 대체로 누네트 여신에 의해 의인화된, 생명을 일으키는 원초적인 물질을 뜻하는 단어로 쓰였다. 누네트 여신으로부터 하늘의 여신 누트가 나왔으며, 누트는 별이 박힌 몸을 가진 것으로 그려졌으며 또 동시에 별이 박힌 몸을 가진 천상의 암소로 표현되기도 했다.

가엾은 라자루스[163]가 아브라함의 품으로 돌아간 것과 마찬가지로, 태양신이 천상의 암소의 등에 올라탄 채 서서히 물러날 때, 두 사건은 똑같은

....
162   Brugsch, "Religion und Mythologie der alten Ägypter", p. 114
163   국내의 성경에는 '나자로'로 표기되고 있다.

의미를 지녔다. 라자루스와 태양신은 똑같이 어머니에게로 돌아갔다. 태양신의 경우에 호루스로 다시 일어서기 위해서였다. 따라서 그 여신은 아침에는 어머니이고, 정오에는 누이이자 아내이고, 밤에는 다시 어머니가 되어 죽어가는 존재를 자신의 무릎으로 받는다고 볼 수 있다. 미켈란젤로 (Michelangelo Buonarroti)의 '피에타'(Pieta)를 연상시키는 대목이다. 프랑스 고고학자 디드롱(Adolphe Didron)의 『기독교 초상화집』(Iconographie Chrétienne)에 실린 그림에 의해 확인되듯이, 이 사상은 대체로 기독교로 넘어갔다.

그렇다면 오시리스의 운명은 이런 식으로 설명된다. 오시리스는 어머니의 자궁, 궤짝, 바다, 나무, 아스타르테[164]의 기둥 속으로 들어간다. 그는 해체되고 다시 만들어져 그의 아들 호르피크루드로 나타난다.

이 아름다운 신화가 펼쳐 보이는 신비들을 더 깊이 파고들기 전에, 나무의 상징에 대해 더 논해야 한다. 오시리스는 나뭇가지들 속에 누워 있다. 어머니의 자궁 안에 들어 있듯이, 나뭇가지들에 싸여 있다. 포옹하고 휘감는 행위라는 주제가 태양 신화에 종종 나타난다. 그것은 그 신화가 기본적으로 재탄생의 신화라는 뜻이다. 좋은 예가 나무껍질과 나무줄기 사이에 갇혀 있다가 피리를 가진 청년에 의해 구조되는 소녀에 관한 전설인 '잠자는 숲속의 미녀'이다. 피리는 금과 은으로 만들어졌으며, 이것은 남근의 의미를 가진 태양 광선을 암시한다. 색다른 어느 전설은 자신을 칭칭 감고 있는 식물에서 풀려나야 했던 태양 영웅에 대한 이야기를 들려준다. 어느 소녀는 물에 빠진 연인에 대한 꿈을 꾼다. 그녀는 연인을 구하려고 애쓰지만 그러기 위해선 먼저 물에서 해초를 걷어내야 한다. 그런 다음에 그녀는 연인을 잡는다. 아프리카의 한 신화에서도 영웅은 먼저 해초에서 풀려나야

....
164 고대 페니키아 신화에 나오는 다산과 전쟁의 여신.

한다. 폴리네시아 신화에서도 영웅의 배가 폴립처럼 생긴 거대한 물체의 촉수에 감겼다. 레의 배도 밤의 바다 여행 중에 밤의 뱀에게 칭칭 감긴다. 영국 시인 에드윈 아놀드(Edwin Arnold)가 시적으로 들려주는 부처의 출생 이야기에도 포옹의 주제가 발견된다.

> 날들이 다 찬 날 정오,
> 마야 왕비는 왕궁 정원의 발사 나무 아래에 서 있었네.
> 사원의 탑처럼 쭉 곧은, 당당한 나무줄기
> 반짝이는 잎들과 향긋한 꽃을 왕관처럼 둘렀네.
> 모든 것을 알기에 때가 된 것을 알리면서
> 속 깊은 나무는 가지들을 아래로 늘어뜨리며
> 마야 왕비에게 절을 하네.
> 별안간 대지가 수많은 꽃을 피워
> 침상을 펴고
> 옆에 있던 크나큰 바위에서 수정같이 맑은 물이 흘러
> 목욕을 준비하네.
> 그리하여 그녀는 아이를 낳았네.[165]

우리는 사모스 섬의 헤라 숭배 전설에서도 이와 아주 비슷한 주제를 만난다. 해마다 헤라의 신상을 신전에서 해안 어딘가로 옮겨 버드나무 줄기에 맨 다음에 주위를 나뭇가지로 감쌌다고 한다. 이 신상은 거기서 "발견되어" 결혼 케이크를 대접받았다. 이 잔치는 두말할 필요 없이 결혼식이다. 왜냐하면 사모스 섬에는 제우스가 먼저 헤라와 사랑의 관계를 은밀히 오랫동안 유지

....
[165] Edwin Arnold, "The Light of Asia or The Great Renunciation, Londodn, 1895"

했다는 전설이 있었기 때문이다. 플라타이아와 아르고스에서, 결혼 행렬은 신부 들러리들과 결혼 잔치 등으로 그려졌다. 축제는 결혼의 달(2월 초)에 열렸다. 그러나 플라타이아에서는 헤라의 신상이 숲속의 외진 곳으로 옮겨졌다. 이것은 플루타르코스가 들려주는 전설, 말하자면 제우스가 헤라를 납치해 키타이론의 동굴에 숨겼다는 이야기와 대충 맞아떨어진다. 앞에서 한 추론에 따라, 우리는 이런 전설을 바탕으로 아직 생각의 기차가 하나 더 있다고 결론 내려야 한다. 말하자면 '히에로스가모스'(Hierosgamos)[166]에 압축되고 있는, 다시 젊어지게 하는 마법의 주문(呪文)에 대한 언급이 필요한 것이다. 버드나무에 휘감긴 채 숲이나 동굴, 해안으로 사라지거나 숨는 것은 태양의 죽음과 부활을 가리킨다. 2월의 이른 봄(결혼의 시기)은 태양의 죽음이나 부활과 아주 잘 맞는다. 실제로 파우사니아스(Pausanias)[167]는 아르고스의 헤라가 카나토스의 샘에서 매년 하는 목욕을 통해서 다시 처녀가 되었다는 이야기를 들려주고 있다. 목욕의 의미는 플라타이아에서 행해진 헤라 숭배에서 트리토니스 호수의 님프들이 물을 나르는 존재로 등장했다는 정보에 의해 강조되고 있다. '일리아드' 중에서 이다 산에 있던 제우스 부부의 침대를 묘사하는 대목을 보면 이런 내용이 나온다.

사투르투스의 아들은 말을 하며 아내를
팔로 껴안았다. 그 사이에 이 부부의 아래에서는
성스러운 대지가 싹을 새로 틔웠다.
이슬 머금은 연꽃과 크로커스 꽃,
부드럽고 풍성한 히아신스가 있었다.

....

166 신과 여신 사이의 결혼에서 이뤄지는 성적 의식을 일컫는다.

167 2세기의 그리스 여행가이자 지리학자로, 고대 그리스 지역을 직접 돌아다니며 쓴 『그리스 이야기』가 유명하다.

이 모든 것들은 땅에서 목을 한껏 뻗고 있었다.

이 침대 위에 둘은 누웠고, 그 사이에 그들 위로 연한 황금색 구름이

모이더니 반짝이는 이슬을 내렸다.

가르가로스의 봉우리들 위에서

전능하신 아버지께서는 잠과 사랑에 취해서

아내를 팔로 안고 있다.

　드렉슬러(Drexler)는 이 묘사에서 대양의 맨 서쪽 해안에 있는 신들의 정원에 대한 암시를 읽고 있다. 신들의 정원이라는 개념은 호메로스(Homer) 이전의 어느 히에로스가모스 찬가에서 나온 것일 수 있다. 이 서쪽의 땅은 해가 지는 땅이다. 헤라클레스와 길가메시 등이 불멸을 얻기 위해 태양과 함께 서둘러 향했던 곳이고, 태양과 모성의 바다가 영원히 젊어지게 하는 성교를 통해 하나가 되는 곳이다. 히에로스가모스와 재탄생의 신화를 하나로 압축할 수 있다는 주장은 아마 이것에 의해 확인될 것이다. 파우사니아스는 이와 관련 있는 신화의 한 부분에 대해 언급하는데, 이 신화에서 아르테미스 오르티아[168]의 신상은 '리고데스마'(Lygodesma: 버드나무에 감겼다는 뜻)라고도 불렸다. 이유는 신상이 버드나무 안에서 발견되었기 때문이다. 이 이야기는 그리스인들이 히에로스가모스를 앞에서 설명한 관습대로 축하한 것과 관련있는 것 같다.

　프로베니우스가 태양 신화들의 한 구성 요소로 제시한 "삼키는 행위"라는 주제는 이것과 밀접히 관련 있다. "고래 같이 생긴 용"(어머니의 자궁)이 언제나 영웅을 "삼킨다". 이 삼킴은 완전히 삼키는 것이 아니라 부분적으로 삼키는 선에서 그칠 것이다.

....
168　스파르타에서는 아르테미스가 오르티아 여신과 결합되어 숭배되었다.

다니기 싫은 학교를 억지로 다니는 여섯 살짜리 소녀는 자신의 다리가 커다란 붉은 벌레한테 감기는 꿈을 꾼다. 이 소녀는 어른들이 생각하는 것과 달리 이 벌레에 대해 호감을 갖는다. 아주 강력한 어머니 전이 때문에 나이 많은 친구와 헤어지지 못하는 성인 환자는 다음과 같은 내용의 꿈을 꾼다. "그녀는 이 친구와 함께 깊은 물을 건너야 한다(아주 전형적인 생각이 아닌가!). 그런데 그녀의 친구가 빠진다(어머니 전이). 그녀는 친구를 끌고 밖으로 나오려고 애쓰다가 거의 성공할 때쯤에 게에게 발을 물린다. 게가 그녀를 힘껏 잡아당긴다."

똘똘 감는 것은 어머니의 상징체계이다. 이것은 예를 들어 나무들이 (요나의 전설 속의 고래처럼) 다시 내놓는다는 사실에 의해 증명된다. 나무들이 어머니의 상징이라는 것은 쉽게 확인된다. 예를 들어, 그리스 전설에 나오는 밀로스 처녀들은 물푸레나무들이며 철기 시대 인간 종족의 어머니들이다. 북구의 신화에서 물푸레나무인 아스크르는 최초의 아버지이다. 그의 아내 엠블라는 이전의 이론과 달리 사시나무가 아니고 "활동적인 존재"이다. 아스크르는 무엇보다 남근처럼 생긴 물푸레나무 창(槍)을 의미한다. (처녀의 머리카락을 창으로 자르는 사빈의 풍습과 비교해 보라.) '분데헤시'(Bundehesh)는 최초의 인간인 메쉬아와 메쉬아네[169]를 레이바스 나무로 상징하고 있다. 이 나무의 한 부분은 가지 하나를 다른 부분의 구멍 안에 넣어두고 있다. 북구 신화에 따르면, 신이 인간을 창조할 때 생명을 불어넣은 물질이 바로 나무 또는 숲으로 불린다. 한 쌍의 인간인 유그드라실은 "세계수 물푸레나무" 숲의 끝자락에 몸을 숨겼으며, 그 세상의 끝에서 새로운 세상이 생겨났다. 노아의 주제도 이 개념(밤의 바다 여행)으로 쉽게 이해된다. 동시에 유그드라실의 상징에서 어머니라는 생각이 다시 분명하

....

169 메쉬아와 메쉬아네는 조로아스터교의 주신 아후라 마즈다가 가장 먼저 창조한 인간의 짝을 일컫는다.

게 나타난다. 세상이 파괴되는 순간에, "세계수 물푸레나무"는 수호의 어머니, 즉 죽음과 생명의 나무가 되고 임산부가 된다. "세계수 물푸레나무"의 다시 태어나게 하는 이 기능은 "동방의 영혼에 관한 지식의 문"이라 불리는 '이집트 사자의 서'에 나오는 묘사를 쉽게 이해하도록 돕는다.

> "나는 신성한 배의 조타수이고, 라의 배에서 잠시도 휴식을 허용하지 않는 키잡이이다. 나는 에메랄드 초록빛 나무를 알고 있다. 이 나무의 한가운데에서 라가 구름의 꼭대기로 솟아오른다."[170]

죽은 자의 배와 나무(죽음의 배와 죽음의 나무)가 여기서 서로 밀접히 연결되고 있다. 그 바탕에는 나무에서 태어난 라가 승천한다는 인식이 깔려 있다(에리카라는 관목 속의 오시리스). 태양신 미트라에 대한 묘사도 아마 이런 식으로 쉽게 설명될 것이다. 헤덴하임 부조를 보면, 미트라는 신체의 반이 나무 꼭대기에서 나오는 모습으로 그려지고 있다. (이와 똑같이, 다른 많은 유물들도 미트라를 신체의 반이 바위 안에 들어 있는 것으로 묘사하고 있다. 이것은 미트라도 멘 신과 비슷하게 바위에서 출생했음을 암시한다.) 미트라의 출생지 근처에 강이 있는 예가 자주 보인다. 이 같은 상징들의 집합은 작센 최초의 왕인 아쉐네스(Aschanes)에서도 발견된다. 이 왕은 샘 근처에 있던 숲의 한가운데에 자리잡은 하츠 바위에서 태어났다. 거기서 우리는 어머니의 모든 상징들, 말하자면 3가지 형태의 명백한 물질인 흙과 나무, 물이 서로 결합하는 것을 확인한다. 우리는 중세에 나무가 시적으로 "연인"이라는 명예로운 호칭으로 불렸다는 사실에 대해 더 이상 의문을 제기하지 못한다. 마찬가지로, 기독교 전설이 죽음의 나무, 즉 십자

....
170 Brugsch, "Religion und Mythologie der alten Aegypter", p.177

가를 생명의 나무로 바꿔놓은 것도 놀라운 일이 아니다. 그래서 그리스도가 종종 열매를 맺으며 살아 있는 나무에 못 박힌 것으로 그려지기도 한다. 십자가의 상징을 이런 식으로 생명의 나무로 완전히 거꾸로 돌려놓는 것은 독일 신학자로 십자가 역사 분야의 권위자인 죄클러(Otto Zöckler)에게도 전적으로 있을 수 있는 일로 받아들여지고 있다. 바빌론 시대에도 생명의 나무는 중요하고 진정한 종교의 상징이었다. 기독교 이전의 십자가의 상징도 이 같은 해석과 모순되지 않으며, 반대로 십자가의 의미는 생명이다. 사랑의 여신의 숭배(이시스의 숭배에 크룩스 안사타(crux ansata)[171]와 밧줄 등이 동원되었다)에만 아니라 태양 숭배(여기서는 태양 광선을 상징하는 것으로 십자가의 네 개의 팔의 길이가 똑같으며, 만(卍)자 모양이다)에까지 십자가가 등장한 것은 그 전의 역사적 의미와 전혀 충돌하지 않는다. 기독교 전설은 이 상징을 아주 풍성하게 이용했다.

생명의 나무에 매달린 그리스도.

....
171 윗부분에 손잡이가 달린 십자가를 뜻한다.

중세 역사를 공부하는 학생은 십자가가 아담의 무덤 위로 자라난다는 표현에 익숙하다. 아담이 골고다에 묻혔다는 전설이 있었다. 세트가 아담의 무덤 위에 "에덴동산에 있던 나무"의 가지를 하나 심었고, 이것이 십자가가 되고 그리스도의 죽음의 나무가 되었다는 것이다. 우리 모두는 아담의 죄를 통해서 죽음이 세상에 생겨났고 그리스도가 자신의 죽음을 통해서 우리를 죄로부터 구해주었다는 것을 잘 알고 있다. 아담의 죄가 무엇인가 하는 물음에 대해, 죽음에 의해서만 씻을 수 있는 죄는 그가 에덴동산의 나무에 열린 열매를 감히 딴 것으로 전해진다. 이 죄의 결과는 동양의 어느 전설에 묘사되고 있다. 인간의 타락 뒤에 에덴동산을 들여다보는 것이 허용된 어떤 존재는 거기서 나무와 4개의 시내를 보았다. 그러나 나무는 시들어 있었고, 그 나뭇가지 안에 아이가 하나 누워 있었다.

주목할 만한 이 전설은 놀랍게도 '탈무드'에 그려진 전설의 내용과 일치한다. 탈무드 전설은 아담이 이브에 앞서서 이미 릴리트라는 사악한 아내를 두고 있었다는 이야기를 들려준다. 아담은 릴리트와 주도권을 놓고 다퉜다. 그러나 릴리트가 신이라는 이름으로 마법을 행하여 공중을 날아서 바다 속으로 몸을 숨겼다. 아담은 천사 3명의 도움을 받아 그녀를 강제로 끌고 왔다. 릴리트는 악몽이 되고 마녀 같은 존재가 되어 아이를 가진 사람을 협박하고 갓 태어난 아이를 납치했다. 이와 비슷한 신화는 아이들을 공포에 떨게 했던 밤의 유령 라미아의 전설이다. 원래의 전설은 라미아가 제우스를 유혹했으나 헤라가 질투심을 일으켜 라미아가 죽은 아이만을 낳도록 한다는 내용이다. 이후 사납게 날뛰게 된 라미아가 아이들의 박해자가 되어 기회가 날 때마다 아이들을 괴롭힌다.

이 주제는 동화에 자주 나온다. 이런 동화를 보면 어머니는 종종 살인마나 남자들을 삼키는 존재로 등장한다. 독일 동화 중에서 이런 주제의 원형이랄 수 있는 작품은 헨젤과 그레텔의 이야기이다. 라미아는 사실 식욕이 왕성하고 몸집이 큰 물고기이다. 이 물고기는 프로베니우스가 아름답게 그려낸, 고래의 모습을 한 용의 신화와 연결된다. 프로베니우스가 그린 전설을 보면, 그 바다 괴물은 부활을 위해 태양 영웅을 삼키고, 그러면 태양 영웅은 온갖 계략을 동원해 괴물을 정복해야 한다. 여기서 다시 우리는 죽음의 입, 즉 식욕 왕성한 물고기의 형태로 나타난 "끔찍한 어머니"라는 사상을 만난다. 프로베니우스가 전하는 전설을 보면, 그 괴물은 사람만 아니라 동물과 식물을 포함해 나라 전체를 몽땅 삼킨다. 그러면 이 모든 것은 영웅에 의해 구출되어 영광스러운 부활을 이룬다.

라미아들은 전형적인 몽마(夢魔)들이며, 그것들의 여성적인 성격이 다양하게 입증되고 있다. 라미아들의 전형적인 특성은 희생자들을 올라타고 있다는 점이다. 라미아들의 상대는 사람들을 태우고 미친 듯 질주하는 유령 같은 말들이다. 스위스 정신과 의사 리클린이 보여주듯이, 이 상징의 형식들에서 불안 꿈의 유형이 쉽게 확인된다. 독일 신화학자 라이스너 (Ludwig Laistner)의 연구를 통해서, 불안에 떠는 꿈은 이미 동화의 해석에 중요한 요소가 되었다. 유아의 심리를 분석적으로 조사한 결과, 무엇인가의 등에 올라타는 것은 특별한 측면을 갖는다. 프로이트와 내가 쓴 두 편의 논문은 한편으론 말(馬)이 뜻하는 불안의 의미와 다른 한편으론 올라타는 공상의 성적 의미를 강조했다. 이 경험들을 두루 고려한다면, 어머니를 뜻하는 "세계수 물푸레나무"인 유그드라실이 독일어로 "끔찍한 말"로 불리는 것도 별로 놀라운 일이 아니다. 카네기이터(Hendrik Cannegieter)는 꿈속의 괴물에 대해 이렇게 말한다.

"오늘날까지도 시골 사람들은 말의 머리뼈를 지붕 위로 던져 이 님프들 (어머니 여신들, 마이라)을 쫓는다. 시골에 가면 농가의 지붕 위에 이런 종류의 뼈가 종종 보인다. 그러나 밤이 되면 이 뼈들은 사람들이 첫 잠에 빠져들 무렵 말을 타고 긴 여행을 함으로써 말들을 지치게 만드는 것으로 여겨진다."[172]

이집트인들의 생각에 따르면, 신의 어머니 이시스가 독사를 갖고 태양신을 괴롭혔다. 또 플루타르코스가 들려주는 전설에서 이시스는 자기 아들 호루스에게도 배반의 행동을 한다. 다시 말하면, 호루스가 오시리스를 야비하게 살해한 사악한 티폰을 정복했다(끔찍한 어머니=티폰). 그러나 이시스가 티폰을 다시 놓아주었다. 그 일에 대해 호루스가 반항하며 자기 어머니를 범하고 그녀의 머리에서 권력을 상징하던 장식들을 떼어냈다. 그러자 헤르메스가 이시스에게 그 장식 대신에 암소의 머리를 얹어주었다. 이어서 호루스가 티폰을 두 번째로 정복했다. 별다른 증거가 없어도, 호루스의 전투가 태양 영웅과 고래 용의 전형적인 전투였던 것이 분명하다. 고래 용과 관련해서는 그것이 "끔찍한 어머니"의 상징이고, 식욕 왕성한 죽음의 입을 상징한다는 것을 우리는 알고 있다. 이 죽음의 입 안에서 인간이 갈가리 찢어진다. 이 괴물을 정복하는 자는 모두 새로운, 또는 영원한 젊음을 얻었다. 이 목적을 이루기 위해선, 누구나 엄청난 위험이 도사리고 있는 괴물의 뱃속으로 들어가서(지옥으로의 여행) 어느 정도 시간을 보내야 한다(밤에 바다에 갇힌다).

따라서 밤의 뱀과의 전투는 지독한 죄, 즉 아들을 배신한 죄를 저지른 것으로 의심 받는 어머니를 정복하는 것을 의미한다. 이 연결은 영국 고고학자 조지 스미스(George Smith)가 고대 아시리아의 왕 아슈르바니팔(Ashurbanipal)의 도서관에서 발견한, 바빌로니아의 창조의 서사시를 통해서 아주 확고해졌다. 이 문서의 기원은 아마 함무라비(Hammurabi)의 시대

....

172 "Epistola de ara ad Noviomagum reperta", p. 25. Quoted by Grimm: "Mythology", Vol. II

(B.C. 2,000)인 것으로 짐작된다. 우리는 이 창조에 대한 설명을 통해서 깊은 물의 아들이자 지혜의 신이기도 한 태양신 에아가 압수를 정복했다는 사실을 배운다. 압수는 위대한 신들의 창조자이다(에아는 처음부터 일종의 삼위일체의 형식으로 신들의 어머니인 티아마트와 그의 고관 무무와 함께 존재했다). 에아가 아버지를 정복했지만, 티아마트가 복수를 기도했다. 티아마트는 신들에게 맞서는 전투를 벌일 준비를 했다.

> "모든 것을 창조한 어머니 후부르가
> 무적의 무기를 얻고 거대한 뱀들을 낳았다.
> 뱀들은 날카로운 이빨로 사방으로 지칠 줄 모르고 설치며
> 배를 피 대신 독으로 채웠다.
> 공포로 무장한 성난 거대한 뱀들이
> 소름 돋게 하는 멋진 빛으로 몸을 한껏 부풀리며
> 몸을 곧추세웠다.
> 뱀들을 본 자는 누구나 공포에 질려 죽을 것이다.
> 그들의 몸은 절대로 달아나려 돌아서는 일 없이 곧추서 있을 것이다.
> 후부르는 도마뱀들과 용들과 라하멘,
> 태풍들, 미친 개들, 전갈 같은 인간들,
> 강력한 폭풍들, 어부들과 숫양들을
> 가차없는 무기와, 싸움을 두려워하지 않는 용기로 무장시켰네.
> 티아마트의 명령은 너무나 위압적이어서 저항이 불가능하네.
>
> 티아마트는 자신의 임무를 완벽하게 수행한 뒤
> 자신의 후예들인 신들에 맞설 계략을 꾸몄다.
> 압수에 복수하기 위해, 티아마트는 악을 저질렀다.

이 일에 대한 소식을 듣고

에아는 몹시 걱정하다가 털썩 주저앉고 말았다.

그는 자신의 창조자인 아버지 안사르에게 가서

티아마트가 꾸미는 계략에 대해 들려주었다.

우리의 어머니 티아마트가 우리에게 반감을 품고

격노하여 날뛰면서 폭동을 일으킬 준비를 했다."

신들은 마침내 봄의 신이자 승리의 태양인 마르두크가 티아마트의 무서운 군대와 맞서 싸우도록 했다. 마르두크는 전투를 준비했다. 그가 창조한 주요 무기에 대해서는 이런 이야기가 전해 온다.

"그가 악의 바람 임훌루, 남풍과 태풍,

네 번째 바람과 일곱 번째 바람, 회오리바람과 해로운 바람을 창조했다.

그런 다음에 티아마트의 마음에 혼란을 일으키기 위해

이 일곱 바람을 풀어놓았다.

이 바람들은 그의 뒤를 따랐다.

이어서 그가 자신의 위대한 무기인 사이클론을 집어 들었다.

전차(戰車) 대신에, 그는 무적의 무시무시한 태풍에 올라탔다."

그의 주된 무기는 바람과 그물이었으며, 그것으로 그는 티아마트를 옭아맬 것이다. 그는 티아마트에게 다가가 싸움을 건다.

"이어서 티아마트와 신들 중의 현자인 마르두크가 함께 왔다.

싸우기 위해 말을 탄 채 전투를 벌일 태세였다.

그때 마르두크가 그물을 던져 그녀를 잡았다.

그는 자신의 행렬에 있던 임훌루를 그녀의 얼굴을 향해 풀었다.

그러자 티아마트가 입을 찢어질 만큼 벌렸다.

그는 그녀의 입술이 닫히기 전에 서둘러 임훌루가

입속으로 들어가도록 했다.

그는 성난 바람으로 그녀의 자궁을 채웠다.

그녀의 내부 장기들은 꼼짝없이 잡혔고, 그녀는 입을 크게 벌렸다.

그는 창으로 그녀의 몸을 갈기갈기 찢었다.

그는 그녀의 내부 장기들을 제거하고 그녀의 심장을 도려냈으며,

그렇게 그녀를 제압하고 그녀의 목숨을 끊었다.

그는 그녀의 시신을 아래로 던지고 그 위에 올라섰다."

마르두크는 어머니를 죽인 다음에 세상의 창조를 고안했다.

"거기서 그는 그녀의 시신을 응시하며 쉬었다.

그런 다음에 현명하게 계획을 짜면서, 그 거구를 나눴다.

그는 생선 손질하듯 그것을 반으로 갈랐다.

그는 한쪽 반을 집어 그것으로 하늘들을 덮었다."

이런 식으로 마르두크는 자기 어머니로 우주를 창조했다. 어머니인 용(龍)을 살해한다는 생각은 바람이 부정적인 것을 잉태시킬 수 있다는 인식에서 나온 것임에 틀림없다.

세상은 어머니로부터 창조된다. 말하자면 희생을 통해 어머니에게서 끌어낸 리비도로 세상이 창조되는 것이다. 우리는 마지막 장에서 중요한 이 이론을 더욱 세세하게 검토할 것이다. 독일의 종교사학자 군켈(Hermann Gunkel)이 멋지게 지적하듯이, 이 원시적인 신화와 아주 비슷하면서도 흥

미로운 신화들이 '구약 성경'에서도 발견된다. 이 유사한 신화들의 심리학을 추적해보는 것도 가치 있는 일일 것이다.

> "깨어나소서, 깨어나소서, 힘을 입으소서,
> 주님의 팔이시여.
> 옛날처럼,
> 오래 전 그 시절처럼 깨어나소서.
> 라합을 베어 쓰러뜨리시고
> 용을 꿰찌르신 이가 당신이 아니십니까?
> 바다를, 그 큰 심연의 물을 말리신 이가 당신이 아니십니까?
> 구원받은 이들이 건너가도록
> 당신께서 깊은 바다를 길로 만드셨습니다."[173]

라합이라는 이름은 '구약 성경'에서 이집트를 뜻하는 단어로도 쓰이고 용을 뜻하는 단어로도 쓰인다. '이사야서' 30장 7절을 보면, 이집트를 "조용한 라합"이라고 부르고 있으며, 따라서 라합은 사악하고 적대적인 무엇인가를 의미하는 뜻으로 쓰이고 있다. 라합은 예리코의 유명한 창녀이며, 훗날 살마 왕자의 아내로서 그리스도의 여자 조상이 되었다. 여기서 라합은 늙은 용으로, 티아마트로 등장했다. 티아마트의 사악한 권력에 맞서 마르두크 혹은 야훼는 앞으로 나아갔다. "몸값을 주고 풀려난 사람"이라는 표현은 노예 상태에서 해방된 유대인을 뜻하지만, 그것은 또한 신화적이기도 하다. 이유는 영웅이 고래가 예전에 삼킨 사람들을 자유롭게 해방시키기 때문이다(프로베니우스).

....
173 '이사야서' 51장 9-10절

"당신께서는 라합을 죽은 몸뚱이처럼 짓밟으시고
당신의 그 힘찬 팔로 당신 원수들을 흩으셨습니다."[174]

"당신 힘으로 바다를 놀라게 하시고
당신 통찰로 라합을 쳐부수셨네.
그분의 바람으로 하늘은 맑아지고 그분의 손은 '도망치는 뱀'을 꿰찌르셨
네."[175]

군켈은 라합을 카오스와 동일한 것으로, 즉 티아마트와 똑같은 것으로
본다. 군켈은 "짓밟는다"라는 표현을 "범하다"는 뜻으로 옮긴다. 티아마트
혹은 어머니로서의 라합은 창녀이기도 하다. 길가메시가 이슈타르를 향해
간통을 했다고 비난할 때, 그도 그녀를 이런 식으로 다루고 있다. 어머니를
이런 식으로 모욕하는 것은 꿈의 분석을 통해 우리에게 아주 익숙하다. 용
라합은 또한 물의 괴물(모성의 바다)인 리바이어던으로도 나타난다.

"당신께서는 바다를 당신 힘으로 뒤흔드시고
물 위에서 용들의 머리를 부수셨습니다.
레비아탄의 머리들을 깨뜨리시어
바다의 상어들에게 먹이로 주셨습니다.
샘과 개울을 터뜨리시고
물 많은 강들을 말리셨습니다."[176]

....
174 '시편' 89장 10절
175 '욥기' 26장 12-13절
176 '시편' 74장 13-15절

전반부에서는 리바이어던의 남근 숭배적인 의미만 강조되었지만, 지금 여기서는 리바이어던의 모성적 의미가 발견되고 있다. 유사점을 더 보도록 하자.

> "그날에 주님께서는
> 날카롭고 크고 세찬 당신의 칼로
> 도망치는 뱀 레비아탄을,
> 구불거리는 뱀 레비아탄을 벌하시고
> 바다 속 용을 죽이시니라."[177]

'욥기' 40장 25-26절에서도 특별한 주제를 접한다.

> "너는 갈고리로 레바이탄을 낚을 수 있으며,
> 줄로 그 혀를 내리 누를 수 있느냐?
> 너는 골풀로 그 코를 꿸 수 있으며,
> 고리로 턱을 꿰뚫을 수 있느냐?"

이 주제와 비슷한 예들은 프로베니우스가 제시하는 외국 신화들에서 많이 발견된다. 이 신화들에서도 모성을 상징하는 바다 괴물이 낚인다. 어머니 리비도를 바다의 원초적인 힘만 아니라 땅에 의해 태어나는 막강한 괴물의 힘과도 비교하는 것은 우리가 모성에 부여하는 리비도의 힘이 얼마나 큰지를 짐작하게 한다.

근친상간 금지가 아들이 어머니를 통해 자신을 재생시키지 못하도록 막

----

177 '이사야서' 27장 1절

는다는 것을 우리는 이미 보았다. 그러나 가장 오래되고 가장 단순한 개념을 간직해온 경건한 이집트 신화에서 아주 명확하게 드러나듯이, 어머니를 통한 생식의 금지는 신에 의해서도 지켜졌음에 틀림없다. 따라서 "주형공"이기도 하고 "옹기장이"이기도 하고 "건축가"이기도 한 크눔은 물레로 자신의 알을 만든다. 이유는 그가 "불멸의 성장"이고 "원초적인 물에서 나온 알의 창조자이고, 자신의 부활을 스스로 이뤄낼 수 있는 존재"이기 때문이다. '사자의 서'에 이렇게 적혀 있다.

"나는 숭고한 매(태양신)이고, 그의 알에서 나왔노라."

'사자의 서'에 이런 구절도 있다.

"나는 저승에 자리를 차지한 눈(Nun)의 창조자이다. 나의 둥지는 보이지도 않고 나의 알은 깨어지지도 않는다."

또 다른 구절을 보자.

"알 속에 든 저 위대하고 숭고한 신. 그는 자신에게서 태어난 자신의 창조자이니라."

그러므로 신은 나가가-우에르(Nagaga-uer), 즉 "위대한 거위"로도 불린다('사자의 서'). "나는 거위처럼 꽥꽥거리고 매처럼 휘파람을 분다." 어머니는 아들을 불멸로부터 배제시키려는 악의적인 마음을 품고 근친상간을 금지하고 있다는 비난의 소리를 듣는다. 따라서 신이라면 적어도 이에 반항하고, 어머니를 압도하고 혼을 내줘야 한다. (앞에 소개한 아담과 릴리트를 비교해 보라.) 여기서 압도한다는 것은 근친상간적인 강간을 의미한다. 헤로도토스는 이 종교적 공상의 소중한 일면을 우리에게 전하고 있다.

"부시리스라는 도시에서 사람들이 이시스를 기리는 방식에 대해서는 이미 앞에서 설명한 바가 있다. 제물을 바친 뒤, 1만 명이나 되는 남녀 모두가 서로를 때리기 시작한다. 그러나 여기서 내가 그 사람들이 누구를 위해 서로를 때린다는 식으로 언급하는 것은 죄가 될 것이다.

그러나 파프레미스에서는 사람들이 다른 곳에서와 마찬가지로 성스러운 행동들을 하며 제물을 바쳤다. 해가 질 때쯤, 일부 성직자들은 성상 주변을 바삐 움직인다. 성직자들 대부분은 나무 몽둥이를 들고 신전 입구에 서 있고, 다른 성직자들은 서원을 할 것이다. 그때 1만 명이 넘는 사람들이 그들의 반대편에 역시 곤봉을 들고 무리를 지어 서 있다.

축제 전날 밤에, 그들은 금으로 장식한 작은 신전에서 성상을 끄집어내 다른 성소로 옮긴다. 그런 다음에 성상을 지키는 소수의 사람들이 사륜전차를 끈다. 성상은 이 전차 위의 작은 신전 안에 들어 있다. 그러나 입구 홀에 서 있던 다른 사람들에게는 신전 안으로 들어오는 것이 허용되지 않는다. 그 신 옆에 서 있는, 서원을 한 사람들이 신전으로 들어오려는 사람들을 패서 내쫓는다. 이제 쌍방이 곤봉으로 격한 싸움을 벌인다. 서로를 두들겨 패서 몸에 시퍼런 멍이 들게 한다. 내가 믿고 있는 바와 같이, 많은 사람들이 그 상처로 죽기도 했을 것이다. 그럼에도 불구하고, 이집트인들은 아무도 죽지 않는다고 생각한다.

현지 사람들은 이 축제에 인파가 많이 몰린 것은 이 성소에 아레스의 어머니가 살았기 때문이라고 주장한다. 아레스는 외국에서 성장했으며, 그는 어른이 되어 자기 어머니와 성교를 하게 되었다. 아레스를 본 그의 어머니의 하인들은 그가 평화롭게 들어오는 것을 허용하지 않았으며 그가 들어오지 못하도록 막았다. 이에 그는 다른 도시의 사람들을 급히 불러들였고, 이들은 하인들을 물리치고 그가 그의 어머니에게 다가갈 수 있도록 길을 열어주었다. 그리하여 아레스를 위한 축제에 살육이 행해지게 되었다고 사람들은 짐작했다."[178]

  신앙심 깊은 사람들이 여기서 어머니 강간이라는 신비 의식에 동참하기 위해 서로 폭력적으로 싸우며 길을 열고 있는 것이 분명하다. 이 싸움은 그 사람들에게 속하는 부분인 반면에, 영웅적인 행위는 신에게 해당한다. 충분히 짐작할 수 있듯이, 아레스는 이집트의 티폰을 의미했다. 따라서 티폰은 어머니에게 품는 사악한 욕망을 나타내며, 잘 알려진 예에 따르면, 다른 신화 형식들은 이 같은 사악한 욕망을 어머니의 탓으로 돌린다.

  발데르의 죽음도 오시리스의 죽음(레의 병(病)의 공격)과 아주 비슷하게, 겨우살이 가지에 난 상처 때문이었으며 비슷한 설명을 요구하는 것 같다. 그 신화에 따르면, 아마 너무 어리다는 이유로 무시되었을 게 틀림없는 겨우살이만 빼고는 모든 생명체들이 발데르를 해치지 않기로 맹세했다. 그런데 겨우살이가 그만 발데르를 죽이고 말았다. 겨우살이는 기생식물이다. 불을 피우기 위해 구멍을 뚫는 의식에서 암컷으로 쓰이는 나무 조각은 기생식물이나 덩굴식물, 즉 불의 어머니로부터 얻어졌다. "암말"이 "마렌탁" 위에서 쉬고 있는데, 그림 형제는 그 안에 겨우살이가 있을 것이라고 의심한다. 겨우살이는 불임 치료제로 쓰였다. 갈리아에서는 드루이드교 신부에게만 경건한 의식이 치러지는 동안에 제물을 바친 뒤에 신성한 참나무 위에 올라가 의식용 겨우살이를 자르는 것이 허용되었다. 이 행위는 종교적으로 제한적이고 조직적인 근친상간이다. 그 나무에 자라는 것은 남

....
178 Herodotus, "The Histories" Book Ⅱ, p. 61

자가 자기 어머니를 통해 가질 수 있었을 아이이고, 또 그 남자가 젊어진 형태로 소생한 것이 그 아이일 수 있다. 근친상간이 금지되기 때문에, 이것은 어쨌든 남자가 해낼 수 있는 일이 아니었다. 켈트족의 관습이 보여주는 바와 같이, 이 행위는 의식적 절차를 지키는 가운데 성직자에 의해서만 수행된다. 그러나 영웅 신과 세상의 구원자는 허용되지 않은 것을, 이를테면 초인적인 것을 곧잘 하고 그것을 통해 불멸을 얻는다. 이 목적을 이루기 위해서 반드시 정복해야 하는 용은 너무나 분명하게 근친상간에 대한 저항을 의미한다.

특히 불안의 속성들을 많이 가진 용과 뱀은 억압된 근친상간 소망에 해당하는 불안의 상징적 표현들이다. 따라서 뱀이 있는 나무가 거듭 나오는 것도 충분히 이해된다(에덴동산에서는 뱀이 심지어 죄를 짓도록 유혹하기까지 한다). 뱀이나 용은 특히 보물을 지키고 방어하는 존재라는 의미를 지닌다. 용의 여성적인 의미뿐만 아니라 남근 숭배의 의미는 그것이 성적으로 중성적인(혹은 양성애적인) 리비도의 상징, 다시 말해 반대하는 리비도의 상징이라는 점을 암시한다. 이런 의미에서, 흑마(黑馬) 아파오샤, 즉 반대의 악마가 옛 페르시아 노래 '티쉬트리야'(Tishtriya)[179]에 등장하는데, 노래 속에서 이 말은 호수의 수원을 막고 있다. 백마 티쉬트리야가 아파오샤를 두 차례 정복하려고 시도하지만 허사로 끝난다. 세 번째 시도에서 백마는 아후라 마즈다의 도움을 받아 흑마를 진압하는 데 성공한다. 그러자 하늘의 수문이 열리고, 결실을 안겨줄 비가 땅 위로 쏟아진다. 이 노래는 리비도가 리비도에, 의지가 의지에 어떤 식으로 맞서는지를, 원시인이 자기 자신과 어떻게 부조화를 일으키는지를 상징의 선택을 통해서 아름답게 그리고 있다. 원시인은 외부 자연의 온갖 적의와 대조에서 그런 불일치를 재

....
179 조로아스터교에서 비와 다산을 상징하는 신.

차 확인하고 있다.

뱀에게 칭칭 감긴 나무의 상징은 근친상간으로부터 저항에 의해 지켜지고 있는 어머니로 해석될 수 있다. 미트라의 유물에도 이 상징은 결코 드물지 않다. 뱀에 감긴 바위도 비슷하게 이해될 수 있다. 미트라가 바위로부터 태어난 존재이기 때문이다. 새로 태어난 아이가 뱀으로부터 받는 위협(미트라, 헤라클레스)은 릴리트와 라미아의 전설을 통해 아주 명확해졌다. 레토[180]의 용 피톤과 크로토푸스의 땅을 황폐화시킨 포이네는 새로 태어난 아이의 아버지에 의해 보내졌다. 이 사상은 정신분석에서 잘 알려진, 근친상간 불안의 발원지가 아버지라는 점을 암시하고 있다. 아버지는 아들의 근친상간 소망의 적극적인 격퇴를 나타낸다. 아들이 무의식적으로 소망하는 범죄는 어떤 흉악한 목적을 가장하여 아버지에게로 돌려진다. 이것이 아들이 아버지에게 치명적인 두려움을 품는 원인이고, 종종 신경증적 증후로 이어진다.

이 사상에 따라, 젊은 영웅이 극복해야 하는 괴물은 종종 보물이나 여자의 수호자인 거인이다. 대표적인 예가 길가메시 서사시에 등장하는 거구의 괴물 쿰바바이다. 이 괴물은 이슈타르의 정원을 지켰다. 그는 길가메시에게 정복당하고, 이로써 길가메시가 이슈타르를 차지하게 된다. 그러자 이슈타르가 길가메시에게 성적으로 접근한다. 이 자료만으로도 플루타르코스의 기록에 나오는 호루스의 역할을 충분히 이해할 수 있다. 특히 호루스가 이시스를 폭력적으로 이용하는 것이 쉽게 이해된다. 어머니를 압도함으로써, 영웅 호루스는 태양과 동격이 되고 스스로를 낳는다. 그는 무적의 태양의 힘을 얻고 영원한 젊음의 힘을 얻는다. 따라서 이제 우리는 헤덴하임 부조에 그려진 미트라 신화에 나오는 일련의 상징들을 이해할 수 있게 되었다.

....
180 고대 그리스 신화 속의 모성의 여신으로, 음악의 신인 아폴로와 사냥의 여신 아르테미스의 어머니이다. 배우자는 제우스이다.

거기서 우리는 무엇보다 먼저 나무의 꼭대기에서 미트라의 출생을 본다. 그 다음 그림은 그가 정복한 수소를 옮기는 모습을 보여주고 있다(길가메시가 정복한 괴물 수소와 비교된다). 이 수소는 거대하고 위험한 동물로서 근친상간 금지를 구현하는 괴물, 즉 아버지의 엄청난 중요성을 의미한다. 그 괴물은 또 태양 영웅의 개인적인 리비도와 일치하며, 태양 영웅은 이 리비도를 자기 희생을 통해 극복한다. 세 번째 그림은 태양의 머리 장식인 후광을 움켜잡고 있는 미트라를 표현하고 있다. 이 행위는 무엇보다 먼저 이시스를 대상으로 한 호루스의 폭력을 떠올리게 하고, 그 다음에는 기독교의 기본 사상, 즉 극복한 자는 영생의 왕관을 획득한다는 사상을 떠올리게 한다. 네 번째 그림을 보면 솔이 미트라 앞에 무릎을 꿇고 있다. 이 그림과 그 앞의 그림은 미트라가 태양의 힘을 획득했고, 따라서 그도 태양신이 되었다는 것을 노골적으로 보여주고 있다. 미트라는 "자신의 동물적 본성", 즉 수소를 정복했다. 동물은 근친상간 금지에 대해 아무것도 알지 못한다. 그러기에 사람이 사람인 것은 근친상간 소망, 즉 동물의 본성을 정복하기 때문이다. 그래서 미트라는 자신의 동물적 본성을, 근친상간 소망을 제물로 바쳤으며, 그것으로 그는 어머니를, 말하자면 "죽음을 안겨주는 끔찍한 어머니"를 극복했다.

　'길가메시' 서사시에서 길가메시가 무시무시한 이슈타르를 형식적으로 거부하는 대목에서 어떤 해결책이 이미 예견되었다. 거의 금욕적인 성격을 띠었던, 미트라교의 제물 의식에서 어머니를 극복하는 것은 더 이상 낡은 방식인 압도를 통해 일어나지 않으며 소망의 희생, 즉 자제를 통해 일어났다. 어머니의 자궁 속으로 들어감으로써 근친상간적인 재생을 이룬다는 원시적인 생각이 이미 대체되었다. 왜냐하면 남자가 그 후로 너무나 많이 길들여진 까닭에 근친상간의 죄를 통해서가 아니라 근친상간 소망의 희생을 통해 태양의 영생을 이룰 수 있다고 믿기에 이르렀기 때문이다.

미트라교 신비 의식에 표현된 이런 중요한 변화는 십자가형에 처해진 신의 상징에서 처음으로 완전히 표현된다. 피를 흘리는 인간 제물이 아담의 죄들을 갚기 위해 생명의 나무에 매달렸다. 그 장남은 가지에 매달려서 수치스럽고 고통스런 죽음으로 힘들어할 때 어머니에게 자신의 생명을 바치고 있다. 그런 유형의 죽음은 가장 불명예스런 형태의 처벌에 속하며, 고대 로마에서도 가장 비열한 죄인들에게만 해당되었다. 따라서 영웅은 마치 더없이 수치스런 죄를 저지른 것처럼 죽는다. 그는 그렇게 함으로써 자신의 죄에 대해 죽음의 고통으로 대가를 지불함과 동시에 생명의 나무의 출생의 가지로 돌아간다. 따라서 너무도 큰 용기와 너무도 강한 자제가 요구되는 이 행동에서 동물적인 본성이 대단히 강하게 억압되고, 인류를 위한 보다 큰 구원이 기대된다. 왜냐하면 그런 행위만이 아담의 죄를 씻기에 적절해 보이기 때문이다.

미트라가 수소를 제물로 바치는 모습.

이미 언급한 바와 같이, 제물을 나무에 매다는 것은 널리 행해지고 있던 의식적 관습이다. 게르만 민족 사이에 그런 예들이 특히 많다. 그 의식은 창으로 제물을 관통하는 것으로 이뤄져 있다. 그래서 오딘에 대한 이야기로 이런 것이 내려오고 있다.

> "나는 내가 밤이 아홉 번 바뀌는 동안에 바람에 흔들리는 나무에 매달려
> 있었다는 것을 알고 있다.
> 창에 찔린 채, 오딘에게 바쳐졌다.
> 나 자신을 나에게 바친 것이다."[181]

제물을 십자가에 매다는 것은 신대륙이 발견되기 전에 그곳에도 있었다. 뮐러(J. G. Müller)가 제시한, 멕시코 상형문자 문서의 끝부분에 거대한 십자가가 그려져 있는데, 그 한가운데에 피를 흘리는 신이 매달려 있다. 똑같이 관심을 자극하는 것은 마야의 도시 팔렌케의 십자가이다. 이 십자가의 위에는 새가 한 마리 있고, 옆에는 인간 형상이 두 개 그려져 있다. 이 형상은 십자가를 바라보고 있으며 제물을 바치는 것인지 세례를 받으려는 것인지 아이를 안고 있다. 옛날의 멕시코 사람들은 봄마다 십자가에 젊은이나 처녀를 못으로 박아놓고 그 제물을 화살로 쏨으로써 "천국의 딸이자 밀의 여신"인 센테오틀의 호의를 간청했다고 한다. 멕시코 십자가의 이름은 "우리의 생명 또는 육신의 나무"를 의미한다.

이집트 필라이 섬의 한 조각상은 오시리스를 십자가에 처형된 신으로 그리고 있다. 오시리스의 죽음을 누이이자 아내인 이시스와 네프티스가 슬퍼하는 장면이다. 생명의 나무가 (리비도의 상징으로서) 남근 숭배라는 하위 의미를 갖고 있는 것과 똑같이, 십자가에도 생명과 불멸 그 이상의 의미

....
181 Hermann, "Nordische Mythologie", p. 308

가 있다. 뮐러는 십자가를 비와 다산의 상징으로 보고 있다. 왜냐하면 인도인들 사이에도 십자가가 다산의 신비한 부적으로 나타나기 때문이다. 따라서 십자가가 태양 숭배에서 어떤 역할을 맡는다는 점에 대해서는 말할 필요조차 없다. 검지와 가운뎃손가락 사이에 엄지를 집어넣는 고대의 제스처처럼, 십자가 표시가 모든 악을 물리치는 중요한 표시라는 점에도 주목할 필요가 있다. 남근 모양의 부적도 똑같은 목적으로 쓰인다. 쾨클러는 남근 숭배에 쓰인, 크룩스 안사타가 고대의 곳곳에서 무수히 확인되는 그 십자가와 같은 것이라는 사실을 간과한 것 같다. 크룩스 안사타는 많은 곳에서 발견되며, 고대 유물을 모은 컬렉션은 거의 예외 없이 이 유물을 하나 정도 갖고 있다.

마지막으로, 십자가가 인간 육체의 형태를 모방했다는 점을, 두 팔을 쫙 벌린 인간의 형상을 하고 있다는 점에 대해 언급해야 한다. 기독교 초기의 그림들을 보면 그리스도가 십자가에 못 박히지 않고 십자가 앞에서 두 팔을 펴고 서 있는 것으로 묘사되고 있다는 점이 흥미롭다. 영국 역사학자 모리스(Thomas Maurice)는 이 해석을 뒷받침할 놀라운 근거를 제시한다.

"드루이드교 신자들이 자신들이 숭배하는 신의 상징으로 자신들의 숲에서 가장 멋지고 아름다운 나무를 선택했다는 것은 증명된 사실이다. 그들은 그 나무의 가지들을 잘라내고 그 잘라낸 가지들 중에서 가장 큰 것 2개를 골라서 나무줄기 맨 위에 붙였다. 그런 식으로 양 옆으로 붙인 나무들은 마치 사람의 두 팔처럼 보였다. 따라서 전체적으로 보면 하나의 거대한 십자가가 되었다. 그리고 껍질 몇 군데에 'T'자가 새겨졌다."[182]

....
182 Thomas Maurice, "Indian Antiquies", VI, p. 49

힌두교 자이나 종파의 "지혜의 나무"는 인간의 형태를 띠고 있다. 이 지혜의 나무는 굵은 줄기가 인간의 머리 모양으로 그려졌다. 머리 맨 위에서 두 개의 긴 가지들이 자라서 아래로 처져 있으며, 위로 곧게 자란 짧은 가지 하나는 봉오리 혹은 꽃송이처럼 두툼한 것을 왕관처럼 두르고 있었다. 로버트슨(John Mackinnon Robertson)은 『복음주의 신화들』(Evangelical Myths)에서 아시리아 신화 체계를 보면 신을 십자가 형식으로 표현한 것이 확인된다고 설명한다. 이 십자가에서 수직의 나무는 인간을, 수평의 나무는 한 쌍의 날개를 의미한다. 예를 들어, 그리스 아이기나 섬에서 다수 발견된 것들과 같은 옛 그리스인들의 우상도 비슷한 성격을 갖고 있다. 머리가 터무니없이 길고 양 팔은 날개 모양으로 약간 위로 치켜든 상태이다. 앞부분에는 가슴도 분명하게 드러난다.

십자가의 상징이 종교적으로 불을 피우던 의식에 쓰인 두 조각의 나무와 어떤 관련이 있는 것이 아닌가 하는 물음이 종종 제기되지만, 이 물음에 대한 대답은 아직 확실하지 않다. 그러나 십자가 상징은 실제로 "결합"의 의미를 가졌던 것처럼 보인다. 왜냐하면 결합이라는 생각이 다산의 부적에, 특히 십자가와 밀접히 연결되어 있는 영원한 부활이라는 사상에 속하기 때문이다. 십자가의 상징에 의해 표현된 "결합" 사상은 플라톤의 『티마이오스』(Timaios)에서도 확인된다. 이 책을 보면, 세상의 영혼은 하늘과 땅 사이에 X 자 모양으로, 따라서 "성 안드레아(St. Andrew)의 십자가" 모양으로 뻗고 있는 것으로 인식되고 있다. 세상 영혼이 그 안에 하나의 육신으로서 세상을 담고 있다고 배우고 있는 지금, 그 같은 그림은 불가피하게 우리에게 어머니를 상기시키게 되어 있다.

"그리고 그는 한가운데에 영혼을 놓고 그것을 세상 곳곳으로, 세상을 꽉 채우고 있는 모든 육신의 위로 퍼지도록 했다. 그는 하나의 원 안에서 움직이고 있는 하나의 원인 유일무이한 하늘을 만들었다. 그 원이 얼마나 탁월한지, 다른 우정이나 지인을 전혀 필요로 하지 않는 가운데 오직 자기 자신하고만 대화하며 지낼 수 있다. 이런 목표들을 염두에 둔 가운데, 그는 세상이 축복받은 하나의 신이 되도록 창조했다."[183]

그 자체 안에 감싸인 모습에 의해 상징되는, 나태와 욕망으로부터의 최고 수준의 자유는 신의 축복을 의미한다. 인간으로서 이 같은 개념을 보여줄 수 있는 유일한 존재는 어머니의 자궁 속에 들어 있는 아이나, 자신을 낳아준 어머니의 지속적 포옹 속에서 살고 있는 성인 남자이다. 이 같은 신화적 및 철학적 개념을 뒷받침하듯, 선망의 대상인 디오게네스는 통 속에서 살았으며, 따라서 욕망으로부터의 자유에 따르는 축복과 신성을 신화적으로 표현할 수 있었다. 플라톤은 세상의 영혼과 세상의 육신의 연결에 대해 다음과 같이 말한다.

"신이 육체를 만들고 나서 영혼을 만든 것이 아니다. 비록 우리가 육체와 영혼에 대해 그런 순서로 말하고 있을지라도, 실제 순서는 그렇지 않다. 왜냐하면 신이 그것들을 함께 놓을 때 오래된 것이 덜 오래된 것을 섬기는 것을 절대로 허용하지 않았을 것이기 때문이다. 그런데도 우리는 아무 생각 없이 그런 식으로 말한다. 이유는 우리 자신이 우연의 영향을 너무 강하게 받기 때문이다. 신은 영혼을 그 기원과 우수성에서 육체보다 앞서는 것으로, 그렇게 함으로써 영혼을 육체의 지배자와 안주인으로 만들고 육체가 영혼의 지배를 받도록 했다."

....
183 Benjamin Jowett, "Dialogues of Plato", Vol. Ⅱ, p. 528

다른 암시들을 근거로 삼는다면, 일반적으로 영혼의 개념이 어머니 심상의 한 파생물이라는 것이, 말하자면 어머니 심상에 남아 있는 리비도의 양을 상징적으로 나타내는 것이라는 말이 이해가 되는 것 같다. (기독교가 영혼을 그리스도의 신부로 표현하는 것과 비교해 보라.)『티마이오스』에서 세상 영혼의 추가적인 발달은 신비의 숫자들을 통해서 모호하게 일어난다. 결합이 다 마무리되자, 다음과 같은 일이 일어났다.

> "이 완성된 형성물을 그는 세로로 둘로 나눴다. 그런 다음에 그는 X자 모양으로 두 부분의 가운데를 서로 붙였다."

이 대목은 아트만의 분리나 결합과 매우 유사하다. 아트만은 분리 후에 남자 하나와 여자 하나가 되었으며 둘은 서로를 하나로 껴안고 있다. 또 다른 구절도 언급할 가치가 있다.

> "영혼의 완전한 결합이 일어난 뒤에, 지배자의 정신에 따라, 그는 그 안에 육체적인 모든 것을 만들었으며 거기에 영혼을 결합시켜 그 영혼이 모든 것을 관통하도록 했다."

덧붙여서, 나는 2장에서 플로티노스가 세상의 영혼에서 확인한 모성적 의미에 대해 한 말을 떠올리고 있다.

이와 비슷하게 십자가의 상징을 구체적인 형상으로부터 떼어놓는 현상을 우리는 미국의 머스크호기안 인디언들 사이에서도 발견한다. 머스크호기안 인디언들은 수면(연못이나 시내) 위로 로프 2개를 십자형으로 서로 교차하도록 설치한 다음에, 로프가 교차하는 지점에서 과일과 기름, 귀한 돌 등을 물속으로 제물로 던진다. 여기서 신성한 것은 십자가가 아니라 분명히 물이다. 십자가는 교차점을 제시함으로써 제물을 던질 지점을 가리킬 뿐이다. 로프가 서로 결합하는 지점에서 제물을 던지는 것은 곧 이 상징이 다산의 원시적인 부적인 이유를, 또 우리가 기독교 시대 이전에 사랑의 여신들(어머니 여신들) 사이에서, 특히 이집트인들 사이에 이시스와 태양신에서 그 상징을 자주 만나게 되는 이유를 암시한다. 이시스와 태양신의 지속적인 결합에 대해서는 이미 논의한 바 있다. 십자가(크룩스 안사타)가 최고의 신이고 엔네아드[184]의 주신인 아툼의 손에 언제나 쥐어져 있기 때문에, 아툼의 목적지에 대해 무엇인가 추가로 더 말해도 지나치지 않을 것이다.

헬리오폴리스의 아툼은 "그의 어머니의 아버지"라는 이름을 갖고 있다. 그것이 의미하는 바에 대해서는 설명이 전혀 필요하지 않을 것이다. 그와 결합한 여신 주자스 또는 네비트-호트페트가 가끔은 그 신의 어머니로, 가끔은 그 신의 딸로, 또 가끔은 그 신의 아내로 불렸으니 말이다. 헬리오폴리스의 비문들을 보면, 가을이 시작하는 날은 "여신 주사시트의 축제"로, "누이가 아버지와 결합할 목적으로 오는 날"로 정의되고 있다. 그 날은 "메흐니트 여신이 일을 마무리하고, 그래서 오시리스 신이 왼쪽 눈으로 들어가는" 날이다. (여기서 왼쪽 눈은 달을 의미한다.) 그 날은 또 신의 눈을 그것이 필요로 하는 것들로 채워주는 날로도 불린다. 달의 눈을 가진 천상의 암소, 즉 암소의 머리를 한 이시스가 추분에 호루스를 낳을 씨앗을 품는다. (달은 씨앗을 지키는 존재이다.)

"눈"은 분명히 인드라의 신화에서처럼 생식기를 나타낸다. 인드라의 신화를 보면, 인드라는 밧세바의 격노 때문에 자신의 몸 전체에 요니(Yoni: 외음부)처럼 생긴 것을 걸치고 있어야 했으나, 신들의 용서를 받은 뒤로 요

....
184 헬리오폴리스에서 숭배되었던 아홉 신을 일컫는다. 아툼 신과 그의 아들과 손자 등이 포함된다.

니 비슷한 수치스런 모습이 눈으로 바뀌었다. 눈 안의 "눈동자"는 아이이다. 이 위대한 신은 다시 아이가 되었고, 그는 다시 탄생하기 위해 어머니의 자궁 속으로 들어간다. 찬가를 보면 이렇게 되어 있다.

"당신의 어머니이신 하늘이 당신을 향해 두 팔을 벌린다."

다른 찬가를 보면 이런 내용이 나온다.

"오, 신들의 아버지여, 당신은 당신의 어머니의 등에 빛을 훤히 비추고, 당신의 어머니는 매일 두 팔로 당신을 맞이하시도다. 당신이 밤의 거처를 밝힐 때, 당신은 당신의 어머니인 하늘과 하나가 되도다."

피툼-헬리오폴리스의 아툼은 크룩스 안사타를 상징으로 갖고 있을 뿐만 아니라 그 표시를 별명으로, 다시 말해 "생명" 혹은 "살아 있는 것"을 뜻하는 "ānχi"를 별명으로 쓰고 있다. 그는 주로 악의 뱀 아가토로 숭배되고 있다. 아가토와 관련해서는 "신성한 악의 뱀 아가토는 네지라는 도시에서 온다."는 이야기가 있다. 뱀은 허물을 벗는다는 사실 때문에 부활의 상징이다. 태양의 상징인 풍뎅이와 비슷하다. 풍뎅이의 경우에는 오직 수컷만 있기에 스스로를 복제한다는 이야기가 있다.

크눔(Chnum: 아툼의 또 다른 이름으로 언제나 "태양신"을 의미한다)이라는 이름은 "서로 결합하다, 연합하다"라는 뜻의 동사 'χnum'에서 나온 것이다. 크눔은 주로 도공이나 자신의 알을 직접 만든 주형공으로 등장한다. 따라서 십자가는 특별히 응축된 상징처럼 보인다. 십자가의 최고 의미는 생명의 나무의 의미이고, 따라서 어머니의 상징이다. 그러므로 십자가가 인간의 형태로 상징화되는 것이 충분히 이해가 된다. 크룩스 안사타의 남근 형태들은 "결합"의 의미는 물론이고 "생명"과 "다산"의 의미도 갖는다. 이 결합을 우리는 지금 부활의 목적을 이루기 위한 어머니와의 동거로 아주 적절하게 해석할 수 있다. 따라서 마리아가 고대 영어로 남은 어느 탄식에서 십자가를 두고 "그녀의 육체의 순수한 결실에, 그녀의 훌륭한 어린 새에게" 아무런 이유도 없이 죄인 아담의 후예들에게나 어울리는 죽음을 부당하게 안긴 엉터리 나무라고 비난할 때, 그것은 아주 감동적일 뿐만 아니라 큰 의미까지 지니는 순수한 상징체계이다. 그녀의 아들은 그런 죄를 짓지 않았다. (이것과 사랑의 치명적인 독을 가진 이시스의 교활함을 비교해 보라.) 마리아는 이렇게 슬퍼한다.

> "십자가, 너는 내 아들의 사악한 계모로구나. 네가 내 아들을 얼마나 높이 매달았던지, 내가 그의 발에 입맞춤조차 하지 못하겠구나! 십자가, 너는 나의 도덕적 적이로구나. 네가 나의 어린 파랑새를 죽였으니!"

그러자 성(聖) 십자가가 이렇게 대답한다.

> "여인이여, 나를 명예롭게 한 데 대해 감사를 드립니다. 지금 내가 갖게 된 당신의 훌륭한 열매는 붉은 꽃으로 빛을 발하고 있어요. 당신만 아니라 이 세상을 구하기 위해 이 소중한 꽃이 당신의 가슴 속에서 꽃을 피우고 있어요."

성(聖) 십자가는 두 어머니(아침의 이시스와 저녁의 이시스)의 상호 관계에 대해 이렇게 말한다.

> "당신은 당신이 낳은 자식 때문에 천상의 여왕으로서 왕관을 썼습니다. 그러나 나는 심판의 날에 온 세상에 빛을 발하는 유물로 나타날 것입니

다. 그때 나는 나에게 매달려 무고하게 죽음을 당한 당신의 신성한 아들을 위해 애도할 것입니다.”

이리하여 흉악한 죽음의 어머니는 아이를 출생시키는 생명의 어머니와 결합한다. 두 어머니가 죽어가는 신 앞에서 슬퍼하며 둘의 결합을 보여주는 외적 증거로서, 마리아는 십자가에 입을 맞추고 십자가와 화해한다. 순진한 고대 이집트인은 우리를 위해 이시스의 어머니 개념에서 대조적인 경향들의 결합을 보존했다. 당연히 이 심상은 어머니를 향한 아들의 리비도를 상징하는 것에 지나지 않으며, 사랑과 근친상간 저항 사이의 갈등을 묘사하고 있다. 아들의 범죄적인 근친상간의 목적은 어머니 심상에서 범죄적인 교활함으로 투사되어 나타난다. 아들을 어머니로부터 떼어놓는 것은 아들을 동물들의 무분별한 의식(意識)으로부터, 그러니까 개인적 자각이 없는 까닭에 유치하고 케케묵은 그런 사고로부터 떼어놓는 것을 의미한다.

이전에 아무 생각 없이 종족과 하나로 움직였던 어떤 사람이 자의식 있는 개인으로 다시 태어날 수 있게 한 것은 오직 근친상간 금지의 힘이었으며, 오직 그런 식으로만, 개인적이고 종국적인 죽음이라는 생각이 가능하게 되었다. 따라서 아담의 죄를 통해 세상에 죽음이 생겨났다. 이것은 분명히 비유적으로, 다시 말하면 대조의 형식으로 표현되고 있다. 어머니가 근친상간에 반대하는 것이 아들에게는 죽음의 공포를 느끼게 하려는 악의적인 행위로 보인다. ‘길가메시’ 서사시 중에서 근친상간의 소망이 어머니에게로 투영되는 대목에서 이 같은 갈등이 순수하고 열정적인 모습으로 그려진다.

어머니를 벗어나지 못하는 신경증 환자는 나름대로 그럴 듯한 이유들을 갖고 있다. 죽음에 대한 공포가 그를 어머니 곁에 붙잡아 놓고 있는 것이다. 그 어떤 생각이나 단어도 이 공포의 의미를 표현할 수 있을 만큼 충분히 강하지 못한 것 같다. 모든 종교는 이 갈등의 치열함을 표현하기 위해 만들어졌다. 이 갈등을 적절히 표현하려는 노력이 지금까지 계속 이어졌지만, 근친상간이라는 통속적인 개념의 제한적인 영역 안에서 그 표현의 원천을 찾을 수는 없었다. 그보다는 종국적으로 "근친상간 금지"로 표현되는 법을 길들이기를 강요하는 것으로 이해하고, 종교 체계들을 지금 당장 문화적 목적에 쓸 수 없는 동물적 본성의 원동력을 우선적으로 받아들인 다음에 조직화하고 점진적으로 승화시켜 나가는 제도로 고려해야 한다.

여기서 미스 밀러의 환상으로 돌아가도록 하자. 앞으로 소개할 장면들은 세부적 논의가 전혀 필요하지 않다. 다음 장면은 "자줏빛 만(灣)"의 이미지이다. 바다의 상징체계는 그 앞의 장면과 부드럽게 연결된다. 여기서 1부에서 접했던 나폴리 만에 대한 기억이 떠오를 수 있다. 그러나 전체 환상들의 연결 속에서, "만"의 의미를 간과해서는 안 된다. 프랑스어로 만은 'une baie'라 불린다. 여기서 이 개념의 어원학적 측면을 살피는 것도 도움이 될 것이다. 'bay'는 일반적으로 트인 것에 쓴다. 이것은 카탈로니아어 단어 'badia'가 "열다"라는 뜻의 'badar'에서 온 것과 똑같다. 프랑스어 단어 'bayer'는 "입을 벌리고 멍하니 바라보다, 입을 크게 벌리다"라는 뜻을 갖고 있다. 'bay' 또는 'gulf'라는 뜻을 가진 독일어 단어는 'Meerbusen'이며, 라틴어로는 'sinus'이고, 세 번째 단어가 'golf'(gulf)이다. 프랑스어로 'gouffre'(심연, 나락)와 아주 밀접한 관계가 있다. 'golf'는 "가슴"과 "자궁" "어머니 자궁" "질(膣)"을 의미하는 'κόλπος'에서 비롯되었다. 'golf'는 또한 드레스나 주머니의 주름을 의미할 수 있고 또 높은 산 사이의 깊은 계곡을 의미할 수도 있다. 이 표현들은 그 바탕에 원초적인 어떤 생각들이 작용하고 있는지를 명확히 보여준다. 이 표현들은 또한 파우스트가 지겨울 만큼 긴 날에 "그 날의 영원한 빛을 마시기 위해" 태양을 따르길 원하던 대목에서 괴테가 왜 그런 단어들을 선택했는지 그 이유를 설명해준다.

> 깊디깊은 협곡을 끼고 있는 산도
> 신처럼 움직이는 나의 행동을 방해하지 못하리.
> 지금 내 눈 앞에는 대양이 펼쳐지고 있구나
> 그 만(灣)들과 함께 빛나는 잠에 빠져서!

　괴테의 욕망은 모든 영웅의 욕망과 마찬가지로 부활이나 불멸의 신비 쪽으로 기울고 있다. 따라서 파우스트의 길은 바다로, 죽음의 괴물의 아가리 속으로 향한다. 그런데 그 아가리 속의 공포와 좁음은 동시에 새로운 날을 의미한다.

> 확 트인 대양으로 나의 꿈은 달려가네.
> 나의 발 아래로는 유리알이 사태를 이루며 반짝이고 있고
> 새 날은 더 새로운 해안에게 손짓하네!
> 불의 전차 하나가 부양하는 깃털을 타고 달리네.
> 지금 내 곁으로 미끄러지듯 스치네! 나는 곧
> 그 높은 창공의 미지의 영토를 뚫고 들어갈,
> 그리하여 순수한 활동의 새로운 영역들에 닿을 준비가 되어 있어.
> 이 신성한 황홀경, 이 지고한 존재
> … …
> 내가 감히 그 문들을 열어젖히게 해주오.
> 누구나 피하려 하는 그 문들을!
> 이번에는 행동을 통해서 이 진리의 말을 외치리.
> 인간의 존엄은 신의 존엄과 우열을 다투길 피하지 않는다는 것을.

저 음침한 만(灣) 앞에서도 움츠리지 않으리.

공상이 온갖 무서운 것을 다 떠올리는 그곳에서도.

깊은 어둠에 잠긴 입구를 향해 힘들여 나아가다 보면

그 좁은 입이 지옥의 불을 토해내리라.

무(無)로 결론이 날지언정

단호한 결심으로 이 걸음을 뗄 것이니!

이어지는 미스 밀러의 환상이 "깎아지른 깊은 절벽"일 때, 이 인용이 마치 어떤 확증처럼 들린다. 밀러의 개별 환상들의 전체 연결은, 그녀가 관찰하는 바와 같이, "와-마, 와-마"라고 들리는 것 같은 소리들의 혼동으로 끝난다. 매우 원시적이고 야만적인 소리이다. 미스 밀러로부터 이 소리의 뿌리에 대해 들은 바가 전혀 없기 때문에, 우리로서는 단지 이 소리가 전체적인 맥락에서 볼 때 누구나 다 잘 아는 "마-마"(엄마)라는 소리가 약간 깨어진 것이 아닌가 하고 의심해볼 수 있을 뿐이다.

6장
어머니로부터의 해방을 위한 분투

여기서 미스 밀러의 환상 생산이 중단되었다가, 무의식의 활동이 매우 활발하게 재개된다.

나무들과 관목들이 우거진 어떤 숲이 나타난다.

앞 장에서 충분히 논했기 때문에, 여기서는 숲의 상징은 신성한 나무의 의미와 근본적으로 일치한다는 정도의 힌트만 주어도 충분할 것이다. 신성한 나무는 일반적으로 성스러운 숲이나 에덴동산에서 발견된다. 성스러운 숲은 종종 금기 나무를 대신하며 그런 나무의 모든 속성들을 지닌 것으로 여겨진다. 정원의 에로틱한 상징체계는 일반적으로 알려져 있다. 숲도 나무와 마찬가지로 신화적으로 모성의 의미를 지닌다. 곧 소개될 환상에서, 숲은 치완토펠의 종말이 극적으로 표현될 그런 무대를 제공한다. 따라서 치완토펠의 종말은 어머니 안에서나 어머니 가까이서 일어난다.

우선, 나는 그 드라마의 시작을 원래의 텍스트에 나타난 그대로 첫 번째 희생 시도로 제시할 것이다. 다음 장의 시작 부분에서 독자들은 이어지는 대목을, 말하자면 독백과 희생 장면을 보게 될 것이다. 드라마는 다음과 같이 시작한다.

"치완토펠이 말을 타고 남쪽에서 왔다. 그는 빨강, 파랑, 하양의 강렬한 색깔이 두드러진 망토를 걸치고 있다. 사슴 가죽을 걸치고 구슬과 깃털로 장식한 인디언 하나가 앞으로 나서며 웅크리고 앉아 치완토펠에게 화살을 쏠 준비를 한다. 그래도 치완토펠은 대담한 반항의 자세로 가슴을 쫙 펴고 있으며, 그 광경에 움츠러든 인디언은 슬금슬금 뒷걸음질쳐서 숲으로 사라진다."

영웅 치완토펠이 말을 타고 나타난다. 이 사실이 중요한 것 같다. 왜냐하면 드라마의 추가적인 흐름이 보여주듯이(8장 참조), 말은 결코 하찮은 역할에 그치지 않으며, 영웅과 함께 죽음을 맞고, 영웅으로부터 "충직한 형제"로까지 불린다. 이 암시들은 말과 말을 탄 사람 사이에 놀라운 유사점이 있다는 점을 전하고 있다. 둘 사이에 친밀한 연결이 존재하고, 이 연결이 둘을 동일한 운명으로 이끄는 것 같다. "끔찍한 어머니"를 통해 "저항하는 리비도"를 상징화하는 것이 어떤 곳에서 말을 수반한다는 것을 우리는 이미 보았다. 엄격히 말하면, 말이 어머니라거나 어머니를 의미한다고 말하는 것은 정확하지 않을 것이다. 어머니라는 생각도 하나의 리비도 상징이고 말이라는 생각도 하나의 리비도 상징이며, 두 상징들은 의미 면에서 어떤 지점들에서 서로 교차한다. 두 개의 생각들의 공통적 특징은 리비도에, 특히 근친상간으로부터 억눌러진 리비도에 있다. 이 같은 배경에서, 영웅과 말은 억눌러진 리비도를 갖고 있는 인간이라는 개념을 예술적으로 보여주는 존재처럼 다가오며, 이로써 말은 길들여져 인간의 의지에 종속된 것처럼 보이는 동물적인 무의식이라는 의미를 얻는다.

아그니가 숫양을, 보탄이 다리가 8개인 슬레이프네이르를, 아후라 마즈
다가 안그로마이뉴를, 야훼가 괴물 같은 치품천사를, 그리스도가 당나귀
를, 디오니소스가 당나귀를, 미트라가 말을, 멘이 인간의 발을 가진 말을,
프레이르[185]가 황금색 거센 털의 수퇘지를 타고 있는 모습은 모두 비슷한
뜻을 지닌다. 신화 속의 인물들을 태우고 다니는 것들은 언제나 큰 의미를
지니며, 그것들은 종종 의인화된 모습으로 나타난다. 따라서 멘이 탄 말의
앞다리는 인간의 다리이고, 발람(Balaam)[186]의 당나귀는 인간의 말을 하고,
페르시아 전설에 따르면 미트라를 태우고 후퇴하던 수소가 그를 내동댕이
치기 위해 갑자기 도약하는데 이 수소 자체가 신이다. 팔라티노 언덕에서
치러지는 가짜 십자가형은 당나귀의 머리로 사람을 대신한다. 이것은 아
마 예루살렘의 신전에서 당나귀의 이미지가 숭배의 대상이었다는 고대의
전설과 관련 있을 것이다. 보탄은 반은 인간이고 반은 말이다. 독일의 어느
옛날 수수께끼가 말과 말을 탄 사람의 이 같은 결합의 성격을 명쾌하게 보
여준다. "목표를 향해 함께 여행하는 둘은 누구인가? 함께 있으면 그들은
눈은 3개이고 다리는 10개이고 꼬리는 하나이며, 따라서 그들은 온 땅을
여행한다."

전설들은 심리학적으로 인간의 무의식에 속하는 특성들을 말(馬)에게
로 돌린다. 말들이 직관력이 대단하고 청력이 뛰어나기 때문이다. 말은 길
잃은 방랑자가 절망에 빠져 있을 때 길을 알려 주고, 말은 예언 능력을 갖
고 있다. '일리아드'를 보면 말이 불운을 예언한다. 말을 무덤가로 데려가
면 시신이 하는 말을, 인간은 절대로 들을 수 없는 말을 듣는다. 카이사르
는 인간의 발을 가진 자신의 말을 통해서(카이사르를 프리기아의 멘과 동

....

185 북유럽 신화에서 중요한 신으로 햇빛과 날씨를 관장한다.

186 성경에 나오는 거짓 선지자.

344

일시한 결과인 듯하다) 자신이 세계를 정복하게 될 것이라는 사실을 미리 알았다. 또 어느 당나귀는 아우구스투스에게 악티움의 승리를 예언했다. 말은 유령도 본다. 이 모든 것은 무의식의 전형적인 특징들과 일치한다. 그러므로 인간의 사악한 동물적인 요소의 이미지로서 말이 악마와 다양한 연결을 갖는 것도 충분히 이해된다.

악마는 말의 발을 가졌고, 어떤 상황에서는 말의 형태를 가졌다. 결정적인 순간에 처하면, 악마는 갑자기 둘로 갈라진 발을 보여준다. 하딩[187]을 납치할 때, 슬레이프네이르가 갑자기 보탄의 망토 뒤에서 튀어나오듯이 말이다. 몽마(夢魔)가 잠자는 사람을 타고 있듯이, 악마도 잠자는 사람을 타고 다닌다. 따라서 악몽을 꾸는 사람들은 악마를 등에 태우고 다니는 것으로 여겨진다. 페르시아의 민간전승에서 악마는 신의 준마이다. 악마는 모든 나쁜 것들과 마찬가지로 성욕을 상징한다. 마녀들이 악마와 성교를 하는데, 이런 경우에 악마는 염소나 말의 형상으로 나타난다. 악마의 틀림없는 남근 숭배의 성격은 마찬가지로 말에게 전달된다. 따라서 남근 숭배가 유일한 설명이 되는 그런 맥락에서 말 상징이 나타난다.

로키는 옛날의 불의 신으로서, 악마가 말의 형태로 있을 때와 똑같이, 말의 형태로 생겨나는 것으로 전해지고 있다. 따라서 번개는 동물의 형태로 나타날 때 말로 그려진다. 교육을 받지 않은 어느 히스테리 환자는 어릴 적에 천둥을 극도로 무서워했다는 이야기를 들려주었다. 이유는 번개가 번쩍할 때마다 거대한 검정말이 하늘 끝까지 올라가는 것이 보였기 때문이라고 했다. 어느 전설에는 악마가 번개의 신으로서 지붕 위로 말발굽(번개)을 던지는 것으로 묘사되고 있다. 땅을 비옥하게 하는 존재로서 천둥의 원시적인 의미에 따라, 번개와 말의 발에 똑같이 남근의 의미가 주어진다.

....
187 북유럽 신화 속의 바다의 신.

신화학에서 말의 발은 이 꿈에서처럼 남근의 기능을 한다. 교육 수준이 낮은 어느 환자는 남편과 강제로 성교를 했는데, 그럴 때면 야생마가 자신의 몸 위로 도약하며 뒷발로 배를 차는 꿈을 자주 꾸었다. 플루타르코스는 디오니소스 축제 때 올린 기도의 예를 전하고 있다.

> "오, 디오니소스여, 엘리스에 있는 그대의 신전으로 오소서. 그라케스[188]
> 와 함께 당신의 신전으로 오소서. 수소의 발로 신성한 광기로 오소서."

페가수스[189]는 발로 땅을 힘껏 차서 히포크레네 샘이 생기게 한다. 코린트 양식의 벨레로폰[190] 조각상을 보면 거기도 샘이 하나 있는데, 그 물은 말의 발굽에서 흘러나온다. 발데르의 말은 발로 차서 샘을 만들었다. 따라서 말의 발은 열매를 맺는 습기를 전한다. 오스트리아의 한 전설은 백마를 탄 거구의 인간이 가끔 산 위로 말을 달린다는 내용을 담고 있다. 이것은 쏟아지는 비를 의미한다. 독일 전설에서, 출생의 여신 홀레 부인은 말을 타고 나타난다. 해산이 가까운 임신부들은 백마에게 앞치마에 싸온 귀리를 주면서 아이를 빨리 낳게 해달라고 기도한다. 원래 풍습은 말이 여자의 생식기에 몸을 비비도록 하는 것이었다. 말은 (당나귀처럼) 일반적으로 남자다운 동물의 의미를 지녔다. 말의 발자국들은 축복과 다산을 전하는 우상들이다. 말의 발자국은 고대 라틴 사람들의 남근상처럼 경계선의 의미를 지닌다. 어떤 말은 발굽으로 하르츠 산맥의 광맥을 뚫기도 했다. 말의 발이나 마찬가지인 편자는 행운과 액땜의 의미를 지닌다. 네덜란드에서는 악령의 마법을 물리치기 위해 외양간에 말의 발을 통째로 매달아 놓는다. 남근상

....
188 그리스 신화 속의 매력과 미의 세 여신, 아글라에아와 에우프로시네, 탈리아를 일컫는다.
189 그리스 신화에 나오는 날개 달린 말.
190 그리스 신화에 나오는 날개 달린 흰말.

도 이와 비슷한 효과를 갖는다는 것은 널리 알려져 있다. 그래서 문에 남근상을 매달아 놓는다. 특히 말의 다리는 "비슷한 것은 비슷한 것으로 치료한다"는 원칙에 따라 번개를 물리치는 것으로 전해진다.

말들은 또 바람을 상징하며, 바꿔 말하면, 제3의 비교점은 다시 리비도상징이다. 독일 전설은 바람을 처녀를 뒤쫓는 거친 사냥꾼으로 여긴다. 루네버거 황야의 화이트 호스 마운틴처럼, 바람이 센 지역은 종종 그 명칭을 말에서 딴다. 반인반마의 괴물인 켄타우로스는 전형적인 바람의 신들이며, 스위스의 화가 뵈클린(Arnold Böcklin)의 예술가적 직관에도 그런 것으로 표현되었다.

말은 또한 불과 빛을 의미한다. 헬리오스의 불의 말이 한 예이다. 헥토르의 말들은 크산토스(노랗고, 밝다)와 포다르고스(발이 빠르다), 람포스(빛을 반짝이다), 아이톤(불에 타다)으로도 불린다. 불의 매우 분명한 상징의 예는 1세기의 그리스 철학자 크리소스토모스(Dio Chrysostomus)가 언급한 신비의 4두2륜 전차이다. 헬리오스는 언제나 원을 그리며 전차를 몬다. 4마리의 말이 전차를 끈다. 바깥쪽을 달리는 말은 매우 빨리 달린다. 헬리오스는 행성들과 황도대의 기호들이 부착된 빛나는 외투를 걸치고 있다. 황도대는 회전하는 천국의 불을 나타내고 있다. 두 번째 말은 조금 천천히 움직이며 한쪽으로만 빛을 발한다. 세 번째 말은 더 천천히 움직이며, 네 번째 말은 거의 제자리에서 맴돌듯 한다. 그러나 외곽의 말이 두 번째 말에게 뜨거운 숨결로 불을 붙이기만 하면, 세 번째 말은 네 번째 말에게 땀을 홍수처럼 쏟는다. 그러면 말들은 녹아 아주 강하고 뜨거운 물질로 변하며, 이것이 마차부자리의 별이 된다. 말은 또한 4원소를 상징한다. 재앙은 세상의 대화재와 홍수를 의미하며, 재앙이 일어나면 신이 많은 부분들로 나눠지는 것이 중단되고 신성의 통일이 이뤄진다. 틀림없이, 4두2륜 전차는 천문학적으로 시간의 상징으로 이해될 것이다. 우리는 이미 1부에서 스토아

학파가 운명을 표현하는 것이 불 상징이라는 것을 보았다. 따라서 운명의 개념과 밀접히 연결된 시간이 이와 똑같은 리비도 상징체계를 보여줄 때, 그것은 그 사고의 논리적 연결로서 자연스럽다. '브리하다란야카 우파니샤드' 1장 1편에 이렇게 적혀 있다.

> "아침 햇살은 진실로 제물로 바쳐진 말의 머리이다. 해는 그의 눈이고, 바람은 그의 숨결이고, 온 곳으로 번지는 불은 그의 입이고, 일년은 제물로 바쳐진 그의 몸통이다. 하늘은 그의 등이고, 대기는 그의 몸의 안이고, 대지는 그의 배이다. 양 극단은 그의 옆구리이고, 양 극단 사이에 그의 갈비뼈가 있고, 계절은 그의 팔다리이고, 달들과 보름들은 그의 관절이다. 낮과 밤은 그의 발이고, 별은 그의 뼈이고, 구름은 그의 살점이다. 그가 소화시키는 음식은 사막이고, 강은 그의 혈관이고, 산맥은 그의 간과 폐이고, 풀과 나무는 그의 머리카락이고, 떠오르는 해는 그의 앞부분이고, 지는 해는 그의 뒷부분이다. 대양은 그의 친족이고, 바다는 그의 요람이다."

말은 여기서 틀림없이 어떤 시간 상징을 나타내고 또 전체 세상을 의미한다. 우리는 미트라교에서 크로노스 또는 데우스 레온토케팔루스라 불린 이상한 시간의 신 아이온을 만난다. 전형적으로 사자의 머리를 한 인간으로 그려진다는 이유로 데우스 레온토케팔루스라고 불린 이 신은 뱀에게 칭칭 감겨 있으며, 뱀은 뒤에서부터 사자의 머리 위쪽으로 머리를 내밀고 있다. 이 형상은 양 손에 열쇠를 하나씩 쥐고 있다. 가슴에는 벼락이 놓여 있으며, 등에는 바람의 날개가 4개 달려 있다. 이 외에 이 형상은 간혹 몸에 황도대를 두르고 있다. 추가적인 속성들은 수탉 한 마리와 도구들이다. 고대의 모델들에 바탕을 둔, 카롤링 왕조 시대의 '위트레흐트 시편'(Utrecht

Psalter)을 보면, 시간의 신 아이온은 손에 뱀을 쥔 채 벌거벗은 인간으로 그려진다. 이름이 암시하듯이, 그는 아주 흥미롭게도 리비도의 상징들로 구성된 시간의 한 상징이다. 황도대에서 여름의 가장 뜨거운 열기를 나타내는 사자는 가장 뜨거운 열망의 상징이다. (마그데부르크의 메히틸드는 "나의 영혼은 굶주린 사자의 목소리로 포효하고 있다"고 말한다.) 미트라교 신비 의식에서 뱀은 종종 사자에게 적대적인데, 이것은 태양과 용의 전투라는 매우 흔한 신화와 일치한다.

'이집트 사자의 서'에서 아툼은 심지어 수컷 고양이로 표현되기도 한다. 고양이로서 그는 뱀인 아포피스와 싸웠다. 칭칭 감는 행위는 삼키는 것을, 그리고 어머니의 자궁 안으로 들어가는 것을 의미한다. 따라서 시간은 태양의 뜨고 짐을, 말하자면 리비도의 죽음과 소생을 통해서 정의된다. 수탉을 더했다는 것은 다시 시간을 암시하고, 도구들을 더한 것은 시간을 통한 창조를 암시한다. "무한히 긴 지속 기간"이라는 이름의 페르시아 신 츠르와나카라나를 통해서 오로마즈데스와 아흐리만이 만들어졌다. 공허하고 형식적인 개념인 시간은 신비 의식에서 창조력, 즉 리비도의 변환에 의해 표현되고 있다. 마크로비우스는 이렇게 말한다.

> "현재의 시간은 사자의 머리에 의해 암시되고 있다. 왜냐하면 사자의 상태가 강하고 맹렬하기 때문이다."

알렉산드리아의 필론이 더 훌륭한 이해력을 보여주고 있다.

> "사악하가 짝이 없는 사람들에게는 시간이 의지력 강한 사람들로부터 근본적인 존재를 빼앗는 어떤 신성으로 여겨지고, 선한 사람들에게 시간은 세상 만물의 원인으로 고려되지만, 가장 현명하고 최고로 선한 사람들에

게 시간은 시간으로 보이지 않고 신으로 보인다."[191]

피르다우시(Firdawsi)[192]의 글에서, 시간은 종종 운명의 상징으로 쓰이고 있으며, 운명이 지닌 리비도적인 성격에 대해서는 이미 앞에서 확인한 바가 있다. 앞에 인용한 힌두교 텍스트는 더욱 많은 것을 담고 있다. 그 텍스트에서 말의 상징은 세상 전체를 포함하고 있으며, 말의 친척과 말의 요람은 세상 영혼과 비슷한 어머니이고 바다이며, 세상 영혼의 모성적 의미에 대해서는 앞에서 이미 살폈다. 아이온이 어떤 포옹의 상태, 말하자면 죽음과 부활의 상태에 있는 리비도를 나타내듯이, 여기서 말의 요람은 바다이다. 즉, 리비도는, 생명의 나무에 잘 익은 과일처럼 달린, 죽어 부활한 그리스도의 상징처럼, 죽어 다시 일어나는 어머니의 안에 있다.

말이 유그드라실을 통해 나무의 상징과 연결되는 것을 우리는 앞에서 보았다. 말은 또한 "죽음의 나무"이다. 그래서 중세에는 장례용 장작이 성 미카엘의 말로 불렸으며, 관을 뜻하는 페르시아어 단어는 "나무로 만든 말"이라는 뜻을 갖고 있다. 말은 또한 죽은 영혼을 인도하는 역할을 맡는다. 말은 영혼을 다른 세계로 안내하는 준마이다. 말을 탄 여자들이 영혼들을 데리고 온다(발키리들). 현대 그리스어 노래들은 카론[193]이 말을 타고 있는 것으로 묘사한다. 이런 정의들은 명백히 어머니 상징체계로 이어진다. 토로이의 목마는 그 도시를 정복하는 유일한 수단이었다. 어머니의 속으로 들어가서 다시 태어나는 자만이 무적의 영웅이 되기 때문이다. 트로이의 목마는 필연을 극복하는 데 이바지한 "노드피르" 같은 신비의 부적이

....
191 Philo, "In Genesim", Ⅰ, 100. (Cited by Cumont: 'Textes et Monuments", Ⅰ, p. 82
192 10세기 페르시아의 서정 시인.
193 그리스 신화에서 죽은 사람의 영혼을 실어나르는 하데스의 사공.

다. 그 공식은 틀림없이 이렇다. "난관을 극복하기 위해서는 반드시 근친상간을 저지르고 그대의 어머니로부터 다시 태어나야 한다." 신성한 나무에 못을 박는 것도 이와 매우 유사한 무엇인가를 의미하는 것 같다. 빈에 있는 "슈토크-임-아이젠(Stock im Eisen)[194]은 그런 수호신이었던 것 같다.

아직 고려해야 할 상징의 형식이 한 가지 더 있다. 간혹 악마가 다리가 셋인 말을 타고 나타난다. 노르웨이 신화에 나오는 죽음의 여신 헬은 전염병이 돌 때 다리가 셋 달린 말을 탄다. 다리가 셋인 거대한 당나귀가 부루카샤[195] 호수에 서 있다. 이 당나귀의 오줌은 호수의 물을 정화하고, 이 당나귀의 포효에 모든 유익한 동물들이 새끼를 배고 모든 해로운 동물들은 유산을 한다. 세발 말은 남근의 의미를 갖는다. 헬의 대조적인 상징은 부루카샤의 당나귀 안에서 한 가지 개념으로 결합된다. 리비도는 파괴를 할 뿐만 아니라 열매를 맺게도 한다.

이 같은 정의들은 대체로 근본적인 특징들을 드러내고 있다. 말은 나무처럼 부분적으로 남근의 의미를 지니는 리비도의 상징이며 또 부분적으로 모성의 의미를 지니는 리비도의 상징이다. 말은 근친상간 금지 때문에 억압된 리비도를 대표한다.

여기서 미스 밀러의 드라마를 보도록 하자. 인디언이 영웅에게 다가오다가 활을 쏠 자세를 취한다. 그러나 치완토펠은 대담한 태도를 보이며 가슴을 적 쪽으로 활짝 편다. 이 생각이 미스 밀러에게 셰익스피어의 '율리우스 카이사르'(Julius Caesar)에서 카시우스와 브루투스가 갈등을 빚는 장면을 상기시킨다. 브루투스가 카시우스에게 군대가 쓸 돈을 내놓지 않는다고 비난하자, 두 친구 사이에 오해가 일어난다. 화가 난 카시우스가 불만을

....

194 카른트너 슈트라쎄와 그라벤이 만나는 모퉁이에 위치한 건물의 벽감에 보관되어 있는 나무를 말한다. 굳이 번역하자면 '쇠나무 그루터기'가 적절할 것 같다.

195 조로아스터 신화에 나오는 천상의 호수.

터뜨린다.

"오라, 안토니우스! 오라, 젊은 옥타비우스!
카시우스에게 복수를 하렴.
카시우스는 이 세상에 지쳐 있으니까.
사랑하는 사람에게 미움 받고, 형제에게 무시당하고
노예처럼 구속받고, 그의 잘못들은 샅샅이 감시당하네.
노트에 적어두고 기억했다가 나에게 악랄하게 던지니
내 눈에서 영혼이 눈물 되어 쏙 빠지는 것 같구나.
거기 나의 단검이 있고, 여기에 벌거벗은 나의 가슴이 있고, 그 안에 나의
심장이 있어.
플루투스[196]의 보고(寶庫)보다 더 귀하고, 황금보다 더 소중한 나의 심장
이라네.
그대가 로마인이라면, 당장 그걸 갖도록 해.
내가 그대의 황금을 거부했으니, 이젠 나의 심장을 주어야겠구나.
카이사르에게 했듯이, 당장 내리쳐라. 그대가 그를 가장 미워했을 때에도
이 카시우스보다 그를 더 사랑했다는 것을 나는 잘 알고 있으니까."

카시우스의 이 말이 시라노의 정신 착란과 비슷한 점을 많이 보여준다는
사실을 언급하지 않는다면(1부와 비교해 보라), 여기 제시된 자료만으로
는 충분하지 않을 것이다. 둘 사이에는 단지 카시우스가 훨씬 더 극적이고
더 과장하고 있다는 차이밖에 없다. 카시우스의 태도에는 유치하고 히스
테릭한 요소가 있다. 브루투스는 그를 죽일 생각을 하지 않고 다음 대화에

....
196 고대 그리스 신화 속의 부의 신.

서 드러나듯이 단호하게 비난할 생각이었다.

    브루투스: 단검을 거두게!
    화를 내고 싶으면 화를 내. 그래도 괜찮아.
    자네 하고 싶은 대로 하게. 망신도 그때뿐이니까.
    오 카시우스, 자네는 어린양과 멍에를 함께 메고 있어.
    부싯돌이 불을 피우듯이, 화를 내고 있으니 말이오.
    서로 부딪치면 급히 불꽃을 일으키다가
    금방 식고 마는 부싯돌 말이오.
    카시우스: 이 카시우스가 브루투스의 놀림꺼리나 웃음꺼리가 되려고
    살아왔단 말인가? 비탄과 격한 감정으로 이다지도 괴로운데.
    브루투스: 그런 말을 할 때, 나 역시도 격했다네.
    카시우스: 사실인가? 손을 주게.
    브루투스: 나의 심장까지 가지게.
    카시우스: 오, 브루투스여!
    브루투스: 왜 그러는가?
    카시우스: 나의 어머니로부터 물려받은 급한 성격 때문에 내가 날 뛸 때,
    당신은 그런 나를 참아줄 만큼 나를 사랑하지 않는단 말인가?
    브루투스: 좋아, 카시우스. 앞으로는 그대가 이 브루투스에게 지나치게
    격하게 나오면, 그대 어머니가 잔소리를 하고 있다고 생각하고 자네는 가
    만 두겠네.

카시우스의 성급함을 분석적으로 해석하면, 그 순간에 그가 어머니와 자신을 동일시하고 있다는 것이 분명히 확인되며, 따라서 그의 행동은 정말로 여성스럽다. 그의 말이 그 점을 잘 보여주고 있다. 그가 여자처럼 사랑

을 추구하고 브루투스의 남자다운 의지에 복종하고 싶어 하는 욕망이 브루투스의 다정한 발언을, 그러니까 카시우스가 어린양과 멍에를 함께 메고 있다는 발언을 끌어내고 있으니 말이다. 그것은 카시우스가 성격적으로 어머니로부터 끌어낸 매우 약한 무엇인가를 갖고 있다는 뜻이다. 카시우스에게서 유아적인 성향을 확인하는 것은 전혀 어렵지 않다. 그 같은 성향은 늘 그렇듯이 부모 심상, 여기서는 어머니 심상에 지배당하는 모습을 두드러지게 보이는 것이 특징이다.

유치한 사람이 유치한 이유는 어린 시절의 환경으로부터, 즉 부모에 대한 순응으로부터 스스로를 충분히 해방시키지 못했거나 전혀 해방시키지 못했기 때문이다. 따라서 그 사람은 어린 아이가 부모에게 그러듯이 세상을 향해 늘 사랑을 요구하고 자신의 감정에 대해 즉각 보상해 주길 원하면서 세상에 그릇 반응하는 한편으로, 부모와의 밀접한 연결 때문에 자신과 부모를 동일시한다. 유치한 사람은 아버지나 어머니처럼 행동한다. 그는 스스로의 힘으로 살거나 스스로 설 자리를 찾을 수 있는 처지가 아니다. 따라서 브루투스는 매우 현명하게도 카시우스가 아니라 "카시우스의 어머니가 카시우스의 내면에서 잔소리하고 있는" 것으로 받아들인다. 여기서 우리가 알 수 있는, 심리학적으로 중요한 사실은 카시우스가 유치하고 또 그가 자기 어머니와 자신을 동일시하고 있다는 점이다. 곧잘 흥분하는 행동은 카시우스가 지금도 부분적으로 어린양의 상황에 처해 있기 때문이다. 말하자면, 그가 순진무구하고 해를 전혀 끼치지 않는 아이로 남아 있기 때문이라는 뜻이다. 우리는 이런 예를 지배자로서 삶과 자신의 동료 인간들을 확실히 지배하고 있는 사람들 사이에서도 자주 본다. 그들의 사랑의 본질이 요구하는 것들에 관한 한, 그들이 여전히 아이로 남아 있기 때문이다.

미스 밀러의 드라마에 등장하는 인물들은 그녀의 공상의 자식들이기 때문에 당연히 미스 밀러의 성격적 특징들을 보여주게 되어 있다. 영웅, 그러니까 그녀가 소망하는 인물이 가장 두드러지게 표현되고 있다. 왜냐하면 영웅이 언제나 그녀의 내면에서 가장 강력하게, 또 가장 간절히 원하는 이상들을 결합시키고 있기 때문이다. 시라노의 태도는 확실히 아름답고 인상적이며, 카시우스의 행동은 극적인 효과를 발휘한다. 두 영웅은 사실상 죽을 준비를 갖추고 있으며, 이 시도에 시라노는 성공을 거둔다.

이 같은 태도는 미스 밀러의 무의식에 있는 죽음 소망을 드러낸다. 이 소망의 의미에 대해서는 이미 나방에 관한 미스 밀러의 시의 주제를 논하는 대목에서 길게 설명했다. 어린 소녀들이 죽고 싶어 하는 소망은 어떤 간접적인 표현일 뿐이며, 죽음 자체가 꾸민 태도일 수 있기 때문에, 그 소망은 실제 죽음이 일어나는 때조차도 꾸민 태도로 남을 수 있다. 그런 결말은 일부 조건에서 그런 꾸민 태도에 엉뚱하게도 아름다움과 가치를 더한다. 삶의 최고 정점이 죽음의 상징체계를 통해 표현된다는 것은 잘 알려져 있는 사실이다. 자신의 자기를 넘어서는 창조가 그 개인의 죽음을 의미하니 말이다. 다가오는 세대는 앞 세대의 종말이다. 이런 상징은 성적 표현에 자주 등장한다. 아폴레이우스(Lucius Apuleius)의 『변신』(Metamorphoses)에 등장하는 루키우스와 방종한 하녀 사이에 오가는 선정적인 언어가 가장 좋은 예이다.

> "그녀가 말했다. '싸워, 용감하게 싸워! 난 한 발짝도 물러서지 않을 것이고 도망가지도 않을 거야. 자, 남자라면 이리 와 봐. 정면으로 대결하는 거야! 일격을 가해 봐. 하고 싶은 대로 하다가 죽는 거야! 오늘 전투는 가차 없어.' …… 그러다 몸과 마음이 다 지쳐서, 우리는 서로의 팔에 안긴 채 힘 없이 누워 숨을 헐떡인다."

이 상징체계가 대단히 중요하다. 왜냐하면 그것이 대조적인 표현이 어떤 식으로 생겨나는지를, 그리고 그런 표현도 똑같이 명료하고 독특할 수 있다는 점을 잘 보여주기 때문이다. 영웅이 목숨을 걸 때의 그 당당한 몸짓은 다른 사람의 동정이나 연민을 불러일으키는 간접적인 표현이 쉽게 될 수 있으며, 따라서 그 몸짓은 브루투스가 한 것과 같은 냉철한 분석의 대상이 되기 마련이다. 치완토펠의 행동도 마찬가지로 의문스럽다. 왜냐하면 그 모델 역할을 하는 카시우스의 장면이 경솔하게도 전체 일이 그저 유치할 뿐이라는 점을, 또 그 장면의 기원이 과도하게 작용하는 어머니 심상에 있다는 점을 드러내고 있기 때문이다. 이 예와 앞 장에서 밝힌 일련의 어머니 상징들을 비교하면, 우리는 카시우스의 장면이 단지 우리가 오랫동안 짐작해왔던 것을 한 번 더 확인시켜 주었다고 말해야 한다. 말하자면, 이런 상징적인 환상들의 원동력은 유아기의 어머니 전이에서, 다시 말하면 분리되지 않은 어머니와의 연결에서 일어난다는 점이 다시 확인된다는 뜻이다.

그 드라마에서, 리비도는 그 전의 상징들의 소극적인 본질과 정반대로 위협적으로 작동할 태세를 취하고 있으며, 어떤 갈등이 분명해지고 있다. 그 갈등 속에서 한 쪽이 다른 쪽을 살해하겠다고 협박하고 있다. 영웅은 꿈을 꾼 사람의 이상적인 이미지로서 죽는 경향을 보인다. 그가 죽음을 두려워하지 않기 때문이다. 이 영웅의 유치한 성격에 따라, 그가 무대를 떠나거나, 유치한 언어로 말한다면, 죽을 시간임에 틀림없다. 그에게 죽음은 화살에 관통당하는 부상의 형식으로 올 것이다. 영웅들이 종종 훌륭한 궁사였거나 화살로 인한 상처에 굴복한다는 사실(예를 들면, 3세기의 기독교 순교자 성 세바스티아누스(St. Sebastian)가 있다)을 고려한다면, 화살의 관통에 의한 죽음의 의미를 들여다보는 것도 좋을 것 같다.

몸에 성흔(聖痕)이 생겼다는 카테리네 에머리히(Katherine Emmerich)[197]의 전기에 그녀의 신경증에 관한 묘사가 나온다.

> "수련 수녀 생활을 할 때, 그녀는 신성한 그리스도로부터 크리스마스 선물로 매우 고통스런 심장병을 받았다. 수녀 생활 내내 그녀를 괴롭힌 문제였다. 신은 그녀에게 그 목적을 내면적으로 보여주었다. 그것은 수도회의 영혼이 타락하고 있었기 때문이었다. 특히 그녀의 동료 수녀들의 죄 때문이었다. 그러나 이 문제를 가장 고통스럽게 만든 것은 그녀가 어릴 때부터 가졌던 재능이었다. 말하자면 그녀의 눈앞에 있는 인간의 본성을 실제 모습 그대로 볼 줄 아는 능력이었다. 그녀는 자신의 심장이 화살에 끊임없이 관통되는 것 같은 통증을 육체적으로 느꼈다. 이 화살들을 그녀는 자신의 동료 수녀들이 아무런 근거 없이 비양심적으로 그녀와, 신을 두려워하는 그녀의 생활 방식에 대해 품고 있는 생각이나 계략, 은밀한 말, 오해, 스캔들로 받아들였다."[198]

성자로 살아가는 것은 어려운 일이다. 왜냐하면 인내심 있고 고통을 오랫동안 참아낼 수 있는 천성도 그런 위반을 선뜻 견디려 하지 않고 나름의 방식으로 스스로를 방어하기 때문이다. 고결의 동반자는 유혹이며, 유혹이 없으면 진정한 어떤 성자도 살아갈 수 없다. 우리는 분석 경험을 통해서 이런 유혹들이 무의식적으로 지나갈 수 있다는 것을, 그래서 그 유혹들의 등가물들이 증후의 형식으로 의식에 나타난다는 것을 알고 있다. 가슴(heart)과 마음의 아픔(smart)(독일어로는 'Herz'와 'Schmerz')을 뜻하는 영어 단

....
197 아우구스티노회 수녀이자 신비주의자(1774-1824).

198 P. Thomas a Villanova Wegener, "Das wunderbare aussere und innere Leben der Dienerin Gottes Anna Catherinal Emmerich", Dulmen ⅰ. W. 1891

어들이 운이 같다는 것은 유명한 사실이다. 히스테리 환자들이 정신적 고통을 육체적 고통으로 대체한다는 것은 잘 알려진 사실이다. 에머리히의 전기를 쓴 작가는 그 점을 아주 잘 이해했다. 고통에 대한 에머리히의 해석은 여느 때처럼 투사되고 있다. 그녀에 관한 온갖 사악한 일들을 비밀리에 단언한 존재들은 언제나 타인들이며, 이것이 그녀에게 고통을 안겨주었다고 그녀는 주장했다. 그러나 그 예는 다소 다른 양상을 보인다. 삶의 모든 기쁨을 매우 힘들게 부정하는 것은, 말하자면 인생의 꽃을 피우기도 전에 죽음을 맞는 것은 일반적으로 고통스러운 일이며, 성취하지 못한 소망들과, 억압의 힘을 깨뜨리려는 동물적인 본성의 시도들은 특별히 더 고통스럽다. 수녀들의 뒷말과 농담은 당연히 이런 고통스런 것들에 초점이 맞춰졌고, 그래서 그 성자에게는 자신의 징후들이 그 때문인 것처럼 보였을 것임에 틀림없다. 당연히, 그녀는 사람들의 뒷말이 언제나 눈치 빠른 적처럼 우리의 갑옷의 깨어진 틈을 노리는 무의식의 역할을 맡는 경향이 있다는 것을 알지 못했다.

고타마 붓다의 설법 중 한 부분이 이 같은 생각을 구체화하고 있다.

> "진정으로 바라는 어떤 소망이 있네.
> 의지에 의해 생겨나서 의지에 의해 자란 소망이라네.
> 그런 소망이 점진적으로 좌절될 때
> 그것은 화살처럼 살 속을 파고든다네."

상처를 입히고 아프게 하는 화살들은 오직 외적으로만 공격하는 뒷말을 통해서 외부에서 날아오는 것이 아니라 복병으로부터, 우리 자신의 무의식으로부터 날아온다. 외적인 그 무엇보다 바로 이것이 대책 없는 고통을 일으킨다. 화살처럼 우리의 육신을 곪게 하는 것은 억눌려 인식되지 않고 있는 우리 자신의 욕망이다. 또 다른 연결에서, 이것은 그 수녀에게 너무도 분명했다. 구세주와의 결합이 일어나는 이런 신비한 장면들에는 일반적으로 엄청난 양의 성적 리비도가 개입된다는 것은 잘 알려진 사실이며, 그것을 이해하는 사람들에게는 추가적인 증명이 전혀 필요하지 않다. 따라서 성흔의 장면이 구세주를 통한 어떤 것의 구체화(incubation)에 지나지 않는다는 해석에는 놀라울 것이 하나도 없다. 신과의 동거로 여겨진 "신비적 합일"이라는 고대의 개념과 비교할 때 비유적으로 약간만 다를 뿐이다. 에머리히는 자신의 성흔에 대해 이런 이야기를 들려주고 있다.

> "그리스도의 고통에 대해 깊이 생각했다. 그러면서 그리스도에게 그의 슬픔을 느끼게 해 달라고 간구했다. 5곳의 신성한 상처를 기려서 주기도문을 다섯 번 올렸다. 양팔을 쭉 편 채 침대에 누워 있던 나는 편안한 상태로 들어가 예수의 고통을 느끼게 해 달라고 간절히 기원했다. 그때 어떤 빛이 나에게 내려오는 것이 보였다. 위쪽 어딘가에서 비스듬히 비치는 빛이었다. 그것은 십자가에 못 박힌 신체였다. 살아 있고 투명했으며, 두 팔을 쫙 펴고 있었다. 그러나 십자가는 없었다. 상처들이 육체보다 더 밝게 빛났다. 상처들은 빛 중에서 더욱 밝게 빛나는 다섯 개의 고리였다. 나는 황홀경에 빠졌고, 나의 가슴은 구세주의 고통을 나누려는 갈망으로 인해 엄청난 통증과 환희로 터질 듯했다. 구세주의 상처를 응시하자, 그의 슬픔을 함께하려는 나의 갈망은 더욱 커지면서 나의 가슴에서 손과 옆구리, 발을 통해서 그의 성흔으로 옮겨갔다. 이어서 그 형상의 손으로부터, 옆구리로부터, 발로부터 세 겹의 붉은 빛이 하나의 화살이 되어 나의 손과 옆구리, 발로 쏘아졌다."

여기서 빛들은 남근 숭배의 근본적인 사상과 어울리게 세 겹이며, 아래쪽으로 화살촉의 모양으로 끝나고 있다. 큐피드처럼, 태양도 파괴하거나 비옥하게 하는 화살들이, 남근의 의미를 갖는 광선들이 가득 담긴 화살통을 갖고 있다. 용감한 아들을 부모의 화살과 창으로 여기던 동양의 관습도 분명히 이 같은 의미를 갖고 있을 것이다. 아랍인들의 표현 중에서 "예리한 화살을 만들다"라는 표현은 "용맹스런 아들을 낳다"라는 뜻이다. '시편'은 이렇게 선언한다.

"젊어서 얻은 아들들은
전사의 손에 들린 화살들 같구나."[199]

(이 인용과 그 전의 "소년들"에 관한 언급들과 비교해 보라.) 화살의 이런 의미 때문에, 스키타이 왕 아리안테스(Ariantes)가 인구 조사를 준비하면서 남자들에게 화살촉을 하나씩 내놓을 것을 요구한 이유도 쉽게 이해된다.

창에도 이와 비슷한 의미가 담겨 있다. 인간들은 창에서 유래했다. 왜냐하면 물푸레나무가 창의 어머니이기 때문이다. 따라서 철기 시대의 인간들은 물푸레나무에서 생겨난다. 카이네우스[200]는 자신의 창을 숭배할 것을 명령했다. 그리스 시인 핀다로스(Pindar)는 카이네우스의 전설에 대해 이렇게 말한다.

"그는 곧은 발 하나로 땅을 가르면서 깊은 곳으로 내려갔다."[201]

....
199 '시편' 127장 4절
200 고대 그리스 신화에 나오는 테살리아의 영웅.
201 Cumont, "Textes et monuments" Ⅰ, p. 136

그는 원래 카이니스라는 이름의 처녀였던 것으로 전해진다. 그랬다가 친절한 행동이 두드러져 포세이돈에 의해 무적의 남자로 바뀌었다. 오비디우스는 테살리아의 라피타이족이 무적의 카이네우스와 벌인 전투를 묘사하고 있다. 라피타이족은 마침내 카이네우스를 나무들로 완전히 덮을 수 있었는데, 그들이 나무를 이용한 것은 그 방법이 아니고는 그를 건드리는 것조차 불가능했기 때문이다. 오비디우스는 이 대목에서 이렇게 적고 있다.

> "결과는 아직 확실하지 않다. 숲의 무게에 짓눌린 몸이 황량한 지옥으로
> 옮겨졌으나, 예언자 암피키데스가 그것을 부정하고 있다. 암피키데스가
> 그 숲으로부터 황갈색 날개의 새가 맑은 하늘로 날아가는 것을 보고 있으
> 니 말이다."

독일 신화학자 로셔(Wilhelm Heinrich Roscher)는 이 새가 황금 물떼새였을 것으로 보고 있다. 이 새의 학명 'charadrius pluvialis'는 땅의 갈라진 틈에서 산다는 사실에서 비롯되었다. 이 새는 노래를 불러 비를 예고한다. 카이네우스는 이 새로 둔갑했다.

이 사소한 신화에서도 우리는 다시 리비도 신화의 전형적인 요소들을 본다. 원래의 양성애, 어머니의 속으로 들어감으로써(어머니를 발로 가르고 안으로 들어간 다음에 다시 덮는다) 얻게 되는 불멸(무적), 영혼의 새로서, 그리고 다산을 부르는 존재로서의 부활 등이 두루 나타나고 있는 것이다. 이런 유형의 영웅이 사람들에게 자신의 창을 숭배할 것을 요구하고 나설 때, 그것은 아마 그 창이 자신이라는 뜻일 것이다.

현재의 관점에서, 우리는 내가 이 책 1부 4장에서 언급한 '용기'의 그 단락을 새로운 의미에서 이해할 수 있다.

편안하게 살던 나를 깨뜨리시고

덜미를 붙잡아 나를 부수시며

당신의 과녁으로 삼으셨네.

그분의 화살들은 나를 에워싸고

그분께서는 무자비하게 내 간장을 꿰뚫으시며

내 쓸개를 땅에다 내동댕이치신다네.

나를 갈기갈기 찢으시며

전사처럼 달려드시니.[202]

이제 우리는 이 상징체계를 영혼이 무의식적 욕망의 공격으로 인해 겪는 고통을 표현한 것으로 이해할 수 있다. 리비도는 그의 육신 안에서 곪고 있고, 잔인한 어떤 신은 그를 사로잡으며 그의 고통스런 리비도의 창들로, 생각들로 그를 찌르는데, 그 창들은 쉽게 그를 관통한다. (어느 정신분열증 환자는 병에서 회복되는 중에 나에게 "오늘 어떤 생각이 별안간 나를 찔렀다."고 말했다.) 이와 똑같은 생각이 니체의 『차라투스트라는 이렇게 말했다』에서도 발견된다.

마술사

쭉 뻗은 채

발만 따뜻한 상태에서 반쯤 죽은 사람처럼

원인을 알 수 없는 열병에

몸을 덜덜 떨고 있구나!

....
202 '욥기' 16장 12-14절

오, 생각이여!

그대가 날린

살을 에는 서리의 화살에 전율하고 있구나!

말로 표현할 수도 없고, 가려져 있고, 무시무시한 생각이여!

구름 뒤에 가려진 그대 사냥꾼이여!

어둠 속에서 나를 응시하는 그 조롱의 눈빛

그대에게 맞아 땅바닥에 쓰러져

나는 이렇게 누워 있소.

몸을 웅크리고, 비틀고,

온갖 고문에 영원히 시달리면서

잔인하기 짝이 없는 사냥꾼

그대에게 완전히 당했노라.

그대 생소한 신이여!

더 깊이 때려라!

한 번 더 때려라!

나의 심장을 꿰뚫고 찢어라!

무딘 화살촉으로 하는 이 고문은

무슨 뜻인가?

인간의 고통에 물리는 법도 없이

왜 그대는 다시 바라보는가?

악의를 가진, 전광석화의 신의 눈으로.

그대는 죽이지 않고

왜 고문만 되풀이하는가?

이 비유에서 박해 당한 신의 희생이라는, 오래되고 보편적인 사상을 파악하는 데는 긴 설명이 필요하지 않다. 앞에서 우리는 멕시코의 십자가의 희생과 오딘의 희생에서도 그런 사상을 보았다. 자주 예술의 주제가 되는 성 세바스티아누스의 순교에서도 똑같은 개념이 확인된다. 성 세바스티아누스의 순교를 소재로 한 그림을 보면, 화가가 느낀 단념의 모든 고통이 젊은 신의 상기된 육신에 그려져 있다. 예술가는 언제나 당대의 미스터리 일부를 자신의 작품에 녹인다. 이 말은 기독교의 중요한 상징에, 창에 찔려 십자가에 못 박힌 존재에, 자신의 소망으로 인해 고통 당하다가 십자가에 못 박혀 그리스도의 안에서 죽어가는 기독교 시대의 인간의 인식에 더욱 확실히 적용된다.

이것은 밖에서 인간에게 닥치는 고통이 아니며, 인간 자신이 사냥꾼이고, 살인자이고, 제물을 바치는 자이고 제물을 죽이는 데 쓰이는 칼이라는 것이 니체의 시에서 드러난다. 여기서 인간의 이중성이 똑같은 상징체계의 사용을 통해 영혼의 갈등으로 바뀌고 있다.

오, 차라투스트라여!
잔인하기 그지없는 님로드[203]여!
예전의 신의 사냥꾼.
온갖 미덕의 덫
악의 화살!
지금
그대 자신에게 쫓기고
그대 자신의 먹이가 되어

....
203 성경에 '니므롯'이라는 이름으로 나오는 사냥꾼.

그대 자신에게 찔렸구려.

지금

그대 자신하고만 있어 외로우며

백 개의 거울들 사이에서

그대 자신의 지식 속에서 둘로 나뉘고

그대 자신에게도 거짓되고

수백 개의 기억 사이에서

자신감을 잃고

그대 자신의 덫에 갇혀

상처마다 아파하고

서리마다 몸을 떨고 있구나.

자기를 아는 자여!

자기를 교수형에 처하는 자여!

왜 그대는 스스로를

그대의 지혜의 올가미로 가두는가?

왜 그대는 스스로를

늙은 뱀의 낙원으로 유혹하는가?

왜 그대는 그대 자신 속으로

스스로 기어 들어가는가?

  치명적인 화살들은 밖으로부터 영웅을 맞히지 않으며, 자신과 조화를 이루지 못한 상태에서 자신을 사냥하고, 자신과 싸우고, 자신을 고문하는 것은 바로 영웅 본인이다. 그의 내면에서 의지가 의지에 등을 돌리고, 리비도가 리비도에 등을 돌렸으며, 따라서 시인은 "그대 자신에게 찔렸구려"라고 말한다. 말하자면, 영웅은 자신의 화살에 상처를 입었다. 이제 우리가 그 화살이 리비도의 상징이라는 것을 알기 때문에, "관통하거나 뚫는 행위"의 의미가 명확하게 다가온다. 그것은 남근이 자신의 자기와 결합하는 행위이며, 일종의 자기 수정(내향)이다. 또한 자기 유린 또는 자기 살해이고, 따라서 차라투스트라는, 자신을 오딘에게 희생시킨 오딘처럼, 자신을 자신의 교수형 집행자라고 부를 수 있다.

자신의 화살에 상처를 입는다는 것은 무엇보다도 내향의 상태를 의미한다. 이것이 뜻하는 바를 우리는 이미 알고 있다. 리비도가 "자체의 깊이" 속으로 가라앉으며 거기 아래의 무의식의 그늘 속에서 자신이 포기한 위의 세상을 대체할 것을, 바로 기억의 세계를 발견한다는 뜻이다. 그 세계에서 가장 강력하고 막강한 것은 초기 유아기의 기억 그림들이다. 그것은 아이의 세계이며, 우리가 어떤 엄격한 법에 의해 분리된 어린 시절의 낙원 같은 상태이다. 이 지하의 왕국에, 고향에 온 듯한 안온한 감정들과 모든 것에 대한 무한한 희망들이 잠자고 있다. 독일 희곡 작가 게르하르트 하우프트만(Gerhart Hauptmann)의 '호수에 빠진 종'(Sunken Bell)에 등장하는 하인 리히가 기적 같은 자신의 작품에 대해 말하듯이 말이다.

> 오래 전에 망각하여 잃어버린 노래가 하나 있네.
> 고향의 노래, 어린 시절 사랑의 노래
> 동화 같은 샘의 깊은 곳에서 길어 올린,
> 모두가 알고 있는데도 들리지 않는 노래.

그러나 메피스토펠레스가 말하듯이, "그 위험은 중대하다". 이 깊은 곳들은 유혹적이다. 그곳들이 어머니이고 죽음이기 때문이다. 그 사람 본인의 결정에 의해서든 아니면 약해진 생명력 때문에든 리비도가 밝은 위쪽 세상을 떠나게 되면, 그 리비도는 자체의 깊은 속으로, 예전에 나왔던 원래의 원천으로 다시 가라앉으며 옛날에 분리되었던 그곳으로, 말하자면 리비도가 몸으로 들어왔던 바로 그 배꼽으로 돌아간다. 이 분리의 지점이 어머니라 불린다. 왜냐하면 어머니로부터 리비도의 원천이 오기 때문이다. 따라서 어떤 중요한 일이 성취되어야 할 때, 그 일 앞에서 약한 사람은 자신의 힘을 의심하면서 주춤하고, 그러면 그의 리비도는 원천으로 돌아간다. 이것은 소멸이냐 새로운 생명이냐 하는 문제가 결정되는 위험한 순간이다.

만약에 리비도가 내면 세계의 평화로운 왕국에 갇힌 채 남는다면, 그 사람은 위의 세상에서 유령이 될 것이고, 그러면 그는 사실상 죽은 것이나 마찬가지 상태가 되거나 크게 아플 것이다. 그러나 만약에 리비도가 스스로를 해방시키며 위의 세상으로 뚫고 올라오는 데 성공한다면, 그때는 어떤 기적이 일어난다. 지하 세계로의 이 여행은 젊음의 샘이었으며, 그의 명백한 죽음에서 새로운 생식력이 솟는다.

이 생각의 기차는 아주 매끄럽게 어느 힌두 신화 속으로 들어간다. 옛날에 비슈누[204]는 황홀경(내향)에 깊이 빠졌으며, 그렇게 잠을 자는 동안에 브라흐마를 낳았다. 연꽃 위의 권좌에 앉혀진 브라흐마는 '베다'(Vedas)[205]를 갖고 비슈누의 배꼽에서 나왔으며 그 경전을 열심히 읽었다. (내향에서 창조적인 사고가 생겨난다.) 그러나 비슈누의 황홀경을 통해서, 세상을 삼킬 듯한 무서운 홍수가 덮쳤다. (내향을 통한 삼킴은 죽음의 어머니의 안으로 들어가는 데 따르는 위험을 상징한다.) 이 위험을 이용하고 있던 어떤 악마가 브라흐마로부터 '베다'를 훔쳐 깊은 곳에 숨겼다. 이어 브라흐마가 비슈누를 깨웠다. 그러자 비슈누는 물고기로 변신하여 홍수 속으로 몸

....
204 힌두교 3대 신의 하나로 평화를 관장한다.
205 가장 오래된 힌두교 경전.

을 던지며 그 악마와 싸워(용과의 전투) 제압하고 '베다'를 도로 찾아왔다. (보물은 언제나 어렵게 획득되는 법이다.)

자기 집중과 거기서 나오는 힘은 이 원시적인 생각의 기차와 일치한다. 이 생각의 기차는 또 우리가 이미 논한 제물 의식과 신비 의식들을 설명해 준다. 한 예로, 난공불락의 트로이는 포위군들이 목마의 뱃속으로 기어들 어갔기 때문에 함락된다. 이유는 어머니로부터 태양처럼 다시 태어나는 자만이 영웅이 되기 때문이다. 그러나 필록테테스[206]의 이야기는 이 모험 의 위험을 잘 보여주고 있다. 트로이 원정 때에 크리세의 성역을 유일하게 알고 있었던 그 필록테테스 말이다. 이 성역에서 아르고선 대원들은 이미 제물을 바쳤고 그리스인들은 자신의 임무를 무사히 끝내기 위해 제물을 바칠 계획을 세웠다. 크리세는 크리세 섬의 님프였다. 고대 그리스 비극 시 인 소포클레스(Sophocles)의 『필록테테스』에 나오는 고전 주석자들의 설 명에 따르면, 이 님프는 필록테테스를 사랑했으며 그가 그녀의 사랑을 받 아주지 않자 그를 저주했다. '길가메시' 서사시에서도 접할 수 있는 이 두 드러진 투사는 아들의 억눌러진 근친상간 소망과 연결되어야 한다. 여기 서 아들은 투사를 통해 마치 어머니가 사악한 소망을 품고 있는 것처럼 여 기는 것으로 그려지며, 아들은 그 소망을 거절했다는 이유로 죽음에게로 넘겨졌다. 그러나 실제로는 아들이 어머니로부터 자신을 분리시킴으로써 죽을 운명의 인간이 된다. 그러므로 죽음에 대한 아들의 두려움은 어머니 에게로 돌아가려는 억압된 소망과 일치하며, 따라서 아들은 어머니가 자 신을 위협하고 있다고 믿게 된다. 이 같은 학대에 대한 두려움의 목적론적 의미는 분명하다. 아들과 어머니를 따로 떼어 놓는 것이다.

크리세의 저주가 실현된다. 이 전설의 어느 한 버전에 따르면, 필록테테

....
206 고대 그리스 신화 속의 영웅으로, 테살리아의 왕이다.

스가 그의 제단에 다가서다가 독이 묻은 자신의 화살에 발에 상처를 입었고, 또 다른 버전에 따르면(이 이야기가 훨씬 더 훌륭하고 설명도 쉽다), 필록테테스가 독이 있는 뱀에게 발을 물렸으니 말이다. 그 이후로 그는 고통을 겪게 된다.

레를 파멸시키기도 했던 매우 전형적인 이 상처는 이집트의 어느 찬가에서 이런 식으로 묘사되고 있다.

> 신들 중에서 나이가 가장 많은 신이 말을 하다가
> 땅 위로 침을 뱉었다.
> 그가 뱉은 침은 땅 위로 떨어졌다.
> 그것으로 이시스가 두 손으로
> 근처에 있던 흙을 반죽했다.
> 그 반죽으로 그녀는 신성한 벌레를
> 창 모양으로 한 마리 빚었다.
> 그녀는 살아 있는 그 벌레로 자신의 얼굴을 두르지 않고
> 그것을 돌돌 말아서 길 위로 던졌다.
> 그 위대한 신이 자신의 온 땅을
> 두루 편안하게 떠돌던 그 길 위로.
>
> 거룩한 그 신은 광채를 내며 걸음을 내디뎠고
> 파라오를 모시던 신들이 그와 동행했다.
> 그는 여느 날처럼 앞으로 나아갔다.
> 그때 신성한 벌레가 그를 물었다.
> 신성한 신은 입을 열었고
> 그의 목소리는 하늘 끝까지 메아리쳤다.

그러자 신들이 외쳤다. "조심해!"

이 외침에 그는 대답할 수 없었다.

그의 턱은 덜덜 떨렸고

그의 사지도 사시나무 떨듯 했다.

독이 그의 육체를 단단히 죄었다.

마치 나일 강이 땅을 휩쓸듯이.

이 찬가를 통해서 우리는 고대 이집트의 사람들이 뱀이 무는 것을 어떤 의미로 해석했는지를 엿볼 수 있다. 인간 고령의 한 이미지로서 가을 태양이 나이를 먹어가는 것은 독을 가진 뱀의 무는 행위를 통해서 상징적으로 어머니로까지 거슬러 올라간다. 어머니는 비난의 소리를 듣는다. 어머니의 악의가 태양신의 죽음을 불렀다는 이유에서다. 두려움의 원초적인 상징인 뱀은 어머니에게 돌아가려는, 억압된 경향을 잘 보여주고 있다. 왜냐하면 죽음으로부터 안전할 수 있는 유일한 가능성이 생명의 원천인 어머니에게 있기 때문이다.

그러므로 오직 어머니만이 죽음의 병에 걸린 아들을 치료할 수 있으며, 따라서 찬가는 이어 신들이 서로 상의하기 위해 어떤 식으로 모이는지에 대해 묘사하고 있다.

"그리고 이시스가 지혜를 갖고 왔다.

그녀의 입은 생명의 숨결로 가득하다.

그녀의 기도는 슬픔을 추방한다.

그리고 그녀의 말은 더 이상 숨을 쉬지 않는 자들을 되살린다.

그녀가 말했다. '신성한 아버지시여, 저게 무엇입니까? 저게 무엇이옵니까? 조심하십시오. 어떤 벌레가 당신에게 슬픔을 안겨주었으니까요. …'

'신성한 아버지시여, 저에게 그대의 이름을 말해주시오.
자신의 이름으로 불리는 사람은 살아남기 때문이지요.'"

이에 레가 대답했다.

" '나는 하늘과 땅을 창조하고 언덕을 쌓고 그 위의 모든 것을 창조한 존재이니라.
나는 물을 만들고 대홍수를 일으킨 존재이니라.
그 존재의 어머니의 수소를 낳았고,
그 어버이도 나이니라.' 등등"

"독은 떠나지 않고 오히려 더 깊이 스며들었다.
위대한 신은 아직 낫지 않았다.
그러자 이시스가 레에게 말했다.
'당신이 나에게 말한 이름은 당신의 이름이 아니옵니다.
진짜 이름을 말해주시오. 독이 사라지도록.
자신의 이름으로 불리는 존재는 살아남을 테니까요.'"

최종적으로 레는 자신의 진짜 이름을 밝히기로 결정한다. 그는 거의 치료되었지만(오시리스의 불완전한 조립), 권력을 잃고 마지막에 천상의 암소에게로 물러난다.

이런 식으로 본다면, 독을 가진 벌레는 "부정적인" 남근이며, 생기를 주는 것이 아니라 치명적인 형태의 리비도이고, 따라서 생명의 소망이 아니라 죽음의 소망이다. "진짜 이름"은 영혼이고 마법의 힘이고, 따라서 리비도의 상징이다. 이시스가 요구하는 것은 리비도를 어머니 여신에게로 다시 전이하라는 것이다. 이 요구는 정확히 충족된다. 나이 많은 신이 어머니의 상징인 신성한 암소로 돌아가기 때문이다. 이 상징체계는 앞에 제시한 설명을 통해 명쾌해진다.

아들의 의식을 지배하고 있는, 앞으로 나아가려 드는 생생한 리비도는 어머니와의 분리를 요구한다. 어머니를 향한 아이의 갈망은 심리적 저항의 형식을 취하면서 이 분리의 길에 장애가 된다. 이 저항은 신경증에서 온갖 종류의 두려움으로, 말하자면 삶에 대한 두려움으로 나타난다. 어떤 사람이 현실 적응을 피하면서 나태한 무위(無爲)의 상태에 빠질수록, 그의 불안은 더욱 커지고 그 불안은 장애를 일으키며 그의 길을 가로 막는다. 그 두려움은 어머니로부터, 말하자면 어머니에게로 돌아가려는 갈망으로부터 기인하며, 그런 갈망은 현실 적응을 가로막는다. 이것이 어머니가 자식을 악의적으로 괴롭히는 존재가 되는 방식이다. 당연히, 그것은 실제의 어머니가 아니다. 물론 실제의 어머니도 성인이 된 자식을 유아기 상태로 남도록 함으로써 자식의 앞길을 방해할 수 있지만 말이다. 자식의 길을 방해하는 것은 라미아가 되는 어머니 심상이다. 그러나 어머니 심상은 아들이 앞을 보며 열심히 나아가려는 경향에서뿐만 아니라 아들이 행복했던 어린 시절을, 말하자면 책임을 전혀 지지 않는 가운데 어머니의 보살핌 속에서 안전하게 지낼 수 있었던 어린 시절을 돌아보려는 경향에서도 그 힘을 발휘한다.

어린 시절을 향한 퇴행적 갈망은 활력과 모험심을 마비시키는 독과 비슷하다. 그래서 그런 갈망은 우리의 길을 가로막는, 독을 지닌 뱀과 비슷하다. 분명히, 우리에게서 에너지를 강탈하는 것은 적대적인 악마이지만, 실제로 보면 그 악마는 바로 개인의 무의식이다. 무의식의 퇴행적인 경향이 앞으로 나아가려는 의식적인 노력을 압도하기 시작하는 것이다. 이런 현상의 원인은 예를 들어 에너지를 약화시키는 자연적인 노화일 수 있다. 아니면 그 원인이 남자가 붕괴하며 다시 아이가 되도록 만드는 큰 외적 어려움일 수 있다. 그것도 아니면 그 원인은 남자를 예속시키는 여자일 수도 있다. 어쩌면 이 원인이 가장 흔할지도 모른다. 노예처럼 예속된 남자는 더 이상 자신을 해방시키지 못하고 다시 아이가 된다.

태양신의 누이이자 아내로서 이시스가 아마 정액의 대체물일지 모르는, 그래서 리비도의 상징일지도 모르는, 태양신의 침으로 독을 가진 동물을 창조한 것도 중요한 의미를 지닌다. 그녀는 태양신의 리비도를 가지고 독을 가진 동물을 창조한다. 이것은 그녀가 태양신을 여리고 의존적인 존재로 만들면서 그 신의 권력을 넘겨받는다는 것을 의미한다. 이로써 그녀는 어머니의 지배적인 역할을 떠안는다. 이 부분은 삼손의 전설에도, 말하자면 삼손의 머리카락을, 태양 광선들을 자른 데릴라의 역할에도 담겨 있다. 데릴라는 그렇게 함으로써 삼손의 힘을 빼앗아 버린다. 성인 남자를 약화시키는 것은 무엇이든 무의식의 소망을 강화한다. 그러므로 힘의 쇠퇴는 어머니에게로 돌아가려는 퇴행적인 노력으로 비친다.

어머니 심상을 다시 활성화시키는 또 하나의 중요한 원천을 고려해야 한다. '파우스트'의 어머니 장면을 논하는 대목에서 그 원천, 즉 창조적인 정신의 의도적 내향을 이미 접한 바 있다. 이 내향은 문제 앞에서 한발 뒤로 물러서서 내적으로 힘을 모으면서 적어도 잠시라도 생명의 원천 속에 깊이 잠긴다. 거기서 임무 완성에 필요한 힘을 어머니로부터 조금이라도 더 끌어내기 위해서이다. 그것은 남자가 자신의 자기와 하는, 엄마와 아들 놀이이다. 거기에 약한 수준의 자기 찬미와 자기 찬양("백 개의 거울들 사이에서"-니체)이 있다. 그것은 세속의 평범한 사람들의 눈에 자기 도취의 상태로, 이상한 광경으로 비칠 수 있다. 어머니 심상과의 분리, 즉 자신의 자기로부터의 출생은 모든 갈등들을 고통을 통해 해결한다. 니체가 쓴 다음의 시도 아마 같은 뜻을 전하고 있을 것이다.

왜 그대는 스스로를

늙은 뱀의 낙원으로 유혹하는가?

왜 그대는 그대 자신의 안으로

스스로 기어 들어 가는가?

… …

병든 한 남자가 지금

뱀의 독 때문에 앓고 있구나.

가혹한 운명에 내몰린

한 포로가

그대 자신의 함정에 빠져 있구나.

거기서 그대가 일할 때

등을 굽히고

그대의 안에 숨어서

그대의 안을 허물어뜨리고

절망하고

뻣뻣해지며

시신이 되는구나.

수많은 무거운 짐에 짓눌려

그대 자신에게 압도되었구나.

현자,

자기를 아는 자,

현명한 차라투스트라.

그대는 가장 무거운 짐을 추구하다가

그대 자신을 발견하였구나.

이 말의 상징체계는 대단히 풍부하다. 그는 마치 땅 속에 묻히듯 자신의 깊은 속에 묻혀 있으며, 정말로 어머니 대지로 돌아간 죽은 자이다. "오만 가지 짐에 눌려" 죽을 지경인 카이네우스 같고, 자신의 리비도를 짊어지고 끙끙거리고 있는 존재처럼 보인다. 여기서 누가 미트라가 수소를 짊어진 장면을 떠올리지 않을 수 있겠는가! 자신의 수소(이집트의 찬가에 따르면, "그의 어머니의 수소")를, 말하자면 자신의 어머니에 대한 사랑을, 세상에서 가장 무거운 짐을 등에 짊어지고 소위 '트란시투스'(Transitus)[207]라는 힘든 길로 들어서는 장면 말이다. 이 열정의 길은 동굴로 이어졌으며, 거기서 수소는 제물로 바쳐졌다. 그리스도 역시 어머니를 향한 사랑의 상징인 십자가를 짊어져야 했으며, 그것을 희생의 장소까지 끌고 갔다. 거기서 어린양은 신의 형태로, 어린애 같은 남자의 형태로, "자기 자신을 사형시키는 집행인"의 형태로 살해당한 다음에 지하 무덤에 묻혔다.

니체의 내면에 하나의 시적인 비유적 표현으로 나타나고 있는 것은 정말로 어떤 원시적인 신화이다. 니체는 마치 오래 전부터 세상을 떠돌고 있는 불멸의 유령들을 느끼고, 그것을 오늘날의 이미지와 언어로 살려내는 어떤 생각이나 능력을 소유하고 있는 것 같다. 하우프트만은 이렇게 말한다. "시적 표현은 원시적인 단어의 메아리가 형식을 통해서 다시 울리도록 허용하는 작업이다."

직접적으로 표현되기보다는 암시되는, 비밀스럽고 복합적인 의미를 지니는 희생은 미스 밀러의 무의식에서 인식되지 않고 그냥 지나간다. 화살은 쏘아지지 않았으며, 영웅 치완토펠은 아직 독에 치명적으로 중독되지 않았으며 자기 희생을 통해 죽을 준비가 되어 있지 않다. 앞에 제시한 자료에 따르면, 지금 우리는 이 희생이 어머니를 부정하는 것을, 말하자면 영혼

....
207 통과, 건너감 등을 뜻하는 라틴어 단어로 가톨릭에서 죽음을 통해 생명으로 옮겨가는 것을 일컫는다.

이 어린 시절부터 성인의 삶까지 계속 지고 온 모든 끈들과 제한들을 부정하는 것을 의미한다고 말할 수 있다.

미스 밀러의 다양한 힌트들을 근거로, 이 공상들을 떠올리던 때에 그녀는 독립이 절실히 필요했으나 여전히 가족의 울타리 안에서 살고 있었던 것 같다. 말하자면, 인간은 유아적인 환경에서, 또는 가족의 품 안에서 오래 살지 못한다. 그런 환경에서 오래 사는 경우에 반드시 정신 건강에 심각한 문제가 생긴다. 삶은 인간에게 독립하라고 촉구한다. 아이 같은 게으름이나 두려움 때문에 이 강력한 부름에 관심을 두지 않는 사람은 신경증의 위협을 받는다. 그러다 신경증이 생기기라도 하면, 그 사람은 삶과의 전투를 회피하고, 또 언제나 도덕적으로 유치한 단계에 남는 것을 당연한 것으로 여기게 된다.

화살로 인한 상처에 대한 공상은 개인의 독립을 추구하려는 노력에 속한다. 이런 결심은 아직 미스 밀러의 마음을 관통하지 못했다. 반대로, 그녀는 그런 결심을 거부하고 있다. 앞의 자료들을 종합적으로 검토하면, 화살로 인한 부상의 상징체계는 성교의 상징으로 여겨져야 한다. 치완토펠은 당연히 꿈을 꾼 사람, 즉 미스 밀러를 나타내고 있다.

그러나 이야기를 상스러운 성적인 것으로 환원해서는 아무것도 얻지 못하고 또 아무것도 이해하지 못하게 된다. 왜냐하면 무의식이 성교의 소망을 숨겨주는 것은 흔한 일이고, 이런 소망의 발견은 그 이상의 것을 전혀 의미하지 않기 때문이다. 그런 측면에서 성교 소망은 부모로부터 분리된 리비도를, 독립적인 삶의 쟁취를 개인적으로 증명해 보이는 하나의 상징이다. 새로운 삶을 향한 이 걸음은 동시에 과거 삶의 죽음을 의미한다. 따라서 치완토펠은 아직도 어린 시절의 족쇄에 채워져 있고, 근친상간 리비도의 상징으로서 죽어야 하고, 그렇게 함으로써 퇴행의 끈을 끊어야 하는 유아기의 영웅(아들, 아이, 어린양, 물고기)이다. 삶의 전투에 전체 리비도가 다 요구되고, 따라서 뒤에 남는 리비도가 전혀 없어야 하니 말이다. 미스 밀러는 아직 아버지와 어머니와의 모든 감정적 연결을 끊어 놓을 그런 결정에 이를 수 없다. 그럼에도 개인의 운명의 부름을 따르기 위해서는 그런 결정이 반드시 이뤄져야 한다.

:

7장
어머니의 이중적인 역할

:

공격자가 사라진 뒤에, 치완토펠은 다음과 같은 독백을 시작한다.

"이 대륙에서도 가장 후미진 곳에서부터, 저 아득한 저지대로부터, 나는
아버지의 궁전을 버린 뒤로 줄곧 정처 없이 떠돌고 있어. 그 동안에 달이
백 번이나 찼다가 기울었던 것 같아. 나는 언제나 '나를 이해해 줄 그녀'
를 찾으려는 욕망에 떼밀리고 있어. 보석으로 수많은 아름다운 여자들
을 유혹해 보고, 키스로 그들의 가슴에 든 비밀을 알아내려고 노력해 보
고, 용맹스런 행동으로 그들의 경탄을 자아내기도 했지. (그는 자신이 알
게 된 여자들을 되돌아본다.) 나의 종족의 공주인 치타…, 그녀는 약간 바
보스럽고 공작처럼 허영심이 강하며, 머리에 든 것은 하나도 없고 오로
지 보석과 향수밖에 몰라. 타난, 그러니까 그 처녀 농부는 칠칠맞지 못하
고, 젖가슴과 밥통밖에 없어. 언제나 쾌락만 생각해. 그리고 수녀인 키마

는 진짜 앵무새야. 남자 사제들로부터 배운 공허한 말만 되풀이하고 있
어. 모두 겉치레야. 진정한 교육도 받지 못했고, 성실하지 못해. 의심이 많
고 위선자야! … 아니, 이럴 수가! 나를 이해하는 사람도 하나 없고, 나를
닮은 사람도 하나 없고, 나와 비슷한 영혼을 가진 사람도 하나 없으니. 그
들 중에 나의 영혼을 아는 사람은 하나도 없어. 나의 생각을 헤아릴 사람
도 없어. 그러기는커녕 밝게 빛을 발하는 정상을 나와 함께 추구할 줄 아
는 사람도 없고, 초인적인 단어인 사랑의 의미를 나와 함께 추구할 사람
도 없어."

여기서 치완토펠은 자신의 여행과 방랑이 그런 타인을, 그리고 그런 여
자와의 결합에 있을 삶의 의미를 찾는 길이라는 점을 밝히고 있다. 이 책의
1부에서 우리는 단지 이 가능성을 암시하는 선에서 끝냈다.

방랑에 나선 사람이 남자이고, 그가 찾는 사람이 여자라는 사실은 그
다지 놀라운 것이 아니다. 왜냐하면 무의식적 전이의 주요 대상이, 앞에
서 배운 내용을 바탕으로 충분히 짐작할 수 있듯이, 바로 어머니이기 때
문이다. 딸은 어머니에게 남자 같은 태도를 취한다. 이런 적응의 기원은
우리가 지금 논하고 있는 예의 경우에 그저 짐작해 볼 수 있을 뿐이다.
객관적인 증거가 없기 때문이다. 그러니 추론으로 만족하는 것이 좋을
듯하다.

"나를 이해해 줄 그녀"는 유아의 언어에서 어머니를 의미한다. 동시에
그 표현은 삶의 동반자를 의미한다. 잘 알려진 바와 같이, 남녀 성별 대
비는 리비도와 관계있지만 그다지 중요하지는 않다. 대상의 성별은 무의
식의 가치 판단에서 놀랄 만큼 작은 역할을 한다. 하나의 객관적인 현실
로 받아들여지는 대상 자체도 아주 작은 의미밖에 지니지 않는다. (그러
나 리비도가 전이되는가 아니면 안으로 돌려지는가 하는 문제는 대단히

중요하다.) 독일어 단어 "erfassen"나 "begreifen", 영어 단어 "to seize"나 "to touch" 같은 단어들의 원래의 구체적인 의미는 우리가 그 소망의 아래쪽을, 말하자면 마음 맞는 사람을 찾으려는 바람을 명확히 보도록 한다. 그러나 거기에는 "위쪽"의 지적인 반도 담겨 있으며, 이 반쪽도 동시에 고려되어야 한다.

한편으로, 우리 문화가 성욕의 중요성을 터무니없을 만큼 낮게 평가하고 있고, 다른 한편으로, 성욕이 그것을 짓누르는 억압의 직접적인 결과로 적절치 않은 영역에서 터져 나오고 또 성욕이 그런 간접적인 표현을 이용하다 보니, 우리는 거의 모든 곳에서 갑자기 성욕을 접할 것이라고 예상해야한다. 따라서 어느 인간의 영혼을 깊이 이해한다는 생각은 실제로 너무나 아름답고 순수함에도 불구하고 간접적인 성적 의미의 개입에 의해 더럽혀지고 왜곡되고 있다. 성욕을 억압하고 부정했던 부차적인 의미, 혹은 좋게 표현해 남용은 영혼의 최고 기능들이 우리의 반대자들 중 일부로 하여금 정신분석에서 외설적이고 에로틱한 고백들을 냄새 맡도록 강요하고 있다. 이 고백들은 반론이 전혀 필요하지 않은, 주관적인 소망 성취가 일어나는 정신 착란에 지나지 않는다. 만약에 삶의 자연스런 요구들이 충족되지 않았다면, 성욕의 이런 남용은 "이해 받으려는" 소망을 매우 의심스런 것으로 만들어 버린다.

자연이 먼저 인간에게 요구하고, 그러고 나서 한참 뒤에야 지성이라는 사치가 등장한다. 죽음을 위한 삶이라는 중세의 이상(理想)은 점진적으로 삶의 자연스런 개념으로 대체될 필요가 있다. 이 삶의 개념에서는 철저히 인간들의 일상적인 요구들이 강조될 것이고, 그러면 동물적인 영역의 욕망들이 배출구를 발견하기 위해서 지적 영역의 고결한 재능들에 이바지하도록 강제로 끌어내려지는 일은 더 이상 일어나지 않을 것이다. 따라서 우리는 이해에 대한, 꿈을 꾼 사람의 소망을 무엇보다 먼저 자연스런 운명을 추구하려는, 억눌린 어떤 노력으로 고려한다. 이 같은 의미는 정신분석의 경험과, 즉 온갖 추한 것들이 상상되는 성적 운명에 대한 무의식적인, 그리고 종종 의식적인 반감 때문에 삶의 경험을 차단당하고 있는 신경증 환자들이 아주 많다는 사실과 완전히 일치한다. 자신을 유아적인 상황에 보다 확실히 남도록 만들 공포를 확보하기 위해서 무의식적 성욕의 이 같은 압박에 굴복하며, (무의식적으로 소망한) 무섭고 불쾌한 성적 경험을 경험하려는 경향이 너무나 강하다. 이것이 너무나 많은 사람들이 자신이 너무나 혐오하는 상황에 빠지게 되는 이유이다.

미스 밀러의 내면에서 그것이 독립을 위한 투쟁의 문제였다는 우리의 짐작이 맞았다는 사실은 그 영웅이 자기 아버지의 집에서 나온 것이 그녀에게 젊은 붓다의 운명을 상기시킨다고 한 대목에서 확인되고 있다. 붓다도 마찬가지로 세상 속으로 들어가서 자신의 운명을 철저히 살기 위해서 자신이 태어난 환경의 온갖 부귀영화를 버리지 않았는가. 붓다도 그리스도와 똑같이 영웅적인 예가 되었다. 자신의 어머니와 떨어졌던 그리스도는 이런 비통한 말을 남기기까지 했다.

"내가 세상에 평화를 주러 왔다고 생각하지 마라. 평화가 아니라 칼을 주러 왔다. 나는
아들이 아버지와
딸이 어머니와
며느리가 시어머니와
갈라서게 하려고 왔다.
집안 식구가 바로 원수가 된다.
아버지나 어머니를 나보다 더 사랑하는 사람은
나에게 합당하지 않다. 아들이나 딸을 나보다 더 사랑하는 사람도 나에게

합당하지 않다."[208]

'누가복음'에도 그런 대목이 보인다.

"내가 세상에 평화를 주려고 왔다고 생각하느냐? 아니다. 내가 너희에게
말한다. 오히려 분열을 일으키러 왔다. 이제부터는 한 집안의 다섯 식구
가 서로 갈라져, 세 사람이 두 사람에게 맞서고 두 사람이 세 사람에게 맞
설 것이다.
아버지가 아들에게
아들이 아버지에게
어머니가 딸에게
딸이 어머니에게
시어머니가 며느리에게
며느리가 시어머니에게 맞서
갈라지게 될 것이다."[209]

호루스는 자기 어머니로부터 머리 장식, 즉 권력을 빼앗았다. 아담이 릴
리트와 투쟁을 벌였던 것과 똑같이, 호루스는 권력을 노려 투쟁을 벌였다.
니체는 『인간적인, 너무나 인간적인』(Human, All Too Human)에서 똑같
은 것을 매우 아름다운 단어들로 표현했다.

"원숙기에 '자유로운 정신 유형'이 익고 달콤해질 수 있는 그런 정신은
어떤 중대한 분리에서 결정적인 위기를 맞았으며, 그렇기 때문에 그 전
....
208 '마태복음' 10장 34–37절
209 '누가복음' 12장 51–53절

에 그 정신은 그만큼 더 속박되었던 정신이었으며 그것의 귀퉁이와 기둥에 영원히 묶인 것처럼 보였을 수 있다. 그 정신을 가장 강하게 묶고 있는 것은 무엇인가? 끊는 것이 거의 불가능해 보이는 그 끈들은 무엇인가? 높고 훌륭한 유형의 인간들 사이에, 그 끈은 의무들일 것이다. 젊음에 어울리는 존경심, 명예롭고 소중한 옛것들을 대하는 겸양과 부드러움, 그들이 자란 땅과 그들을 안내한 손과 그들이 기도하는 법을 배운 사당에 대한 감사가 그런 의무들이다. 그들의 가장 숭고한 순간들 자체가 그들을 가장 강하게 묶고, 그들에게 영원히 의무들을 지우고 있다. 그렇게 묶여 있는 사람들에게 그 중대한 분리가 갑자기 찾아 온다.

'여기서 사느니 차라리 죽는 것이 낫지.' 명령조의 유혹의 목소리가 이렇게 말한다. 여기 이곳, 이 '편안함'이 전부이며, 영혼이 지금까지 사랑했던 바로 그것이야! 영혼이 사랑한 것들에 대한 갑작스런 두려움과 의심, '의무'라 불린 것들을 향한 번개 같은 경멸, 여행과 낯선 나라들에 대한, 화산 같이 폭발하는 강렬한 욕망, 소원(疏遠), 냉철, 냉담, 환멸, 사랑에 대한 증오, 아마 영혼이 방금 존경하고 사랑했던 곳을 향한 신성 모독적인 건드림과 눈길, 영혼이 방금 한 것들에 대한 수치심, 동시에 그것들을 했다는 데 대해 느꼈던 고양에 대한 수치심, 어떤 승리가 모습을 드러내는 그런 들뜬 내면의 흥분. 어떤 승리인가? 무엇을 상대로 한 승리인가? 누구를 상대로 한 승리인가? 수수께끼 같고 의문스럽고 호기심을 품게 하는 승리이지만, 최초의 업적이다. 위대한 분리의 역사는 그런 비통과 고통으로 이뤄져 있다. 자기 주장을 향한, 힘과 의지의 첫 번째 분출인 그 분리는 인간들을 파괴할 수 있는 질병과 비슷하다."

위험은, 니체가 멋지게 표현하고 있는 바와 같이, 자신의 자기 안에 고립되는 것에 있다.

"고독이 그를 어느 때보다 더 위협적으로, 어느 때보다 더 강압적으로, 어느 때보다 더 강하게 질식시킬 듯이 에워싸며 끌어안는다. 고독은 무시무시한 여신이며 열정적이고 잔인한 어머니이다."

마지못해 포기한 어머니로부터 거둬들인 리비도는 죽음의 상징인 한 마리의 뱀으로서 위협적인 것이 된다. 왜냐하면 어머니와의 관계가 중단되고 끝나야 하는데, 그것 자체가 거의 그 남자의 죽음을 야기하기 때문이다. "열정적이고 잔인한 어머니"라는 표현에 그 같은 생각이 고스란히 담겨 있다.

나는 어린 시절과 이별하는 데 따르는 고통의 심리를 니체가 한 것보다 더 훌륭한 단어로 묘사하려고 노력하지 않을 것이다.

미스 밀러는 자신의 창작에 영향을 미친 어떤 자료에 대한 추가 정보를 대략적으로 제시하고 있다. 그것은 롱펠로우(Henry Longfellow)가 인디언을 주제로 쓴 서사시 '히아와타의 노래'(The Song of Hiawatha)이다.

인내심을 발휘하며 이 대목까지 읽는 동안에 이따금 앞에서 읽은 부분을 떠올려본 독자라면 아마도 내가 비교를 위해 외국의 자료를 많이 소개하며 미스 밀러의 창작이 일어난 바탕을 확장하려고 노력하는 이유가 무엇인지 궁금해 할 것이다. 매우 불충분한 암시들을 갖고 전반적인 신화와 종교, 문화의 심리학적 바탕에 대해 논하는 것 자체가 과연 정당한가 하는 회의(懷疑)가 종종 일어날 것임에 틀림없다. 미스 밀러의 공상 뒤에 내가 논하고 있는 것들이 전혀 자리 잡고 있지 않다고 말할 수도 있다. 나 역시도 간혹 회의에 빠진다는 사실에 대해 굳이 언급할 필요는 없을 것 같다. 나도 연구를 하다가 이 대목에 이를 때까지 '히아와타의 노래'를 읽지 않았다. 그러나 인디언의 신화들을 시로 담아낸 '히아와타의 노래'는 그때까지 내가 했던 모든 깊은 생각이 정당했다는 점을 뒷받침하고 있다. 왜냐하면 이 서사시가 신화에 얽힌 문제들을 대단히 많이 담고 있기 때문이다. 이 사실은 아마 미스 밀러의 공상들에 담긴 많은 암시들에 매우 중요하다. 그래서 우리는 이 서사시를 들여다봐야 한다.

나와다하[210]는 인간의 친구인 영웅 히아와타에 대해 이렇게 노래한다.

> 그곳에서 그는 히아와타를 노래하고
> 히아와타의 노래들을 노래하고
> 그의 경이로운 출생과 존재에 대해 노래하였네.
> 그가 어떻게 기도하고 어떻게 단식했는지
> 그가 어떻게 살며 노력하고 고통을 겪었는지를.
> 인간들의 종족들이 번영을 누리고
> 그가 자신의 민족을 앞으로 이끌었다는 것을.

영웅의 목적론적 의미가, 그 자체 안에서 찬양과 숭배의 형식으로 리비도를 통합시키는 그런 상징적인 형상으로서, 여기서 예견되고 있다. 그 목적은 신화들의 상징적인 다리들을 이용해서 리비도를 보다 높은 차원으로 승화시키는 것이다. 따라서 우리는 금방 히아와타를 하나의 구원자로 인식하면서 구원자에 대해, 그의 경이로운 출생에 대해, 초기의 위대한 업적과 동료들을 위한 희생에 대해 온갖 말을 들을 준비를 갖추게 된다.

첫 번째 노래는 복음 전도의 일부로 시작한다. "생명의 지배자"인 기체 마니토(Gitche Manito)[211]는 인간 자식들의 다툼에 지쳐서 백성을 모두 불러놓고 좋은 소식을 전한다.

....
210 '히아와타의 노래'의 화자인 떠돌이 인디언 음악가의 이름이다.

211 아메리카 원주민 알콘키안의 언어로 '위대한 정신'이라는 뜻으로, 기독교 선교사들이 신을 이런 식으로 옮겼다.

내가 너희들에게 예언자를 보낼 것이다.

민족을 해방시킬 자를.

그가 너희들을 이끌며 가르칠 것이고

너희들과 함께 노력하고 고락도 함께할 것이다.

만약 그의 조언에 귀를 기울이면,

너희들은 자손을 많이 낳고 대대로 번창할 것이다.

만약 그의 경고를 무시하면

너희들은 점차 힘을 잃다가 사라지고 말 것이니라!

"민족들의 창조주"이고 전지전능한 기체 마니토는 "거대한 레드 파이프 스톤 채석장" 위에 똑바로 선 모습으로 그려지고 있다.

그의 발자국에서 강이 흘러

아침 햇살 속으로 뛰어드네.

아래로 꽂히듯 한 절벽 위로

혜성 이쉬쿠다흐처럼 빛을 반짝이네.

그의 발자국에서 흘러나오는 물은 이 창조주가 남근 숭배의 본질을 갖고 있다는 점을 충분히 입증하고 있다. 나는 말의 발과 말의 걸음이 가진 남근 숭배 및 다산의 성격에 대해 앞에서 이미 말한 바 있다. 히포크레네 샘과 페가수스의 발이 특별히 인상 깊게 떠오른다. '시편' 65장 10-11절에도 똑같은 생각이 보인다.

당신께서는 땅을 찾아오셔서 물로 넘치게 하시어

더없이 풍요롭게 하십니다.

하느님의 개울은 물로 가득하고

당신께서는 곡식을 장만하십니다.

정녕 당신께서 이렇게 마련해 주십니다.

그 고랑에 물을 대시고 두둑을 고르시며

비로 부드럽게 하시어

새싹들에게 강복하십니다.

당신의 선하심으로 한 해를 꾸미시어

당신께서 가시는 길마다 기름이 방울져 흐릅니다.

　　땅을 비옥하게 하는 신이 걸음을 옮기는 곳마다, 거기엔 결실이 일어난다. 우리는 몽마(夢魔)에 대해 논하면서 걸음을 옮기는 것의 의미에 대해 이야기했다. 카이네우스는 "쭉 뻗은 발로 땅을 가르면서" 깊은 속으로 들어간다. 또 하나의 지하의 영웅인 암피아라우스는 제우스가 번개를 때려 갈라놓은 땅 속으로 가라앉는다. (번개가 번쩍한 뒤에 검정색 말을 본다고 한 그 히스테리 환자의 환상과 비교해 보라. 말의 발걸음과 번개의 동일성이 느껴질 것이다.) 번개를 통해서 영웅은 불멸의 존재가 되었다. 파우스트는 발을 구를 때 어머니들을 얻었다.

　　"발을 구르며 아래로 내려가라. 그대가 다시 올라오게 될 때까지."

　　태양을 삼키는 신화에 등장하는 영웅들은 종종 괴물의 입 안에서 발을 힘껏 구르거나 발버둥을 친다. 한 예로, 토르는 괴물과 싸우느라 선박의 밑바닥까지 뚫으며 발을 구르다가 마침내 바다 바닥까지 내려갔다. 리비도가 성 이전 단계로 퇴행하는 경우에 이처럼 마구 짓밟는 예비적인 행위가 성교 공상 또는 어머니의 자궁으로 다시 들어가는 공상의 대체물이 된다. 발자국에서 흘러나오는 물과 혜성을 비교하는 것은 비옥하게 하는 습기(정액)를 위한 빛의 한 상징체계이다. 홈볼트(Alexander von Humboldt)에 따르면, 남미의 어느 인디오 부족은 별똥별을 "별들의 오줌"이라고 부른다. 기체 마니토가 불을 만드는 방법에 관한 언급도 있다. 기체 마니토가 숲 위로 입김을 분다. 그러면 나무들이 서로 마찰을 일으키다가 불꽃을 피운다. 그렇다면 이 특별한 존재는 탁월한 리비도 시스템이라고 할 수 있다. 그도 불을 만들어내니 말이다.

두 번째 노래에서 이 프롤로그 다음에 영웅의 과거 역사에 대한 이야기가 전개된다. 위대한 전사 무제키위스(이아와타의 아버지)는 커다란 곰을, "민족의 공포"를 제압하고 곰으로부터 조가비 구슬로 만든 마법의 벨트를 빼앗았다. 여기서 우리는 "어렵게 획득한 보물"이라는 주제를 접한다. 이 영웅 역시 괴물로부터 보물을 힘들게 얻었다. 그 곰이 어떤 존재인지는 시인의 비교들에 의해 드러난다. 무제키위스는 곰에게서 보물을 빼앗은 뒤에 곰의 머리에 일격을 가했다.

아주 강력한 일격에 정신이 멍해진 상태로
산악의 거대한 곰이 벌떡 일어섰지만
무릎을 덜덜 떨고 있었다.
그러면서 그는 여자처럼 흐느껴 울었다.

무제키위스는 곰을 향해 조롱하듯 말했다.

너는 비참한 여자처럼 흐느끼며
울지 않을 것이라고 생각했지!
··············

그러나 너 곰은 여기 앉아 울고 있어.

비참한 샤우고다야처럼

겁쟁이 늙은 여자처럼

울어서 너의 민족을 창피하게 만들었어.

　같은 페이지에서 여자와의 비교가 3번이나 일어나고 있다. 무제키위스는 진정한 영웅처럼 죽음의 입으로부터, 모든 것을 삼키는 "끔찍한 어머니"로부터 생명을 한 번 더 떼어놓았다. 앞에서 본 바와 같이, 지옥으로의 여행으로, "바다를 통과하는 밤의 여행"으로, 괴물의 안에서 괴물을 정복하는 것으로 표현될 수 있는 이 같은 행동은 동시에 어머니의 자궁 속으로 들어가는 것을, 부활을 의미한다. 이 행동의 결과는 무제키위스에게도 충분히 지각될 수 있다. 조시모스의 환상에서와 마찬가지로, 여기서도 어머니의 자궁 속으로 들어가는 것은 바람 혹은 정령의 숨결이다. 무제키위스는 서풍이 되고, 비옥하게 하는 숨결이 되고, 바람들의 아버지가 된다. 그의 아들들은 다른 바람이 된다. 막간의 촌극은 그들과 그들의 러브 스토리에 대한 이야기를 들려준다. 이 중에서 나는 동풍인 와분스의 구애에 대해서만 언급할 것이다. 이유는 이 대목에서 동풍의 에로틱한 구애가 특별히 아름답게 그려지고 있기 때문이다. 매일 아침 와분스는 초원에서 아름다운 소녀를 만나 열렬하게 구애에 나선다.

　매일 아침, 대지를 내려볼 때마다

　거기에 그의 눈에 가장 먼저 들어오는 것이 있었다.

　그녀의 푸른 두 눈이 그를 바라보고 있었다.

　골풀 사이의 두 개의 푸른 호수가.

물과의 비교는 부차적인 중요성을 지니는 문제가 아니다. 왜냐하면 "바람과 물로부터" 사람이 새롭게 태어날 것이기 때문이다.

> 그리고 그는 포옹으로
> 햇빛 같은 미소로
> 아첨의 말로
> 한숨과 노래로
> 나뭇가지들의 속삭임으로
> 달콤한 음악으로, 달콤한 향기로
> 그녀에게 구애를 했다.

바로 옆에서 소리가 들리듯 실감나게 표현한 이 시구에서, 애무하듯 살랑이는 바람의 구애가 절묘하게 표현되고 있다.

세 번째 노래는 히아와타의 어머니의 역사를 그리고 있다. 그의 할머니는 처녀일 적에 달에서 살았다. 그곳에서 그녀는 덩굴식물에 매달려 그네를 탔다. 그런데 질투심에 불타던 어느 연인이 덩굴식물을 잘라버렸고, 그래서 히아와타의 할머니 노코미스는 땅으로 떨어졌다. 그녀가 아래로 떨어지는 것을 본 사람들은 그녀를 별똥별이라고 생각했다. 노코미스의 이 같은 놀라운 추락은 그 뒤에 나오는 구절에서 더욱 선명하게 그려지고 있다.

그 대목에서 어린 히아와타가 할머니에게 달이 뭐냐고 묻는다. 그러자 노코미스는 히아와타에게 달에 대해 이런 식으로 가르친다. 달은 할머니의 육신인데, 할머니는 화가 난 손자의 발길에 차여서 하늘로 올라가 달이 되었다. 따라서 달은 할머니이다.

고대의 믿음에서, 달은 또한 육신을 떠난 영혼들이 모이는 곳, 씨앗들의 수호자이기도 하다. 따라서 달은 또 다시 생명이 기원하는 곳으로서, 여성적인 의미가 강한 것이 된다. 놀라운 것은 노코미스가 땅으로 떨어지면서 딸 웨노나를, 그러니까 히아와타의 어머니를 낳았다는 점이다. 할머니를 하늘 위로 발로 차올렸고, 그 할머니가 땅으로 추락하면서 아이를 낳는다는 이야기는 그 자체로 전형적인 무엇인가를 담고 있는 것 같다. 한 예로 17세기의 어느 이야기는 미친 수소가 임신한 여자를 지붕까지 던져 올려 그녀의 자궁을 찢었는데 그런 상황에서도 아이는 아무 탈 없이 땅으로 떨어졌다는 식으로 전개된다. 이 아이는 경이로운 출생 배경 때문에 영웅으로, 기적을 행하는 자로 여겨졌으나 일찍 죽고 말았다. 원시인들 사이에는 태양이 여자이고 달이 남자라는 믿음이 널리 퍼져 있다. 호텐토트족의 한 갈래인 나마콰족 사이에는 태양은 투명한 베이컨이라는 의견이 널리 퍼져 있다.

> "배를 타고 다니는 사람이 매일 밤 마법을 부려 태양을 끌어내렸다가 거기서 적절한 크기로 조각을 하나 떼어내어 발로 차면, 태양은 다시 하늘로 날아 올라 간다."

유아기의 영양은 어머니로부터 얻는다. 그노시스파의 공상에서 우리는 앞의 이야기와 비슷한, 인간의 기원에 관한 어떤 전설을 만난다. 천국의 둥근 천장에 묶인 여자 지배자들이 천장의 빠른 회전 때문에 자신의 아이들을 품에 안고 있을 수 없었다. 그래서 아이들을 땅으로 내려가게 했으며, 거기서 인간이 생겨나게 되었다는 이야기이다. 아마 여기에 만삭의 여인을 위에서 아래로 떨어뜨리는 미개인들의 어떤 산파술과의 연결이 있을지도 모른다. 어머니에 대한 공격은 무제키위스의 모험을 통해 이미 소개되었으며 "할머니" 노코미스를 폭력적으로 다루는 행동에서 계속 이어졌다. 노코미스는 덩굴식물이 끊어져 아래로 떨어지게 된 결과 어떻든 임신이 된 것 같다. "가지를 자르는" 행위와 꺾는 행위가 어머니 근친상간으로 여겨진다는 점에 대해서는 앞에서 이미 논했다. "아름다운 처녀들이 나무 위에서 자라고 있는 곳, 작센 땅" 같은 유명한 시구나 "이웃의 정원에서 체리를 따는" 것과 같은 표현들은 그와 비슷한 생각을 암시한다. 노코미스가 아래로 떨어진 것은 하이네(Heinrich Heine)의 시에 그려지는 어떤 그림과 비교할 만하다.

별 하나가,
별 하나가 떨어진다.
반짝이는 하늘로부터!
사랑의 별이여! 나는 그것이
깊은 심연으로 떨어져 죽는 것을 본다.

잎과 꽃봉오리들이 떨어지고 있다.
수많은 사과나무에서.
나는 유쾌한 산들바람이 방종하게
그것들을 껴안는 것을 보고 있다.[212]

웨노나는 애무하듯 하는 서풍의 구애를 받고 임신하게 된다. 웨노나는 젊은 달의 여신으로서 달빛의 아름다움을 갖추고 있다. 노코미스는 그녀에게 부제키위스, 즉 서풍의 위험한 구애에 대해 경고한다. 그러나 웨노나는 서풍에 빠지고 그 바람의 숨결로부터 아들을, 우리의 영웅을 잉태한다.

....
212 Heinrich Heine, "Buch der Lieder", p. 23

그리고 밤에 서풍이 불어왔다.
....

서풍은 아름다운 웨노나가
거기 백합 꽃밭에 누워 있는 것을 보고는
달콤한 말로 구애를 하고
부드러운 포옹으로 구애를 했다.
마침내 그녀는 슬픔 속에서 아들을
사랑과 슬픔의 아들을 낳았다.

정령의 숨결을 통해 잉태하는 것은 이미 잘 알려진 이야기이다. 별 또는 혜성은 리비도의 상징으로서 명백히 출생의 장면에 속한다. 노코미스 역시 별똥별로 이 땅에 온다. 에두아르트 뫼리케의 달콤한 시적 공상은 이와 비슷한 신성한 기원을 그리고 있다.

그리고 그녀는 나를 자궁에 품고서
먹을 것과 입을 것을 주었다.
그녀는 난폭한 갈색의 처녀.
남자라면 질색이었다.

그녀는 그들을 놀리고 크게 웃었을 뿐
어떤 청혼자들에게도 마음을 주지 않았다.
'나는 인간의 신부보다 바람의 신부가 되어
바람과 결혼하겠어.'

그때 서풍이 불어와 그녀를 단단히 잡았다.

그의 포로가 된 그녀를, 사랑의 마법에 걸린 그녀를

보라. 그로 인해서 그녀의 자궁 속에

행복한 아이가 자리 잡았도다.

에드윈 아놀드 경이 다시 들려주는 붓다의 경이로운 출생 이야기도 이 같은 흔적을 보여준다.

마야 왕비가

이상한 꿈을,

하늘에서 별 하나가 장밋빛 도는 진주색으로

여섯 갈래로 빛을 발하며 떨어지는 꿈을 꾸었다.

그 별의 흔적에 대해 알려준 존재는 코끼리

여섯 개의 엄니를 가졌고 카마드후크의 우유처럼 하얀 존재.

허공을 가르며 날아오더니

그녀 쪽으로 빛을 발하며

곧장 그녀의 자궁 안으로 들어갔다.

마야가 수태하는 동안에, 한 줄기 바람이 대지 위로 분다.

한 줄기 바람이 불었다.

지금까지 느낄 수 없었던 신선함으로, 땅과 바다 위로.

출생 후에, 동서남북 사방의 수호신 4명이 가마꾼 역할을 하러 온다. (그리스도의 출생 때에는 현자들이 온다.) 여기서도 "4개의 바람"을 언급하는 대목이 분명히 보인다. 그리스도의 출생 전설에서뿐만 아니라 붓다의 신비에서도 별과 바람에 의한 수정 외에 동물에 의한, 이 경우에 남근을 의미하는 코끼리의 코에 의한 수태가 마야 왕비의 안에서 이뤄진다. 이것은 귀나 머리를 통해 결실을 맺는 기독교식 방법과 아주 비슷하다. 비둘기 외에 일각수(一角獸)도 로고스의 출산의 상징으로 여겨진다는 사실은 널리 알려져 있다.

여기서 이런 의문이 일어날 수 있다. 영웅의 탄생이 언제나 이처럼 이상한 상징적인 환경에서 일어나야 하는 이유는 무엇인가? 영웅이 평범한 상황에서 성장해서 점차적으로 온갖 고난과 위험을 겪으면서 열등한 환경을 벗어나며 성장하는 것도 충분히 상상 가능한 일이다. (그리고 정말로 이 주제도 영웅 신화에 낯설지 않다.) 이에 대해 미신이 이상한 조건의 출생과 생식을 요구하기 때문이라는 식으로 대답할 수 있다. 그렇다면 다시 이런 의문이 생긴다. 미신이 그런 것을 요구하는 이유는 무엇인가?

이 물음에 대한 대답은 이렇다. 영웅의 출생은 대체로 죽을 운명을 타고난 평범한 인간의 출생이 아니라 어머니이자 배우자인 여자로부터 부활한다는 것이다. 따라서 영웅의 출생은 신비한 의식을 통해서 일어난다. 영웅이 2명의 어머니를 갖는다는 주제는 아주 일찍부터 등장한다. 오토 랑크가 수많은 예를 통해 보여주었듯이, 영웅은 종종 버려지는 경험을 하고, 따라서 양모의 손에 길러지고 2명의 어머니를 얻게 된다. 두드러진 예가 바로 헤라클레스와 헤라의 관계이다.

히아와타의 서사시에서, 웨노아는 출생 후에 죽고 노코미스가 그녀의 자리를 차지한다. 마야 왕비도 출산 후에 죽고, 붓다에게 계모가 생긴다. 간혹 동물이 계모 역할을 하기도 한다(로물루스와 레무스를 기른 암컷 늑대가 그런 예이다). 이중적인 어머니는 앞에서 본 바와 같이 기독교 신화에서 재탄생을 의미하는 세례를 통해 대단히 고상한 의미를 얻은 이중적 출생이라는 주제로 대체될 수 있다. 그리하여 인간은 평범한 방식으로도 태어날 뿐만 아니라 신비한 방식으로도 다시 태어나며, 인간은 신비한 방식의 출생을 통해서 신의 왕국, 즉 불멸의 왕국의 참가자가 된다. 자기 어머니를 통해 이런 식으로 새롭게 태어난 사람은 누구나 영웅이 될 것이다. 왜냐하며 인간은 오직 어머니를 통해서만 불멸성을 얻기 때문이다. 따라서 십자가에서 이뤄진 그리스도의 죽음은 보편적 구원을 창조하는 것으로서 "세례"로, 신비한 죽음의 나무, 즉 두 번째 어머니를 통한 재탄생으로 이해되었다. 그리스도는 이렇게 말한다.

> "내가 받아야 하는 세례가 있다. 이 일이 다 이뤄질 때까지 내가 얼마나 짓눌릴 것인가?"[213]

그리스도는 자신의 죽음의 고통을 상징적으로 출생의 고통으로 해석하고 있다.

두 명의 어머니라는 주제는 자기 회춘을 암시하며, 어머니가 나를 다시 낳는 것도 가능할 것이라는 소망의 성취를 분명히 표현하고 있다. 그와 동시에, 영웅들에게 적용한다면, 그 주제는 예전에 자기 어머니였던 여자를 통해 다시 태어나는 사람이 영웅이라는 것을 뜻한다. 말하자면, 영웅은 자기 어머니를 통해서 스스로를 다시 태어나게 하는 존재이다.

영웅들의 탄생의 역사에 담긴 무수한 암시들은 바로 그런 공식을 나타내고 있다. 히아와타의 아버지는 먼저 곰의 형태를 취하고 있던 자기 어머니를 압도했으며, 이어 그 자신이 신이 되어 영웅을 낳는다. 히아와타가 영웅으로서 해야 했던 일을 노코미스는 달의 기원에 관한 전설을 통해 그에게 암시했다. 히아와타는 자기 어머니를 위로(또는 아래로?) 던져야 한다. 그

....
213 '누가복음' 12장 50절

러면 그녀는 그 폭력적인 행위에 의해 임신을 하고 딸을 낳을 것이다. 이집트 의례에 따르면, 이런 식으로 소생한 어머니는 태양신에게, 그러니까 그의 어머니의 아버지에게 자기 생식을 위해서 딸이자 아내로 주어질 것이다. 이와 관련해 히아와타가 취한 행동을 우리는 곧 보게 될 것이다. 우리는 그리스도와 연결되는 옛 아시아 신들의 행동에 대해 이미 배웠다. 그리스도의 선재(先在)와 관련해, '요한복음'은 그런 사상을 풍부하게 전하고 있다. 한 예로, 세례자 요한의 말을 보자.

> "저 분은, '내 뒤에 한 분이 오시는데, 내가 나기 전부터 계셨기에 나보다
> 앞서신 분이시다.' 하고 내가 전에 말하신 분이시다."[214]

복음서의 시작은 또한 깊은 신화적인 의미로 가득하다.

> 한처음에 말씀이 계셨다.
> 말씀은 하느님과 함께 계셨는데
> 말씀은 하느님이셨다.
> 그분께서는 한처음에 하느님과 함께 계셨다.
> 모든 것이 그분을 통하여 생겨났고
> 그분 없이 생겨난 것은 하나도 없다.
> 그분 안에 생명이 있었으니
> 그 생명은 사람의 빛이었다.
> 그 빛이 어둠 속에서 비치고 있지만
> 어둠은 그를 깨닫지 못하였다.

....
214 '요한복음' 1장 30절

하느님께서 보내신 사람이 있었는데

그의 이름은 요한이었다.

그는 증언하러 왔다.

빛을 증언하여

자기를 통해 모든 사람이 믿게 하려는 것이었다.

그 사람은 빛이 아니었다.

빛을 증언하려 왔을 따름이다.

모든 빛을 비추는

참빛이 세상에 왔다.[215]

이것은 다시 나타나고 있는 빛, 즉 이전에도 있었고 또 앞으로도 있을 다시 태어난 태양의 선언이다. 피사의 세례반에는 그리스도가 생명의 나무를 인간에게 가져다 주는 것으로, 그리고 그리스도의 머리가 태양 모양의 후광을 두른 것으로 그려져 있다. 이 부조 위로 'INTROITUS SOLIS'(떠오르는 태양)라는 글이 새겨져 있다.

태어난 존재가 그 자신이 스스로 낳은 존재이기 때문에, 그의 출산의 역사는 그의 출산을 숨기고 부정하게 되어 있는 상징적인 사건들 밑으로 이상하게 숨겨진다. 따라서 처녀 생식이라는 이상한 주장이 제시되었다. 이것은 근친상간을 통한 수태를 숨기게 되어 있다. 그러나 이런 순진한 단정이 리비도가 근친상간적인 속박에서 벗어나 보다 고차원적이고 유용한 적응을 이루도록 안내하는 독창적인 상징적 다리에서 특별히 중요한 역할을 한다는 사실을 잊지 않아야 한다. 이런 적응은 곧 새로운 종류의 불멸성, 즉 불멸의 작품을 암시한다.

....
215 '요한복음' 1장 1절, 3-9절

히아와타의 젊은 시절의 환경도 중요하다.

> 기체 귀미(Gitche Gumee)[216]의 해안들에
> 빛을 반짝이는 큰 바다 같은 물가에
> 노코미스의, 달의 딸 노코미스의
> 오두막이 서 있었다.
> 그 뒤의 어둠 속에서 숲이 솟았고
> 검고 칙칙한 소나무들이 솟았고
> 솔방울들이 달린 전나무들이 솟았다.
> 그 앞의 밝은 곳에는 물이 철썩이고
> 햇살에 밝게 빛나는 맑은 물이 때리고
> 반짝이는 바다 같은 물결이 철썩이고 있다.

노코미스는 이런 환경에서 히아와타를 키웠다. 여기서 그녀는 히아와타에게 처음 말을 가르쳤고, 동화를 들려주었다. 물 소리와 숲 소리가 하나로 어우러졌다. 그래서 아이는 인간의 말뿐만 아니라 자연의 말까지 이해하는 것을 배웠다.

> 여름 밤이면, 문에
> 귀여운 히아와타가 앉았다.
> 거기서 소나무들의 속삭임을 들었고
> 물이 철썩철썩 해안을 치는 소리를 들었다.
> 음악의 소리를, 경의의 말을.

....
216 미국 슈피리어 호수를 아메리카 원주민들이 부르던 이름으로 큰 바다라는 뜻이다.

소나무가 "미네 와와!"라고 말했다.

물이 "무드와이 아우슈카!"라고 말했다.

히아와타는 자연의 소리들에서 인간의 말을 들으며, 따라서 그는 자연의 말을 이해한다. 바람이 "와와"라고 말한다. 야생 기러기의 울음이 "와와"이다. '와와타이시'는 그의 마음을 사로잡는 자그마한 반딧불이를 의미한다.

그런 식으로 시인은 외부의 자연이 개인의 영역 안으로 점진적으로 파고 들어오는 것을 매우 아름답게 그리고 있다. 또 시인은 소리를 흉내내는 혀짤배기 단어들이 가장 먼저 적용되었던 일차적인 대상과, 아무도 눈치채지 못하는 사이에 그 어머니의 자리를 빼앗은 보다 폭넓은 자연, 즉 이차적인 대상 사이의 밀접한 연결을 더없이 아름다운 언어로 묘사하고 있다. 이 일차적인 대상에서 최초의 소리들이 나왔으며, 이차적인 대상은 어머니로부터 처음 들은 소리들뿐만 아니라 훗날 우리가 어머니 자연의 따스한 사랑 속에서 우리 자신의 안에서 발견할 감정들까지 갖고 있다.

범신론적인 철학적 관점에서든 미학적인 관점에서든, 훗날 이뤄지는 교양인과 자연의 융합을 회고적으로 돌아본다면, 그것은 우리의 일차적인 대상이었고 한때 우리와 완전히 하나였던 어머니와 다시 융합하는 것이다. 그러므로 현대 철학자 카를 요엘(Karl Joël)의 시적인 글에서 주체와 대상의 합치로 설명되는, 어머니와의 결합을 상징하는 옛날 그림들을 다시 보게 되더라도 놀랄 일이 못 된다. 요엘은 『영혼과 세계』(Seele und Welt)(1912)에서 '원초적 경험'이라는 제목의 장에서 이렇게 쓰고 있다.

"나는 바닷가에 누워 있다. 꿈을 꾸는 듯한 나의 눈에서 일렁이는 수면이 빛을 받아 반짝이고 있다. 아주 먼 곳에서 부드러운 바람이 물결을 일으킨다. 파도가 약동하고 빛을 반짝이며 뒤섞이다가 다시 가라앉으며 해안에 부서진다. 아니면 귀에 부서지는 것인가? 나로서는 알 길이 없다. 멀고 가까운 것이 희미하게 합쳐지면서 하나가 된다. 밖과 안이 서로를 향해 미끄러져 들어간다. 가까워질수록, 철썩이는 파도 소리는 더 사랑스럽고 더 안온하게 들린다. 지금 파도가 내 머리 속을 번개처럼 때리고 있다. 파도는 지금 나의 영혼을 때리고 나의 영혼을 끌어안으며 삼키고 있다. 그런 가운데 파도는 물의 푸른 찌꺼기처럼 떠다닌다. 그래, 밖과 안이 하나다. 반짝이며 거품을 일으키고, 흐르며 포효하고 …. 모든 소리들이 하나의 교향악을 이루고, 모든 생각들이 하나의 생각이 되고, 이 생각은 감정과 하나가 된다. 세상은 영혼을 발산하고, 영혼은 세상 속에 녹아든다. 우리의 작은 생명은 어떤 위대한 잠에 둘러싸여 있다. 우리의 요람의 잠, 우리의 무덤의 잠, 우리의 가정의 잠. 이 잠으로부터 우리는 매일 아침 빠져나오고 밤이면 다시 그 잠으로 돌아간다. 짧은 여행에 지나지 않는 우리의 삶, 그것은 원래의 하나에서 나와서 다시 원래의 하나로 돌아가기까지의 막간에 지나지 않는다. 청색은 무한의 바다 위로 희미하게 빛나고, 바다 속에서는 원초적인 생명의 해파리가 꿈을 꾸고, 우리의 생각은 영겁의 존재를 가로질러 태초의 생명을 그리워한다. 모든 사건이 생명의 통일성에 어떤 변화와 보호를 수반하니 말이다. 사건들이 더 이상 함께 융합되지 않는 순간, 그러니까 사람이 경험의 흐름의 깊은 곳으로부터, 경험과의 하나됨으로부터 맹목적으로 자신의 머리를 쳐드는 순간, 생명의 통일성이 깜짝 놀라서 변화를 떼어내서 진기한 무엇인가로 여기며 그것과 거리를 두는 분리의 순간에, 바로 그 소외의 순간에, 경험의 양상들이 주체와 객체로 실체화되고, 그때 의식이 태어난다."

여기서 요엘은 아주 명백한 상징체계에서 주체와 객체의 일치를 어머니와 아이의 재결합으로 그리고 있다. 그 상징들은 신화학의 상징들과 아주 세세한 부분까지 일치한다. 에워싸며 삼키는 주제가 명확하게 암시되고 있다. 태양을 삼키고 태양을 다시 태어나게 하는 바다는 이미 익숙한 상징이다. 의식이 일어나는 순간은, 말하자면 주체와 객체가 분리되는 순간은 하나의 탄생이다. 진정으로 철학적 사고가 서툰 날갯짓을 하며 인간의 언어가 엮어내는 몇 개의 위대한 원시적인 그림들 위를, 지금까지 어떤 생각도 일으키지 못했던, 단순하면서도 모든 것을 포용하는 그 위대함 위를 맴돌고 있다. 해파리를 생각한 것도 "우연"이 아니다. 언젠가 내가 어느 환자에게 어머니 콤플렉스와 관련해서 물의 모성적인 의미에 대해 설명할 때, 그녀는 매우 불쾌한 감정을 경험했다. 그녀는 "마치 해파리를 만질 때처럼 징그럽다는 느낌이 들어요."라고 말했다. 여기서도 똑같은 생각이 작용하고 있다. 출생 이전과 죽음 이후의 잠이라는 축복받은 상태는, 요엘이 관찰했듯이, 생각도 없고 의심도 없는 상태로 지내던 어린 시절의 어두운 기억과 비슷한 그 무엇이다. 그런 상태에서는 그 어떤 것도 지금 막 시작한 생명의 평화로운 흐름을 방해하지 않는다. 그런데 내면의 갈망은 거듭해서 우리를 그 상태로 데려가려고 든다. 그렇기 때문에 능동적인 삶은 투쟁과 죽음으로 새롭게 스스로를 해방시켜야 한다. 그래야 그 삶이 파괴의 운명을 피할 수 있다. 요엘의 글이 나오기 오래 전에, 어느 인디언 추장은 활동적인 어느 지식인에게 비슷한 단어로 똑같은 내용의 말을 했다.

> "오, 나의 형제여, 그대는 아무것도 생각하지 않고 아무것도 하지 않는 것의 행복을 절대로 배우지 못할 거야. 그거야말로 수면 다음으로 행복한 것이고, 세상의 모든 것들 중에서 가장 달콤한 것이야. 우리는 태어나기 전에도 그런 상태였고 죽은 뒤에도 그런 상태일 거야."

우리는 훗날 히아와타의 운명에서 삶의 초기의 인상들이 아내의 선택에 얼마나 중요한지를 확인할 것이다. 히아와타의 첫 번째 공적은 화살로 수사슴을 죽이는 것이었다.

"그 녀석은 죽어 숲 속에 뻗어 있었다.
강 이쪽에서 저쪽까지 이어지는 여울 옆에."

이것이 히아와타의 전형적인 공적이다. 그가 죽이는 것은 대부분 물가나 물속에 누워 있다. 어떤 때는 반은 물속에, 반은 땅에 있다. 이것도 당연히 그래야 할 것 같다. 훗날의 모험들이 이것이 왜 그래야 하는지 그 이유를 가르쳐줄 것이다. 사슴은 평범한 동물이 아니고 신비로운 동물, 말하자면 무의식적인 의미를 추가적으로 갖는 동물이다. 히아와타는 사슴 가죽으로 직접 장갑과 모카신을 만들었다. 장갑은 그의 팔에 바위도 가루로 부숴버리는 힘을 주고, 모카신은 한 걸음에 7리그[217]를 가는 능력을 발휘한다. 자신을 사슴 가죽으로 둘러쌈으로써, 그는 진정으로 한 사람의 거인이 된다. 이 주제는 강의 여울에서 일어나는 동물의 죽음과 함께 부모가 연결되어 있다는 사실을 드러내고 있다. 부모의 몸집이 아이와 비교해서 엄청나게 크다는 사실은 무의식에서 중요한 의미를 지닌다. "거인들의 장난감들"은 유아 공상의 전도된 어떤 소망이다. 11세 소녀의 꿈이 이것을 잘 표현하고 있다.

"나의 키가 교회 첨탑만큼이나 컸다. 그런데 그때 경찰이 오고 있었다. 나
는 경찰에게 '무슨 말이든 한 마디라도 하면 머리통을 잘라 버릴 거야.'라
고 말했다."

....
217 거리의 단위로 1리그는 약 3마일에 해당한다.

분석을 통해 드러났듯이, "경찰"은 아버지를 의미한다. 아버지의 거대한 몸집이 교회 첨탑에 의해 과도하게 강조되었다. 인간을 제물로 바치는 멕시코의 의식에서, 신들의 역할을 범죄자들이 맡았다. 이때 범죄자들은 죽음을 당한 뒤에 살갗이 벗겨졌으며, 그러면 사제들은 신들의 부활을 나타내기 위해서 피 흐르는 인피를 걸쳤다. (뱀이 허물을 벗는 것은 소생의 상징이다.)

한 예로, 히아와타는 수컷 동물(무제키위스의 곰과 비교하라)의 형태를 빌렸을지라도 부모를, 주로 어머니를 정복했으며, 거기서 그의 거인 같은 힘이 나온다. 그는 부모의 살가죽을 걸쳤으며, 그것으로 이제 위대한 인간이 되었다. 지금 그는 죽은 어머니 웨노나의 원한을 갚기 위해 아버지 무제키위스와 최초의 중대한 전투를 벌이기 위해 앞으로 나아간다. 당연히, 이 비유적 표현 아래에는 그가 어머니를 차지하기 위해 아버지를 살해한다는 생각이 숨겨져 있다. 길가메시와 거인 훔바바 사이에 벌어진 전투와 뒤이은 이슈타르의 정복을 비교해 보라. 아버지는 심리학적 의미에서 보면 단순히 근친상간 금지의 상징을, 말하자면 어머니를 보호하는 저항을 나타낸다. 싸워서 극복해야 하는 것은 아버지가 아니라 무시무시한 동물(큰 곰, 뱀, 용 등)일 것이다. 영웅이 영웅인 것은 그가 인생의 모든 곤경에서 금지된 보물에 대한 저항을 보고, 어려움을 통해서만 손에 넣을 수 있거나 손에 넣는 것이 불가능한 그런 보물을 차지하려는 뜨거운 열망으로, 그러니까 보통 사람을 마비시키거나 죽게 할 수 있는 그런 열망으로 그 저항에 맞서 싸우기 때문이다.

히아와타의 아버지는 무제키위스이고 서풍이며, 따라서 전투는 서쪽에서 벌어진다. 거기서 생명도 오고(웨노나의 수태), 거기서 죽음도 왔다(웨노나의 죽음). 그러므로 히아와타는 서쪽 바다에서 부활하기 위해 영웅의 전형적인 전투를, 삼키려 드는 끔찍한 어머니와의 전투를 벌인다. 이번에는 어머니가 아버지의 형태를 취하고 있다. 곰의 정복을 통해 스스로 신의 본성을 획득한 무제키위스는 지금 자신의 아들에게 압도당하고 있다.

> 무제키위스가 뒤로 물러났다.
> 서쪽으로 산맥을 넘어 급히,
> 서쪽으로 산 아래로 비틀거리며
> 꼬박 사흘 동안 싸우며 물러났다.
> 여전히 히아와타에게 쫓기면서.
> 서풍의 대문간들로
> 일몰의 문들로
> 이 땅에서 가장 먼 경계선으로,
> 거기서 빈 공간 속으로
> 태양은 가라앉는다.
> 해질녘에 한 마리 홍학이
> 둥지에 내려앉듯이.

"사흘"은 밤이라는 바다의 감옥에 머무는 것을 나타내는 전형적인 형식이다. (12월 21일부터 24일까지.) 그리스도도 마찬가지로 저승에 3일 머물렀다. "어렵게 획득될 보물"은 서쪽에서 벌어진 이 싸움에서 영웅의 수중에 들어간다. 이 경우에 아버지는 아들에게 많은 것을 양보해야 한다. 아버지는 아들에게 신성한 본성을, 바로 그 바람의 성격을 준다. 그때까지 이 바람의 불멸성이 무제키위스를 죽음으로부터 보호해 주었는데 말이다. 그는 아들에게 이렇게 말한다.

> 나는 나의 왕국을 너와 공유할 거야.
> 앞으로는 네가 통치자가 될 거야.

북서풍, 키와이딘의 통치자

고향 바람, 키와이딘의 통치자!

히아와타가 지금 고향 바람의 지배자가 되는 것과 비슷한 내용이 길가메시 서사시에도 나온다. 길가메시가 마침내 서쪽에 사는 늙은 현자인 우트나피쉬팀으로부터 마법의 약초를 받는 대목이다. 이 약초가 길가메시에게 바다를 안전하게 건너서 집으로 돌아갈 수 있게 한다. 그러나 집에 당도하자마자 그는 약초를 뱀에게 빼앗기고 만다.

아버지를 살해하는 사람은 아버지의 아내를 소유할 수 있으며, 자기 어머니를 정복하는 사람은 자신의 자기를 해방시킬 수 있다.

돌아가는 여정에, 히아와타는 사랑스런 딸을 둔 어느 현명한 화살 제조자의 집을 들른다.

그리고 그는 그녀의 이름을 강에서 따서 지었다.

그는 폭포에서 따서 그녀의 이름을 지었다.

미소 짓는 물, 미네하하.

히아와타는 어린 시절에 꿈에서 물과 바람 소리가 귀를 스치는 것을 느낄 때면 자연의 소리에서 자기 어머니의 말을 들을 수 있었다. 바닷가에 늘 어선 소나무들은 "미네와와"라고 속삭였다. 그리고 바람의 속삭임과 철썩이는 파도 소리 그 위로 그는 미소 짓는 물이라는 이름의 여자 "미네하하"를 통해서 자신의 어린 시절 꿈들을 다시 발견했다. 이어 그 영웅은 한 번 더 아이가 되기 위해, 그리고 최종적으로 불멸의 수수께끼를 풀기 위해 그 여인에게서 다른 그 어떤 것보다도 어머니를 발견한다.

미네하하의 아버지가 솜씨 좋은 화살 제조자라는 사실은 그를 영웅의 아버지로(그리고 그가 함께 있는 여자를 영웅의 어머니로) 제시하고 있다. 영웅의 아버지는 대부분 솜씨가 탁월한 목수이거나 다른 장인(匠人)이다. 아라비아 전설에 따르면, 아브라함의 아버지 타레는 어떤 나무든 화살로 다듬어낼 줄 아는 노련한 장인이었다. 아랍식으로 표현한다면, 그는 훌륭한 '아들들의 아버지'였다. 게다가, 그는 신상(神像)을 만드는 존재였다.

힌두교의 신 아그니의 아버지 트바쉬타르는 대장장이와 목수로 세상을 만드는 존재이고 나무 조각 2개를 비벼서 불을 피우는 방법을 발견한 존재이다. 예수의 아버지 요셉도 목수였다. 해머와 지레, 지붕 이는 방법과 채굴법을 발견한 것으로 전해지는 아도니스의 아버지 키니라스도 마찬가지로 장인이다. 헤르메스의 아버지 헤파이스토스는 예술적 감각이 뛰어난 기능공이자 조각가이다. 동화들을 보면 영웅의 아버지는 아주 소박하게도 목판 조각가이다. 이런 인식은 오시리스 숭배에도 살아 있었다. 오시리스 숭배에서 사람들은 나무줄기를 깎아 신상을 만들어 그 나무의 빈 속에 놓았다(프레이저(James George Frazer)의 『황금가지』(Golden Bough) 4부). '리그베다'에는 조각가가 나무를 다듬어 세상을 창조한 것으로 되어 있다. 영웅이 자기 자신을 낳은 존재라는 사상은 영웅에게 아버지의 속성들이 있다는 사실로 이어지고, 거꾸로 아버지에게 영웅적 속성들이 주어진다. 마니에게서 이 주제들이 아름답게 결합하는 모습이 보인다. 그는 종교의 창설자로서 위대한 업적을 이룬 다음에 동굴에서 몇 해 동안 숨어 지내다가 죽어서 가죽이 벗겨지고 속이 채워진 다음에 내걸렸다(영웅). 그 외에 그는 예술가이고 한쪽 다리를 절었다. 대장장이 빌란트에서도 주제들이 비슷하게 결합되는 것이 발견된다.

히아와타는 노코미스에게 돌아가는 길에 늙은 화살 제조자의 집에서 본 것에 대해 입을 다물었으며 미네하하를 얻기 위한 노력을 추가로 전혀 펴지 않았다. 그러나 지금 인디언의 서사시 속이 아니라면 신경증 환자의 역사에서 찾아볼 수 있는 어떤 일이 일어났다. 히아와타가 자신의 리비도를 안으로 돌렸다. 말하자면, 그가 "진정한 성적 욕구"(프로이트)에 아주 강하게 저항하고 나선 것이다. 그는 단식을 하고 꿈과 환상을 경험하기 위해 홀로 숲속에 오두막을 지었다. 첫 사흘 동안, 그는 어릴 때 그랬던 것처럼 숲속을 이리저리 돌아다니며 동물과 식물을 살폈다.

> "'생명의 지배자여!' 그는 낙담해 소리쳤다.
> '우리의 생명이 이런 것들에 좌우되어야 합니까?'"

우리의 생명이 "이런 것들"에 좌우되어야 하는가, 하는 물음은 매우 이상하다. 마치 생명이 이런 것들로부터, 말하자면 전반적인 자연으로부터 나오는 것처럼 들린다. 자연이 돌연 매우 이상한 의미를 지니는 것처럼 보인다. 이 같은 현상은 오직 상당한 양의 리비도가 축적되어 지금 자연에게로 돌려지고 있다는 사실에 의해서만 설명될 수 있다. 잘 알려진 바와 같이, 둔감하고 지루한 정신의 소유자들까지도 사랑의 봄철에는 돌연 자연을 의식하고 자연에 관한 시를 쓰기도 한다. 그러나 우리는 실질적인 이동의 길이 막힌 리비도는 언제나 예전의 이동의 길로 돌아가게 되어 있다는 사실을 잘 알고 있다. 미소 짓는 물 미네하하는 너무나 명백하게 어머니를 암시한다. 그렇기 때문에 어머니를 향한 영웅의 은밀한 갈망이 강하게 건드려지고 있다. 따라서 그는 어떤 일도 떠맡지 않고서 노코미스에게로 돌아간다. 그러나 그는 거기서 다시 뜻을 이루지 못한다. 미네하하가 이미 그의 길을 가로막고 있기 때문이다.

따라서 그는 더욱 멀리, 초기의 어린 시절까지, 미네하하를 더없이 간절하게 상기시키는 분위기를 풍기는 시절로까지 돌아간다. 그가 자연의 소리에서 어머니의 소리를 듣는 것을 배우던 때로 말이다. 이런 식으로 일어나는, 자연의 인상들의 매우 이상한 부활에서, 우리는 초기의 더없이 강력한 자연의 인상들로 퇴행이 일어나고 있는 것을 확인한다. 이 자연의 인상들은 아이가 어머니에게서 받은, 그 후에 기억에서 사라지긴 했지만 틀림없이 더욱 강렬했을 인상들 바로 옆에 서 있다. 아이가 어머니에게 느꼈던 이 감정의 마법은 어린 시절의 환경 속의 다른 대상들(아버지의 집이나 장난감 등)로 옮겨지며, 훗날 이 대상들로부터 마법 같은 행복의 감정들이 나오며, 그 감정들은 초기 어린 시절의 기억에 특별해 보인다. 그러므로 히아와타가 자신을 자연 속에 숨길 때, 그곳은 정말로 어머니의 자궁이며, 그래서 그가 어떤 형태로든 새로 태어난 몸으로 다시 나타날 것이라고 예상할 수 있다.

내향으로부터 일어나는 이런 새로운 창조로 관심을 돌리기 전에, 생명이 "이런 것들"에 좌우되는지 여부를 묻는 질문의 의미를 조금 더 고려해 볼 필요가 있다. 생명은 이런 것들이 영양 섭취에 어느 정도 이바지하느냐에 따라 달라진다. 이 경우에, 우리는 영양 문제가 갑자기 영웅의 가슴에 절실히 다가오게 되었다고 추론해야 한다. (이 가능성은 이어지는 내용에 의해 완벽하게 증명될 것이다.) 정말로, 영양 섭취 문제는 진지하게 고려되어야 한다. 그 이유를 보자. 첫째, 어머니로의 퇴행이 반드시 전이의 그 특별한 경로를, 말하자면 어머니를 통한 영양 섭취의 경로를 되살리기 때문이다. 리비도가 '성 이전 단계'로 퇴행하자마자, 우리는 거기서 성적 기능을 대체한 영양 섭취 기능과 그것의 상징들을 볼 것이라고 예상할 수 있다. 그 때문에 아래로부터 위로 치환이 일어날 근본적인 뿌리가 생겨난다. 왜냐하면 성 이전 단계에서 중요한 가치는 생식기에 속하지 않고 입에 속하기 때문이다. 둘째, 영웅이 단식을 한 탓에 그의 굶주림이 지배적이게 되기 때문이다. 잘 알려진 바와 같이, 단식은 성욕을 잠재우려 할 때 이용된다. 또한 단식은 성 이전 단계의 언어로 옮기자면 성욕에 대한 저항을 상징적으로 표현한다. 단식 나흘째 되던 날, 영웅은 자연에 대한 관심을 놓는다. 그는 지친 상태에서 반쯤 눈을 감은 채 소파에 누워서 꿈에 깊이 빠져 있다. 극도의 내향을 보여주는 그림이다.

이런 상황에 처하면 영웅의 내면에 외적 삶과 현실 대신에 유아기의 어떤 내적 등가물이 나타난다는 것을 우리는 이미 배웠다. 히아와타도 예외가 아니다.

> 그는 어떤 젊은이가
> 초록색과 노란색 옷을 입고
> 자줏빛 황혼 속에
> 일몰의 장엄 속에
> 다가오고 있는 것을 보았다.
> 초록색 깃털이 그의 이마 위로 비스듬히 꽂혀 있고
> 머리카락은 부드럽고 황금색이었다.

범상치 않은 이 유령은 히아와타에게 다음과 같은 방식으로 모습을 드러내고 있다.

> 생명의 지배자로부터
> 인간의 친구인 나 몬다민이
> 너희들에게 경고하고 가르치러 왔다.
> 분투하고 노동하라.
> 그러면 너희들은 간절히 바라는 것을 얻을 것이다.
> 나뭇가지로 엮은 잠자리에서 일어나라.
> 오, 젊은이여. 일어나서 나와 한바탕 씨름을 벌여보자.

몬다민은 옥수수이다. 말하자면, 히아와타의 내향에서 일어나고 있는, 먹히고 있는 어떤 신이다. 이중적인 의미에서 보면, 히아와타의 굶주림, 영양을 공급하는 어머니에 대한 그의 갈망은 그의 영혼으로부터 또 다른 영웅을, 먹을 수 있는 옥수수를, 어머니 대지의 아들을 탄생시키고 있다. 따라서 히아와타는 어머니 속으로 들어가는 것을 상징하면서 일몰에 다시 일어선다. 태양이 서쪽으로 떨어지며 찬란한 빛을 남기는 가운데, 그는 자신이 창조한 신과, 그러니까 전적으로 영양을 공급하는 어머니에 대한 갈망에서 비롯된 신과 불가해한 투쟁을 시작한다. 이 투쟁은 다시 파괴적이면서도 생산적인 이 갈망으로부터 해방되려는 노력이다. 따라서 몬다민은 어머니와 등가물이고, 그와의 투쟁은 어머니를 압도하고 임신시키는 것을 의미한다. 이런 해석은 '늙은 여인'이라는 이름으로 옥수수에게 간절한 기도를 올리는 체로키족의 어느 신화에 의해 뒷받침되고 있다. 이 신화는 옥수수가 반항적인 아들들에게 죽음을 당한 늙은 여인의 피에서 생겨났다는 어떤 신화를 암시한다.

먹지 않아 허약해진 히아와타는
나뭇가지로 엮은 잠자리에서 일어나
오두막의 희미한 불빛을 빠져나와
타는 노을 속으로 나아가
몬다민과 싸움을 벌였다.
몬다민을 잡는 순간, 그는
뇌와 가슴이 고동치는
새로운 용기,
새로운 생명과 희망과 활기가
모든 신경과 힘줄을 타고 흐르는 것을 느꼈다.

일몰 때 벌이는 옥수수 신과의 전투는 히아와타에게 새로운 힘을 주며, 따라서 그 전투는 반드시 벌어져야 한다. 왜냐하면 힘을 마비시키는 측면이 있는, 어머니를 향한 갈망에 맞서 개인의 깊이를 더하기 위해 벌이는 투쟁이 남자들에게 창조의 힘을 주기 때문이다. 정말로, 거기에 모든 창조의 원천이 있지만, 그 창조력은 이런 힘들과 맞서 싸우고 그 힘들로부터 "획득하기 힘든 보물"을 빼앗아 내는 영웅적인 용기를 요구한다. 이 과업에 성공하는 자는 정말로 최고의 것을 손에 넣는다. 히아와타는 자신의 창조를 위해 자기 자신과 싸움을 벌인다. 이 투쟁도 신기하게도 사흘 동안 계속된다. 나흘째 되던 날, 몬다민이 예언한 대로, 히아와타가 몬다민을 정복하고 몬다민은 죽어 땅바닥에 쓰러진다. 그러자 히아와타는 몬다민이 평소 원했던 대로 어머니 대지에 그의 무덤을 판다. 직후 이 무덤에서 어리고 새로운 옥수수가 인류의 영양을 위해서 자란다.

단편적인 이 이야기의 사고와 관련해서, 우리는 거기서 미트라와 그의 수소 사이에 싸움이 처음 일어나는 미트라 신비 의식과 아주 비슷한, 아름다운 어떤 신비 의식을 보고 있다. 후에 미트라는 "트란시투스"의 과정에 수소를 동굴로 옮기고, 거기서 수소를 죽인다. 이 죽음으로부터 온갖 생식력이 생겨나고 먹을 수 있는 모든 것이 자란다. 동굴은 무덤에 해당한다. 기독교 신비에도 이와 똑같은 사상이 훨씬 더 아름답고 인간적인 형식으로 표현되고 있다. 그리스도가 자신의 임무를 완성하기 위해서 겟세마네 동산에서 자기 자신과 싸우던 때의 영혼의 갈등, 이어서 그가 파괴적인 어머니의 상징인 십자가를 짊어지고 희생의 무덤까지 가는 "트란시투스", 그리고 3일 뒤 그리스도가 무덤에서 의기양양하게 일어선 일 등. 이 모든 사상들은 똑같은 근본적인 생각들을 표현하고 있다. 또한, 먹는 행위의 상징도 기독교 신비에 적지 않다. 그리스도는 주의 만찬에서 먹힌 신이다. 그의 죽음은 그를 빵과 포도주로 바꿔놓으며, 우리는 그의 위대한 업적을 기억하며 빵과 포도주를 나눠 먹는다. 여기서 아그니와 소마[218] 음료, 디오니소스와 포도주의 관계도 빼놓을 수 없다. 삼손이 사자의 몸통을 찢은 다음에 꿀벌들이 죽은 사자의 몸에 살도록 한 것도 분명 이와 비슷한 예이다. 잘 알려진 그 독일 수수께끼는 여기서 비롯되었다.

"음식은 대식가로부터 나왔고, 달콤한 것은 강한 것으로부터 나왔다."

엘레우시스 신비 의식에서도 이 같은 사상이 어떤 역할을 한 것처럼 보인다. 데메테르와 페르세포네 외에, 이아코스도 엘레우시스 숭배의 중요한 신이다. 그는 영원한 소년이었으며, 이 신에 대해 오비디우스는 이렇게 적고 있다.

그대 영원한 소년,
그대 천상에서 가장 아름다운 존재.
처녀와 같은 머리에 뿔도 없구려.

엘레우시스 축제 행렬에는 이아코스의 신상도 포함되었다. 이아코스가 어떤 신인지 정확히 말하기는 어렵다. 짐작컨대 소년이거나 갓 태어난 아들이었을 것이다. 아마 "새롭게 쟁기로 간 소년"이라는 별명을 가진 에트루리아의 타게스와 비슷했을 것이다. 타게스가 그런 별명을 갖게 된 이유는, 신화에 따르면, 그가 쟁기로 밭을 갈고 있던 농민의 뒤쪽 이랑에서 생겨났기 때문이다. 이 같은 생각은 틀림없이 몬다민 주제를 보여주고 있다. 쟁기는 남근의 의미를 가진 것으로 잘 알려져 있다. 그리고 밭의 이랑은 흔

....
218 고대 인도에서 예배 의식 때 쓴 것으로 전해지는 식물.

두 사람들에 의해 여자로 의인화되고 있다. 이 생각의 심리학은 곧 성 이전 단계(영양 섭취 단계)와 관련 있는 어떤 성교의 심리학이다. 아들은 들판의 먹을 수 있는 열매이다. 이아코스는 부분적으로 데메테르 또는 페르세포네의 아들로 통하고, 그와 동시에 데메테르의 배우자로도 여겨진다. (영웅은 자신을 낳는 존재이다.) 그는 또한 어머니 리비도라 불리기도 한다. 그는 디오니소스와, 특히 재탄생의 전형적인 운명과 관계있는 디오니소스-자그레우스와 동일시되었다.

혜라는 티탄들을 자극하여 자그레우스에게 맞서게 했다. 그러자 자그레우스는 여러 가지 형태로 변신하며 티탄들로부터 달아나려 한다. 그러다 마침내 자그레우스가 수소의 형태를 취하자, 티탄들이 그를 잡았다. 자그레우스는 수소로 죽음을 당한 뒤(미트라 제물) 갈가리 찢어져 가마솥으로 던져졌다. 그러나 제우스는 번개로 티탄들을 죽이고 그때까지 팔딱이고 있던 자그레우스의 심장을 삼켰다. 이 행위를 통해서 제우스는 자그레우스가 한 번 더 살도록 했으며, 자그레우스는 다시 이아코스로 태어났다.

플라톤이 증언하는 바와 같이, 이아코스는 남근을 상징하는 횃불을 들고 있다. 축제 행렬 속에 이아코스의 요람으로 옥수수 한 다발이 포함되었다. 오르페우스 전설은 이아코스가 요람으로 삼은 키(알곡과 쭉정이를 가려내는 농기구) 안에서 3년 동안 잠을 자다가 깨어난 뒤 페르세포네의 손에 길러졌다고 전한다. 이 대목은 분명히 몬다민 주제를 암시한다. 보에드로미온(Boedromion: 보에드로미온 달은 9월 5일경에서 10월 5일까지이다) 20일은 이 영웅을 기려 이아코스라 불린다. 이날 밤에는 장엄한 횃불 행진이 바닷가에서 펼쳐졌다. 이 행렬에 데메테르의 방랑과 슬픔이 표현되었다. 먹지도 마시지도 못한 상태에서 자신의 딸을 찾아 세상을 방랑하고 있는 데메테르의 역할을 인디언 서사시에서 히아와타가 맡았다. 히아와타는 창조된 모든 것들에게 간청했지만 어떤 대답도 얻지 못했다. 데메테르가 지하의 헤카테로부터 자신의 딸에 대한 소식을 처음 듣듯이, 히아와타도 먼저 더없이 깊은 내향(어머니로의 하강)에서 자신이 간절히 찾던 몬다민을 발견한다. 어머니가 아들을 낳는 것처럼, 히아와타는 자기 자신으로부터 몬다민을 얻는다. 어머니에 대한 갈망은 또한 아이를 낳는 어머니를 포함한다(먼저 삼킨 다음에 낳는다). 그 신비 의식의 진정한 내용에 대해, 우리는 A.D. 390년경의 아스테리우스(Asterius) 주교의 증언을 통해서 다음과 같은 것을 배운다.

> "거기(엘레우시스)에 음울하기 짝기 없는 하강이, 그리고 사제와 여사제의 더없이 경건한 영적 교감이, 말하자면 그와 그녀만의 교감이 있지 않는가? 횃불은 꺼지고, 엄청난 수의 군중은 어둠 속에서 둘 사이에 일어나고 있는 일을 자신들의 구원으로 여기지 않는가?"[219]

이것은 틀림없이 어머니 대지 속에서, 말하자면 지하 동굴에서 치러졌던 결혼 의식을 가리킨다. 데메테르의 여사제는 대지의 여신을, 아마도 들판의 이랑을 대표하는 것 같다. 대지 속으로의 하강은 또한 어머니의 자궁을 상징하며, 그것은 동굴 숭배의 형식으로 널리 퍼진 개념이었다. 플루타르코스는 조로아스터교 사제들이 햇빛이 들지 않는 곳에서 아리만 신에게 제물을 바쳤다는 이야기를 들려주고 있다. 로마 시대의 작가 루키아노스(Lukian)는 마법사 미트로바르자네스(Mithrobarzanes)가 대지의 내장 속으로 내려가게 한다. '코란'에 나오는 모세의 증언에 따르면, 누이 불(火)과 오빠 샘(泉)이 아르메니아의 어느 동굴에서 숭배되었다. 율리아누스(Julian) 황제는 동굴로 내려가는 행위를 아티스의 전설을 바탕으로 설명했다. 그곳으로부터 키벨레는 아들이자 연인인 아티스를 끌어 올린다. 말하

....
219 Quoted from De Jong: "Das antike Mysterienwesen", Leiden 1910, p. 22

자면, 아티스를 낳는다는 뜻이다. 베들레헴('빵집'이란 뜻)에서 그리스도
가 출생한 동굴이 아티스의 동굴이었다는 이야기도 있다.

또 다른 엘레우시스의 상징체계는 히에로스가모스 축제에서 영묘
한 궤짝들의 형태에서 확인된다. 알렉산드리아의 클레멘스(Clemens of
Alexandria)의 증언에 따르면, 이 궤짝들은 빵과 소금, 과일들을 담고 있었
을 수 있다. 그럼에도 클레멘스가 전하는 이 신비 의식의 신앙 고백은 다른
방향들을 암시하고 있다.

> "나는 금식하며 보리 음료를 조금 마셨다. 나는 궤짝에서 그것을 끄집어
> 냈으며 노동을 한 뒤에 그것을 다시 바구니에 담은 다음에 바구니에서 궤
> 짝으로 옮겼다."

궤짝에 무엇이 들어 있었는가 하는 물음은 디트리히에 의해 상세하게 설
명되고 있다. 그는 여기서 말하는 노동을 그 신비 의식이 치러야 했던 남근
숭배의 행위로 여기고 있다. 실제로 영묘한 바구니를 상징하는 것들이 주
어지고, 그 안에 남근이 과일들에 둘러싸여 있다. 소위 로바텔리 무덤 항아
리라 불리는 유물에 새겨진 조각품들은 엘레우시스 신비 의식으로 여겨지
는데, 거기엔 비법을 전수 받은 사람이 데메테르를 감고 있는 뱀을 어떤 식
으로 포옹하는지 그 방법이 그려져 있다.

알렉산드리아의 클레멘스의 증언에 따르면, 궤짝 안에 뱀이 한 마리 있
었다. 이 맥락에서 뱀은 당연히 남근의 성격을 지니고 있으며, 어머니와의
관계에서 금지된 남근이다. 독일 고전학자 로데(Erwin Rohde)는 남근과 뱀
모양으로 만든 빵이 테스모포리온 신전[220] 근처의 동굴 안으로 던져졌다고

....
220 고대 그리스의 여신 데메테르와 그녀의 딸 페르세포네를 기념하던 신전을 말한다.

설명한다. 이 풍습은 아이와 풍년을 기원하는 것이었다. 뱀은 '자궁을 통해 신성을 성취한 자'라는 타이틀로 이 의식에서 중요한 역할을 한다. 클레멘스는 사바지오스 신비 의식들의 상징이 자궁을 통해 신성을 성취한 존재라고 말한다. 그에 따르면, 이 존재는 뱀이며, 뱀은 종교에 입교하려는 사람들의 자궁을 통과하는 것으로 여겨졌다.

아르노비우스(Arnobius)[221]를 통해서 우리는 다음과 같은 내용을 배운다.

> "황금 뱀이 입회자들의 가슴으로 들어가서 아래 부분으로 나왔다."

'오르페우스 찬가' 52편을 보면, 질이나 자궁 속에 있는 자가 바쿠스에게 빌고 있다. 이것은 바쿠스가 여자 생식기를 통해서 인간 속으로 들어간다는 것을 암시한다. 히폴리토스(Hippolytus)의 증언에 따르면, 그 신비 의식의 사제는 숭앙받는 존재가 신성한 소년을 낳았다고, 강한 존재가 강한 소년을 낳았다고 외쳤다.

죽었다가 부활한다는 주제와 아주 비슷한 것이 잃었다가 발견한다는 주제이다. 잃었다가 발견한다는 주제는 종교 의식에서도 똑같은 맥락에서, 말하자면 신상이 숨겨졌다가 발견되는 히에로스가모스와 비슷한 봄의 축제들에서 나타난다. 모세가 인간을 가르치기 위해 12세에 자기 아버지의 집을 떠났다는 것은 성서의 정경에 속하지 않는 전설이다. 이와 비슷하게, 그리스도도 자기 부모와 길을 나섰다가 길을 잃었으며, 그들은 아들을 지혜의 선생으로서 다시 발견한다. 무함마드(Mohammad)의 전설에서 모세와 여호수아가 물고기를 잃고 그 물고기 대신에 지혜의 선생인 치드허가 나타나는 것과 똑같이(신전 속의 소년 예수처럼), 옥수수 신도 잃어 죽은

....
221 디오클레티아누스 치하에서 활동한, 베르베르 태생의 초기 기독교 호교론자(A.D. 255?–A.D. 330?).

것으로 여겨졌다가 갑자기 자신의 어머니로부터 젊은이로 다시 태어난다. (그리스도가 구유 안에 놓여 있었다는 것은 꼴(동물의 사료)을 암시한다. 따라서 로버트슨은 구유를 'liknon'[222]과 비슷한 것으로 여긴다.)

우리는 이런 설명을 통해서 엘레우시스 신비 의식이 신비주의자에게 보다 나은 세상에 대한 희망을 강하게 안겨주는 이유를 이해한다. 엘레우시스 신비 의식의 어느 아름다운 비명은 이런 글을 남기고 있다.

"진정으로, 축복받은 신들이 아름다운 비밀을 하나 알려주도다!
죽을 운명은 저주가 아니며 죽음은 축복이도다!"

신비 의식에서 데메테르 찬가도 똑같은 내용을 말하고 있다.

"땅에서 태어난 자들 중에서 이 장면을 본 사람은 축복을 받으리라!
이 신성한 의식에 동참하지 않은 자는 죽음의 어둠에서
다른 운명을 맞으리라!"

불멸은 엘레우시스 신비 의식의 상징에 내재한다. 스위스 신학자 사무엘 프라이스베르크(Samuel Preiswerk)가 지은 19세기의 어느 교회 노래에서 우리는 그와 똑같은 내용을 다시 발견한다.

우리가 서 있는
이 세상은 당신의 것, 주 예수 그리스도.
당신의 세상이기에

....
222 디오니소스 축제에서 디오니소스의 상을 담은 긴 바구니를 말한다.

이 세상은 멸망하지 않으리.

밀알이 싹이 터서 세상의 빛을 보려면

먼저 대지의 품에서 죽어야 하리.

자신의 본성으로부터 자유로워져야 하리.

오, 주여. 우리의 지도자여.

당신은 고통을 통해 하늘로 가도다.

그러면서 당신을 믿는 자를 같은 길로 안내하는구려.

이어서 우리 모두가 똑같이

당신의 슬픔과 왕국을 누리도록 하도다.

우리를 죽음의 문을 통과하도록 이끌고

세상을 빛 속으로 끌어올리나니.

율리우스 피르미쿠스(Julius Firmicus)는 아티스 신비 의식과 관련해 이런 이야기를 들려준다.

"정해진 어느 날 밤에 신상이 마구간의 짚에 뉘어진다. 사람들 사이에 흐느낌과 비탄의 소리가 들린다. 사람들이 몸을 치며 울부짖는다. 시간이 지나고 사람들이 비탄에 지칠 때, 어떤 빛이 나타난다. 그때 사제가 흐느끼고 있는 모든 사람들의 목구멍에 기름을 바르며 부드럽게 속삭인다. '오, 구원 받은 신의 아들이여, 용기를 가져라. 그대도 그대의 슬픔을 통해 구원을 이룰 테니.'"

이와 비슷한 예들은 그리스도의 신비에서 인간적인 인격이 아주 적게 발견되는 한편 신성한 것이 아주 많이 발견되는 이유를 설명해 준다. 어떤 인간도 영웅이 아니며 과거에도 인간이 영웅이었던 적은 한 번도 없었다. 이유는 영웅이 하나의 신이고, 따라서 영웅이 비개인적이고 모두에게 일반적으로 적용 가능하기 때문이다. 초기의 기독교 해석에서 확인되듯이, 그리스도는 하나의 "영"(靈)이다. 이 땅의 온 곳에서, 또 모든 민족들 사이에서, 구원자이며 영웅인 그런 존재는 리비도가 개인의 모성적인 깊은 속으로 들어간 결과 나타난 산물로서 시기에 따라 매우 다양한 모습으로 나타난다.

파르네세 부조에 새겨진 바쿠스 신비 의식의 서품식은 신비를 전수 받는 사람이 머리까지 망토에 싸인 채 천이 덮인 성배를 들고 있는 실레누스[223]에게로 안내 받는 장면을 포함하고 있다. 머리를 덮는 것은 죽음을 의미한다. 신비주의자는 종자용 옥수수처럼 상징적으로 죽었다가 다시 자라 많은 옥수수를 맺게 된다. 그리스 철학자 프로클로스(Proclus)는 신비주의자들이 목까지 묻혔다는 이야기를 들려주고 있다. 기독교 교회는 종교적 의식이 이뤄지는 곳으로서 엄밀히 따지면 영웅의 무덤에 지나지 않는다(지하 묘지 카타쿰). 신자는 영웅과 함께 죽음에서 다시 일어나기 위해서 무덤으로 내려간다.

교회의 토대를 이루고 있는 의미가 어머니의 자궁의 의미라는 이론에 이의를 제기하지 못한다. 미사의 상징들이 너무나 분명하기 때문에, 그 성스러운 행위의 신화는 온 곳에서 나타난다. 그것은 부활의 주문(呪文)이다. 성묘(거룩한 무덤)에 대한 숭배가 이 측면에서 가장 두드러진다. 가장 대표적인 예는 볼로냐에 있는 성 스테파노(St. Stefano)의 성묘이다. 오래된 다각형 건물인 교회 자체는 이시스 신전의 잔해들로 이뤄져 있다. 내부는 소위 성묘라는 인공 동굴 같은 것을 포함하고 있다. 사람들은 아주 좁은 문을 통해 동굴 안으로 기어 들어간다. 거기서 오래 머물고 난 뒤에, 신자는 이 어머니의 자궁으로부터 다시 태어난다. 피렌체의 고고학 박물관에 있

....
223 고대 그리스 신화에 디오니소스의 선생이나 동료로 나온다.

는 에트루리아의 한 납골당은 동시에 죽음의 여신인 마투타의 조각상이다. 진흙으로 빚은 여신상의 안은 유골을 저장하는 곳으로서 비어 있다. 그 조각상은 마투타가 어머니라는 점을 암시한다. 그녀의 의자는 스핑크스로 장식되어 있으며, 스핑크스는 죽음의 어머니에게 잘 어울리는 상징이다.

볼로냐 성 스테파노 성당의 소위 성묘.

여기서는 히아와타의 공적 중에서 극히 일부만이 우리의 관심을 끌 수 있다. 그 중 하나가 여덟 번째 노래에 그려진 물고기들의 왕 미쉬나흐마와의 싸움이다. 이것은 태양 영웅의 전형적인 전투로서 여기서 언급할 만하다. 미쉬나흐마는 바다 밑바닥에 사는 물고기 괴물이다. 히아와타의 도전으로 싸움을 벌이게 된 물고기 괴물은 영웅을 배와 함께 삼켜버린다.

분노한 그는 햇빛 속으로
빛을 반짝이며 뛰어 올라
거대한 아가리를 벌리고
배와 히아와타를 한꺼번에 삼켜버렸다.

그 컴컴한 동굴 속으로
히아와타는 곤두박질쳤다.
검은 강물 위에 통나무가 급류에
휩쓸리며 뒹굴듯이,
히아와타는 칠흑 같은 어둠 속에
갇힌 자신을 발견하고는 주변을 절망적으로 더듬었다.
그러다 그는 거대한 심장이
박동하는 것을 느꼈다.
이어 그는 화가 치밀어 그 심장에
나흐마의 심장에 주먹을 날렸다.
물고기들의 왕의 신경과 근육이
파르르 떨리는 것이 느껴졌다.
....
그런 다음에 히아와타는
자작나무 카누를 안전을 위해 십자형으로
묶었다.
혼란과 혼동의 와중에
나흐마의 아가리 밖으로
내동댕이쳐질 때 죽지 않기 위해서.

이것은 영웅의 행위를 보여주는 전형적인 신화로, 전 세계에 걸쳐 두루 발견된다. 영웅은 배를 타고 나가서 바다 괴물과 싸우다가 괴물에게 먹힌다. 그런 다음에 괴물의 뱃속에서 씹히거나 으깨어지지 않기 위해 격렬히 싸운다(저항 또는 발을 구른다는 주제). "고래 용"의 뱃속에 도착하자마자, 영웅은 생명에 꼭 필요한 장기를 찾아 자르거나 다른 방법으로 파괴한다. 종종 괴물의 죽음은 영웅이 괴물 안에서 몰래 피우는 불의 결과로 일어난다. 영웅은 죽음과 생의 자궁 안에서 신비스런 방식으로 떠오르는 태양을 창조한다. 그리하여 그 물고기는 죽어 표류하다가 바닷가에 닿고, 거기서 영웅은 "새들"의 도움으로 다시 낮의 빛을 보게 된다. 이 장면에 등장하는 새는 아마 태양이 다시 솟는 것을, 리비도의 갈망을, 피닉스의 부활을 의미할 것이다(갈망이 하늘을 나는 상징으로 표현되는 경우가 자주 있다). 물로부터 올라오고 있는 새의 태양 상징은 (어원학적으로) 노래하는 백조에 포함된다. "백조"(swan)는 'sun'처럼 'sven'이라는 어근에서 나왔다. 물에서 올라오는 행위는 재탄생을, 어머니로부터 생명을 끌어내는 것을 의미하고, 종국적으로 그것을 통해 죽음을 파괴한다는 것을 의미한다. 흑인의 신화에 따르면, 죽음은 어느 늙은 여인의 실수로 인해 세상에 생겨나게 되었다고 한다. 이 여인은 살갗을 벗길 때(인간이 뱀처럼 피부를 벗김으로써 젊음을 되찾기 때문이다) 한눈 팔다가 새 살갗을 걸친다는 것이 그만 헌 살갗을 걸쳤으며, 그로 인해 그녀는 죽고 말았다. 그러나 살갗을 벗기는 행위의 효과는 오래 지속될 수 없었다. 영웅에게 거듭 곤경이 닥쳤으며, 그때마다 곤경의 극복은 어머니로부터의 해방으로 여겨졌다. 헤라(아들을 뒤쫓는 어머니)가 헤라클레스의 과업의 진짜 원인이듯이, 노코미스도 히아와타에게 휴식을 절대로 허용하지 않고 그의 길에 언제나 새로운 어려움을 던진다. 그러면 영웅은 절망적일 만큼 어려운 모험을 벌이며 극복하든가 아니면 패배하든가 할 것이다.

인간의 리비도는 언제나 인간의 의식보다 앞서 나간다. 만약에 리비도가 그 사람을 새로운 위험 쪽으로 불러내지 않는다면, 그가 나태하게 무기력에 빠지거나 어머니에 대한 유아적 갈망이 존재의 정점에 선 영웅을 압도하게 될 것이다. 그러면 영웅은 불굴의 용기로 가장 높은 곳을 향해 분투하지 않고 가련할 만큼 허약한 존재가 될 것이다. 어머니는 그 영웅이 모험에 나서도록 불러내는 동시에 영웅이 모험에 나서는 길에 그를 물 독사를 풀어놓는 그런 악마가 된다. 그래서 노코미스는 아홉 번째 노래에서 히아와타를 불러내서 해가 검붉은 빛을 토하며 떨어지고 있는 서쪽을 손으로 가리키며 이렇게 말한다.

에트루리아의 피에타, 마투타.

저 건너편에 거대한 펄 페더(Peral-Feather)가 살고 있어.

마법사 메기소그원,

부(富)와 조가비구슬의 영(靈)

불을 뿜는 그의 뱀들과

시커먼 물이 그것들을 지키고 있어.

당신은 불을 뿜는 그의 뱀들을 볼 수 있어.

커다란 뱀들 케나비크가

몸을 돌돌 감은 채 물에서 놀고 있어.

서쪽에 도사리고 있는 이 위험은 어느 누구도, 심지어 힘이 아주 센 존재도 피하지 못하는 죽음을 의미한다. 우리가 배우는 바와 같이, 이 마법사는 노코미스의 아버지도 죽였다. 그래서 지금 그녀는 아버지의 원수를 갚기 위해 자기 아들을 보낸다. 마법사의 것으로 돌려지는 상징들을 통해서, 그가 상징하는 것이 무엇인지를 파악하는 것은 쉬운 일이다. 뱀과 물은 어머니와 관련있다. 뱀은 억압된, 어머니에 대한 갈망의 상징으로서, 달리 표현하면 저항의 한 상징으로서 어머니 바위를 보호와 방어의 차원에서 칭칭 감고 있고, 동굴에서 살고, 어머니 나무를 위쪽으로 감으며 소중한 축적물을, "신비한" 보물을 지킨다. 시커먼 지옥의 물은 둘카르네인의 검은 진흙 샘처럼 태양이 죽어서 재탄생의 속으로, 죽음과 밤의 모성의 바다로 들어가는 곳이다. 여기까지의 여정에서, 히아와타는 미쉬나흐마의 마법의 기름을 소지하고 있다. 이것이 배가 죽음의 바다를 통과하는 데 도움을 준다. (불멸을 위한 일종의 부적이다. 지크프리트에게 용의 피가 그런 것이나 마찬가지이다.)

첫째, 히아와타는 거대한 뱀을 죽인다. 지옥의 삼도천을 가로지르는 "밤의 여행"은 이런 식으로 묘사되고 있다.

밤새도록 그는 그 위를

느릿느릿 흘러가는 물 위를 항해했다.

길고긴 세월의 찌꺼기로 뒤덮이고

썩어가는 골풀로 시커멓고

창포와 백합의 잎들이 우거져 있고

정체되어 생명이 없고 무섭고 암울한 그 물 위를.

희미한 달빛을 받아 빛나고

도깨비불이 번득이고

죽은 자들의 귀신들이 밝히는 불들이

그들의 황량한 밤의 잠자리를 비추고 있다.

이 묘사는 죽음의 물의 성격을 분명히 보여주고 있다. 물의 내용물은 이미 언급한 주제를, 즉 칭칭 감고 삼키는 주제를 상기시킨다. '야가데바의 꿈들을 푸는 열쇠'(Key to Dreams of Jagaddeva)에는 이 주제와 관련해 이렇게 적혀 있다.

"꿈에서 자신의 몸을 식물 줄기나 덩굴식물, 밧줄, 뱀 가죽, 실이나 섬유
로 감싸는 사람은 누구나 죽는다."

이와 관련해 나는 앞의 주제들에 대해 언급하고 싶다. 영웅은 서쪽 땅으로 오면서 마법사에게 싸움을 건다. 끔찍한 투쟁이 시작된다. 히아와타는 무력하다. 메기소그원이 무적이기 때문이다. 밤에 히아와타는 부상을 입고 잠시 절망하면서 휴식을 취하기 위해 후퇴한다.

소나무 밑에서 휴식을 취하기 위해 멈추었네.

소나무의 가지들에 이끼가 매달려 있고

소나무의 줄기는

죽은 자의 모카신 가죽으로,

희고 노란 곰팡이로 뒤덮여 있네.

 사람들을 보호하는 이 나무는 죽은 자의 모카신 가죽, 즉 곰팡이로 뒤덮인 것으로 묘사되고 있다. 이처럼 나무에 인간의 속성을 부여하는 것은 나무 숭배가 널리 행해지는 곳에서는 중요한 관례이다. 예를 들면, 마을마다 신성한 나무를 두고 있는 인도에서는 그 나무를 대체로 인간 존재로 다루며 옷까지 입힌다. 나무에 향기로운 물을 붓기도 하고, 가루를 뿌리기도 하고, 꽃과 휘장을 달기도 한다. 사람들 사이에 귀를 뚫는 것이 죽음을 막는 액막이 부적으로 행해지듯이, 신성한 나무에도 그런 것이 가해진다. 인도의 모든 나무들 중에서 힌두 사람들에게 가장 신성한 것으로 여겨지는 나무는 아스와타(크기와 나이로 유명한 인도의 무화과나무)이다. 힌두 사람들에게 그 나무는 "나무들의 왕"으로 알려져 있으며, 브라흐마와 비슈누, 마헤스바라[224]가 그 나무 안에 살고 있으며, 그 나무를 숭배하는 것은 곧 3명의 신을 숭배하는 것이다. 거의 모든 인도 마을은 아스와타를 갖고 있다. 널리 알려진 이 "마을 보리수나무"는 여기서 분명히 어머니의 상징으로 통하고 있다. 그것이 3명의 신을 포함하고 있기 때문이다.

 따라서 히아와타가 잠시 쉬기 위해 소나무 아래로 물러날 때, 그것은 위험한 걸음이다. 왜냐하면 그가 자신을 어머니에게 맡기는데, 어머니의 옷이 곧 죽음의 옷이기 때문이다(삼키는 어머니). 고래처럼 생긴 용의 뱃속에서와 마찬가지로, 그 영웅은 이 상황에서도 "도움이 되는 새", 말하자면

....
224 힌두교의 신 시바의 불교식 이름.

자비로운 부모에 해당하는 그런 이로운 동물을 필요로 한다.

> 갑자기 그의 머리 위의 가지에서
> 마마, 즉 딱따구리가 노래를 불렀다.
> '히아와타야, 너의 화살을
> 메기소그원의 머리를 겨냥하고
> 그 위의 머리카락 뭉치를 맞춰라.
> 그 밑뿌리에 길게 많은 검은 머리가
> 그에게 상처를 입힐 수 있는 유일한 곳이니라.

정말 다행하게도, 지금 마마가 서둘러 그를 돕고 나섰다. 딱따구리가 로물루스와 레무스의 "마마"였다는 것은 특이한 사실이다. 딱따구리가 부리로 쌍둥이의 입에 먹을 것을 넣어주었다. (레오나르도 다빈치의 꿈에 나타난 독수리의 역할과 비교해 보라. 딱따구리처럼, 독수리는 마르스[225]에게 바쳐지고 있다.) 딱따구리가 모성을 의미한다는 점에 이탈리아의 고대 미신도 동의한다. 이탈리아에는 이 새가 둥지를 튼 나무에 못을 박으면 못이 금방 떨어진다는 미신이 있었다. 딱따구리는 나무에 구멍을 뚫는다는 사실 때문에 특별한 의미를 지닌다. 따라서 딱따구리가 로마의 전설에서 그 나라의 늙은 왕으로서, 신성한 나무의 소유자 또는 지배자로서 중요한 존재로 등장하는 것도 충분히 이해가 된다. 옛날의 어느 동화는 피쿠스 왕의 배우자 키르케가 왕을 어떤 식으로 딱따구리인 피쿠스 마르티우스로 변신시켰는지에 관한 이야기를 들려준다. 그 여자 무당은 태양인 남편에게 "주술적 영향"을 미치는, "새로운 것을 창조하는 어머니"이다. 그녀는 남편을

....
225 로마 신화 속의 전쟁의 신.

죽여 영혼의 새로 변신시킨다. 피쿠스는 점쟁이뿐만 아니라 나무의 악마와 몽마(夢魔)로 이해되었다. 이 모든 것은 어머니 리비도를 암시한다. 피쿠스는 고대인들에 의해 종종 피쿰누스와 동일한 것으로 여겨졌다. 피쿰누스는 필룸누스의 동반자이고, 둘은 실제로 "어린 아이들의 신들"이라 불린다. 특히 필룸누스에 대해서는 나무의 악마 실바누스의 파괴적인 공격으로부터 갓 태어난 아이들을 지키는 것으로 전해졌다(선하고 나쁜 어머니, 즉 두 명의 어머니라는 주제가 보인다).

내향에서 생겨난, 해방에 대한 소망이랄 수 있는 자비로운 새는 그 영웅에게 마법사의 유일한 약점인 머리카락 밑 부분을 쏘라고 조언한다. 다소 대담하게 말한다면, 그곳은 "남근"의 지점이다. 그 지점은 머리 꼭대기에 있다. 머리로부터의 신비한 출생이 이뤄지는 자리이다. 오늘날까지도 아이들이 떠올리는 성 이론에는 이런 생각이 보인다. 그곳을 향해 히아와타는 3발(매우 자연스런 숫자로 여겨질 것이다)의 화살(널리 알려진 남근 상징)을 날려 메기소그원을 죽인다. 그런 다음에 그는 마법의 조가비구슬 갑옷을 훔치는데, 이것이 그를 무적의 존재로 만든다(불멸의 수단). 그는 의미심장하게도 죽은 자를 물에 누운 그대로 내버려둔다. 그 마술사가 무서운 어머니이니 말이다.

> 강가에 그는 시신을 내버려두었다.
> 반은 땅에, 반은 물 속에 잠긴 상태로.
> 시신의 두 발은 모래에 묻혀 있고
> 시신의 얼굴은 물에 잠겨 있다.

따라서 상황은 물고기 왕을 상대할 때나 똑같다. 왜냐하면 그 괴물이 죽음의 물의 화신이기 때문이다. 이 죽음의 물의 화신은 삼키는 어머니를 상징한다. 죽음을 초래하는 악마 같은 존재인 어머니를 정복하는 위업이 있은 뒤에 히아와타는 미네하하와 결혼한다.

시인이 그 뒤의 노래에 삽입한 짧은 동화에 주목할 필요가 있다. 늙은이가 속이 빈 참나무를 기어서 통과함으로써 젊은이로 변하는 이야기이다.

열네 번째 노래는 히아와타가 글을 발견하는 방법에 대해 묘사하고 있다. 나는 상형문자 같은 두 개의 표시에 대해서만 언급할 것이다.

강력한 존재 기체 마니토
생명의 지배자인 그는 하나의 알로 그려졌다.
알에는 천상의 사방의 바람 쪽을
가리키는 뾰족한 점들이 있다.
위대한 영혼은 온 곳에 있다는 것이
바로 이 상징의 의미였다.

세상이 알 속에 들어 있으며, 알은 세상을 모든 지점에서 감싸고 있다. 알은 아이를 가진 우주의 여자이다. 이런 상징을 '베다'뿐만 아니라 플라톤도 이용했다. 이 어머니는 어디에나 있는 공기 같다. 그러나 공기는 영(靈)이고, 세상의 어머니는 하나의 영이다.

강력한 존재 기체 마니토,
그는 무시무시한 악의 영이니라,
한 마리의 뱀이
커다란 뱀 케나비크로 묘사되듯이.

그러나 악의 영(靈)은 공포이고, 금지된 욕망이고, 적이다. 어떤 적인가

하면, 각 개인의 영웅적인 행동에만 반대할 뿐만 아니라 영원한 존속을 위해 분투하는 삶에도 반대하고, 배반적인 뱀이 물게 하여 우리의 육체에 약함과 나이라는 독을 주입하는 그런 적이다. 악의 영은 퇴행적인 모든 것이며, 우리의 첫 번째 세상의 모델이 우리의 어머니이기 때문에, 퇴행적인 모든 경향은 어머니 쪽으로 향하고, 따라서 그런 경향은 근친상간의 이미지로 위장한다.

이 두 가지 생각에서, 시인은 어머니로부터 발생하고 있는 리비도와 거꾸로 어머니에게로 돌아가려고 애쓰고 있는 리비도를 신화적인 상징들로 표현했다.

열다섯 번째 노래를 보면 히아와타의 절친한 친구이자 사랑스런 연주자이며 가수인 치비아보스가 악령의 유혹에 걸려들어 얼음 사이로 떨어져 물에 빠져 죽는 이야기가 그려지고 있다. 히아와타는 이 친구를 오랫동안 슬퍼한 끝에 마술사의 도움으로 친구를 불러내는 데 성공한다. 그러나 다시 생명을 얻은 친구는 단지 하나의 영혼일 뿐이며, 그는 영들의 땅의 주인이 된다. (저승의 지배자 오시리스, 2명의 디오스쿠로이.) 전투들이 이어지고, 두 번째 친구로 육체적인 힘의 화신인 크와신드의 상실이 따른다.

스무 번째 노래에서, 죽음의 땅에서 온 2명의 과묵한 손님이 예견한 대로 기근과 미네하하의 죽음이 일어난다. 이어 스물두 번째 노래에서 히아와타는 서쪽으로의 마지막 여행을 준비한다.

오, 노코미스여. 이제 나는
길고 먼 여행을 떠나려 하네.
일몰의 문들로
북서풍 키와이딘으로
고향 바람이 부는 곳으로.

길고 긴 영광의 여정

그 여정을 따라서, 강을 따라서

서쪽으로, 서쪽으로

히아와타는 불붙는 일몰 속으로

자줏빛 안개 속으로

밤의 땅거미 속으로 항해했다.

그렇게 히아와타는

사랑을 받은 히아와타는 떠났다.

일몰의 영광 속에서

밤의 자줏빛 안개 속에서

북서풍 키와이딘이 부는

고향 바람이 부는 곳으로

축복받은 자들의 섬으로

포네마흐의 왕국으로

내세의 땅으로.

태양은 당당히 떠오르며 포옹과 속박으로부터, 자신을 감싸고 있는 바다의 자궁으로부터 떨어져 나왔다가 다시 어머니 같은 바다로, 모든 것을 감싸 안고 다시 소생시키는 밤 속으로 가라앉으면서 한낮의 높이와 영광스런 모든 일들을 뒤로한다. 이런 이미지는 인간의 운명을 상징적으로 표현하는 데 너무나 잘 어울렸다. 인생의 오전에 인간은 투쟁을 통해 자신의 절정 쪽으로 올라가기 위해 어머니로부터, 안락한 가정으로부터 고통을 느끼며 스스로를 떼어낸다. 자기 앞에 있는 자신의 최악의 적을 보지 않고, 그 적을 자신의 내면에, 자신의 깊은 곳을 그리워하고 자신의 원천에 빠지고 싶어 하고 어머니에게 완전히 흡수되기를 바라는 치명적인 갈망으로 간직한 가운데, 인간의 삶은 죽음과의 끊임없는 싸움이며, 언제나 숨어 있는 밤으로부터 폭력적으로, 또 일시적으로 놓여나는 것일 뿐이다. 이 죽음은 절대로 외부의 적이 아니라, 비실재의 평온하고 심오한 평화에 대한, 그리고 인생이라는 바다의 밀물과 썰물 속에서 누리는 꿈 없는 수면(睡眠)에 대한 깊은 갈망이다. 조화와 균형을, 그리고 철학적 깊이와 예술적 열정을 추구하려는 노력을 고고하게 벌이는 때조차도, 인간은 죽음과 부동의 상태, 포만과 휴식을 추구한다.

만약에 피리토우스[226]처럼 인간이 휴식과 평화의 이곳에 지나치게 오랫동안 머문다면, 그는 무기력에 압도당할 것이고 뱀의 독이 그를 영원히 마비시킬 것이다. 만약에 살기를 원한다면, 사람은 자신의 높은 곳으로 올라가기 위해서 과거를 향하려는 욕망과 맞서 싸워 이겨야 한다. 그리고 정오의 정상에 닿은 뒤에는 그 사람도 자신의 성취에 대한 사랑을 희생시킬 줄 알아야 한다. 그래야만 빈둥거리는 일이 없을 것이다. 태양도 마찬가지로 불멸의 씨앗인 가을의 결실을 향해 서두르기 위해 가장 큰 힘을 희생시킨다. 불멸은 자식들과 작품, 사후의 명성, 사물들의 새로운 질서로 성취되며, 이 모든 것들도 마찬가지로 저마다 태양의 길을 시작하고 마무리한다.

앞에서 인용한 대목들이 보여주듯이, '히아와타의 노래'는 인간의 정신에 잠재해 있는 고대의 풍부한 상징적 가능성들을 작동시키면서 정신이 신화적인 형상들을 창조하도록 자극하는 데 매우 적합한 자료를 포함하고 있다. 그러나 그 산물들은 언제나 인간의 오래된 동일한 문제들을 포함하고 있으며, 그 문제들은 무의식의 어두운 세계로부터 새로운 상징으로 위장한 상태에서 거듭 생겨나고 있다. 따라서 미스 밀러는 치완토펠의 갈망을 통해서 바그너(Wilhelm Richard Wagner)의 '지크프리트'라는 형식으로 나타났던

....
226 그리스 신화에서 테살리에 있던 라피테스 족의 왕으로 나온다.

또 다른 신화적 고리를 떠올린다. 치완토펠의 독백으로 처리되는 구절에서 이 신화의 고리가 아주 분명하게 드러난다. 치완토펠이 "나를 이해하는 사람도 없고, 나를 닮은 사람도 없고, 나의 영혼과 비슷한 영혼의 소유자도 없어."라고 한탄하는 대목에서 말이다. 미스 밀러는 이 구절의 감정이 지크프리트가 브룬힐데를 통해 경험하는 감정과 비슷하다고 관찰한다.

이 유사점이 우리가 지크프리트의 노래를, 특히 지크프리트와 브룬힐데의 관계를 이야기한 부분을 보도록 만든다. 발키르[227]인 브룬힐데는 지크프리트의 (근친상간적인) 출생을 보호하지만, 지클린데는 인간적인 어머니인 반면에 브룬힐데는 "영적 어머니"(어머니 심상)의 역할을 한다. 그러나 헤라클레스를 뒤쫓았던 헤라와 달리, 브룬힐데는 추적자가 아니라 자애롭다. 그녀가 도움의 손길을 내밀며 공범자가 되는 이 죄가 그녀가 보탄에게 추방당하는 이유이다. 누이이자 아내인 여자에게서 생겨난 지크프리트의 이상한 출생은 그를 호루스로서, 물러나는 오시리스의 화신이자 다시 태어난 아들로서 두드러져 보이도록 만든다. 영웅의, 어린 아들의 출생은 정말로 인간들로부터 비롯되지만, 그 인간들은 단지 우주적인 상징체계의 인간 전달자들일 뿐이다. 따라서 그 출생은 영적 어머니(헤라, 릴리트)의 보호를 받는다. 영적 어머니가 자궁에 아기를 가진 지클린데가 동쪽으로 "밤의 바다 여행"을 떠나도록 하는 것이다.

> 앞으로 계속 서둘러라.
>
> 동쪽을 향해.
>
> ....
>
> 오, 여인이여, 그대는

....
227 북유럽 신화에 등장하는 여전사.

그대의 아늑한 자궁 속에

세상에서 가장 숭고한 영웅을 품었구나.

팔다리 절단이라는 주제가 지크프리트를 위해 간직해 둔 지크문트의 부러진 칼에서 다시 발견된다. 이 절단으로부터, 생명은 다시 맞춰진다. 대장장이가 부러진 조각들을 녹여 다시 칼을 벼리듯이, 찢겨 죽은 육체는 조각들을 다시 모아야 한다. (이와 비슷한 상황은 플라톤의 『티마이오스』에서도 발견된다. 세상의 각 부분들이 쐐기로 서로 결합되어 있다.) '리그베다'에는 세상의 창조주 브라흐마나스파티가 대장장이로 나온다.

"브라흐마나스파티가 대장장이로서

이 세상을 서로 잇대어 붙여 용접했다."

칼은 남근의 태양 같은 힘이라는 의미를 갖고 있으며, 그래서 예언의 힘을 가진 그리스도의 입에서 어떤 칼이 나온다. 말하자면, 칼이 생식력을 가진 불이거나, 말씀이거나, 생식력을 가진 로고스라는 뜻이다. '리그베다'를 보면, 브라흐마나스파티는 또 고대적 창조의 의미를 지닌 기도의 말이다.

그리고 가수들의 이 같은 기도는 그 자체로부터 확장하면서

한 마리의 암소가 되었다. 그런데 이 암소는 세상이 있기 전에 이미 거기

에 있었다.

이 신의 자궁 안에 함께 남아 있는

동일한 보호자의 수양 자녀들이 신들이다.[228]

....
228 '리그베다' 10권 31장

로고스가 한 마리의 암소, 즉 신들을 임신한 어머니가 되었다. (성령이 여자의 의미를 지니는, 기독교 정경에 속하지 않는 공상에서, 우리는 두 명의 어머니라는 널리 알려진 주제를 만난다. 그 어머니들은 세속의 어머니 마리아와 영적 어머니 성령이다.) 로고스가 어머니로 바뀌는 것은 그 자체로 그리 놀라운 일이 못 된다. 왜냐하면 앞 장에서 논한 바에 따르면 불과 말(fire-speech)이 연결되는 현상의 기원이 어머니 리비도처럼 보이기 때문이다. 영적인 것은 어머니 리비도이다. 산스크리트어의 개념에서, 칼의 의미는 앞에서 본 바와 같이 부분적으로 리비도 개념과의 연결 속에서 칼의 날카로움에 의해 결정될 것이다. 여기서 추격이라는 주제(레토와 비슷하게, 뒤쫓는 지클린데)는 영적인 어머니와 밀접한 관련이 있는 것이 아니라 보탄과 관련있으며, 따라서 아내의 아버지가 뒤쫓는 자인 리노스 전설과 비슷하다. 보탄은 또한 브룬힐데의 아버지이다. 브룬힐데는 보탄과 아주 특이한 관계에 놓여 있다. 브룬힐데는 보탄에게 이렇게 말한다.

> 브룬힐데: 당신은 당신이 원하는 바를 나에게 말함으로써
> 보탄의 의지에게 말하고 있습니다.
> 내가 당신의 의지가 아니라면,
> 나는 … 누구입니까?
> 보탄: 너와 이야기할 때,
> 나는 오직 나 자신과 의논하고 있어.

브룬힐데는 또 다소 "하느님이 보낸 천사" 같고, 신에게서 나오는 그 창조적인 의지 또는 말씀이고, 아이를 가진 여자가 된 로고스이다. 신은 말씀을 통해, 말하자면 그를 다시 낳을 여자, 즉 자신의 어머니를 통해 세상을

창조했다. (그는 자신의 알을 직접 낳는다.) 말(생각)로 흘러넘치고 있는 리비도가 고유한 타성 때문에 성적 성격을 놀랄 만큼 강하게 보존했다는 가설을 받아들이기만 한다면, 이 특이한 개념도 내가 볼 때 쉽게 이해될 것 같다. 이런 식으로, "말"은 성적 소망에 거부된 모든 것을, 말하자면 영생을 얻기 위해 어머니 속으로 돌아가는 것을 성취해야 했다. "말"은 그 자체가 스스로를 새롭게 낳는 신의 딸이 되고 아내가 되고 어머니가 됨으로써 이 소망을 성취한다.

보탄이 브룬힐데를 애도하는 대목에서, 바그너는 마음속으로 이 같은 생각을 품고 있었다.

> 나의 가장 깊은 생각을 그녀만큼 아는 사람은 없어.
> 아무도 나의 의지의 원천을
> 그녀만큼은 몰라.
> 그녀는 나의 소망을 성취시키는
> 창조적인 자궁이었어.
> 그런데 지금 그녀가 깨뜨렸네,
> 축복받은 결합을!

브룬힐데의 죄는 지크문트를 편애한 것이지만, 그 뒤에는 근친상간이 숨어 있다. 근친상간은 지크문트와 지클린데의 오누이 관계로 투사되고 있으며, 옛날식으로 표현하면, 아버지 보탄이 자신을 소생시키기 위해서 자신이 창조한 딸 속으로 들어갔다. 그러나 이 같은 사실은 당연히 숨겨져야 했다. 보탄은 마땅히 브룬힐데에게 화를 낸다. 왜냐하면 그녀가 이시스의 역할을 맡아서 아들의 출생을 통해 그 늙은이로부터 권력을 빼앗았기 때문이다. 아들 지크문트의 형태로 나타난, 죽음의 뱀의 첫 번째 공격을 보탄은 물리쳤다. 그가 지크문트의 칼을 부러뜨렸지만, 지크문트는 손자로 다시 생겨난다. 이 불가피한 운명은 언제나 여자의 도움을 받고 있으며, 따라서 보탄의 분노를 불러일으킨다.

지크프리트가 출생할 때, 으레 그렇듯이, 지클린데가 죽는다. 양모는 분명히 여자가 아니라, 지하의 신이고, 사랑을 거부하는 종족에 속하는, 지체 장애가 있는 난쟁이이다. 이집트의 저승의 신, 즉 (성적 매력 없는 반(半)원숭이 하르포크라테스로의 우울한 부활을 축하했던) 오시리스의 장애 있는 그림자는 자기 아버지의 죽음에 복수해야 하는 호루스의 후견인이다.

한편, 브룬힐데는 어느 산 위에서 히에로스가모스 같은 마법의 잠을 잔다. 그 산에서 보탄은 마법의 가시('에다'(Edda))[229]로 그녀를 잠들게 했으며, 주위에 보탄의 불로 불꽃들(리비도와 동일하다)을 일으켜 다른 존재의 침입을 막았다. 그러나 미메가 지크프리트의 적이 되어 파프너를 통해서 그의 죽음을 꾀한다. 여기서 미메의 역동적인 본성이 드러난다. 그는 끔찍한 어머니의 남자 같은 면을 상징하는 존재이고 또 자기 아들의(호루스의) 길에 독을 품은 벌레(티폰)를 놓아두는, 악마의 본성을 가진 양모이다. 어머니를 향한 지크프리트의 갈망이 그를 미메로부터 떼어놓으며, 지크프리트의 여행은 죽음의 어머니와 함께 시작하여, "끔찍한 어머니"를 정복하는 과정을 거쳐 여자에게로 나아간다.

> 지크프리트: 꼬마도깨비를 쫓아버려라!
> 난 그를 다시는 보지 않을 거야!
> 나의 어머니의 모습이 어땠더라.
> 이제 도무지 생각이 나지 않는구나!

....
229 북유럽 신화의 근간을 이루는 노래와 서사시들을 모은 책.

그래도 그녀의 눈빛만은

암사슴의 부드러운 눈 같이 반짝였어!

지크프리트는 과거에 어머니였던 악령과 이별하기로 마음을 먹고 어머니를 향한 갈망을 품은 채 앞으로 더듬거리며 나아간다. 자연은 그를 위해 숨겨진 모성의 어떤 의미("암사슴")를 얻고, 그는 자연의 화음 속에서 어머니의 목소리와 어머니의 말에 관한 어떤 암시를 발견한다.

지크프리트: 그대 우아한 작은 새,

그대는 나에게 정말 낯설구나!

그대는 여기 숲에서 사는가?

아, 그대의 노래에 담긴 의미를 알 수만 있다면!

아마 그대의 노래는 사랑스런 나의 어머니에

대한 이야기를 들려줄 텐데!

이 같은 심리를 우리는 이미 히아와타에서 접했다. 새(새는 바람과 화살처럼 소망을, 날개 달린 갈망을 표현한다)와의 대화를 통해서, 지크프리트는 파프너가 동굴에서 나오도록 유혹한다. 그의 욕망들은 어머니에게로 향하고, 동굴에 사는 숲의 공포인 그 지하의 악마가 나타난다. 파프너는 보물의 보호자이며, 그의 동굴에는 생명과 권력의 원천이 있다. 어머니는 아들의 리비도를 사로잡고 있으며, 그녀는 그것을 지키려 안달한다. 심리학적 언어로 바꾸면, 이것은 긍정적인 전이는 오직 어머니 심상으로부터, 즉 일반적인 근친상간의 대상으로부터 리비도를 해방시킬 수 있을 때에만 성공할 수 있다는 것을 의미한다. 오로지 이런 식으로만, 사람이 자신의 리비도를, 말하자면 비할 데 없이 소중한 보물을 얻는 것이 가능하며, 이것은 강력한 분투를, 적응을 위한 전면적인 전투를 요구한다.

지크프리트 전설은 파프너와 벌이는 이 전투의 결과에 대해 아주 풍성하게 묘사하고 있다. '에다'에 따르면, 지크프리트는 생명의 자리인 파프너의 심장을 먹는다. 지크프리트는 알베리히가 스스로 뱀으로 변신하게 한 그 마법의 모자를 손에 넣는다. 이것은 허물을 벗어 소생한다는 주제와 관련 있다. 이 마법의 모자의 힘을 빌리면 사람은 사라졌다가 다른 모습을 취할 수 있다. 사라지는 것은 아마 죽는 것을, 그리고 눈에 보이지 않는 상태로 있는 것을, 즉 어머니의 자궁 안에서의 존재를 암시할 것이다. 행운을 불러오는 모자, 즉 양막(羊膜) 외피를 신생아는 이따금 머리에 쓴다. 게다가, 지크프리트는 용의 피를 마신다. 이로 인해 지크프리트는 새의 언어를 이해할 수 있게 되고, 따라서 자연과 특이한 관계를, 말하자면 자신의 지식의 결과로 우월한 관계를 맺고 마침내 보물을 손에 쥔다.

앞에서 우리는 테스모포리온 신전 근처에서 뱀과 남근 모양의 빵을 땅의 틈새로 던져 넣는 풍습을 관찰했다. 이 풍습은 땅을 비옥하게 하는 의식을 논할 때 언급되었다. 우리는 또 호주의 와찬디 부족 사이에 땅에 생긴 균열에 제물을 놓는 풍습에 대해서도 약간 논했다. 죽음의 홍수는 땅의 균열 속으로 휩쓸고 들어갔다. 말하자면 어머니 속으로 다시 들어갔다는 뜻이다. 왜냐하면 어머니로부터 누구도 피하지 못하는 보편적인 죽음이 맨 먼저 왔기 때문이다. 홍수는 단지 생명을 소생시키고 모든 것을 낳는 물, 즉 모든 것을 낳기 위해 생겨난 바다의 다른 한 짝일 뿐이다. 사람은 어머니에게 꿀 케이크를 바친다. 그러면 어머니가 그를 죽음으로부터 구해줄 것이다. 그래서 해마다 로마에서는 황금으로 만든 제물이 쿠르티우스 호수로, 땅 속의 균열 속으로 던져졌다. 이 균열은 쿠르티우스의 죽음을 통해서만 메워질 수 있는 것으로 여겨졌다. 쿠르티우스는 나락의 구멍 속에서 로마를 위협하고 있던 위험을 정복하기 위해 저승으로 내려간 전형적인 영웅이었다. 오로포스의 암피아라이온(Amphiaraion)[230]에서, 신전의 보살핌으로 치료를 한 사람들은 황금으로 만든 선물을 성스러운 샘으로 던졌다. 이에 대해 파우사니아스는 이렇게 전한다.

> "누구나 신탁을 받아 병을 치료하는 경우에 은화나 금화를 샘으로 던지는 것이 풍습이다. 왜냐하면 여기서 암피아라오스가 신이 되어 승천했기 때문이다."

이 샘은 또한 암피아라오스의 "카타바시스"(Katabasis: 저승으로 내려가는 것을 뜻함)가 일어난 곳일 가능성이 크다. 고대에는 저승 하데스로 들어가는 입구가 많았다. 한 예로, 엘레우시스 근처에도 심연이 하나 있었다. 이곳을 아이도네우스[231]가 오르내리면서 코라를 납치했다. (용과 처녀로서, 이 사건은 리비도가 저항에 압도되고 생명이 죽음으로 대체되었다는 것을 의미한다.) 바위들에도 균열이 있었으며, 이곳을 통해서 영혼들이 위의 세계로 올라올 수 있었다. 헤르미오네에 있던 지하의 신 크토니아의 신전 뒤에는 골짜기를 포함한 플루톤의 성역이 있었으며, 이 골짜기를 통해 헤라클레스는 케르베로스를 끌어올렸다. 더욱이, 거기에는 "아케루시아" 호수가 있었다. 따라서 이 골짜기는 죽음을 정복하는 곳으로 가는 입구였다. 여기서 호수는 어머니의 상징이다. 아테네 아레오파고스 언덕의 골짜기는 저승의 거주자들의 자리로 여겨졌다. 옛날에 있었던 그리스의 한 풍습도 이와 비슷한 생각을 암시한다. 소녀들은 처녀인지 여부를 검사받기 위해 독사가 사는 큰 동굴로 내려가야 했다. 거기서 뱀에게 물리면, 그것

....

230 아테네에서 40km 떨어진 오로포스에 위치한 유적지로, 영웅 암피아라오스의 신전과 극장, 게스트하우스 등을 말해주는 유물이 남아 있다.

231 저승의 신으로 제우스의 동생이자 페르세포네의 남편이었다.

은 순결하지 않다는 증거로 여겨졌다. 5세기 말 로마의 성 실베스테르(St. Silvester) 전설에서도 이와 똑같은 주제가 보인다.

> "카피톨리움이 서 있는 타르페이우스 산에 거대한 용이 한 마리 살고 있
> 었다. 한 달에 한 번씩, 사제들은 신을 무서워하지 않는 처녀들과 함께 용
> 에게 바칠 음식을 갖고 365개의 계단을 내려가 이 용의 지옥으로 들어갔
> 다. 그러면 용이 갑자기 벌떡 일어났다. 용은 밖으로 나오지 않았으나 그
> 숨결로 공기 속으로 독을 뿜었다. 거기서부터 인간의 죽을 운명이 생겨났
> 고 아이들의 죽음에 따른 깊은 슬픔이 생겨났다. 성 실베스테르가 진리
> 를 지키기 위해 이교도와 갈등을 벌였을 때, 이교도가 이렇게 말했다. '실
> 베스테르여, 용에게 내려가서 그대의 신의 이름으로 용이 더 이상 인간을
> 죽이지 않도록 해보게나.'"

어느 꿈에서 성 베드로가 실베스테르에게 나타나 '요한 묵시록' 20장에 제시된 방법에 따라 저승으로 향하는 문을 쇠사슬로 닫으라고 조언했다.

> "나는 또 한 천사가 하늘에서 내려오는 것을 보았습니다. 그는 지하의 열
> 쇠와 큰 사슬을 손에 들고 있었습니다. 그 천사가 용을, 곧 악마이며 사탄
> 인 그 옛날의 뱀을 붙잡아 천 년 동안 움직이지 못하도록 결박하였습니
> 다. 그리고 그를 지하로 던지고서는 그곳을 잠그고 그 위에다 봉인을 하
> 였습니다."[232]

5세기 초에 '약속론'(De Promissionibus)이라는 글을 쓴 익명의 저자는

....
232 '요한 묵시록' 20장 1-3절

이와 매우 비슷한 전설에 대해 언급하고 있다.

"로마 근처에 어떤 동굴이 있었다. 그 안에서 거대한 용이 나타났다. 입으로 칼을 휘두르고, 눈으로 빛을 보석처럼 발했으며, 두렵고, 무시무시했다. 이곳으로 해마다 꽃을 장식한 처녀들이 왔다. 제물로 용에게 바쳐질 처녀들이었다. 그들은 그런 사실도 모른 채 계단을 내려갔다. 그러다 어느 지점에 이르면 거기서 교묘하게 계단으로 위장해 숨어 있던 용이 내려오던 처녀들을 향해 칼을 내리쳤다. 그러면 순진한 처녀들의 피가 사방으로 튀었다. 스틸리코라는 귀족에게 선행으로 잘 알려져 있던 수도사가 한 사람 있었는데, 지금 그가 이 용을 이런 방법으로 죽였다. 그는 막대기와 손으로 계단을 하나하나 면밀히 조사했다. 그런 식으로 가짜 계단을 발견한 뒤에 그 계단을 건너뛰어 용을 죽여 갈가리 찢었다. 그렇게 함으로써 그는 인간의 손에 파괴될 수 있는 것은 절대로 신이 될 수 없다는 진리를 보여줬다."

용과 맞붙어 싸우는 영웅은 용과 공통점을 많이 공유하고 있으며, 그는 용의 특성들을, 예를 들면 무적의 힘을 이어받는다. 둘 사이의 유사성은 그 이상이다(빛을 발하는 눈, 입에 물린 칼). 심리학적으로 표현하면, 용은 단지 아들의 억눌린 갈망, 어머니 쪽으로 가려는 몸부림일 뿐이며, 따라서 아들은 용이다. 그리스도조차도 '비슷한 것은 비슷한 것으로 치유한다'는 오랜 원칙에 따라 광야의 고약한 뱀들을 다스린 뱀과 동일시되듯이 말이다. '요한복음' 3장 14절에도 그런 내용이 나온다. 한 마리 뱀으로서 그는 십자가형에 처해지게 된다. 말하자면, 어머니 쪽으로 뒤로 가려고 애쓰는 존재로서, 그는 어머니 나무에서 교수형에 처해지거나 매달려야 한다. 그리스도와 적(敵)그리스도인 용은 그들의 등장과 우주적 의미의 역사에서 서로 매우 밀접히 연결된다. (독일 신학자 빌헬름 부셋(Wilhelm Bousset)이 말하는 적그리스도와 비교해 보라.)

적그리스도 신화에 감춰져 있는 용의 전설은 영웅의 삶에 속하고, 따라서 불멸이다. 이보다 더 새로운 형식들의 신화 그 어디에서도 그리스도와 적그리스도의 형식만큼 뚜렷이 인식할 수 있을 정도로 매우 가까운, 상반된 것들의 짝은 보이지 않는다. (지금 나는 러시아 소설가 메레츠코프스키(Dmitry Merezhkovsky)가 소설 '레오나르도 다 빈치'에서 이 문제를 심리적으로 놀라울 만큼 잘 묘사한 점에 대해 언급하고 있다.) 용은 하나의 기만에 불과하다는 생각은 꽤 합리적이고 유용한 자만이며, 그런 자만은 그 시기에 대단히 중요하다. 그런 식으로, 꼴사나운 신들이 효율적으로 통속화되었다. 정신분열증 환자는 유능한 인격들을 경시하기 위해 기꺼이 이 메커니즘을 이용한다. 판에 박힌 불평이 자주 들린다. "모두가 인위적으로 조작한 연극이야!" 정신분열증을 앓는 어느 환자의 꿈은 아주 의미심장하다. 그는 깜깜한 방 안에 앉아 있다. 작은 창이 딱 하나 있는 방이다. 이 창을 통해서 그는 하늘을 볼 수 있다. 해와 달이 나타나지만, 그것들은 인간이 기름종이로 인위적으로 만든 것일 뿐이다. (해로운 근친상간의 영향에 대한 부정이 보인다.)

365개의 계단을 내려가는 것은 태양의 길을, 죽음과 부활의 동굴을 암시한다. 이 동굴이 실제로 지하의 죽음의 어머니와 관계있다는 것은 안티오크의 역사학자 말랄라스(John Malalas)가 남긴 글로 뒷받침된다. 말랄라스는 디오클레티아누스가 그곳에서 헤카테에게 토굴을 봉헌했으며, 이 굴에 닿으려면 365개의 계단을 내려가야 한다는 이야기를 전하고 있다. 동굴 신비 의식들은 또한 사모트라키 섬에서도 헤카테를 위해 치러졌던 것 같다. 뱀도 헤카테를 기리는 예배에서 하나의 상징물로서 중요한 역할을 했다. 헤카테 신비 의식들은 4세기 말경에 로마에서 널리 행해졌다. 그렇기 때문에 앞에서 소개한 2개의 전설은 헤카테의 숭배와 관계있을 수 있다. 헤카테는 밤과 유령들의 여신이다. 그녀는 말을 탄 모습으로 그려지고, 헤시오도스의 글에는 기수들의 보호자로 등장한다. 그녀는 무시무시한 밤의 유령 엠푸사를 보내는데, 이 엠푸사에 대해 고대 그리스의 희극작가 아리스토파네스(Aristophanes)는 그녀가 피로 탱탱하게 부푼 방광 속에 들어 있는 상태로 등장한다고 전하고 있다. 그리스 수사학자 리바니우스(Libanius)에 따르면, 아이스키네스(Aischines)[233]의 어머니도 컴컴한 곳에 숨어 있다가 아이들이나 여자들에게 달려들었다는 이유로 엠푸사로 불렸다.

엠푸사는 헤카테처럼 특이한 발을 가졌다. 한쪽 발은 황동으로 만들어졌고, 다른 쪽 발은 당나귀 똥으로 만들어졌다. 헤카테는 뱀 같은 발을 갖고 있으며, 그런 발은 헤카테의 특성으로 돌려지는 삼중의 형태로서 남근 숭배적인 그녀의 리비도의 본질을 가리킨다. 트랄레스에서 헤카테는 프리아포스와 나란히 나타나며, 헤카테 아프로디시아스도 있다. 헤카테의 상징은 열쇠와 채찍, 뱀, 단검과 횃불이다. 죽음의 어머니인 그녀를 개들이 동행하고 있는데, 이것의 의미에 대해서는 앞에서 논한 바가 있다. 저승의 문지기로서, 그리고 개들의 여신으로서, 그녀는 삼중의 형태를 취하며 진정으로 케르베로스와 동일시된다. 그래서 헤라클레스는 케르베로스를 끌어올리면서 정복당한 죽음의 어머니를 위쪽 세상으로 데려온다. 영적 어머니(달!)로서, 그녀는 광기를, 정신 이상을 보낸다. (이 같은 신화적 관찰은 "어머니"가 광기를 전한다는 것을 의미한다. 틀림없이 정신 이상자의 대부분은 사실 근친상간 공상에 지배당하고 있는 예이다.)

케르베로스의 신비 의식이 치러질 때, '하얀 잎'이라는 뜻의 이름으로 불린 막대기를 부러뜨렸다. 이 막대기는 처녀들의 순결을 보호했으며, 그것

....
233 그리스의 정치인이자 웅변가(B.C. 389– B.C. 314).

을 건드리는 사람은 누구나 광인이 되었다. 여기서 우리는 신성한 나무라는 주제를 확인하고 있다. 이 신성한 나무는 어머니로서 절대로 건드려서는 안 되며, 이 나무를 건드리는 것은 정신이 나간 사람만이 할 수 있는 짓으로 여겨졌다. 헤카테는 몽마로서 흡혈귀의 역할을 맡아 엠푸사의 모습으로 나타나거나, 라미아로서, 남자들을 삼키는 존재로, 또는 더욱 아름답게 "코린트의 신부"로 변장한 모습으로 나타나기도 한다. 그녀는 온갖 부적과 마녀들의 어머니이고, 여자 마법사 메데아의 후원자이다. 왜냐하면 "끔찍한 어머니"의 힘이 마법적이고 저항 불가능하기 때문이다. 그리스의 통합주의에서, 그녀는 매우 중요한 역할을 한다. 그녀는 "멀리서도 명중시키는" 혹은 "마음먹은 대로 맞히는 헤카테"라는 별명을 가진 아르테미스와 혼동된다. 여기서 헤카테의 우월한 힘이 다시 확인된다. 아르테미스는 사냥개를 데리고 다니는 여자 사냥꾼이다. 그래서 헤카테도 아르테미스와의 혼동을 통해서 밤의 여자 사냥꾼이 된다. 헤카테는 멀리 쏜다는 뜻의 이름에서 멀리 던진다는 뜻의 이름을 가진 아폴론과 공유하는 요소가 있다. 리비도 이론에서 보면, 이 연결은 쉽게 이해된다. 왜냐하면 아폴론이 단순히 똑같은 리비도의 긍정적인 측면을 상징하기 때문이다.

헤카테가 지하의 어머니로서 브리모와 혼동되는 것도 이해되고, 원초적인 어머니 여신으로서 페르세포네와 레아와 혼동되는 것도 이해된다. 산파 일리티아와의 혼동도 모성적인 의미를 통해 이해된다. 헤카테는 또한 출생들의 직접적인 여신이고, 가축의 번식자이고, 결혼의 여신이다. 오르페우스 신비 의식에서, 헤카테는 아프로디테와 가이아로서, 심지어 세상 영혼으로서 세상의 중심을 차지한다. 정교하게 깎은 어느 보석에는 그녀가 머리에 십자가가 올려져 있는 모습으로 그려지고 있다. 죄인에게 채찍을 가할 때 죄인을 묶던 들보는 헤카테라 불린다. 그녀에게, 삼거리와 두 갈래길, 교차로가 봉헌되었다. 그리고 길들이 갈라지거나 합쳐지는 곳에서, 그녀에게 개들이 제물로 바쳐졌으며, 그곳으로 처형된 사람들의 시신이 던져졌다. 그녀에게 제물을 바치는 의식도 교차로에서 행해진다. 교차하는 곳이나 균열이 생긴 곳에서 제물을 바치는 의식을 치르는 것은 교차로나 균열 지점에 있는 어머니에게 무엇인가를 바친다는 뜻이다. (심연에 있는 지하의 신들에게 제물을 바치는 의식과 비교해 보라.)

가이아의 영역인 심연과 샘은 모든 사람이 자신의 육체 대신에 돈이나 케이크를 바치기 위해 "기꺼이 기어서 통과하는"(파우스트) 삶과 죽음의 문으로 쉽게 이해된다. 헤라클레스가 꿀떡으로 케르베로스의 마음을 달랬던 것과 똑같다. (이것과 개의 신화적 의미를 비교해 보라!) 따라서 카스탈리아 샘이 있는 델포이의 갈라진 틈은 태양 영웅 아폴론에게 정복당한 지하의 용 피톤의 자리였다. (헤라의 부추김에 넘어간 피톤은 아폴론의 아이를 임신한 레타를 추격했다. 그러나 레타는 떠다니는 섬 델로스에서 아이를 낳았는데, 이 아이가 훗날 피톤을 살해했다. 말하자면 피톤 안에 있는 영혼의 어머니를 정복했다는 뜻이다.) 히에라폴리스에서는 홍수 때 물이 콸콸 흘렀던 틈 위에 신전을 세웠다. 예루살렘에서는 신전의 반석이 커다란 심연을 덮었다. 기독교 교회들이 종종 동굴이나 석굴, 샘 위에 세워진 것과 똑같다.

미트라 석굴과 기독교 지하 묘지 등 다양한 신성한 동굴은 전설적인 박해 때문이 아니라 죽은 자에 대한 숭배 때문에 중요성을 지니며, 이 석굴이나 동굴에서 우리는 똑같은 근본적인 주제를 만난다. 죽은 자를 신성한 곳("죽은 자의 동산", 회랑, 토굴 등)에 묻는 것은 부활의 희망을 안고 어머니에게 돌아가라는 뜻이다. 동굴 안에 사는 죽음의 동물은 처음에는 인간 제물을 통해, 훗날에는 자연의 선물을 통해 달래졌다. 따라서 아테네에는 저승의 문을 지키는 개를, 그러니까 머리가 3개인 괴물을 달래기 위해 제물을 바치는 풍습이 있다. 그 후에 제물로 쓰인 자연의 선물의 예로는 로데가

제2의 케르베로스라고 부른 카론에게 준 은화인 것 같다. 카론은 이집트의 신으로 치면 개의 얼굴을 한 아누비스에 해당한다.

저승의 개와 뱀도 마찬가지로 동일하다. 비극 작품들 속에서 에리니에스[234]는 개들이면서 뱀들이다. 뱀인 티폰과 에키드나는 역시 뱀인 히드라와 고르고의 부모이며 또 개인 케르베로스와 오르트로스, 스킬라의 부모이다. 뱀과 개는 또한 보물의 보호자이다. 지하의 신들은 아마 언제나 동굴에 사는 뱀이었으며 공물로 바치는 음식을 먹었을 것이다. 세월이 흐른 뒤에 시인인 사모스의 아스클레피아데스(Asclepiades of Samos)가 쓴 작품에는 신성한 뱀들이 거의 보이지 않는다. 이것은 그런 뱀들이 오직 비유적으로만 존재했다는 것을 의미한다. 이젠 뱀이 살았던 것으로 전해오던 구멍 외에는 아무것도 남지 않았다. 그 구멍에 공물이 놓여졌고, 훗날에는 은화가 던져졌다. 코스 섬의 신전의 신성한 동굴은 직사각형 구덩이 위에 정사각형의 구멍이 뚫린 돌을 얹은 형태였다. 이 같은 형태는 보물 창고의 목적과 부합한다. 뱀 구멍은 돈을 넣는 구멍, 하나의 "제물 통"이 되었으며, 동굴 자체가 "보물"이 되었다. 헤르조크(Rudolf Herzog)가 연구하고 있는 이 같은 발달이 실제 조건과 일치한다는 점은 프톨레마이스의 아스클레피오스[235]와 히기에이아[236]의 신전에서 이뤄진 어떤 발견에 의해 뒷받침되고 있다.

> "활 모양의 목을 가진, 똬리를 튼 모습의 화강암 뱀이 발견되었다. 똬리의 가운데에 보이는 좁은 구멍은 오랫동안 사용한 탓에 반들거린다. 구멍은 지름 4cm 크기의 주화가 들어갈 만큼 크다. 뱀의 양 옆에는 뱀을 들어

....

234 거짓 서약을 하거나 사악한 행동을 하는 사람에게 복수하는 3명의 여신을 일컫는다.

235 그리스 신화 속의 의학과 치료의 신.

236 그리스 신화 속의 건강의 신.

올릴 때 손잡이를 끼울 수 있는 구멍이 나 있다."[237]

　뱀은 보물의 수호자로 이제 보물 창고에 누워 있다. 죽음의 어머니 자궁에 대한 공포가 이제 생명의 보물의 수호자가 되었다. 뱀이 이 맥락에서 진정으로 죽음의 상징, 즉 죽은 리비도의 상징인 것은 죽은 자들의 영혼들이 지하의 신들처럼 뱀들로, 또 죽음의 어머니의 왕국의 거주자들로 나타난다는 사실에서 비롯된다.

술잔의 용.

　영웅이 컴컴한 동굴에서 갖고 가는 보물은 점점 충만해지고 있는 생명이다. 그것은 임신의 불안과 출산의 고통을 거쳐 새로 태어난 영웅 자신이다. 그래서 힌두교에서 불을 가져오는 존재는 어머니의 속에서 충만해지는 존재라는 뜻인 마타리슈반으로 불린다. 어머니 쪽으로 다가서려고 애쓰고 있는 영웅은 용이며, 그는 어머니로부터 분리될 때 그 용의 정복자가 된다. 앞에서 그리스도와 적그리스도를 이야기하는 대목에서 이미 암시했던 이 생각의 기차는 기독교 공상의 세부 사항으로까지 거슬러 올라갈 것이다. 중세의 그림들을 보면, 용이나 뱀 또는 다른 종류의 작은 동물을 새긴 성찬(聖餐) 잔이 보인다.

....
237　R. Herzog, "Aus dem Asklepieion von Kos", p. 212

그 잔은 포도주로 부활한 신을 받아들이는 그릇이고 어머니의 자궁이다. 또 잔은 뱀이 변형된 상태에서 거주하는, 말하자면 신이 허물을 벗는 동굴이다. 그리스도도 뱀이니까. 이 상징체계들은 '고린도전서'에서 애매한 맥락(10장)에서 쓰이고 있다. 그 대목을 보면 바울로가 유대인에 대해 쓰고 있는데, 이 유대인들은 "구름과 바다 속에서 모세에게 세례를 받고"(재탄생), "똑같은 영적 음료를 마신" 사람들이다. "그들은 자기들을 따라오는 영적 바위에서 솟는 물을 마셨는데, 그 바위가 곧 그리스도이셨습니다." 그들은 어머니(생식력 있는 바위, 바위로부터의 출생)로부터 소생의 젖을, 불멸의 벌꿀 술을 마셨고, 여기서 그 바위는 어머니와 동일시되는 그리스도였다. 그리스도와 어머니가 동일시되는 이유는 그리스도가 어머니 리비도를 상징적으로 나타내기 때문이다. 성찬 잔으로 마실 때, 우리는 어머니의 젖가슴으로부터 불멸과 영원한 구원을 마신다. 바울로는 유대인들에 대해 이렇게 말하고 있다. 그들이 음식을 먹은 다음에 일어나서 춤을 추고 간음에 몰입했으며, 그런 다음에 그들 중 23,000명이 뱀들에게 잡아먹혔다고. 그러나 생존자들을 위한 치료는 막대기 끝에 매달린 어떤 뱀을 보는 것이었다.

> "우리가 축복하는 그 축복의 잔은 그리스도의 피에 동참하는 것이 아닙니까? 우리가 떼는 빵은 그리스도의 몸에 동참하는 것이 아닙니까? 빵이 하나이므로 우리는 여럿일지라도 한 몸입니다. 우리 모두 한 빵을 함께 나누기 때문입니다."[238]

빵과 포도주는 그리스도의 살과 피이고, 그리스도의 형제들, 그러니까 같은 자궁에서 오는 불멸의 존재들의 양식이다. 어머니로부터 다시 태어

....
[238] '고린도전서' 10장 16-17절

난 우리는 그리스도와 함께 모두 영웅이며 불멸의 양식을 즐긴다. 유대인들과 마찬가지로 기독교인들에게도, 무가치한 일에 동참할 위험은 언제나 존재한다. 이유는 심리학적으로 엘레우시스의 지하 동굴 히에로스가모스와 매우 밀접하게 연결되어 있는 이 미스터리가 영적 의미에서 인간의 신비한 결합을 수반하고, 이 결합이 세속적인 사람들에 의해 끊임없이 오해를 받고, 그들의 언어로 다시 번역되기 때문이다. 그런 번역에서 신비 의식은 곧 난교 파티와 은밀한 악의 행위와 동일했다. 19세기 초에 운터나흐러 (Anton Unternährer)라는, 매우 흥미로운 신성 모독자는 최후의 만찬에 대해 이런 식으로 논평했다.

> "이 매춘굴에 악마의 성찬이 있다. 그들 모두는 여기서 제물을 바친다. 그들은 신이 아니라 악마에게 제물을 바친다. 그곳에서 그들은 악마의 잔과 악마의 접시를 받는다. 거기서 그들은 뱀의 머리를 빨았다. 거기서 그들은 부정한 빵을 먹고 사악의 포도주를 마신다."[239]

역사는 다양한 예들을 통해서 종교적 신비 의식들이 어떤 식으로 곧잘 성적 탐닉으로 변질되는지를 가르치고 있다. 그 이유는 신비 의식들 자체가 탐닉을 과대 평가한 데서 생겨났기 때문이다. 남근을 강조하는 이런 신은 뱀의 옛 상징으로 다시 돌아가는 것이 두드러진 특징이다. 뱀은 신비 의식 중에 신자들의 안으로 들어가서 그들을 수정시키고 영성화시키는 것으로 여겨졌다.

오피스 파의 신비 의식의 경우에 축제에 실제로 뱀들이 동원되었으며 심지어 뱀들과 입을 맞추는 행위도 벌어졌다. (엘레우시스 신비 의식에서 데

....

239 Anton Unternährer, "Geheimes Reskript der bernischen Regierung an die Pfarr und Statthalteramter", 1821

메테르가 뱀을 포옹하는 것과 비교해 보라.) 현대 기독교 종파들의 성적 탐닉에서도 남근 키스가 매우 중요한 역할을 한다. 앞에 소개한 운터나흐러는 배우지 못한 농민이었으며, 따라서 그가 오피스 파의 종교적 의식에 대해 모르고 있었을 가능성이 크다.

남근의 중요성은 언제나 비밀스런 음흉한 생각을 가리키는 뱀을 통해 부정적으로나 신비하게 표현되고 있다. 이 음흉한 생각은 어머니와 연결되며, 따라서 어떤 환자는 꿈에서 이런 이미지를 본다. "뱀이 음습한 동굴에서 튀어 나와 꿈을 꾼 사람의 생식기를 물었다." 이 꿈은 환자가 분석의 진실성을 확신하고 자신을 어머니 콤플렉스로부터 해방시키기 시작할 시점에 꾼 것이었다. 그 꿈의 의미는 이렇다. '나는 어머니에 의해 자극을 받고 망가지고 있는 것이 틀림없어.' 꿈의 특징은 반대 방향으로 표현된다는 점이다. 그는 앞으로 나아가고 싶은 충동을 느끼는 순간에 자신이 어머니와 강하게 연결되어 있다는 것을 깨달았다. 또 다른 환자는 리비도가 전적으로 안쪽으로 퇴행하고 있는 동안에 이런 꿈을 꾸었다. "나의 안이 거대한 뱀으로 가득 채워졌다. 오직 꼬리의 끝 부분만 나의 팔에서 삐어져 나와 있었다. 내가 뱀을 잡으려 했지만 뱀이 나를 피했다." 매우 강력한 내향성을 보인 어느 환자는 뱀이 자신의 목구멍을 막고 있다고 불평했다.

뱀은 내향하는 리비도를 나타낸다. 내향을 통해서 사람은 신에 의해 수태하고, 고무되고, 재생되고, 다시 태어난다. 힌두 철학에서, 창조적이고 지적인 활동인 이 생각은 우주 생성의 의미까지 지닌다. '리그베다' 10권 121장에 따르면, 세상의 모든 것을 창조한 미지의 창조자는 '창조주' 프라자파티이다. 다양한 힌두 경전을 보면, 프라자파티의 우주 창조의 행위는 이런 식으로 묘사된다.

"프라자파티는 갈구했다. '나는 나 자신을 낳고 증식하겠어.' 그는 타파

스라는 엄격한 명상을 실천했다. 그는 명상을 실천한 다음에 이 세상들을
창조했다."

독일 철학자 파울 도이센(Paul Deussen)에 따르면, 타파스라는 낯선 개
념은 "사람이 알을 품고 부화시킨다는 느낌으로 자신의 열을 갖고 스
스로를 뜨겁게 하는 것"으로 해석된다. 여기서 부화시키는 존재와 부화
되는 대상은 둘이 아니고 하나이며 동일한 존재이다. 히라니야가르바
(Hiranyagarbha)[240]로서 프라자파티는 그 자신에게서 나온 알이고, 또 그 자
신이 깨고 나온 세상의 알이다. 그는 온갖 것을 다 갖춘 세상을 낳기 위해 자
신의 속으로 기어 들어가서 자기 자신의 자궁이 되어 자신을 임신한다. 따
라서 프라자파티는 내향의 길을 통해서 새로운 무엇인가로, 이 세상의 다양
한 것들로 변했다. 여기서 서로 대단히 멀리 떨어져 있는 것들이 어떤 식으
로 접촉하는지가 특별히 관심을 끈다. 도이센은 이런 관찰을 제시한다.

"타파스(열기)라는 개념이 더운 인도에서 노력과 고난의 상징이 됨에 따
라, 타포 아타피야타(tapo atapyata)가 자기 징벌의 의미를 갖기 시작했으
며, 그것은 창조가 창조주의 입장에서 보면 자기 포기의 행위라는 사상과
연결되기에 이르렀다."

자기 부화와 자기 고행과 내향은 서로 매우 밀접히 연결되어 있는 개념
들이다. 앞에서 언급한 연금술사 조시모스의 환상은 이와 똑같은 생각의
기차를 보여준다. 거기엔 변환의 장소에 대한 언급이 있다. 변환의 장소가
정말로 자궁이라는 것을 우리는 이미 관찰했다. 자신의 자기에게 몰입하

....
240 힌두 철학에서 우주 창조의 근원을 뜻한다. 글자 그대로의 의미는 '황금 자궁'이며 시
적으로 옮긴다면 '우주의 자궁'이라고 할 수 있다.

는 것(내향)은 자기 자신의 자궁 속으로 들어가는 것이고, 동시에 금욕이다. 인도 브라만들의 철학에서, 세상은 내향으로부터 생겨났다. 기독교 이후의 그노시스 파 사이에서도 내향은 개인의 소생과 영적 부활을 낳았으며, 그러면 개인은 새로운 영적 세계 속으로 다시 태어났다. 힌두 철학은 상당히 과감하고 논리적이며, 창조는 전반적으로 내향의 결과로 이뤄졌다고 단정한다. '리그베다' 10권 29장의 아름다운 찬가는 세상의 창조에 대해 이렇게 노래하고 있다.

> "껍질 안에 숨어 있던 것이
> 뜨거운 고통의 힘을 통해 태어났다.
> 이것으로부터 가장 먼저
> 지혜의 싹으로서 사랑이 일어났다.
> 현자들은 가슴의 충동을 조사함으로써
> 비실재에서 존재의 뿌리를 발견했다."

이 철학적 견해는 세상을 리비도의 발산으로 해석하고 있으며, 이 견해는 심리학적 관점에서뿐만 아니라 이론적인 관점에서도 널리 받아들여져야 한다. 왜냐하면 현실의 기능이 생물학적 적응의 성격을 지닌 어떤 본능적인 기능이기 때문이다. 정신 이상을 앓던 슈레버가 리비도의 내향을 통해서 세상의 종말을 초래했을 때, 그는 완전히 합리적인 심리학적 관점을 표현했다. 그것은 쇼펜하우어가 이 세상을 창조한 제1의 의지의 오류를 부정(否定)(고결과 금욕)을 통해 지우기를 원했던 것과 똑같다. 괴테도 이렇게 말하고 있지 않는가.

> 그대는 그릇된 길을 따르고 있어.

허튼소리로 듣지 않도로 하라.

자연의 핵심은

인간들의 가슴 속에 있지 않는가?

세상의 활성화와 죽음의 정복을 성취할 영웅은 바로 리비도이다. 리비도는 내향 속에서 자기 자신에 대해 골똘히 생각하고, 한 마리의 뱀으로서 자신의 알을 똘똘 감으면서 생명을 죽음으로 몰고 가기 위해 독 있는 입으로 물어 독을 주입하겠다고 위협하고, 그 어둠으로부터 스스로를 정복하면서 자신을 다시 낳고 있다. 니체는 이런 이치를 잘 알고 있다.

당신은 이미 얼마나 오랫동안

당신의 불행을 방치해 두었는가.

조심하라! 당신의 오랜 수고로부터

바실리스크[241]의 알을 부화하는 일이 없도록.[242]"

영웅 자신이 한 마리 뱀이며, 제물을 바치는 자이자 희생되는 제물이다. 영웅은 뱀의 성격을 갖고 있다. 그래서 그리스도는 자신을 뱀과 비교하고, 또 자칭 오피스 파라고 불렸던 그노시스주의자들에게 세상을 구원하는 원리는 뱀이었다. 뱀은 아가토(선한 수호신)이고 카코 악령이다. 게르만 전설에 나오는, 영웅이 뱀의 눈을 가졌다는 내용도 충분히 이해가 된다. 여기서 나는 사람의 아들의 눈과 타르페이아의 용[243]의 눈 사이의 유사점을 떠

....
241 노려보는 눈길이나 입김만으로도 사람을 죽인다는 전설 속의 동물.

242 "Fame and Eternity"

243 카피톨리노 언덕 남쪽 면의 절벽을 일컫는 타르페이아의 바위에 있었던 것으로 전해지는 용. 이 절벽은 고대 로마 시대 때 처형장으로 쓰인 것으로 유명하다.

올린다. 앞에서 언급한 중세의 그림 속의 성찬 잔을 보면 구세주 대신에 용이 그려져 있다. 그 용은 언제든 여차하면 변신할 것 같은 뱀의 시선으로 어머니의 자궁 안에서 벌어지고 있는 재탄생의 신비를 지켰다.

뱀과 영웅의 원초적 동일성을 보여주는 흔적은 케크롭스[244]의 신화에도 남아 있다. 케크롭스는 반은 뱀이고 반은 사람이다. 원래 그는 아테네 성채의 뱀이었다. 지하에 묻혀 있는 신으로서, 그는 지하의 뱀 신 에레크테우스와 비슷하다. 그의 지하 거주지 위로, 처녀 여신 아테나의 신전인 파르테논이 서 있다. (기독교 교회가 건립되는 장소와 비교해 보라.) 신이 허물을 벗는 것은 영웅의 본질과 밀접한 관계가 있다. 우리는 이미 앞에서 자신의 살갗을 벗겨내는 멕시코 신에 대해 언급했다. 마니교 창시자인 마니에 대해서도 그가 죽어서 가죽이 벗겨진 다음에 속이 채워져 내걸렸다는 이야기가 있다. 그것은 또 다른 신화의 형식으로 만나는 그리스도의 죽음이다.

키벨레의 아들이자 연인인 아티스를 대체하는 존재처럼 보이는 마르시아스도 가죽이 벗겨졌다. 스키타이 왕이 죽을 때마다, 그의 노예들과 말들은 도살되어 가죽이 벗겨지고 속이 채워진 다음에 다시 살아 있는 것처럼 세워졌다. 프리기아에서도 아버지 신의 대리자들이 살해되어 가죽이 벗겨졌다. 아테네에서는 황소를 죽여 가죽을 벗긴 뒤 속을 채워 쟁기에 매었다.

이런 식으로, 땅의 생산력의 부활이 찬양되었다.

이것은 피르미쿠스에 의해 우리에게 전해지는 사바지오스 신비 의식의 단편을, 말하자면 수소가 뱀의 아버지로 여겨지고 뱀이 수소의 아버지로 여겨지는 부분을 설명해준다.

결실을 맺으려는(위쪽으로 향하려는) 능동적인 형식의 리비도가 죽음을 향해 내려가려고 하는 부정적인 힘으로 바뀐다. 영웅은 봄철 별자리 동

....
244 그리스 신화에 나오는 아테네 왕.

물(숫양, 수소)로서 겨울의 깊이들을 정복하고, 하지를 넘어서면서 죽음에 대한 무의식적 욕망의 공격을 받고 뱀에게 물린다. 그러나 영웅 자신이 그 뱀이다. 영웅은 자기 자신과 전쟁을 벌이고 있으며, 따라서 하강과 종말이 그에게는 그런 식으로 그를 자신 쪽으로 끌어들이기를 바라는 죽음의 어머니의 악의적인 고안처럼 보인다. 그러나 신비 의식들은 생명이 죽음으로 변할 때 거기에 모순이나 부조화가 전혀 없다는 식으로 위로하듯 약속한다. 수소가 뱀의 아버지이고 뱀이 수소의 아버지라고 하지 않는가.

니체도 이 신비를 표현하고 있다.

나, 지금 여기 앉아 있다.

말하자면, 나는 더없이 작은 이 오아시스에게

아래로 삼켜지고 있다.

오아시스가 크게 하품했다.

오아시스의 사랑스런 갈망의 근원이 입을 쩍 벌린다.

저 고래 같은 물고기. 만세! 만세!

그가 자신의 손님들의 행복을 위해

이렇게 베풀었으니!

………

고래 물고기의 배(腹)여, 만세!

만약 그 물고기도 그런 사랑스런

오아시스 배를 가졌다면,

사막이 자랄 것이다. 사막을 감추는 자에게

화 있을진저!

돌끼리 서로 문지르고

사막은 꾹 참으며 억누르고 있다.

괴물 같은 죽음은 불타는 갈색 시선으로 응시하며
섭는다. 죽음의 생명은 섭기이다.
오 인간이여, 잊지 마라. 정욕에 다 타버리는 것을.
그대는 돌이고, 사막이고
죽음이니라!

최후의 만찬의 뱀 상징체계는 영웅과 뱀의 동일시에 의해 설명된다. 그 신은 어머니의 안에 묻히고, 그는 들판의 열매로서, 어머니로부터 오는 양식으로서, 또 동시에 불멸의 음료로서 신비주의자에게 받아들여지거나 한 마리 뱀으로서 신비주의자와 결합한다. 이 모든 상징들은 리비도가 근친상간 고착으로부터 놓여나는 것을 나타내고 있으며, 이 해방을 통해서 새로운 생명이 이뤄진다. 이 해방은 근친상간 소망의 작용을 나타내는 상징들을 통해서 성취된다.

이 대목에서 치료의 한 방법으로 정신분석을 다시 보는 것도 이로울 듯하다. 실제 분석에서, 다른 무엇보다도 의식의 통제를 벗어난 리비도를 발견하는 것이 중요하다. (무함마드의 전설에 등장하는 모세의 물고기가 그렇듯이, 리비도도 자주 엉뚱한 곳으로 빠져나간다. 이 전설을 보면 물고기가 가끔 "경이로운 몸짓을 하며 바다로 헤엄쳐 가는" 것으로 되어 있다.) 프로이트는 '전이의 역학에 관하여'(Zur Dynamik der Übertragung)라는 중요한 논문에서 이렇게 말한다.

"리비도는 뒤로 퇴행하면서 유아기의 이미지들을 다시 살려낸다."

신화학적으로, 이것은 곧 태양이 밤의 뱀에게 삼켜지고, 보물이 숨겨져 용에 의해 지켜진다는 것을 의미한다. 현재의 적응 유형이 유아기의 적응 유형으로 대체되는데, 이 유아기 유형이 바로 신경증 증후이다. 프로이트의 말을 더 들어보자.

> "분석적인 치료는 그 리비도를 추적하며 다시 찾아내려고 노력한다. 그런 다음에 리비도를 의식이 접근할 수 있도록 만들고, 최종적으로 현실에 이롭도록 만든다. 분석적 조사가 숨어 있는 리비도를 건드릴 때마다, 반드시 갈등이 벌어지고, 그러면 리비도의 퇴행을 야기한 모든 힘들이 그 새로운 조건을 계속 지키기 위해 일제히 분석 작업에 완강하게 저항하고 나설 것이다."

신화학적으로, 이것은 영웅이 잃어버린 태양이나 불, 처녀 제물이나 보물을 찾고 있으며 용과, 저항하는 리비도와 전형적인 싸움을 벌인다는 것을 의미한다. 이 모든 예들이 보여주듯이, 정신분석은 생명 과정들의 일부분을 흔들어 놓는다. 이때 이 부분의 근본적 중요성이 분석 과정의 의미를 적절히 보여준다.

지크프리트가 용을 살해한 뒤에 아버지 보탄을 만나는데, 그때 보탄은 원초적인 어머니 에르다가 그의 태양을 약화시키기 위해 그의 길에 뱀을 놓아 둔 탓에 우울한 걱정거리에 시달리고 있던 중이다. 보탄(방랑자로 위장)이 에르다에게 말한다.

> 방랑자: 현명하기 그지없는 그대여,
> 그대가 찌른 근심의 침이
> 수치스런 파멸과 추락에 대한 공포로 가득한
> 보탄의 불굴의 심장에 박혔네.
> 그의 정신은 그대가 예언한 소식들로 가득 채워졌네.

그대는 정말 세상에서 가장 현명한 여자인가?

이제 내게 말해 주오.

신이 근심을 정복할 수 있는 길이 무엇인지.

에르다: 그대는 그대가 말한

존재가 아니오.

우리가 바그너의 작품에서 만나는 것은 똑같은 원초적인 주제이다. 어머니가 독침으로 자기 아들, 즉 태양신으로부터 삶의 즐거움을 빼앗고, 그에게서 그 이름과 연결된 권력을 강탈했다. 이시스가 신의 이름을 요구하는 것과 똑같다. 에르다가 "그대는 그대가 말한 존재가 아니오."라고 말하고 있으니 말이다. 그러나 "방랑자"는 어머니의 치명적인 매력을, 그러니까 죽음에 대한 공포를 극복하는 방법을 발견했다.

방랑자: 영원한 것들의 몰락도

더 이상 나를 실망시키지 않아.

그들의 운명이 내가 뜻한 바이니까.

나는 그대에게, 사랑스런 발중 가문에

기꺼이 나의 유산을 넘기노라.

영원한 젊은이에게

신은 기꺼이 양보하리라!

이 현명한 단어들은 사실 중요한 생각을 포함하고 있다. 우리의 길에 독을 가진 동물을 놓아둔 것이 어머니가 아니라, 우리의 리비도 자체가 태양의 경로를 완성시킬 뜻을 품고 있다는 뜻이다. 이유는 아침부터 정오까지 올라가고, 정오를 넘어서면서 자신과 전쟁을 벌이지 않고 기꺼이 하강과 종말을 받아들이면서 밤을 향해 서두르기 위해서이다.

니체의 차라투스트라는 이렇게 가르치고 있다.

"나는 그대를, 나의 죽음을, 나에게로 오고 있는 나의 자유로운 죽음을 찬양하노라. 그게 내가 원하는 바이니까.

그러면 언제 내가 죽음을 원하게 될까?

어떤 목표와 후손을 갖고 있는 사람은 그 목표와 후손에게 적절한 때에 죽음을 원한다.

그리고 지금은 위대한 한낮이다. 자신의 길을 걷는 사람이 인간과 초인 사이에 서서 밤을 향하고 있는 자신의 경로를 자신의 최고의 희망으로 찬양하는 때이다. 그 길이 새로운 아침으로 향하는 길이니까.

생명 그 너머로 지고 있는 사람은 자신의 하강을 축복할 것이다. 그것이 하나의 과정이니까. 그래도 그의 지혜의 태양은 정오의 가장 높은 곳에 그대로 있을 것이다."

지크프리트는 아버지 보탄을 정복하고 브룬힐데를 차지한다. 그의 눈에 가장 먼저 들어오는 대상은 그녀의 말(馬)이고, 이어서 그는 자신이 쇠사슬 갑옷을 걸친 남자를 보고 있다고 믿는다. 그는 잠자고 있는 사람의 쇠사슬 갑옷을 갈가리 찢는다. (압도.) 그런데 그의 눈앞에 드러나는 것은 어떤 여자이다. 공포가 그의 전신을 휘감는다.

"나의 가슴이 어지럽게 쿵쾅거리는구나.

내가 도움을 청하고

의지할 자가 누구인가?

어머니! 어머니!

나를 기억하세요!

이것이 두려움이란 말인가?

오, 어머니! 어머니!

그대의 용감한 자식이오!

한 여자가 누워 자고 있어요.

그리고 그녀가 지금 그대의 용감한 자식에게

두려워할 것을 가르쳤어요!

깨어나시오! 깨어나시오!

거룩한 여인이여!

그러면 그 달콤한 입술로부터

내가 생명을 얻을 것이오.

비록 내가 입맞춤 속에서 죽어갈지라도.”

이어지는 이중창에서 어머니에 대한 찬양이 따른다.

“오, 어머니, 만세!

그대를 세상에 태어나게 해 주신 어머니!”

브룬힐데의 고백이 특히 애틋하게 다가온다.

“오, 그대는 아는가, 세상의 기쁨이여.

내가 그대를 얼마나 사랑했는지!

그대는 나의 기쁨이었고,

그대는 나의 근심이었어!

그대의 생명을 일찍이 나는 품어 왔어.

그것이 그대의 것이 되기 전부터

그대가 태어나기 전부터

나의 방패는 그대의 보호자였어."

영웅의 전생과 그의 아내와 어머니로서 브룬힐데의 전생이 이 구절에서 명확히 암시되고 있다.

지크프리트는 이를 확인하듯 이렇게 말한다.

"그렇다면 죽음이 나의 어머니를 데려가지 않았단 말이오?

그녀가 꼼짝 않고 자고 있었단 말이오?"

죽었다가 되살아나는 리비도의 상징인 어머니 심상에 대해, 브룬힐데는 영웅에게 그것이 영웅 본인의 의지라고 설명한다.

"만약 내가 그대의 사랑으로 축복을 받는다면

그대가 곧 나이지요."

부활을 위해 어머니 속으로 들어가는 로고스의 위대한 신비는 브룬힐데의 다음과 같은 말로 선언되고 있다.

"오, 지크프리트, 지크프리트!

승리의 빛이여!

나는 언제나 그대를 사랑했어.

보탄이 숨겼던 생각을

내가 감히 속삭이려 하지 못했던 생각을

내가 꿰뚫어 보았으니까.

나의 가슴에서

흐릿하게 빛을 발하던 모든 것은

고통을 겪으며 분투했어.

그 때문에 나는

그것을 생각해낸 자를 경멸했고,

그것 때문에 나는 참회하며

갇혀 누워 있었어.

그것에 대해 생각하지 않고

단지 느끼기만 하면서.

오, 그대는 짐작하는가?

나의 사랑은 오직 그대만을 향했다는 것을."

이어지는 에로틱한 표현은 부활의 주제를 분명히 드러내고 있다.

지크프리트: 장엄한 홍수가

내 앞으로 밀려오는구나.

나의 모든 감각을 다 열어도

부풀어 오르며 기뻐하는

물결밖에 보이지 않는구나.

그 깊음 속에서

내가 나의 얼굴을 발견하지 못하더라도,

타는 가슴으로

나는 물의 위안을 갈망하노라.
그래서 나는 그 흐름 속으로
뛰어들도다.
오, 물결이여,
나를 삼켜 낙원으로 보내주오.

부활을 위해 모성의 물속으로 뛰어든다는 주제(세례)가 여기서 최대한 발달하고 있다. "끔찍한 어머니" 심상, 그러니까 영웅들에게 두려움을 가르치는 영웅들의 어머니의 이미지를 암시하는 내용이 브룬힐데의 말에서 발견된다.

"지크프리트, 그대는 두려워하는가?
그대는 사납게 날뛰는 여자를 두려워하지 않는가?"

흥청망청 "하고 싶은 대로 하다가 죽는" 분위기가 브룬힐데의 말에서 메아리친다.

"웃음이 우리를 멸망케 하고
웃는 가운데 죽음에 이르게 되리라!"

그리고 다음과 같은 표현에서는 똑같은 의미인데도 정반대의 분위기가 느껴질 것이다.

"빛을 주는 사랑이여,
미소 짓는 죽음이여!"

지크프리트가 추가적으로 맞을 운명은 무적의 존재의 운명이다. 음침하고 눈이 하나인 하겐의 창이 지크프리트의 약한 곳을 찌른다. 죽음의 신이 된 늙은 태양, 즉 외눈의 보탄이 자신의 후손을 공격하고는 영원한 소생을 얻고 다시 올라간다. 무적인 태양의 경로는 인간 삶의 미스터리에 아름답고 영원한 상징들을 제공해 왔다. 또 태양의 경로는 불멸에 대한 온갖 갈망의 성취가 되고, 영생에 대한 인간들의 모든 욕망의 성취가 되었다.

남자는 리비도의 원천인 어머니를 떠나고, 이어서 그는 그녀를 다시 발견해 그녀에게서 부활의 물을 마시고 싶은 갈증에 영원히 휘둘린다. 그래서 그는 자신의 주기를 완성하고 다시 어머니의 자궁 속으로 들어간다. 그의 인생길을 가로막으면서 하강시켜 버리겠다고 위협하는 모든 장애는 "끔찍한 어머니"의 수상쩍은 특성들을 갖고 있다. 이 끔찍한 어머니는 은밀하고 퇴행적인 갈망이라는 무서운 독으로 그의 에너지를 마비시킨다. "끔찍한 어머니"를 정복할 때마다, 그는 행복한 사랑을 얻고 생명을 주는 어머니를 얻는다. 이 어머니는 인간 감정의 직관적인 깊은 곳에 속하는 이미지들이며, 그 깊은 곳의 특징들은 인간 정신의 표면이 점진적으로 발달함에 따라 점점 훼손되어 인식할 수 없게 되었다. 적응의 엄격한 필연은 인간 정신이 처음 생겨나던 시기의 이런 원시적인 랜드마크들의 마지막 흔적들을 지우고, 현실의 대상들의 본질을 더욱더 분명하게 표현할 수 있는 노선을 따라 그것들을 대체하기 위해 끊임없이 작용하고 있다.

:

8장

희생

:

아주 먼 길을 우회한 끝에, 다시 미스 밀러의 환상으로 돌아가자. 이제 우리는 브룬힐데를 향한 지크프리트의 갈망이 무엇을 의미하는가 하는 질문에 대답할 수 있다. 그 갈망은 어머니에게서 멀어지려 하면서 어머니에게로 향하려는 리비도의 분투이다. 이 역설적인 문장은 이렇게 옮겨질 수 있다. 리비도가 단순히 공상들로 만족하는 한, 그 리비도는 그 자체 안에서, 그 자체의 깊이 안에서, 어머니 안에서 움직인다. 미스 밀러의 욕망이 근친상간적인, 따라서 유해한 대상의 마법의 동그라미로부터 달아나기 위해 일어났다가 현실을 발견하는 데 성공하지 못할 때, 그런 경우에 그 대상은 틀림없이 어머니이며, 어머니는 떼어낼 수 없을 만큼 강하게 대상으로 남는다. 오직 현실의 장애들을 극복해야만 어머니로부터의 해방이 가능해진다. 어머니는 창조를 꾀하는 자에게는 생명의 지속적인 원천이지만 소심하거나 겁 많거나 게으른 존재에게는 죽음이다.

정신분석에 익숙한 사람은 누구나 신경증 환자들이 자주 부모를 비난한다는 사실을 알고 있다. 분명히, 그런 불평과 비난은 종종 인간은 누구나 불완전하다는 사실 때문에 정당화되지만, 그 불평과 비난이 신경증 환자들 자신들에게로 향해야 할 때가 더 자주 있다. 비난과 증오는 보기에 언제나 자신의 자기를 부모로부터 해방시키려는 헛된 시도이지만, 실제로 보면 그것들은 자신의 길을 방해하고 있는, 부모에 대한 갈망을 버리려는 몸부림이다.

미스 밀러는 어린 시절에 자신의 영웅이었던 치완토펠의 입을 빌려 자기 가족에 대한 반감을 털어놓는다. 그녀가 이 모든 경향들을 버려야 한다고 우리는 단언할 수 있다. 왜냐하면 그 경향들이 인정받지 못한 어떤 소망을 포함하고 있기 때문이다. 위업을 별로 쌓지 않고 무익한 갈망에 빠진 상태에서 말만 많은 이 영웅은 운명을 다 완수하지 못한 리비도이다. 이 리비도는 지금 어머니의 왕국 안을 돌고 있으며, 그 강한 갈망에도 불구하고 아무것도 성취하지 못하고 있다. 오직 살고자 하는 의지의 용기와 그 의지를 실행할 수 있는 영웅적인 자질을 갖춘 자만이 어머니의 왕국 안을 돌게 만드는 그 마법의 동그라미를 깨뜨릴 수 있을 뿐이다. 갈망에 목말라 하는 젊은 영웅 치완토펠이 자신의 존재에 종지부를 찍을 수 있다면, 그는 아마 진정한 삶을 추구하는 용감한 남자로 다시 일어설 것이다. 이 같은 필연은 치완토펠의 다음과 같은 독백에서 무의식의 현명한 조언과 암시로서 미스 밀러에게 제시되고 있다. 치완토펠은 슬픔에 빠져 외친다.

"이 넓은 세상에 단 한 사람도 없다니! 나는 백 개도 넘는 부족을 뒤졌어. 방랑을 시작한 이래로, 나는 백 개의 달을 보았어. 내 영혼을 알아 줄 존재가 단 한 사람도 없다는 것이 도대체 말이나 되는가? 좋아. 최고의 신에 의해서, 그럴 수 있다고 치자. 그러나 그런 순수한 영혼이 태어나려면 1만 개의 달이 차고 기울어야 할 거야. 그리고 그녀의 부모가 아마 다른 세상에서 이 세상으로 와야 할 거야. 그녀는 하얀 피부와 연한 색의 머리카락을 가졌을 거야. 그녀는 자기 어머니가 자신을 갖기도 전에 이미 슬픔을 알 거야. 고통이 그녀를 동반할 거고, 그녀도 또한 고통을 추구하고 발견할 거야. 그런 그녀를 아무도 이해하지 못할 거야. 유혹이 종종 그녀의 영혼을 공격할 것이지만, 그래도 그녀는 굴복하지 않을 거야. 그녀의 꿈들 속에서, 나는 그녀에게 다가갈 것이고 그녀는 이해할 거야. 나는 나의 육체를 순결하게 지켰어. 나는 그녀의 시대보다 1만 개의 달 만큼 빨리 왔고, 그녀는 1만 개의 달 만큼 늦게 올 거야. 그러나 그녀는 이해할 거야! 그녀의 것과 같은 영혼은 1만 개의 달이 차고 기우는 긴 세월 동안에 한 번꼴로 나타나는 법이니까.”

곧 초록색 뱀이 숲에서 튀어 나와 미끄러지듯 그에게로 와서 그의 팔을 물고 이어서 말을 공격한다. 말이 먼저 쓰러진다. 그러자 치완토펠은 자신의 말에게 말한다.

“‘잘 가게, 충직한 형제여! 이제 편하게 쉬려무나! 난 자네를 사랑했네. 자네도 나를 위했고. 안녕. 곧 나도 자네 곁으로 갈 걸세!’ 이어 뱀을 향해 말한다. ‘어린 누이여, 고맙네. 네가 나의 방랑에 종지부를 찍어주었으니.’”

이어 그는 슬픔을 주체하지 못하는 상태에서 울며 기도한다.

“‘전지전능하신 신이시여, 저를 빨리 데려가 주소서! 저는 당신을 알고

자 노력했고, 당신의 법을 지키고자 애를 썼습니다. 오, 나의 육신이 부패하여 문드러지는 일이 없도록 해주시고, 독수리의 밥이 되는 일이 없도록 해주소서!' 멀리서 연기가 피어나는 분화구가 보이고, 우르르 지진 소리가 들리고 이어 지축이 흔들린다."

흙이 육신을 덮는 사이에, 치완토펠은 고통의 섬망 상태에서 외친다.

"난 나의 육체를 순결하게 지켰어. 아! 그녀는 이해할 거야. 자-니-와-마, 자-니-와-마, 그대는 나를 이해할 거야."

치완토펠의 예언은 롱펠로우의 "히아와타"의 반복이다. "히아와타"에서 시인은 감상에서 벗어날 수 없으며, 영웅 히아와타의 활동이 막을 내리는 대목에서 시인은 거기에 도착하고 있는 기독교 종교와 도덕들의 대표자들로 위장해 백인들의 구세주를 끌어들인다. (이 대목에서 멕시코와 페루에서 있었던 스페인 사람들의 구원 활동에 대해 생각하다니!) 치완토펠의 이 예언으로, 미스 밀러의 인격이 다시 그 영웅과 매우 밀접한 관계를 갖게 되며, 정말로, 치완토펠의 갈망의 진정한 대상으로 부각된다. 만약에 미스 밀러가 그의 시대를 살았더라면, 거의 틀림없이 그 영웅은 그녀와 결혼했겠지만, 불행하게도 그녀가 너무 늦게 온다. 이 연결은 리비도가 어떤 동그라미 안에서 돌고 있다고 한 우리의 단언을 뒷받침한다.

미스 밀러는 자기 자신을 사랑하고 있다. 말하자면, 영웅으로서 그녀는 너무 늦게 오고 있는 존재가 추구하는 대상이다. 너무 늦게 온다는 이 주제는 유아적인 사랑의 특징이다. 아버지와 어머니가 따라잡힐 수 없으니 말이다. 두 개의 인격이 1만 개의 달에 의해 분리되는 것은 하나의 소원 성취에 해당한다. 그것으로 인해 근친상간의 관계가 사실상 무효화된다. 이 백인 여자 영웅은 이해 받지 못하는 가운데 추구할 것이다. (그녀는 이해 받지 못한다. 왜냐하면 그녀가 자기 자신을 제대로 이해하지 못하기 때문이다.) 그리고 그녀는 발견하지 못할 것이다. 그러나 적어도 꿈속에서는 그들은 서로를 발견할 것이고, "그녀는 이해할 것이다". 그 텍스트의 다음 문장은 이렇다.

"난 나의 육체를 순결하게 지켰어."

이 거만한 문장은 당연히 여자만 할 수 있는 표현이다. 남자의 경우에 그런 방향으로 자랑하는 것이 아주 어색하게 느껴지기 때문이다. 따라서 이 문장은 다시 모든 활동들이 꿈에서만 일어났다는 사실을, 그래서 육체가 "더럽혀지지" 않고 깨끗하게 남았다는 사실을 확인시켜 준다. 그 영웅이 꿈에서 그 여자 영웅을 방문할 때, 그것이 의미하는 바는 분명하다. 자신의 몸을 더럽히지 않은 채로 간직했다는 영웅의 단언은 앞 장(활을 가진 사냥꾼)에서 소개한, 그의 목숨을 노렸다가 실패한 시도에 관한 것으로, 그 공격이 진정으로 무슨 의미였는지를 우리에게 분명히 설명해주고 있다. 그것은 성교 공상의 거부였다. 그 영웅이 무의식의 소망을 억누른 후로 여기서 처음으로 그 소망이 다시 끼어들고 있다. 그래서 그는 고통스러운 표정을 지으며 신경질적으로 이런 독백을 내뱉는다. "유혹이 종종 그녀의 영혼을 공격할 것이지만, 그래도 그녀의 영혼은 굴복하지 않을 거야." 매우 대담한 이런 단언은 무의식에 대단히 유치한 과대망상증까지 생기게 한다. 리비도가 이와 비슷한 상황을 통해서 어쩔 수 없이 퇴행하게 될 때, 늘 그런 과대망상증이 생기게 된다.

"나의 영혼과 같은 영혼은 1만 개의 달이 찼다가 기울 때마다 한 번꼴로밖에 태어나지 않아!" 여기서 무의식적 자아가 엄청나게 확장된다. 이것은 틀림없이 무시된 삶의 의무 중 상당 부분을 자아의 허풍으로 가리기 위해서이다. 그러나 곧 처벌이 따르게 되어 있다. 인생의 전투에서 아무런 상처를 입지 않았다는 사실을 자랑스럽게 생각하는 존재는 누구든 전투가 전선에서 벌어지지 않고 순전히 말로만 이뤄졌다는 의심을 받기 마련이다. 이런 나약한 정신은 우월을 노려 남자들과 싸우다가 입은 무수한 상처들을 흡족한 마음으로 가리키는 그런 미개한 여인의 긍지와 정반대이다.

긍정적인 남근 대신에 부정적인 남근이 나타나서 영웅의 말(영웅의 동물적인 리비도)을 만족이 아니라 영원한 평화로, 바꿔 말하면 영웅의 죽음으로 이끈다. 이 같은 종말은 죽음의 아가리로 표현되는 어머니가 딸의 리비도를 삼킨다는 것을 의미한다. 따라서 생명과 성장이 아니라 오직 공상을 통한 자기 망각만 일어나고 있다. 이처럼 약하고 불명예스런 종말을 우리가 단지 개인의 성애적 갈등의 해결로만 고려하는 한, 그 종말은 정신을 고양시키거나 계몽적인 의미를 전혀 갖지 못한다. 그 해결을 엮어내는 상징들이 실제로 어떤 의미 있는 측면을 갖고 있다는 사실은 우리에게 개인의 가면 뒤에, "개성화"(individuation)[245]의 베일 뒤에 어떤 원초적인 생각이 버티고 있다는 점을 보여 주고 있다. 바로 이 생각의 엄격하고 진지한 특성들 때문에 우리는 미스 밀러의 상징체계의 성적 의미를 충분한 것으로 여기지 못한다.

이 대목에서 신경증 환자의 성적 공상들과 꿈들의 독특한 성적 언어가 퇴행적인 현상이라는 사실을 잊지 말아야 한다. 무의식의 성욕은 겉으로 나타나는 그대로가 아니다. 이유는 그것이 하나의 상징에 불과하기 때문이다. 그것은 낮만큼 밝고 햇빛만큼 명확한 어떤 생각이고, 어떤 결정이며, 삶의 모든 목표 쪽으로 나아가는 한 걸음이지만, 무의식의 비현실적인 성

....
245 사회적 환경 속에서 인격의 조화로운 발달을 이뤄가는 과정을 일컫는다.

적 언어로, 그리고 초기 단계의 생각의 형태로 표현되고 있다. 말하자면, 그것은 옛날 유형의 적응의 부활 같은 것이다. 따라서 무의식이 부정적으로 표현된 성교 소망을 전면으로 밀어 넣을 때, 그것은 다소 다음과 같은 것을 의미한다. 비슷한 상황에서 원시인이라면 이런저런 식으로 행동했을 것이라는 뜻을 전하고 있는 것이다. 오늘날 우리에게 무의식이 된 적응 유형도 원시생활을 하는 흑인들 사이에선 여전히 현실에서 행해지고 있다. 그런 흑인들에게는 영양 섭취의 기능을 넘어서는 것은 폭력과 잔인성이 두드러진 특징으로 꼽히는 성욕에 속한다.

따라서 미스 밀러의 공상이 케케묵은 유형의 표현 방식을 보이고 있다는 점을 고려한다면, 그 공상을 가장 낮고 깊은 차원에서 해석하는 것이 옳다고 단정해도 무방할 것 같다. 앞에서 치완토펠이라는 인물이 늘 새끼양을 데리고 다니는 카시우스의 성격을 갖고 있다고 한 단언의 바탕에는 보다 깊은 층의 의미가 깔려 있다. 그러므로 치완토펠은 미스 밀러의 리비도 중에서 어머니와 밀접히 연결되어 있는 부분이다. 그래서 치완토펠은 그녀의 유아기 인격이고 성격의 유치성이며, 이 인격은 사람이 때가 되면 자신의 완전한 인격의 운명을 살기 위해 아버지와 어머니를 떠나야 한다는 것을 이해하지 못한다. 이것이 니체의 글에서는 대략적으로 이렇게 그려지고 있다.

"그대는 자신이 자유롭다고 생각하는가? 그대의 머리를 지배하고 있는 생각을 나는 듣고 있어. 그런데 그대는 아직 멍에를 벗지 않았어. 그대는 멍에를 벗어던질 권리가 있는 사람인가? 예속 상태를 벗어던질 때 자신의 마지막 가치까지 던지는 사람이 많으니 말이네."

따라서 치완토펠이 죽을 때, 그것은 어떤 소망, 말하자면 어머니의 보살핌에서 벗어나지 못하는 유치한 영웅이 죽어 버렸으면 좋겠다는 소망이 성취된다는 것을 뜻한다. 그리고 만약에 그것으로 인해 어머니와 딸의 끈이 단절된다면, 내적 자유와 외적 자유에서 똑같이 앞쪽으로 큰 도약이 일어날 것이다. 그러나 남자가 지나치게 오랫동안 아이로 남기를 원한다. 그는 돌면서 반드시 세월도 함께 데려가게 되어 있는 운명의 수레바퀴를 돌리는 일을 기꺼이 멈추려 들 것이고, 그는 죽어서 무덤 속에서 썩기보다는 어린 시절과 영원한 젊음을 간직하길 원한다. ("오, 나의 육신이 부패하여 문드러지는 일이 없도록 해 주소서.") 우리의 의식이 시간의 가차 없는 흐름과 꽃의 잔인한 부패를 고통스럽게 느끼도록 만드는 것으로는 무력하고 공허한 삶만한 것이 없다. 나태한 꿈꾸기는 죽음에 대한 공포의 어머니이며, 죽음에 대해 감상적으로 한탄하는 것은 곧 시간을 거꾸로 돌려놓으려고 버둥거리는 것이나 다를 바가 없다.

사람은 오랫동안(아마 지나치게 오랫동안) 간직해 온 어린 시절의 감정들 속에서, 말하자면 집요하게 매달리고 있는 기억의 몽롱한 상태에서 운명의 수레바퀴가 계속 앞으로 굴러가고 있다는 사실을 망각할 수 있다. 그럼에도 하얗게 센 머리카락과 얼굴의 주름과 밑으로 처진 피부는 눈치 채지 못하는 사이에 기어오는 시간이라는 뱀의 독이 우리의 육체를, 우리가 대단히 소중하게 여기는 육체를 갉아먹고 있다는 사실을 보여준다. 여기서 인생길을 편하게 살아왔는가 아니면 육체적으로 힘들게 살아왔는가 하는 문제는 중요하지 않다. 누구나 세월에 육체를 갉아먹히게 되어 있다. 그것이 운명이다. 우울한 영웅 치완토펠처럼 "난 나의 육체를 순결하게 간직했어."라고 외친다 하더라도, 그건 아무런 도움이 되지 않는다. 왜냐하면 삶으로부터 도피한다 하더라도 그것이 우리를 나이와 죽음의 법칙으로부터 해방시키지는 못하기 때문이다.

삶의 요구에서 벗어나려고 버둥거리는 신경증 환자는 아무것도 얻지 못하고 오히려 나이와 죽음에 대한 공포로 자신을 더욱 힘들게 만들 뿐이다. 이런 공포를 갖는 경우에 그 사람의 삶이 공허하고 무의미하게 보이기 마련이며, 따라서 나이와 죽음에 대한 공포가 그에게 더욱 무섭게 다가오게 된다. 만약에 리비도가 온갖 위험과 상실을 기꺼이 받아들이는 진보적인 삶을 따르는 것이 허용되지 않는다면, 그런 경우에 리비도는 자체의 깊은 속으로 가라앉으면서, 그리고 모든 생명의 불멸성에 관한 옛날의 예감에 매달리면서 부활에 대한 갈망을 낳을 다른 길을 따르게 된다.

독일 시인 횔덜린(Friedrich Hölderlin)은 자신의 시와 삶을 통해서 이 경로를 잘 보여주고 있다. 나는 시인이 시를 통해서 직접 그것에 대해 말하게 할 생각이다.

장미에게

영원한 어머니 자궁 속에
모든 초원의 더없이 달콤한 여왕이여,
생생하고도 영묘한 자연이
그대와 나를 품고 있도다.

어여쁜 장미여, 폭풍의 강렬한 힘이
우리의 잎을 흩날리고 우리의 모습을 바꿔놓는구나.
그래도 불멸의 근원은
기적의 새로운 꽃을 피우리라.

이 시의 비유에 대해 장미는 사랑하는 여인의 상징이라는 식으로 논평이 가능할 것이다. 장미는 처녀의 "장미 정원"에서 꽃을 피우며, 따라서 장미는 리비도의 직접적인 상징이다. 시인이 자연의 어머니 자궁 속에서 자신이 장미와 함께 있는 꿈을 꿀 때, 심리학적으로 그것은 곧 그의 리비도가 어머니와 함께 있다는 뜻이다. 여기에 어떤 영원한 발생과 부활이 있다. 우리는 히에로스가모스 찬가('일리아드' 14장)에서 이미 이 주제를 만났다. 축복받은 서쪽에서의 결혼, 말하자면 어머니 안에서 이뤄지는 어머니와의 결합이 그것이다. 플루타르코스는 오시리스 신화에 관한 이야기에서 아주 순진한 형태로 이 주제를 보여주고 있다. 오시리스와 이시스가 어머니의 자궁 안에서 짝짓기를 하는 대목이다. 이것은 또한 횔덜린에게 부러워할 만한 신들의 특권으로, 그러니까 영원한 유아기를 누릴 권리로 받아들여지고 있다. '히페리온'(Hyperion)[246]에서 그는 이렇게 노래한다.

> 잠자는 젖먹이처럼,
> 운명의 굴레에서 벗어난
> 천상의 존재들이 숨을 쉬는구나.
> 순박한 봉오리 안에서 순결을 간직한 채
> 그들의 영혼은 영원히 꽃을 피우고
> 그들의 고요한 눈은
> 영원과 평온 속에서 바라보는구나.

이 구절은 천국의 축복이 무엇을 의미하는지를 보여주고 있다. 횔덜린은 이 최초의 가장 큰 행복을 절대로 망각하지 못했다. 이 행복의 꿈같은 그림이 그를 현실로부터 떼어놓는다. 게다가, 이 시에서 어머니의 자궁 안에 든 쌍둥이라는 고대의 주제가 암시되고 있다(어머니의 자궁 안에 함께 있는

....
246 그리스 신화의 거구의 신들인 티탄족의 하나로, 하늘의 남신 우라노스와 대지의 여신 가이아의 아들이다.

이시스와 오시리스). 이 주제는 역사가 깊다. 프로베니우스가 남긴 글을 보면, 커다란 뱀(속이 텅 빈 나무 안에 있던 자그마한 뱀에서 나오면서 몸을 쭉쭉 늘인다)이 마침내 모든 사람들을 삼키고(삼키는 어머니-죽음), 임신한 여자 하나만 살아남게 된다는 전설이 있다. 이 여자는 구덩이를 파고 그것을 돌로 덮은 뒤(무덤-어머니의 자궁)에, 거기서 살면서 쌍둥이(영웅은 이중적인 형태를, 말하자면 남자와 남근, 남자와 여자, 남자와 그의 리비도, 지고 뜨는 태양의 형태를 취한다)를, 말하자면 용을 죽일 자들을 낳는다.

어머니 안에서 이처럼 둘이 함께 존재한다는 주제는 또한 아프리카 신화에서도 아름답게 표현되고 있다(프로베니우스).

"태초에, 하늘인 오바탈라와 그의 아내인 땅 오두두아가 호리병박 안에
서 서로 꼭 껴안고 누워 있었노라."

"순박한 봉오리 안"에 담아 보호한다는 생각은 플루타르코스의 글에 이미 등장한 바 있다. 플루타르코스의 글엔 태양이 아침에 어떤 꽃봉오리에서 태어나는 것으로 되어 있다. 브라흐마 역시 봉오리에서 나오는데, 인도의 아삼 지역에서 최초의 인간 쌍이 태어나는 것도 봉오리에서다.

인간(미완성 작품)

물로부터 채 생겨나기도 전에, 오 대지여,
그대의 오래된 산봉우리들은 향기를 퍼뜨리네.
그 사이에 어린 숲들로 가득한 최초의 초록 섬들은
대양 위로 5월의 대기를 통해 기쁨을 들이마시는구나.

그리고 태양신의 눈이 기쁜 듯이 내려다보았네.

처음 생겨난 나무와 꽃들을

그대로부터 태어난, 그의 젊음의 웃는 아이들을.

섬들 중에서도 가장 아름다운 섬에서…

………

 언젠가 그대의 가장 아름다운 아이가 포도나무 아래 누워 있었네.

온화한 밤을 보낸 뒤에, 동틀 녘에

새벽에, 그대에게 태어난 어떤 아이가, 오, 대지여!

그리고 소년은 익숙한 눈길로 올려다보네.

그의 아버지, 헬리오스를.

그리고 달콤한 포도를 맛보며

아이는 유모로 삼으려 성스런 포도나무를 꺾었네.

그리고 곧 그는 성장했지. 짐승들이 그를 두려워하네.

그가 저들과 다르기 때문이라네.

이 인간은 아버지인 그대를 닮지 않았어.

아버지의 숭고한 영혼이 그의 안에서,

그대의 기쁨과 그대의 슬픔과 대담하게 결합하기 때문이오, 오, 대지여.

그는 영원한 자연을

신들의 어머니를, 끔찍한 어머니를 닮았을지 몰라.

아! 그래서, 대지여!

그의 거만함이 그를 그대의 가슴으로부터 멀어지게 하고

그대의 선물들, 그 다정한 선물들은 헛되다.

오만한 심장은 언제나 지나치게 강하게만 박동하네.

그의 기슭들의 향긋한 초원에서 빠져나와

인간은 꽃이 없는 물속으로 들어가야 하네.

그리고 그의 과수원이 별이 쏟아지는 밤처럼

금빛 열매로 빛을 발하더라도

그럼에도 그는 산에 동굴들을 파고 그 광산들에서 구하네.

그의 아버지의 신성한 광선들로부터 멀리 떨어져서

의지가 약한 자를 사랑하지 않고 보살핌을 조롱하는

태양신에도 또한 불충실한 채.

아! 숲의 새들은 더욱 자유롭게 숨을 쉬는구나.

인간의 가슴이 더 거칠고 더 거만하게 부풀어 오를지라도,

그의 긍지는 두려움이 되고,

그의 평화의 부드러운 꽃들은 오랫동안 피어 있지 못하네.

이 시는 시인과 자연 사이에 불화가 시작되었다는 사실을 보여주고 있다. 시인이 현실로부터, 말하자면 자연스럽고 실제적인 존재로부터 멀어지기 시작하고 있는 것이다. 어린 아이가 "자신의 유모로 삼으려 포도나무를 선택하는 것"은 놀라운 생각이다. 디오니소스 축제를 연상시키는 이 암시는 역사가 매우 깊다. 야곱의 의미 있는 축복에서, 유다에 대해서 이렇게 쓰여 있다.

그는 제 어린 나귀를 포도 줄기에,

새끼 나귀를 좋은 포도나무에 매고.[247]

....
247 '창세기' 49장 11절

그노시스파의 어떤 장식 유물을 보면, 새끼에게 젖을 빨리고 있는 나귀가 한 마리 그려져 있다. 그 위에는 게자리의 상징이 그려져 있고, 'Dei filius'(신의 아들)이라는 보충 설명과 함께 'D.N.I.H.Y.X.P.S.: Dominus Noster Jesus Christus(우리의 주 예수 그리스도)'라는 글이 새겨져 있다. 유스티노 순교자(Justinus Martyr, A.D. 100년-165년 경)가 분노하며 관찰하듯이, 기독교 전설과 디오니소스 전설 사이의 연결은 명확하다(예를 들어, 포도주의 기적을 비교해 보라). 디오니소스 전설에서 나귀가 중요한 역할을 맡는다. 일반적으로 말해, 나귀는 지중해 국가들에서 우리와는 완전히 다른 의미, 경제적인 의미를 지닌다. 그러므로 야곱이 이렇게 말할 때, 그것은 감사의 기도이다.

이사카르는 튼튼한 나귀

가축 우리 사이에 엎드린다.[248]

앞에 언급한 사상은 아주 동양적이다. 이집트에서 새로 태어난 태양이 어린 수소인 것과 똑같이, 동양의 나머지 지역에서도 새로 태어난 태양은 포도나무를 유모로 택하는 나귀 새끼일 수 있다. 그래서 야곱의 축복을 전하는 대목에서 유다에 대해 이렇게 말할 수 있었을 것이다.

그의 눈은 포도주보다 검고

그의 이는 우유보다 희다.[249]

어린 시절의 축복과, 더 나아가 젊음과 헤어지는 것은 자연으로부터 찬란한

....

248 '창세기' 49장 14절

249 '창세기' 49장 12절

매력을 빼앗게 되며, 미래는 절망적일 만큼 공허해 보인다. 그러나 자연으로부터 그 매력을 빼앗고 삶으로부터 그 희열을 빼앗고 있는 것은 바로 자연과 삶 자체의 깊은 속으로 가라앉기 위해 뒤를 돌아보고 있는 회고적인 그 갈망의 독(毒)이다.

엠페도클레스

그대는 생명을 추구하는구려.
신성한 불이 대지의 깊은 곳에서 분출하면서 빛을 발하며
그대에게로 옮겨 붙는다.
그리고 전율하는 갈망으로
그대는 에트나 산의 불꽃 속으로 몸을 던진다.

그와 같이, 어느 왕비의 방종한 변덕으로
진주들이 포도주 안에서 녹는다. 그러는 그녀를 말리지 마라!
오, 시인이여! 그대도 그대의 부(富)를
거품이 피어오르는 밝은 잔 속으로 던지지 않았는가!

그래도 그대는 나에게 성스러운 존재라네.
그대를 앗아간 대지의 권력처럼.
사랑스런 암살자!
그리고 나도 그 영웅을 따라 그 깊은 곳으로 내려갔을 걸세.
사랑이 나를 붙잡지만 않았더라면.

이 시는 어머니의 깊은 곳에 대한 은밀한 갈망을 드러내고 있다.

그는 성배(聖杯) 안에서 희생되기를 바라고, 포도주 안에서 진주처럼 용해되기를 원하고(재탄생의 "분화구") 있음에도, 아직 사랑이 낮의 빛 안에 그를 붙잡아 두고 있다. 리비도는 여전히 어떤 대상을 갖고 있으며, 그 때문에 삶은 살 가치가 있다. 그러나 이 대상을 포기하기만 하면, 리비도는 지하의 영역으로, 다시 낳는 어머니의 영역으로 가라앉을 것이다.

부고(미완성 시)

날마다 나는 다른 길을 가노라.
가끔은 푸른 숲으로, 또 가끔은 샘에서 목욕을 하지.
혹은 장미들이 피는 바위로 가네.
언덕 꼭대기에 서서 아래를 굽어보지.
하지만 밝은 곳 어디에도 사랑스런 그대는 보이지 않아.
나의 말들은 산들바람에 실려 사라지고.
한때 우리가 나눴던 그 성스러운 말들이.

언제나 그대는 아득히 멀리 있구나.
오, 성스러운 모습이여!
그대 생명의 가락은 나에게서 멀어져서
더 이상 들리지 않아. 아!
한때 천상의 평화로
나의 가슴을 달래주었던
그대의 마법의 노래들은
지금 어디에 있는가?
어찌 이리도 빠른가, 어찌!

젊음은 시들었고, 한때 나에게 미소를 짓던

대지 자체도 변했구려.

오, 안녕! 매일의 영혼은 떠나고, 떠나면서 그대에게로 돌아가네.

그리고 그대 생각에 눈물 흘리누나.

눈은 더 밝아지면서

그대가 머무르는 그곳을

내려다보네.

이 시는 분명히 어떤 포기를, 자신의 젊음에 대한 시샘을, 그러니까 즉각적인 쾌락 보상이 따르지 않는 온갖 의무와 노력에 대한 뿌리 깊은 혐오를 통해 간직하고 싶은 그 자유의 시기에 대한 질투를 암시하고 있다. 멀리 있는 어떤 대상을 위해서 오랫동안 힘들여 노력하는 것은 아이나 원시인의 본성에 있지 않다. 이런 것을 두고 나태라고 부를 수 있는지 단정적으로 대답하기 어렵다. 그러나 나태와 공통점이 많은 것은 사실이다. 유치한 유형이든 케케묵은 유형이든, 원시적인 단계의 정신적 삶이 모든 측면에서 극도의 타성과 무책임을 보인다는 점에서 보면 그렇다.

마지막 연은 악을, 그러니까 다른 땅을, 일몰이나 일출의 먼 해안 쪽을 향하는 어떤 시선을 예고하며, 이제 사랑은 더 이상 시인을 잡아 두지 못한다. 세상과의 끈은 끊어지고, 그는 어머니에게 큰 소리로 도움을 청한다.

아킬레스

기품 넘치는 신들의 아들이여! 그대는 연인을 잃었을 때

바위 해안으로 가서 바다를 향해 큰 소리로 외쳤다.

신성한 심연의 깊은 곳들이

그대의 가슴 그 깊은 곳의

비탄을 듣고 반향할 때까지.

깊고 깊은 곳의 평화로운 어느 동굴 안에

배들의 시끄러운 소리들이 들리지 않는 곳에

물결 깊은 그곳에, 아름다운 테티스가, 그대를 보호했던

바다의 여신이 살고 있었다.

막강한 여신, 젊은이의 어머니는 그녀였다.

한때 그의 섬의 바위 해안에서,

그를 사랑으로 보살폈던 그녀.

강인하게 단련시키는 목욕의 힘과 파도의 거친 노래로

그를 영웅으로 만들었던 그녀,

그리고 그 어머니는 슬퍼하면서 자식의 외침을 듣고는

바다 밑바닥에서 구름처럼 솟아 올라와

따스한 포옹으로 사랑하는 아들의 고통을 달랬다.

그리고 그녀가 쓰다듬으며 슬픔을 누그러뜨리겠다고 약속하는 사이에,

그는 귀를 기울였다.

신들의 아들이여! 오, 내가 그대 같은 처지라면

나는 틀림없이 천상의 존재들에게 나의 은밀한 슬픔을 들어달라고 요구

했으련만.

그러나 내가 그 슬픔을 보지 않아야 한다면,

그녀가 눈물을 흘리며 나에 대해 생각할지라도,

마치 그녀와는 아무런 인연이 없는 것처럼

나는 치욕을 참아야 하리.

자비로운 신들이여! 그래도 그대들은 가녀기만 한 인간들의 기도를 듣고

있나니.

아, 내가 그대 성스러운 빛을 얼마나 열렬히 숭배했는지.

내가 삶을 시작한 이래로. 대지와 그곳의 샘들과 숲들,

아버지 창공을. 그리고 나의 가슴은 주위에서 너무도 열렬하고 순수한 그

대들을 느끼옵니다.

오, 친절하신 분들이시여! 나의 슬픔을 달래주오.

나의 영혼이 침묵하지 않기를, 너무 일찍 입을 닫는 일이 없도록 해 주길.

오, 천상의 권력자들이여, 내가 살며 그대들에게 감사하도록 해 주길.

허둥대며 보내는 모든 나날들 속에 경건한 노래로.

그대들에게 과거의 선물에, 사라진 젊음의 그 환희에 감사하옵니다.

그런 다음에 나를, 외로운 나를

자비롭게 그대들의 품으로 받아주소서.

이 시들은 삶으로부터 점점 더 멀리 벗어나고 있는 현상을, 그러니까 개인의 존재가 어머니의 심연으로 점점 더 깊이 잠겨드는 현상을 빈약한 단어들로 전할 수 있는 그 이상으로 분명하게 묘사하고 있다. '파트모스'(Patmos)라는 묵시록적인 노래는 퇴행적인 갈망의 이 노래들과 이상하게 연결되고 있다. 이 노래는 깊은 곳들의 안개에 둘러싸인 한 사람의 비참한 손님으로서, 어머니를 통해 생겨난 광기의 구름들 속으로 들어간다. 이 노래에서, 신화에 대한 원초적인 생각들이, 그리고 태양을 닮은, 생명의 죽음과 부활이라는 주제가 상징을 통해 다시 제시되고 있다. 이와 비슷한 것들은 이런 부류의 환자들 사이에서 자주 발견될 것이다.

'파트모스' 중에서 의미 있는 한 부분을 소개한다.

신은 가까이 있고
이해가 어렵지만,
위험이 위협하는 곳에서
구원자가 나타난다.

이 단어들은 리비도가 지금 가장 낮은 깊이 속으로, "위험이 큰" 곳으로
가라앉았다는 것을 의미한다('파우스트' 2부, 어머니 장면). 그곳은 "신이
가까이 있고", 그곳에서 인간은 자신의 내면의 태양, 즉 자신의 본성이 밤
의 태양처럼 어머니의 자궁 안에 숨어서 태양처럼 스스로를 재생시키고
있는 것을 발견할 것이다.

… 협곡들 안에
그리고 암흑 속에 독수리들이 머물고
기운차게 두려움 없이
알프스의 아들들은 심연 위를
살짝 흔들리는 다리들 위를 재빨리 건너가네.

이런 단어들로, 공상적인 음침한 시는 계속 이어진다. 태양의 새인 독수
리가 암흑 속에 거주하고 있고, 거기에 리비도가 숨어 있지만, 그 암흑 위
로 산악의 거주자들이, 아마 하늘을 가로지르며 방랑하고 있는 태양의 상
징들인 신들("그대들은 저 위 빛 속을 걷고 있구려")이 깊은 곳들 위를 나
는 독수리처럼 지나가고 있다.

… 위와 주변에
시간의 정상들이 우뚝 서 있다.

그리고 사랑받는 존재들은 가까움에도

깊이 분리된 산에서 살고 있다.

그러니 우리에게 순진무구의 물을 주오.

우리에게 진정한 이해의 날개를 주오.

그 날개로 주변을 다니다가 다시 돌아올 터이니.

첫 번째 그림은 산 위를 떠도는 태양으로 인해 생긴 것임에도 산과 시간을 음침하게 그리고 있다. 연인들의 가까움과 분리를 동시에 그리는 그 다음 그림은 저승의 삶을 암시하는 것 같다. 저승에서 사람은 한때 그에게 소중했던 모든 것들과 결합하지만 재결합의 행복을 누리지는 못한다. 왜냐하면 그곳의 모든 것이 그림자이고, 실제가 아니고, 생명을 결여하고 있기 때문이다. 저승으로 내려가는 자는 거기서 순수의 물을, 어린 시절의 물을, 회춘의 물을 마신다. 그러면 날개가 자랄 것이고, 날개가 다 자라면 백조처럼 물에서 올라오는 날개 달린 태양처럼 다시 삶 속으로 날아오를 것이다.

… 그렇게 나는 말했다. 보라, 어떤 정령이

나를 데려갔다.

내가 상상한 것보다 훨씬 더 빠르게

내가 생각한 것보다 훨씬 더 멀리

나의 집으로부터!

날이 어두워졌다.

내가 황혼녘에 나갔을 때,

고향땅의 컴컴한 숲과

시내들이 내 뒤로 점점 흐려져갔다.

그리고 나는 더 이상 그 땅을 알 수 없게 되었다.

앞으로 닥칠 일에 대한 예언을 담은 음침하고 모호한 도입부에 이어서, 태양의 여행("밤의 바다 여행")이 동쪽을 향해, 상승을 향해, 영원과 부활의 신비를 향해 시작된다. 니체도 이런 여행에 대한 꿈을 꾸고, 그 꿈에 대해 의미 있는 단어들로 표현하고 있다.

> "오, 어찌 내가 영원을 갈망하지 않을 수 있으며, 또 반지들 중에 결혼반지를, 돌아옴의 반지를 어찌 갈망하지 않을 수 있겠는가! 그럼에도 나는 아직 아이들을 얻고 싶은 여자를 발견하지 못했어. 만약에 그녀가 내가 사랑하는 이 여자가 아니라면, 오, 영원이여, 그것은 내가 그대를 사랑하기 때문이리라."

횔덜린도 이와 똑같은 갈망을 아름다운 상징으로 표현하고 있으며, 이 상징의 개별적 특징들은 이미 우리에게 익숙하다.

> … 그러나 곧 선명한 빛을 발하며
> 황금 연기 속에서
> 신비스럽게 만개하면서
> 점점 빨라지는 태양의 걸음에 맞춰
> 천 개의 봉우리들이 향기를 풍기네.
> 아시아가 나타났도다!
> 그리고 눈부신 상태에서
> 나는 내가 알던 길을 찾아 두리번거렸다.
> 넓은 길들이 낯설었으니까.
> 트몰루스 산으로부터
> 황금빛 곽톨 강이 오고,

타우루스 산과 메사기스 산이 서 있는 곳.

그리고 정원은 꽃으로 가득하구나.

그러나 그 빛 높은 곳에

은색의 눈(雪)이 반짝이고 있다. 침묵의 불.

그리고 영생의 상징으로

넘을 수 없는 별들 위로

오래된 담쟁이덩굴이 자라고 있다.

싱싱한 갈나무와 월계수 기둥들 위로

신성하게 세워진 경건한 궁전들.

　상징은 묵시록적이다. 상징은 불멸의 샘의 신록과 꽃들로 둘러싸인, 영원한 젊음의 땅에 있는 어머니의 도시이다. 여기서 시인은 파트모스 섬에서 살았던 요한과, 한때 "정점에 이른 태양"과 연결되었으며 그 태양을 정면으로 보았던 요한과 자신을 동일시하고 있다.

거기 포도나무의 신비가 일어난 곳에서 그들은 만났다.

그곳에서 신성한 축제의 시간에 그들은 모였다.

그리고 그의 위대하고 차분한 영혼으로 죽음이 임박한 것을 느끼면서

주님께서는 마지막 사랑을 쏟으며 말했으며

이어 숨을 거두었다.

이에 대해 많은 말이 가능할 것이다.

마지막 순간에도

더없이 행복했던

그의 강렬한 눈길을

그의 동료들은 보았다.

....

따라서 그는 성령을 그들에게 보냈다.

그러자 집이 경건하게 흔들리고,

먼 곳에서 천둥이 치고

신의 폭풍이 움츠리고 있는 머리들 위로 몰려왔다.

거기에 죽음의 영웅들이

모여 생각에 잠겨 있었다. …

지금 그가 떠나면서 그들 앞에

한 번 더 모습을 드러냈다.

그러자 당당한 낮이, 태양의 낮이 꺼지고

그의 빛으로 만들어진 찬란한 권장(權杖)이 부러지고

신처럼 고통을 느꼈다.

그래도 때가 되면

그것은 다시 돌아와 빛을 발할 것이다.

 기본적인 그림들은 그리스도의 희생적인 죽음과 부활이다. 부활에 대한 희망을 확실히 품고서 자신의 권장을, 말하자면 세상을 비옥하게 하는 광선들을 스스로 깨뜨리는 태양의 자기 희생과 비슷하다. 다음의 발언들은 "빛의 권장"과 관련해서 주목할 만하다. 러시아 정신분석가 슈필라인의 환자는 "신이 빛으로 땅을 뚫는다."고 말한다. 이 환자의 정신에서 땅은 여자를 의미한다. 이 여자 환자는 또한 신화 속에서 태양 광선은 단단한 것으로 여겨진다는 점을 이해하고 있다. "예수 그리스도가 태양 광선으로 나의 창을 두드림으로써 나에게 그의 사랑을 보여주었다." 내가 맡았던 정신병 환자들 중에도 태양 광선을 단단한 물질로 보는 사람이 있었다. 여기서도 영웅과 관련 있는 도구들이 남근의 성격을 지닌다는 암시가 보인다. 땅을 가르면서 땅 속 깊이 관통하는 토르[250]의 해머는 카이네우스의 발과 비교할 만하다. 그 해머는 땅 속 깊은 곳에 보물처럼 간직되어 있다가, 시간이 흐름에 따라 점차적으로 땅의 표면으로 다시 나올 것이다("보물이 꽃을 피운다"). 이는 해머가 땅으로부터 다시 태어난다는 뜻이다.

많은 기념물들을 보면, 미트라가 손에 이상한 물건을 들고 있다. 이것을 퀴몽은 반쯤 찬 관(管)과 비교한다. 독일 문헌학자 디트리히는 파피루스 텍스트를 바탕으로 그 물건이 큰곰자리인 수소의 어깨라는 점을 증명한다. 어깨는 간접적으로 남근의 의미를 지닌다. 왜냐하면 펠롭스[251]가 갖추지 못한 것이 그 부분이기 때문이다. 펠롭스는 자기 아버지 탄탈로스에게 살해되어 조각조각 해체된 다음에 신들의 식사를 위해 솥에 넣어져 끓여졌다. 제우스가 그 무도한 행위를 알게 되었을 때, 데메테르는 틀림없이 이 진수성찬 중에서 어깨를 먹었을 것이다. 제우스는 그 조각들을 다시 솥으로 던져 넣도록 했고, 펠롭스는 운명의 세 여신 중 생명을 주는 클로토의 도움으로 다시 살아났으며, 데메테르가 먹어버린 어깨는 상아로 대신했다. 이 대체는 오시리스의 잃어버린 남근을 대체하는 장면과 아주 비슷하다.

미트라는 특별한 의식에서 아들이자 부(副)섭정인 솔 위로 수소의 어깨를 잡고 있는 모습으로 그려진다. 이 장면은 일종의 봉헌 또는 명예의 수여식과 비교될 것이다. 해머의 일격은 번식을 촉진하고 결실을 맺고 고무하는 기능으로서 민간 풍습으로 지켜지고 있으며, 그것은 다산의 부적이라는 의미를 갖는 싱싱한 나뭇가지로 때리는 식으로 표현된다.

신경증에서, 징벌의 성적 의미가 중요한 역할을 한다. 이유는 많은 아이들 사이에서 징벌이 성적 오르가슴을 끌어낼 수 있기 때문이다. 의식(儀

....
250 북유럽 신화 속에서 번개와 천둥, 폭풍 등과 관계있는 신이다.
251 그리스 신화에 등장하는 피사의 왕.

式)에서 행해지는 때리는 행위는 발생시키는(열매를 맺게 하는) 것과 동일한 의미를 지니며, 그것은 남근 숭배 의식의 한 변형에 지나지 않는다. 성적 의미를 담고 있는, 둘로 갈라진 악마의 발굽도 수소의 어깨와 비슷한 성격을 지닌다. 삼손이 휘두른 나귀의 턱뼈도 똑같은 가치를 지닌다. 폴리네시아의 마우이 신화에서 영웅의 무기인 턱뼈는 사람을 먹는 여자인 무리랑가-웨누아로부터 유래한다. 이 여자의 몸은 인육에 대한 탐욕 때문에 거대하게 부풀려진다. 헤라클레스의 곤봉은 어머니를 상징하는 올리브나무로 만들어진다. 파우스트의 열쇠도 "어머니들을 알고 있다". 리비도는 어머니로부터 솟아나고, 이 무기 하나만으로도 사람은 죽음을 정복할 수 있다.

삼손이 나귀의 턱뼈를 던진 지점에서 신이 샘이 솟도록 한 것도 그 턱뼈가 지닌 남근의 본질과 일치한다(샘은 말의 발자국에서, 말의 발굽에서 솟는다). 마법의 지팡이, 일반적인 권장도 이 의미들의 관계에 해당한다.

횔덜린의 시에서 아시아에서 시작하여 파트모스 섬을 거쳐 기독교 신비 의식들로 넘어가는 과정은 그 연결을 보면 피상적인 것처럼 보이지만 실제로는 매우 독창적인 생각의 기차이다. 말하자면 영웅이 불멸을 얻기 위해 자기 희생의 하나로 저승의 땅으로, 죽음 속으로 들어가는 과정을 그리고 있는 것이다. 해가 지고 사랑이 분명히 죽은 이 시점에, 인간은 신비한 즐거움 속에서 모든 생명의 부활을 기다린다.

… 그리고 이제부터
사랑스런 밤 속에 살며
온갖 지혜의 불변의 깊이를
담고 있는 순수한 눈들을 보는 것은
기쁨이었느니라.

지혜는 깊은 곳들에, 어머니의 지혜 속에 거주한다. 이 어머니의 지혜와 하나될 때, 보다 깊은 것들의 의미를, 원시시대의 그 모든 축적물들을 들여다볼 통찰력이 생긴다. 그리고 이 원시시대의 축적물의 층들은 영혼 안에 간직되어 있다. 횔덜린은 병적인 황홀경 속에서 보이는 것들의 위대성을 한 번 더 느끼지만 그 깊은 곳에서 발견한 것들을 낮의 빛 속으로 끌어내려 하지 않는다. 이 점이 그가 파우스트와 다른 점이다.

만약에 몇몇이 사라졌다가 절대로 발견되지 않는다 하더라도,
말이 생생한 소리를 감추고 있다 하더라도,
그것은 악이 아니다.
왜냐하면 각각의 신의 작업도 우리의 작업과 비슷하기 때문이다.
그럼에도 아무리 높은 신도 모든 것을 다 계획하지는 않는다.
깊은 구덩이는 두 개의 쇠를 품고 있고
에트나 산의 시뻘건 용암 …
내가 하나의 상을 세우고 영(靈)을
있는 그대로의 모습으로 볼 수 있는
능력을 가졌다면!

횔덜린은 몇 개 되지 않는 단어들 속에서 오직 하나의 희망만이 희미하게 깜빡이는 것을 허용하고 있다.

그가 죽은 자들을 깨운다.
사슬에 얽매이거나 묶이지 않은 그들,
마무리된 그들.
… 그리고 만약에 천상의 존재들이

지금 내가 믿고 있는 바와 같이 나를 사랑한다면

… 어슴푸레한 하늘에서

그의 신호는 침묵을 지키고 있다.

그리고 그 하늘 아래에 한 사람이 서 있다.

평생을. 그리스도가 아직 살아 있으니까.

그러나 길가메시가 서쪽 땅에서 마법의 약초를 갖고 오다가 악마의 뱀에게 빼앗긴 것처럼, 횔덜린의 시도 고통스런 비탄 속에 죽어 가고 있다. 횔덜린의 시는 그가 그림자들 속으로 하강해도 어떤 승리의 부활도 따르지 않을 것이라는 점을 우리에게 보여주고 있다.

… 창피하게도

어떤 권력이 우리의 심장을 찢어간다.

천상의 존재들이 제물을 원하니까.

이 같은 인식, 즉 "천상의 존재들"이 제물을 찢어가기 전에 인간이 퇴행적인 갈망(근친상간의 리비도)을, 동시에 전체 리비도를 희생시켜야 한다는 깨달음이 이 시인에게 너무 늦게 찾아 왔다. 따라서 나는 유아기의 영웅을 희생시키라는 것을 무의식이 미스 밀러에게 건네는 현명한 조언으로 받아들인다. 이 희생은 너무나 명확한 의미가 보여주듯이 삶에 대한 완전한 헌신을 통해 가장 잘 성취되며, 이런 삶의 태도에서 무의식적으로 가족과 밀접히 연결되어 있던 리비도가 전부 밖으로 끌어내어져 인간들과의 접촉에 투입되어야 한다. 이유는 어린 시절에는 단순히 하나의 원자로서 그냥 세상의 시스템 안에 존재하기만 해도 행복할 수 있었지만 성인이 된 후로는 자기 자신이 새로운 어떤 체계의 중심이 되어야만 행복을 누릴 수 있기 때문이다.

그 같은 변화가 개인적인 성적 문제의 해결 또는 적어도 그 문제에 대한 능동적인 대처를 암시하는 것은 명백하다. 왜냐하면 그렇게 되지 않을 경우에 활용되지 않은 리비도가 근친상간의 끈에 꼼짝달싹 못하게 고착되고, 따라서 개인이 근본적인 문제들에서 자유를 누리지 못할 것이기 때문이다.

그리스도의 가르침이 별다른 고려 없이 사람을 가족으로부터 떼어놓는다는 점을 기억하도록 하자. 또 그리스도와 니코데모의 대화에서 우리는 그리스도가 근친상간 리비도의 활성화를 꾀하려고 애쓰는 특이한 노력을 보았다. 두 가지 경향은 모두 동일한 목표, 즉 인간의 해방에 이바지하고 있다. 유대인이 보다 높은 발달이 아닌 심각한 약함과 통제되지 않는 근친상간적 감정을 암시하는, 가족에게 특별히 고착된 상태로 지낸 탓에 그에 대한 보상으로 충동적인 숭배 의식과 불가해한 여호와에 대한 종교적 두려움을 품게 되었으니 말이다.

사람이 그 어떤 법이나 격한 광신자, 예언자로 인해 겁을 먹지 않은 상태에서 자신의 근친상간적인 리비도에게 활동을 전적으로 허락하며 그 리비도를 보다 고차원적인 목표들을 위해 해방시키지 않을 때, 그 사람은 무의식적 충동의 영향을 받게 된다. 이유는 충동이 곧 무의식적인 소망이기 때문이다(프로이트). 그는 리비도의 지배를 받고, 그의 운명은 그의 손아귀를 벗어나고, 그의 일들은 운에 맡겨진다. 가장 원시적인 형태로 적용되는 그의 무의식적인 근친상간 리비도는 사랑의 유형에 관한 한 그를 원시적인 사랑의 단계에, 감정에 종속되어 제어할 수 없는 단계에 붙잡아둔다. 당시에 흘러가고 있던 고대의 심리학적 상황은 그러했으며, 그 시대의 구세주와 의사는 인간에게 근친상간 리비도의 승화를 가르치는 존재였다. 노예제도의 파괴는 그 같은 승화의 필요 조건이었다. 왜냐하면 고대가 아직 노동의 의무를 인식하지 않았고 또 노동을 의무로, 또 근본적으로 중요한 사회적 필요로 인식하지 않았기 때문이다. 노예 노동은 강제적인 일이었으며, 그것은 똑같이 파괴적인, 특권층의 리비도 충동의 다른 한쪽이었다.

리비도의 지속적 퇴행에 의해 넘쳐나게 된 무의식을 장기적으로 규칙적으로 "배출시킬" 수 있는 것은 오직 그 개인의 노동의 의무뿐이었다. 게으름은 모든 악의 시작이다. 왜냐하면 나태하게 꿈을 꾸는 조건에서 리비도가 자체의 깊은 속으로 가라앉을 기회가 많기 때문이다. 최고의 해방은 규칙적인 노동을 통해서 이뤄진다. 그러나 노동은 자유로운 행위일 때에만 구원이 되며, 노동은 자체에 유아적인 충동이 전혀 없다. 이런 측면에서 보면, 종교 의식은 높은 차원에서 조직화된 무활동으로서, 동시에 현대적인 노동의 선구자로 나타난다.

미스 밀러의 환상이 유아기 갈망의 희생이라는 문제를 먼저 개인적인 문제로 다루고 있지만, 만약에 우리가 그 환상이 표현되는 형식에 주목한다면, 그것이 전반적인 인류의 문제이기도 한 무엇인가를 건드리고 있다는 사실이 확인될 것이다. 거기에 동원된 상징들, 즉 말을 죽이는 뱀과 자발적으로 자신을 희생시키는 영웅이 무의식에서 솟아나는 공상들과 종교적 신화들의 원초적인 형상들이기 때문이다.

세상과 그 안의 모든 것이 어쨌든 초월적인 "본질"을 가진 하나의 생각이라면, 퇴행적인 리비도의 희생으로부터 세상의 창조가, 심리학적으로 말하면 일반적인 세상의 창조가 일어난다. 뒤를 돌아보는 사람에게, 그 세상과 심지어 별이 총총한 무한한 하늘까지도 허리 굽혀 그를 사방에서 에워싸고 있는 어머니이며, 이 같은 생각의 포기로부터, 또 이 같은 생각에 대한 갈망으로부터 세상의 이미지가 생겨난다. 대단히 단순하고 근본적인 이 생각이 현실의 원리가 아니라 욕망의 원리에 따라 생겨난 것이어서 우리에게 이상하게 비칠지 몰라도, 그 생각으로부터 우주적인 희생의 의미가 나온다. 이것의 훌륭한 예가 바로 바빌로니아의 원초적인 어머니인 티아마트의 살해이며, 용인 티아마트의 육신은 하늘과 땅을 형성하게 되어 있다. 우리는 가장 오래된 힌두 철학에서, 즉 '리그베다'의 노래에서 이 사상이 완벽한 모습으로 구현되고 있는 것을 확인할 수 있다. '리그베다' 10권 81장 4절을 보면, 노래는 이렇게 묻는다.

그들이 땅과 하늘을 만들 때, 그것을 만드는 데 쓴 나무는 무엇이었으며,
그것을 낳은 것은 진정으로 무슨 목재였는가?
그대 생각 깊은 자들이여, 그대의 정신 속에서 질문을 던져라. 그가 만물
을 다 만들었을 때, 그는 어디에 서 있었는가, 라고.

미지의 나무로부터 세상을 창조한 전능한 창조주 비슈바카르만은 이런 식으로 세상을 창조했다.

지혜로운 제관으로서 제물을 바치면서
이 모든 존재들의 안으로 들어간
그, 우리 아버지.
기도로 축복을 간청하면서
자신의 기원을 숨기면서
이 낮은 세상으로 들어갔노라.
무엇이, 그리고 누가 그에게
쉼터가 되고 응원이 되었던가?

'리그베다' 10권 90장은 이런 물음들에 대한 대답을 제시한다. 푸루샤는 다음과 같은 일을 한 원초적인 존재이다.

…… 땅을 사방으로 덮고
열 손가락의 넓이 만큼 더 펼쳤다.

푸루샤는 일종의 플라톤의 세상 영혼으로서 세상을 밖에서부터 감싸고
있다. '리그베다'는 푸류샤에 대해 이런 이야기를 들려준다.

그는 태어나면서 땅 위에 우뚝 섰다.
앞에서, 뒤에서, 그리고 온 곳에서.

내가 볼 때, 푸류샤라는 개념에 어머니의 상징체계가 분명하게 나타난다.
푸류샤는 어머니 심상과, 어머니에게 매달리고 있는 아이의 리비도를 나타
내고 있다. 이 가정에 의해, 그 뒤에 이어지는 모든 것이 쉽게 설명된다.

짚으로 만든 제단 위에
제물로 바칠 동물로서
푸루샤는 봉헌되었노라.
신들과 축복받은 자들과 현자들이
그곳에서 만나면서 그를 제물로 올렸다.

이 시구는 주목할 만하다. 이 신화를 논리의 프로크루스테스의 침대[252]에
올려놓고 억지로 확장하기를 원한다면, 과격한 폭력이 자행되지 않을 수

....
252 그리스 신화 속에서 프로크루스테스는 아티카의 강도이며 그의 집에는 철제 침대가 하
나 있었다. 프로크루스테스는 지나가는 행인들을 붙잡아 그 침대에 누이고는 행인의 키가 침대
보다 크면 그만큼 잘라내서 죽이고 행인의 키가 침대보다 작으면 억지로 침대 길이에 맞춰 늘
여서 죽였다. 이 표현은 자기 생각에 맞춰 남의 생각을 뜯어 고치려 드는 태도를 일컫는다.

없을 것이다. 곧 확인하게 되듯이, 처음에(즉 희생이 일어나기 전에) 원초적인 존재 외에 아무것도 존재하지 않은 상황은 차치하더라도, 신들 외에 보통의 "현자들"이 힘을 합쳐 그 원초적인 존재를 희생시킨다는 생각은 터무니없을 만큼 공상적이다. 만약에 그것이 어머니 희생이라는 위대한 신비를 뜻한다면, 모든 것이 명확해진다.

> 그 위대한 제물로부터
> 기름이 떨어져 모아졌다.
> 그는 하늘의 생명체들을 창조했고
> 야생 동물과 가축을 창조했다.
> 그 위대한 제물로부터
> 찬가들과 사마 찬가가 태어났다.
> 거기서부터 노래가 나왔고
> 야주르베다도 거기서 태어났다.

> 달은 그의 정신에서 생겨났고
> 그의 눈으로부터 태양이 생겨났다.
> 인드라와 아그니는 그의 입에서
> 바유(Váyu)는 그의 숨결에서 태어났다.

> 그의 배꼽에서 허공이 생겼고
> 하늘은 그의 머리로부터 형성되었다.
> 땅은 그의 발에서
> 종교는 그의 귀에서 생겨났다.
> 이리하여 그들은 세계를 창조했다.

이것은 물리적인 우주의 창조가 아니라 심리학적인 우주의 창조를 의미하는 것이 분명하다. 세상은 인간이 그것을 발견할 때 생겨난다. 사람이 자신의 어머니를 희생시킬 때, 말하자면 어머니의 안에 있는 자신의 무의식으로부터 스스로를 해방시킬 때, 그는 세상을 발견한다. 그 사람이 이 발견 쪽으로 앞으로 나아가도록 강요하는 것은 심리학적으로 소위 프로이트의 "근친상간 장벽"으로 해석될 것이다.

근친상간 금지는 영양을 제공하는 어머니에 대한 아이의 열망에 종지부를 찍으며, 점점 성적인 특성을 띠고 있는 리비도가 생물학적 목표를 추구하는 경로로 들어가도록 몰아붙인다. 근친상간 금지에 의해 어머니로부터 물러난 리비도는 금지된 어머니를 대신할 성적 대상을 찾는다. "원래 우리는 성적 대상들만을 알았다."는 프로이트의 역설적인 문장은 "근친상간 금지" "어머니" 등이 비유적인 언어로 쓰이는, 보다 넓은 심리학적 의미에서 이해되어야 한다. 프로이트의 이 문장은, 우선 세상에 대한 소위 "객관적인" 생각과 아무런 관계가 없는, 안쪽에서부터 바깥쪽으로 창조된 세상의 이미지라는 의미에서, 철저히 심리학적으로 이해되어야 한다. 이것은 세상에 대한 주관적인 생각이 현실에 의해 새롭게 수정된 판(版)으로 이해되어야 한다.

생물학은 객관적인 경험의 과학으로서 프로이트의 제안을 무조건적으로 부정해야 할 것이다. 왜냐하면 앞에서 분명히 밝힌 바와 같이 현실의 기능은 오직 부분적으로만 성적일 뿐이고, 이 기능 못지않게 중요한 또 하나의 기능이 자기 보존 기능이기 때문이다. 생물학적 기능을 하나의 부수 현상으로 보는 사고에는 문제가 다르게 보인다. 우리가 아는 한, 개별적인 사고 행위는 고도로 분화된 뇌의 존재에 전적으로, 또는 거의 대부분 좌우되는 반면에, 현실의 기능(현실에 대한 적응)은 살아 있는 모든 자연 안에서 사고 행위와 완전히 별도로 일어나는 그 무엇이다.

프로이트의 이 중요한 주장은 오직 사고 행위에만 적용된다. 왜냐하면 우리가 다양한 흔적들을 통해 확인하는 바와 같이, 사고가 "근친상간 장벽"에서 원래의 대상에서 찢겨 나온 리비도로부터 역동적으로 일어나서, 처음 생겨나고 있는 성적인 감정들이 어머니에게로 가는 리비도의 흐름 속을 흐르기 시작했을 때 실제적으로 존재하게 되었기 때문이다. 근친상간 장벽을 통과하면서, 성적 리비도는 부모와의 동일시를 어쩔 수 없이 버리고, 적절한 활동의 결여 때문에 안으로 향하게 된다. 점점 성장하는 개인이 점진적으로 가족을 멀리하도록 하는 것은 성적 리비도이다. 만약에 이 같은 필연이 존재하지 않는다면, 가족은 언제나 하나의 끈끈한 집단으로 함께 뭉친 상태로 남을 것이다. 그래서 신경증 환자는 자신이 여전히 아이로 남기 위해서 완전한 성애 경험을 언제나 포기하게 된다.

공상들은 성적 리비도의 내향으로부터 생기는 것 같다. 최초의 유아기 공상들이 거의 틀림없이 의식적인 계획의 특성을 띠지 않기 때문에, 또 공상들이 (어른들 사이에서도) 거의 언제나 무의식의 직접적인 파생물이기 때문에, 최초의 공상적인 표현들이 어떤 퇴행의 행위에서 생겨날 가능성이 아주 크다. 앞에서 보여준 바와 같이, 퇴행은 많은 흔적들이 보여주는 것처럼 성 이전 단계로 돌아간다. 거기서 성적 리비도는 다시 보편적인 적용 능력 또는 전이 능력을 얻는다. 이 능력은 리비도가 성적 적용이 아직 발견되지 않은 단계에서 실제로 소유했던 능력이다. 당연히, 성 이전 단계에서는 퇴행적인 성적 리비도가 향할 적절한 대상이 발견되지 않고 그 대용물만 발견되는데, 이 대용물은 언제나 어떤 소망을, 말하자면, 성적 목표와 최대한 비슷한 대용물을 가졌으면 좋겠다는 소망을 남긴다. 그러나 이 소망은 은밀하다. 이유는 그것이 정말로 근친상간의 소망이기 때문이다. 충족되지 않은 무의식적 소망은 무수히 많은 부차적인 대상들을, 원초적인 대상인 어머니의 상징들을 창조해낸다('리그베다'가 말하듯이, 세상의 창조주가 "자신의 기원을 숨기면서" 사물들 속으로 들어간다). 이것으로부터 사고 또는 공상들이 시작된다. 원래 성적이었던 리비도가 성적 성격을 배제한 모습으로 나타나는 것이다.

리비도의 관점에서 보면, "근친상간 장벽"이라는 용어는 한 가지 측면에만 해당하지만, 그 문제는 또 다른 관점에서 고려될 수도 있다.

발달하지 않은 성욕의 시기인 생후 3년차와 4년차는 외적으로 고려하는 경우에 아이가 현실의 세계로부터 점점 더 많은 요구를 받고 있다는 사실을 깨닫는 시기이기도 하다. 아이는 걸어다니고, 말하고, 다수의 물건들을 독립적으로 다룰 수 있다. 아이는 무한한 가능성들을 품고 있는 세상과의 관계 속에서 자기 자신을 보지만, 그때는 아직 아이가 감히 뭔가를 하려 하지 않는다. 왜냐하면 아이가 아직 아기의 특징을 많이 지니고 있는 까닭에 어머니 없이 제대로 살아가지 못하기 때문이다. 이 시기에 어머니가 세상으로 대체되어야 한다. 이 대체에 반대하면서, 과거가 엄청난 저항을 일으킨다. 사람이 새로운 적응을 시도하려 할 때면 언제나 이런 일이 벌어진다.

온갖 증거에도 불구하고, 그리고 모든 의식적 결심과 반대로, 무의식(과거)은 언제나 자신의 관점을 저항으로 강력히 표현한다. 이런 어려운 입장에서, 바로 성욕이 발달하는 시기에, 우리는 정신의 시작을 본다. 이 시기에 아이의 과제는 세상과 초(超)주관적(trans-subjective)이고 커다란 현실을 발견하는 것이다. 그렇게 하기 위해서 아이는 어머니를 잃어야 한다. 세상 속으로 나아가는 한 걸음은 어머니로부터 물러나는 한 걸음을 의미하기 때문이다. 당연히, 사람들의 내면에서 퇴행적인 모든 것은 이 걸음에 반항하며, 이 적응에 맞서려는 시도가 강력히 전개된다.

그러므로 삶의 이 시기는 또한 신경증이 처음으로 분명하게 나타날 수 있는 시기이기도 하다. 이 연령의 경향은 정신분열증의 경향과 정반대이다. 아이는 세상을 얻으려 노력하며 어머니를 떠난다(이것은 필연적인 결과이다). 그러나 정신분열증을 앓는 환자는 세상을 떠나서 어린 시절의 주관성을 다시 얻으려고 노력한다. 우리는 정신분열증 환자에게서 현실에 대한 최근의 적응이 옛날 유형의 적응으로 대체되는 것을 확인했다. 말하자면 세상에 대한 최근의 생각이 거부당하고 옛날의 생각이 선호되는 것이다. 아이가 현실에 대한 적응 임무를 부정하거나 현실에 적응하는 데 상당한 어려움을 겪을 때, 우리는 최근의 적응이 다시 옛날의 적응 유형으로 대체될 것이라고 예상할 수 있다. 따라서 아이의 내면에서 일어나는 퇴행을 통해서 자연히 옛날의 산물들이 겉으로 드러나게 될 것이라고 말해도 무방하다. 말하자면, 옛날 방식의 사고 체계가 일깨워지는 것이다.

아직 공식적으로 발표하지 않은 나의 자료에 따르면, 놀랄 정도로 원시적이고 또 동시에 일반적으로 적용 가능한 어떤 성격이 정신분열증의 산물들과 꽤 비슷한 유아기 공상에 있는 것 같다. 그 연령에도 퇴행을 통해서, 세상에 관한 옛 생각을 이루었던 요소들의 동일한 연상들과 유추들이 일깨워진다고 해도 별 문제가 없을 것 같다. 이 요소들의 본질을 조사하려고 노력하고 있는 지금, 신화들의 심리학을 얼핏 보기만 해도 옛날의 그 생각이 주로 성적 의인화(anthropomorphism)[253]였다는 것을 충분히 알 수 있다.

이것들은 무의식적인 유아적 공상에서 특별한 역할을 하는 것처럼 보인다. 무작위로 고른 예들에서도 그런 사실이 쉽게 확인된다. 신경증 환자들의 성적 관심을 글자 그대로의 뜻으로 받아들일 것이 아니라 최근에 성취

....
253 인간 이외의 동식물이나 사물 등에 인간의 특성을 부여하는 것을 일컫는다. 신을 인간의 형태로 그리는 것이 한 예이다.

하지 못한 적응을 상징적으로 보상하는 그런 퇴행적인 공상으로 받아들여야 하듯이, 유아기 초기 공상의 성적 관심, 특히 근친상간 문제도 옛날 유형의 기능이 부활한 데 따른 퇴행적 산물이다. 그 때문에 나는 이 책에서 근친상간 문제와 관련해서 나 자신의 뜻을 매우 애매하게 표현했다. 그것은 내가 근친상간 문제라는 용어를 이해하는 바와 같이, 부모들을 향한 어떤 전반적인 성적 경향이라는 개념에 대해 책임을 지지 않기 위해서이다. 나의 조사들이 강조하는 바와 같이, 근친상간 문제와 관련한 진정한 사실들은 그보다 훨씬 더 복잡하다.

원래 근친상간은 아마 그 자체로 특별히 중요한 의미를 지니지 않았을 것이다. 왜냐하면 나이 많은 여자와의 동거가 온갖 동기들에도 불구하고 젊은 여자와의 짝짓기보다 선호될 수 없었을 것이기 때문이다. 어머니는 오직 심리적으로만 근친상간적인 중요성을 얻었던 것 같다. 예를 들어, 고대의 근친상간적인 결합은 사랑의 결과가 아니라, 이 책에서 논하고 있는 신화적인 생각들과 매우 밀접히 연결되어 있는 특별한 미신의 결과였다. 고대 이집트의 두 번째 왕조의 파라오는 누이와 딸, 손녀와 결혼한 것으로 전해진다. 프톨레마이오스 왕조의 왕들 사이에서도 여동생과 결혼하는 것이 흔했다. 페르시아 황제 캄비세스(Kambyses)도 자기 여동생과 결혼했고, 아탁세르세스(Artaxerxes)는 자신의 두 딸과 결혼했다. 코바드(Qobad) 1세(A.D. 6세기)도 자기 딸과 결혼했다. 지방 총독 시시미트레스(Sysimithres)는 자기 어머니와 결혼했다.

이런 근친상간의 결합은 조로아스터교 경전 '젠드-아베스타'(Zend-Avesta)에 나타난 바와 같이 신의 명령에 의한 것으로 설명된다. '젠드-아베스타'는 통치자들이 신을 닮았다는 점을 강조했다. 따라서 그 결합은 자연적이기보다 인위적인 것이었다. 그것이 생물학적 경향보다는 이론적 경향에서 비롯되었기 때문이다. 고대의 야만인들이 자신의 성적 대상을 선택하는 문제와 관련해서 경험했을 혼란은 오늘날의 사랑의 심리학을 기준으로 해서는 제대로 짐작되지 않을 것이다. 어떤 경우든, 반(半)동물처럼 살았던 옛날 사람의 근친상간은 문명인들 사이에 근친상간 공상이 지니는 엄청난 중요성에 비하면 아무것도 아니었을 수 있다.

근친상간을 대하는 고대인과 현대인의 인식 사이의 두드러진 차이를 감안한다면, 오늘날 비교적 열등한 종족들 사이에서 확인되는 근친상간 금지는 생물학적 부작용보다는 신화적 생각에 따른 것일 가능성이 더 크며, 따라서 민족적인 금지는 거의 언제나 어머니를 문제로 삼지 아버지를 문제로 삼지 않는다. 그러므로 근친상간 금지는 퇴행의 한 결과로, 그리고 퇴행적으로 어머니를 공격하는 리비도의 불안에 따른 결과로 이해될 수 있다. 당연히, 이 불안이 어디서 비롯되는지를 말하는 것은 어렵거나 불가능하다. 단지 나는 그것이 생명의 의지 안에 숨어 있는 상반된 것들의 짝들, 말하자면 생명을 추구하려는 의지와 죽음을 추구하려는 의지가 초기에 분리되는 까닭에 일어나는 문제가 아닌가 하고 짐작할 뿐이다. 원시인이 내향과 부모로의 퇴행을 통해서 피하고자 했던 적응이 어떤 것이었는지 확실하지 않지만, 전반적인 영혼의 삶에 비춰본다면, 어떤 존재가 되고자 노력하려는 의지와 그런 존재가 되기를 중단하려는 의지 사이의 원래의 균형 상태를 깨뜨린 리비도가 특별히 어려운 어떤 적응을, 오늘날까지도 리비도가 그 앞에만 서면 흠칫 뒤로 물러서려 하는 그런 적응을 시도하기 위해서 축적되었을 것이라고 짐작할 수 있다.

에두르며 먼 길을 걸어온 여기서, 다시 '리그베다'의 찬가로 돌아가도록 하자. 가혹한 현실 앞에서 뒤로 주춤 물러서는 데서부터 사고가 시작되고 세상에 대한 어떤 개념이 생겨났다. 그리고 사람이 주술적인 미신의 지배를 받는 어린 시절의 꿈에 포근히 감싸인 채 삶 속으로 들어가는 것은 오직 그가 퇴행적으로 부모의 보호적인 힘을 다시 확신하고 난 뒤의 일이다. 그 다음에 그는 겁을 먹은 소심한 상태에서 자신의 최선의 것들을 희생시키며 눈에 보이지 않는 권력들의 호의를 확신하면서 자신의 힘을 조금씩 키워나가게 된다. 이때 그의 힘은 그가 퇴행적인 갈망으로부터, 그리고 그의 존재에 원래부터 있었던 조화의 결여로부터 자신을 해방시키는 정도에 비례한다.

'리그베다' 10권 90장은 대단히 의미 있는 시구로 마무리한다. 기독교의 신비에도 마찬가지로 엄청난 중요성을 지니는 시구이다.

> "신들은 제물을 바치면서 제물에게 경의를 표한다. 이것들이 최초의 신성한 법령들이었으며, 가장 강력한 제물들은 천국의 높이까지, 오래된 여신들 사드야스[254]가 거주하는 곳까지 닿았다."

희생을 통해서 힘의 완전성이 획득되었으며, 그 완전성은 "부모들"의 힘까지 확장된다. 그래서 희생은 또한 심리적 성숙의 과정이라는 의미도 지닌다.

따라서 세상이 희생을 통해서, 퇴행적인 어머니 리비도의 부정을 통해서 기원한 것과 똑같은 방법으로, '우파니샤드'의 가르침에 따르면, 불멸이라 불릴 수 있는 인간의 새로운 조건도 나온다. 이 새로운 조건은 희생을 통해서, 즉 '우파니샤드'의 가르침에서 우주적인 의미를 지니는 제물 말(馬)을 통해서 다시 얻어진다. 제물로 바치는 말이 의미하는 바는 '브리하다란야카 우파니샤드' 1장 1편에 잘 나와 있다.

....
254 힌두교에서 의식과 기도를 보호하는 신.

옴!

 1. 새벽은 진정으로 제물로 올리는 말의 머리이고, 태양은 그 말의 눈이고, 바람은 그 말의 숨결이다. 그 말의 입은 온 곳으로 퍼지는 불이고, 한 해는 제물 말의 몸통이다. 하늘은 그의 등이고, 대기는 그의 몸의 공동이고, 땅은 그의 둥근 배이고, 극(極)들은 그의 옆구리이고, 극들 사이의 공간은 그의 갈비뼈이다. 계절은 그의 사지이고, 달과 반(半)달은 그의 관절이고, 밤과 낮은 그의 발이고, 별들은 그의 뼈이고, 구름은 그의 살이다. 그가 소화시키는 음식은 사막들이고, 강들은 그의 핏줄이고, 간과 폐는 산들이고, 식물과 나무는 그의 머리카락이다. 떠오르는 태양은 그의 앞부분이고, 지고 있는 해는 그의 뒷부분이다. 그가 치아를 보일 때, 그것은 번개이다. 그가 떨 때, 그것은 천둥이다. 그가 소변을 볼 때, 그것은 비이다. 그의 목소리는 말이다.
2. 낮은 사실 그 말 앞에 서는, 제물을 담는 접시로서 말을 위해 생겨났다. 그 말의 요람은 동쪽의 세상의 바다에 있다. 밤은 그 말 뒤에 서는, 제물을 담는 접시로서 말을 위해 생겨났다. 접시의 요람은 밤의 세상의 바다에 있다. 두 개의 접시는 말을 에워싸기 위해 생겨났다. 한 필의 군마로서 말은 신들을 생기게 했고, 투사로서 말은 간드하르바[255]들을 낳았고, 경주자로서 악마들을 낳았고, 말로서 인간을 낳았다. 대양은 그의 친척이고, 대양은 그의 요람이다.

 독일 철학자 도이센이 주장하듯이, 제물로 바쳐지는 말은 우주의 부정이라는 의미를 지닌다. 말이 제물로 희생될 때, 세상이 희생되고 파괴된다.

....
255 힌두교에서 천상의 존재를 일컫는다.

말하자면, 그것은 쇼펜하우어도 마음에 품었고 슈레버에게서 병든 정신의 산물로서 나타나는 생각의 기차이다. 앞의 인용에 등장하는 말은 2개의 제기(祭器) 사이에 서 있다. 말은 그 제기 중 하나로부터 오고 다른 하나로 간다. 태양이 아침에서 밤으로 넘어가는 것과 똑같다. 따라서 말은 세상 속으로 흘러간 리비도를 상징한다. 앞에서 우리는 세상을 낳기 위해선 "어머니 리비도"가 희생되어야만 한다는 것을 보았다. 여기서는 한때 어머니에 속했던 동일한 리비도의 거듭된 희생에 의해 거꾸로 세상이 파괴되고 있다. 따라서 말은 이 리비도를 위한 하나의 상징으로서 대체될 수 있다. 왜냐하면 앞에서 본 바와 같이 말이 어머니와 다양한 연결을 갖기 때문이다. 말의 희생은 세상의 창조가 있기 전의 상태와 비슷한 또 다른 내향의 상태만을 낳을 수 있다. 낳기도 하고 삼키기도 하는 어머니를 상징하는 두 개의 제기 사이에 선 말의 위치는 알 안에 든 생명이라는 생각을 암시하며, 따라서 제기들은 말을 "에워싸게" 되어 있다. 이 같은 분석이 옳다는 점은 '브리하다란야카 우파니샤드' 3장 3편이 증명하고 있다.

1. 파리크쉬트의 후예들은 어디서 왔는가? 내가 그대 야자발키야에게 묻노라! 파리크쉬트의 후예들은 어디서 왔는가?

2. 야자발키야가 대답했다. '그가 당신에게 말했습니다. 그들은 말을 제물로 바치는 사람들이 온 곳에서 왔다고 했습니다. 말하자면, 이 세상은 신들의 전차(태양)가 32일 동안 달려야 한 번 둘러볼 만큼 넓습니다. 이 세상은 대지를 두 번 둘러쌀 만큼 넓습니다. 이 대지는 대양을 두 번 둘러싸고 있습니다. 그 사이(세상의 알의 두 껍데기 사이)에 면도날 또는 파리의 날개 두께만큼 좁은 공간이 있습니다. 파리크쉬트의 후예들은 한 마리의 매의 모습을 한 인드라에 의해 바람에게 보내졌고, 바람은 그들을 품어서 말을 제물로 바치는 이들이 있는 곳으로 데

려갔습니다. 그는 이런 뜻의 말을 하면서 바람을 칭찬했습니다.'

그러므로 바람은 특별한 것이면서도 보편적인 것이다. 이것을 아는 자
는 다시 죽음으로부터 자신을 지킬 수 있다.

이 텍스트가 말하듯이, 제물로 말을 바치는 사람들은 세상의 알의 껍
질들 사이의 그 좁은 틈으로 들어온다. 그곳은 바로 껍질들이 결합하고
껍질들이 나뉘는 곳이다. 어머니 같은 세상 영혼의 좁은 틈(질(膣))은 플
라톤의『티마이오스』를 보면 십자가의 상징인 X로 표시되고 있다. 한 마
리의 매로서 소마(획득하기 힘든 보물)를 훔친 인드라는 프쉬코폼포스
(Psychopompos: 영혼을 안내하는 자)로서 영혼들을 바람으로, 생명을 낳
는 프네우마(pneuma:생명의 원리) 쪽으로 이끈다. 그러면 이 프네우마가
영혼을 좁은 틈, 즉 질 쪽으로, 결합 지점으로, 어머니의 알로 들어가는
입구로 데려간다. 이 같은 힌두 철학의 생각의 기차는 수많은 신화들의
의미를 간략히 요약하고 있다. 동시에 그것은 철학도 정제되고 승화된
신화학에 지나지 않을 수 있다는 사실을 뒷받침하는 놀라운 한 예이다.
신화학은 현실이라는 교정자의 영향에 의해서 이처럼 고상한 상태로 발
달했다.

우리는 미스 밀러의 드라마에서 말이 영웅의 동물 형제로 먼저 죽는다
는 사실을 강조했다. (길가메시의 형제이자 친구이며 몸의 반이 동물인 에
아바니도 일찍 죽는다.) 이 희생적인 죽음은 신화적인 동물의 희생이라는
카테고리를 떠올리게 한다. 그 예들을 구체적으로 소개하자면 아마 몇 권
의 책으로도 모자랄 것이다. 그래서 우리는 여기서 암시하는 선에서 만족
해야 한다.

제물로 바쳐지는 동물이 단순히 제물로 바치는 선물이라는 원시적인 의
미를 잃고 보다 높은 종교적 의미를 얻게 된 곳에서, 그 동물은 영웅과 신

둘 다와 매우 밀접한 관계를 맺는다. 그 동물은 신 자체를 대표한다. 따라서 수소는 자그레우스와 디오니소스, 미트라를 상징하고, 어린양은 그리스도를 상징한다. 모두가 잘 알고 있듯이, 동물 상징은 동물의 리비도를 나타낸다. 따라서 동물의 희생은 그 동물의 본성을 희생시키는 것을 의미한다. 아티스의 종교적 전설에 이 점이 아주 분명하게 표현되고 있다. 아티스는 신성한 어머니인 아그디스티스-키벨레[256]의 아들이자 연인이다. 아그디스티스는 나무 같은 어머니 리비도의 상징으로 남녀 양성의 특징을 갖고 있다. 이것은 어머니 심상이 진짜 어머니의 초상이라는 의미 외에 인류의 어머니의 의미를, 일반적인 리비도의 의미를 갖는다는 점을 분명히 암시하고 있다. 아티스는 자신에게 빠진 어머니 때문에 거의 미친 상태에서 소나무 아래에서 스스로 거세한다. (소나무는 아티스를 숭배하는 의식에서 중요한 역할을 했다. 매년 소나무를 꽃으로 장식하고 그 위에 아티스의 신상을 걸었다. 그런 다음에 소나무를 잘랐다. 거세를 상징한다.) 그때 땅에 튀었던 피는 보라색 제비꽃으로 피어났다. 키벨레는 이 소나무를 갖고 동굴로 들어가 그걸 놓고 흐느껴 울었다. ('피에타'를 연상시킨다.) 또 다른 버전에 따르면, 이 지하의 어머니는 자신의 아들을 동굴로, 즉 자신의 자궁 속으로 데려간다. 아티스는 소나무로 변했다. 여기서 소나무는 기본적으로 남근의 의미를 지닌다. 반대로, 아티스의 신상을 나무에 다는 것은 모성의 의미를 암시한다. 오비디우스(Ovid)의 글(『변신』)을 보면, 이 소나무에 대해 이렇게 적혀 있다.

"신들의 어머니의 사랑을 받았느니라. 키벨레의 아티스가 자신의 인간의 형태를 이런 식으로 벗고 이 나무줄기로 굳어졌으니 말이다."

....
256 아그디스티스와 키벨레는 동일한 신으로 여겨진다.

소나무로 변하는 것은 분명히 어머니의 안에 묻히는 것이다. 오시리스가 높이 자란 히스라는 식물에 덮였던 것과 똑같다. 독일 코블렌츠에서 발굴된, 아티스 관련 유물을 보면, 아티스가 나무에서 성장하는 것이 묘사되어 있다. 이것은 독일 민속학자 만하르트(Wilhelm Mannhardt)에 의해서 나무에 고유한 초목의 "생명 원리"로 해석되고 있다. 그것은 아마 미트라의 경우와 마찬가지로 나무에서의 출생일 것이다. 피르미쿠스가 관찰한 바와 같이, 이시스와 오시리스의 숭배와 처녀 페르세포네의 숭배에서 나무와 신상이 중요한 역할을 맡았다. 디오니소스는 나무라는 뜻의 별명 '덴드리테스'로 불리기도 했다. 그리스 보이오티아에서도 디오니소스는 나무라는 뜻을 가진 이름으로 불리기도 했다. (디오니소스가 출생할 때, 메가이라[257]는 키타이론에 소나무를 심었다.)

디오니소스 전설과 밀접한 관계가 있는 펜테우스 신화는 아티스의 죽음과 그에 뒤이은 비탄과 관련해서 많은 것을 유추하게 한다. 펜테우스는 디오니소스 축제에 참석하는 여자들이 흥청망청 노는 현장이 궁금했던 나머지 그곳을 엿보기 위해 소나무에 올라갔다가 그의 어머니에게 들켰다. 여자들이 그 나무를 베어버렸고, 동물로 오인되었던 펜테우스는 그들에게 갈가리 찢겼으며, 그때 그에게 가장 먼저 달려온 여자가 바로 그의 어머니였다. 이 신화에서 나무의 남근 의미(자르는 것은 거세의 의미이다)와 모성적 의미(아들의 희생적 죽음과 그에 따른 비탄)가 보인다. 동시에 피에타도 연상된다. 아티스의 축제는 봄에 비통한 분위기에서 치러지다가 나중에 환희의 분위기에서 치러졌다(성(聖)금요일과 부활절.). 아티스-키벨레 숭배의 사제들은 종종 거세된 남자들이었으며 갈로이라고 불렸다. 갈로이의 우두머리는 아티스(Atys)로 불렸다. 사제들은 실제로 거세하지 않

....
257 그리스 신화에서 세 자매로 이뤄진 복수의 신들 중 하나이다.

고 살갗에 피가 날 정도로 생채기를 냈다. 희생하려는 충동의 상징체계는 미트라 종교에서도 확인된다. 미트라 종교의 경우에 신비 의식의 중요한 부분이 수소를 잡고 제압하는 것으로 이뤄져 있다.

미트라와 비슷한 인물이 태초의 인간 가요마르드[258]이다. 그는 수소와 함께 창조되었으며, 둘은 6,000년 동안이나 행복하게 살았다. 그러나 세상이 황도대의 일곱 번째인 천칭자리로 들어갈 때, 악의 원칙이 세상에 등장했다. 점성학적으로 보면, 천칭자리는 소위 베누스(금성)의 주거지이며, 따라서 악의 원리가 사랑의 여신의 지배 하게 놓이게 되었다(뱀이나 매춘부 등 어머니-아내를 통한 태양-영웅의 파괴). 그 결과, 30년 뒤에 가요마르드와 황소는 죽고 말았다. (차라투스트라의 시련도 30년 동안 이어졌다. 예수의 나이도 생각해 보라.) 죽은 황소에서 곡식 55가지와 몸에 좋은 식물 12가지가 나왔다. 정화를 위해 수소의 정액은 달로, 가요마르드의 정액은 태양으로 들어갔다. 이 같은 상황은 아마 수소의 여성적인 의미를 암시할 것이다. 고쉬 또는 드르바쉬파는 수소의 영혼이며, 여신으로 숭배되었다. 그녀는 차라투스트라의 도래가 선언되어 마음의 평안을 되찾을 때까지 처음에는 수줍어한 나머지 수소의 여신이 되지 못했을 것이다. 비슷한 이야기는 힌두교 경전 '푸라나'(Purana)에도 보이는데, 여기선 땅에 크리슈나의 도래를 약속한다. (그리스도의 이야기와도 아주 비슷하다.) 고쉬 또는 드르바쉬파는 사랑의 여신 아르드비슈라처럼 전차(戰車)를 타고 여행한다. 따라서 수소의 영혼은 틀림없이 여자이다. 이 가요마르드 신화는 양성을 갖춘 어느 신과 자가 생식, 출산이 서로 연결되는 그런 고리의 원초적인 개념을 약간 변형시킨 것에 지나지 않는다.

제물로 바쳐진 수소처럼, 3장에서 제물과 관련해 이미 논한 바 있는 불

....
258 페르시아 신화에서 최초의 인간으로 여겨진다.

은 중국인들 사이에 여성의 성격을 갖는 것으로 통한다. 철학자 장자(莊子)의 설명을 보자.

> "부엌의 정령은 '곀'(髻)이라 불린다. 이 정령은 불을 닮은 연한 붉은색
> 옷을 입고 있으며 사랑스럽고 매력적인 처녀로 나타난다."

　이 부엌과 불의 신령들은 죽은 요리사들의 영혼들이고, 따라서 "늙은 여자들"로 불린다. 부엌신은 불교가 생기기 전부터 있었던 이 전설에서 비롯되어 훗날 가족의 지배자(남성)가 되고 가족과 신의 중개자가 되었다. 따라서 옛날에 여자로 여겨졌던 불의 정령은 로고스의 한 종류가 된다.

　황소의 정액으로부터, 272가지의 유익한 동물들뿐만 아니라 가축의 선조들이 나왔다. '미노키레드'(Minokhired)에 따르면, 가요마르드는 사악한 욕망을 가진 악마로 여겨졌던 데브 아주르를 파괴했다. 차라투스트라의 노력에도 불구하고, 이 악마는 이 땅에 아주 오랫동안 남았다. 그는 '요한 묵시록'에 등장하는 사탄처럼 마침내 부활 때 파괴되었다. 다른 버전에는 조로아스터교의 사탄인 앙그로마이뉴와 뱀은 끝까지 남았다가 아후라 마즈다에게 파괴되었다. 케른(Kern)의 추측에 따르면, 차라투스트라는 "황금의 별"을 의미하고 미트라와 동일할 수 있다. 미트라라는 이름은 "태양과 사랑"을 의미하는, 사산 왕조 페르시아 제국의 신 '미르'(Mihr)와 연결된다.

　자그레우스에서 우리는 수소가 신과 동일시되는 것을 확인할 수 있다. 따라서 수소를 제물로 올리는 것은 신을 제물로 바치는 것이나 마찬가지이다. 동물 상징은 말하자면 영웅의 한 부분에 지나지 않는다. 영웅은 단지 자신의 동물만을 제물로 바치며, 따라서 상징적으로 그의 동물적인 본성만을 부정한다. 제물을 바치는 일에 내적으로 참여하고 있다는 사실은 수소를 죽이는

미트라의, 고뇌와 무아경이 교차하는 듯한 얼굴 표정에 잘 표현되고 있다. 미
트라가 수소를 죽이는 것이 전적으로 그의 의지를 따르는 것은 아니었기 때
문에, 그의 얼굴에서 약간 광적인 표정이 보인다. 17세기 이탈리아 화가 귀도
레니(Guido Reni)가 십자가에서 처형된 인물을 그린 그림에 나오는, 보는 이
들의 마음을 불편하게 만드는 표정을 많이 닮았다. 고고학자 벤도르프(Otto
Benndorf)의 글을 보자.

> "특히 위쪽 부분에서 절대적으로 이상적인 어떤 성격을 나타내고 있는
> 특징들이 극도로 병적인 표정을 짓고 있다."[259]

퀴몽은 미트라가 수소를 죽이는 장면에서 보이고 있는 얼굴 표정에 대해
이렇게 설명한다.

> "최대한 멋지게 그려졌을 용모는 거의 여자 같은 아름다움을 지닌 청년
> 의 모습이다. 머리는 곱슬머리로 풍성하게 덮여 있고, 머리카락은 앞이마
> 에서 위로 올라가면서 후광처럼 그를 감싸고 있다. 머리는 약간 뒤로 젖
> 혀져 있다. 그래서 창은 하늘을 향하고 있으며, 눈썹과 입술의 묘한 대조
> 때문에 그의 얼굴에 이상한 슬픔의 표정이 스치는 것 같다."[260]

퀴몽의 책에 실린, 오스티아에서 발견된 미트라교의 부조 유물을 보면, 수
소를 죽이는 미트라의 얼굴에서 우리의 환자들이라면 감상적인 체념이라고
할 수 있는 표정이 읽힌다. 감상성은 억눌린 잔인성이다. 지나칠 만큼 감상적
인 그런 태도는 동시대 기독교의 양치기와 어린양의 상징체계에서 다른 한

....

259 Benndorf, "Bildwetke des Lateran Museum", No. 947
260 "Textes and Monuments", Ⅰ, 182

쪽을 발견했다. 기독교의 경우에 유치한 측면이 다소 있긴 했지만 말이다.

한편, 신이 희생시키는 것은 오직 그의 동물적인 본성뿐이다. 말하자면 그의 성욕을 희생시키는 것이다. 우리는 이런 식으로 분석하는 과정에 리비도 중에서 종교적 구조들을 세우는 부분이 최종적으로 어머니에게 고착되어 있다는 것을 배웠다. 또 우리는 리비도의 그 부분이 우리가 우리의 기원과 영원히 연결되는 그 끈을 진정으로 나타낸다는 것도 배웠다. 요약하면, 우리는 그 만한 양의 리비도를 "어머니 리비도"라고 불러도 좋을 것이다. 앞에서 본 바와 같이, 이 리비도는 무수히 많은, 매우 이질적인 상징 속으로, 또 남성적인 성격인지 여성적인 성격인지를 불문하고 동물의 이미지들 속으로 스스로를 숨긴다. 신화에서 남녀 성별 차이는 사실은 이차적인 가치밖에 지니지 않으며 피상적인 관찰을 바탕으로 기대하게 되는 그런 역할을 심리학적으로 하지 않는다.

해마다 처녀를 용에게 제물로 바치는 것이 가장 이상적인 상징적 상황을 나타냈다. "끔찍한 어머니"의 화를 달래기 위해, 가장 아름다운 여자가 남자의 리비도의 상징으로서 제물로 바쳐졌다. 이보다 덜 생생한 예들은 처음 태어난 다양한 가축들을 제물로 바치는 것이다. 두 번째로 이상적인 제물은 어머니(데아 쉬리아(Dea Syria)[261] 등)를 위한 자기 거세이며, 이보다 약한 형식의 자기 거세가 할례이다. 이런 행위에 의해서 적어도 자신의 일부가 희생된다. 이런 희생을 통해서, 생명이 생명을 다시 얻기 위해 상징적으로 부정된다. 이상적인 경우라면 이 희생의 목적은 어머니로부터 떨어져 나오고 있는 리비도를 상징하는 것이다. 희생에 의해서, 남자는 죽음의 공포로부터 스스로를 구해내고 파괴적인 어머니와 화해한다.

훗날의 종교들에서, 말하자면 예전에 과업을 통해 모든 악과 죽음을 정

....
[261] 북 시리아의 여신 아타르가티스를 고대 로마인들은 이런 이름으로 불렀다.

복했던 영웅이 신성한 형상으로 바뀐 종교들에서, 영웅은 성직자로서 제물을 바치는 존재가 되고 생명을 부활시키는 존재가 되었다. 그러나 영웅이 상상의 인물이고, 그의 희생이 초월적인 신비이고, 또 이 신비의 중요성이 일상적인 제물로 내놓는 선물의 가치보다 월등히 더 크기 때문에, 제물의 상징체계를 더욱 강화하려는 움직임이 퇴행적으로 인간 제물이라는 사상을 다시 살려 내기에 이르렀다. 이것은 부분적으로 언제나 깊은 곳들에서 소재를 끌어내는 공상적인 확장이 두드러진 때문이고, 또 부분적으로 리비도가 보다 완전하고 정확한 표현을 요구했던 고차원적인 종교에 쏟아지게 된 때문이다. 따라서 미트라와 그의 수소 사이의 관계는 매우 밀접하다. 기독교 신비들에서 자신을 기꺼이 희생시키는 것은 영웅 본인이다. 앞에서 충분히 살핀 바와 같이, 영웅은 바로 어머니를 갈망하고 있는 유아적인 인격이며, 그는 미트라로서 그 소망(리비도)을 희생시키고, 그리스도로서 기꺼운 마음과 억지가 반반 작용하는 상태에서 죽음에 자신을 맡긴다.

미트라 종교의 유물에서 우리는 종종 이상한 상징을 하나 본다. 분화구처럼 생긴 것(섞는 주발)이 뱀에 감겨 있다. 뱀의 적대자로, 뱀의 적인 사자가 등장하는 장면도 간혹 보인다. 뱀과 사자는 분화구 같이 생긴 것을 노려 서로 싸우는 것처럼 보인다. 분화구는 어머니를 상징한다. 뱀은 그녀를 지키고 있는 저항을, 사자는 가장 강한 힘과 가장 강한 의지를 상징한다. 그 싸움은 어머니를 노린 것이다. 미트라가 수소를 제물로 바치는 장면을 보면 거의 어김없이 뱀이 상처에서 흘러나오는 피 쪽으로 기어가고 있는 모습으로 나타난다. 그것을 보고 있으면, 마치 수소의 생명(피)이 뱀에게 바쳐지고 있는 것처럼 느껴진다. 앞에서 우리는 뱀과 수소의 상호 관계에 대해 언급했다. 거기서 수소는 살아 있는 영웅을, 빛나는 태양을 상징하지만, 뱀은 죽은 자를, 묻혔거나 지하에 있는 영웅을, 눈에 보이지 않는 태양을 상징한다는 것이 확인되었다.

영웅이 죽음의 상태로 어머니의 안에 있기 때문에, 뱀은 또한 죽음에 대한 두려움의 상징으로서, 삼키고 있는 어머니의 상징이기도 하다. 따라서 수소를 뱀에게 제물로 바치는 것은 죽음으로부터 생명을 다시 얻기 위해 기꺼이 생명을 부정하는 것을 의미한다. 그래서 수소의 희생이 있은 뒤에, 경이로운 다산의 결과가 나타난다. 분화구 같이 생긴 것을 놓고 뱀과 사자가 벌인 대결은 결실을 낳을 어머니의 자궁을 둘러싼 투쟁으로 해석될 수 있다. 이것은 티쉬트리야 노래의 보다 단순한 상징과 다소 비슷하다. 이 노래에서 검은 말인 악마 아파오샤는 비가 내리는 호수를 갖고 있고, 하얀 말인 티쉬트리야는 그 호수에서 아파오샤를 추방해야 한다. 죽음은 이따금 생명과 다산을 파괴하고, 그러면 리비도는 어머니 속으로 들어감으로써 사라졌다가 어머니의 자궁으로부터 새롭게 태어날 것이다. 따라서 미트라가 수소를 제물로 바치는 의식의 의미는 또한 죽음의 공포를 보내는 어머니를 제물로 바치는 의미일 가능성이 아주 크다. 여기서 희생의 행위는 어머니를 수태시키는 행위일 수 있다. 지하의 뱀인 악마가 피를, 즉 근친상간을 저지르고 있는 영웅의 리비도(정액)를 마시고 있으니 말이다. 그리하여 영웅의 생명은 불멸이 된다. 왜냐하면 영웅도 태양처럼 자신을 새롭게 태어나게 하기 때문이다.

이처럼 많은 자료를 살펴본 지금, 기독교 신비에서 인간 제물 또는 아들을 어머니에게 제물로 바치는 것을 확인하는 것은 더 이상 어렵지 않다. 아티스가 어머니 때문에 자신을 거세한 것과 똑같이, 그리스도도 생명의 나무에, 순교의 나무에 매달리고, 그렇게 함으로써 죽음으로부터 창조를 구해낸다. 어머니의 자궁으로 다시 들어감으로써(마투타, 미켈란젤로의 '피에타'), 그리스도는 종교적 리비도의 깊이 숨겨진 의미를 자신의 행위를 통해 상징적으로 최대한 명확하게 표현하기 위해 최초의 인간 아담이 저지른 죄를 죽음으로 갚는다.

미트라교의 제물과 기독교의 제물을 비교하면, 기독교 상징의 우월성이 어디에 있는지가 분명히 드러난다. 기독교의 경우에 저급한 소망들뿐만 아니라 전체 인격까지 희생시킨다는 것이 솔직한 인정이다. 기독교 상징은 완전한 헌신을 요구한다. 기독교 상징은 보다 숭고한 목적에 진정으로 자신을 희생시킬 것을 요구한다. 반면에 미트라 종교의 희생은 원시적인 상징 단계에 고착되어 있으며, 동물 제물로 만족한다. 이 상징들의 종교적 효과는 모방을 통해 무의식에 나타나는 어떤 경향으로 여겨져야 한다.

미스 밀러의 공상에 내적 강박이 있다. 그녀가 말의 희생에서 영웅의 자기 희생으로 넘어간다는 점에서 보면 그렇다. 말의 희생은 성적 소망의 부정을 상징하는 한편, 영웅의 자기 희생은 유아기 성격의 희생이라는, 보다 깊고 또 윤리적으로도 보다 소중한 의미를 갖는다. 정신분석의 대상이 일상적인 성적 소망의 부정이나 충족이라는 오해가 자주 일어나고 있다. 실제로 보면, 문제는 유아기 인격을 승화시키는 것이거나 신화학적으로 표현하면 유아기의 영웅을 희생시켰다가 부활시키는 것이다. 그러나 기독교 신비에서, 부활한 존재는 세속을 초월하는 영혼이 되고, 신비한 선물들을 두고 있는, 눈에 보이지 않는 신의 왕국은 신자들이 자기 자신을 어머니에게 희생시키는 행위를 통해서 접근 가능하게 된다. 정신분석에서 유아기의 인격은 합리적인 방법을 통해서 리비도 고착을 버리게 된다. 이런 식으로 자유로워진 리비도는 현실에 잘 적응하는 인격을 형성하는 데 쓰일 것이며, 그러면 성숙한 인격은 삶에 필요한 모든 것을 불평 없이 기꺼이 하려 할 것이다.

희생의 한 도구로서 뱀을 보여주는 예는 이미 아주 많이 제시되었다(성실베스테르의 전설, 처녀들의 시련, 레와 필록테테스의 부상, 창과 화살의 상징체계). 뱀은 파괴의 칼이지만, 남근의 상징이기도 하며, 희생 행위는 마찬가지로 성교 행위를 나타낸다. 동굴에 사는 지하의 동물로서 뱀의 종교적 의미는 더욱 깊은 어떤 생각을 암시한다. 즉 뱀의 형태로 어머니의 자궁 속으로 들어가는 것을 가리킨다. 말이 형제이듯이, 뱀은 치완토펠의 누이이다. 이런 밀접한 관계는 이 동물들과 그것들의 성격들과 영웅 사이에 어떤 동료의식 같은 것이 있다는 점을 말해주고 있다.

신화학적으로 보면 말이 간혹 두려움의 동물이 되는데도, 우리는 말에 대해 대체로 두려워할 동물이 아닌 것으로 알고 있다. 말은 리비도 중에서 훨씬 더 긍정적이고 생생한 부분을 의미한다. 말하자면 지속적 부활을 위한 분투를 의미한다. 반면에 뱀은 대체로 공포를, 죽음에 대한 공포를 상징하고 또 남근과 대조적인 것으로 여겨진다. 신화학적으로 말과 뱀, 수소와 뱀 사이에 나타나는 이 같은 대조는 리비도 자체 안에 있는 상반된 요소를 보여준다. 말하자면, 리비도 안에 뒤로 향하려는 경향이 있는가 하면 앞으로 향하려는 경향이 있는 것이다. 리비도는 앞으로 향하려는 분투일 수도 있고, 쇼펜하우어가 자신의 세계 의지에서 보여준 것처럼 건설을 위한 어떤 끝없는 생명과 의지일 수도 있고, 그 앞에서는 죽음과 모든 종말이 밖에서 오는 어떤 악의나 치명적인 위험일 수 있을 뿐만 아니라, 리비도는 태양처럼 자신의 창조물을 파괴하기도 한다.

인생의 전반부에는 리비도의 의지가 성장에 맞춰지고, 인생의 후반부에는 그 의지가 처음에는 부드럽게, 나중에는 귀에 들릴 만큼 강하게 죽음을 암시한다. 젊은 시절에 무한한 성장을 추구하려는 충동이 종종 삶에 대한 저항의 외피 아래에 자리 잡고 있듯이, 늙은이의 죽으려는 의지가 자주 종말에 대한 완강한 저항의 외피 아래에 자리 잡고 있다.

리비도의 본질에 나타나는 이 같은 극명한 대조는 이탈리아 베로나의 고대 유물 컬렉션에 포함되어 있는 프리아포스의 조각상에 잘 표현되고 있다. 프리아포스가 자신의 음경을 물어뜯고 있는 뱀을 손가락으로 가리키고 있는 조각상이다. 그의 팔엔 타원형의 물건들이 가득 든 바구니가 들려 있는데, 그 물건들은 짐작컨대 대체물로 준비한 남근인 것 같다.

프리아포스와 뱀.

　이와 비슷한 주제는 루벤스(Peter Paul Rubens)의 '대홍수'(Deluge)에서 도 발견된다. 거기엔 뱀이 어떤 남자를 거세하는 장면이 담겨 있다. 이 주 제는 "대홍수"의 의미를 설명한다. 어머니인 바다가 게걸스레 삼키는 어머 니이기도 하다는 뜻이다. 대화재나 세상의 무시무시한 종말에 관한 공상 은 죽음에 대한 개인의 의지를 신화적으로 투사한 것에 지나지 않는다. 그 래서 루벤스가 "대홍수" 공상의 핵심을 뱀에 의한 거세로 표현할 수 있었 다. 뱀은 억눌려 있는, 우리 자신의 종말에 대한 의지이며, 이 의지에 대한 설명을 우리는 아주 어렵게 발견한다.

뱀의 일반적인 상징체계에 대해 말하자면, 뱀의 의미는 그 사람의 인생이 처한 시기와 환경에 크게 좌우된다. 젊은 시절의 억압된 성욕은 뱀으로 상징된다. 왜냐하면 성욕의 등장으로 인해 어린 시절이 종지부를 찍게 되기 때문이다. 반대로 나이 든 사람들에게 뱀은 억눌려 있는, 죽음에 대한 생각을 의미한다. 미스 밀러의 경우에 뱀은 불충분하게 표현된 성욕이다.

이 연구 초반에서 영웅의 이름 때문에 우리가 포포카테페틀 산의 상징체계에 대해 인간 신체 중에서 창조하는 부분에 속하는 것으로 이야기하지 않을 수 없었듯이, 이 연구를 마무리하는 부분에서도 미스 밀러의 드라마가 다시 그 화산이 어떤 식으로 영웅의 죽음을 도우며 영웅이 지진으로 땅속 깊은 곳으로 사라지게 하는지를 볼 기회를 주고 있다. 그 화산은 영웅에게 세상에 태어날 기회를 주고 이름까지 주었듯이, 마지막에 그를 다시 삼켜야 한다. 우리는 영웅의 마지막 말을 바탕으로 '오랫동안 갈망해 온 그의 연인', 말하자면 그를 이해하는 유일한 존재가 자-니-와-마라 불린다는 것을 알 수 있다. 우리는 이 이름에서 그 영웅의 어린 시절부터 우리에게 익숙했던 혀짤배기소리들을, 이를테면 히아와타, 와와, 와마 같은 것을 발견한다.

우리를 진정으로 이해하는 유일한 존재는 어머니이다. "이해하다"라는 뜻의 독일어 "verstehen"(고대 고지 독일어 "firstân")은 아마 원시 독어 접두사 "fri"에서 나왔을 것이다. 이 접두사는 그리스어로는 "에두르는"이라는 뜻의 "περι"와 동일하다. "해석하다"라는 뜻의 고대 고지 독일어 "antfristôzn"은 "firstân"과 동일한 것으로 여겨진다. "이해하다"라는 뜻의 동사 "verstehen"의 근본적인 의미가 바로 거기서 나온다. "무엇인가의 둘레에 서 있다"는 뜻이 바로 그것이다. 라틴어 "comprehendere"와 그리스어 "κατασυλλαμβάνειν"는 독일어 "erfassen"과 비슷한 뜻, 말하자면 "파악하다, 이해하다"라는 뜻을 갖고 있다. 이 표현들에 공통적인 것은 둘러싸고 감싼다는 점이다. 이 세상에는 어머니만큼 우리를 완벽하게 감싸는 것은 없다. 신경증 환자가 세상에 이해심이 전혀 없다고 불만을 터뜨린다면, 그 사람은 어머니가 그립다는 뜻을 간접적으로 전하고 있다. 프랑스 시인 폴 베를렌(Paul Verlaine)은 시 '내가 자주 꾸는 꿈'(Mon Rêve Familier)에서 이런 생각을 아름답게 그리고 있다.

내가 자주 꾸는 꿈

종종 나는 그 기이하고 강렬한 꿈을,
나의 불꽃을 불꽃으로 맞이하는 미지의 여자에 관한
꿈을 꾼다.
그래도 매번 그녀는 절대로 똑같지 않다.
그렇다고 완전히 다르지도 않다.
그녀는 나를 이해한다! 발작적인 빛이 나타나
나의 가슴을 괴롭힐 때마다, 그녀는 그걸 제대로 읽는다.
나의 창백한 이마에 맺힌 땀마저도
그녀는 서늘하게 기운을 돋우는 한 줄기 눈물로 닦아준다.

그녀가 검은 머리인지 금발인지, 나는 모른다.
그녀의 이름? 달콤하고 나직하다는 생각만 난다.
오래 전에 죽은, 사랑한 사람들의 이름처럼.
그녀의 표정은 조각상의 그것처럼 온화하고 맑았으며
그녀의 차분한 목소리는 멀고 위엄이 느껴졌다.
내가 듣고 싶어 하던 내밀한 목소리처럼.

찾아보기